TRAUNER VERLAG
BILDUNG

Bildung, die begeistert!

Küche, Service, Betriebs-organisation

➕ TRAUNER-DigiBox

PETRA MÖSENLECHNER
U. A.

EWF
ZWF

Wir weisen darauf hin, dass das Kopieren zum Schulgebrauch aus diesem Buch verboten ist – § 42 Absatz 6 Urheberrechtsgesetz (Stand: 1. 8. 2015):
„Die Befugnis zur Vervielfältigung zum eigenen Schulgebrauch gilt nicht für Werke, die ihrer Beschaffenheit und Bezeichnung nach zum Schul- und Unterrichtsgebrauch bestimmt sind."

Dieses Buch wurde auf Papier aus nachhaltiger Forstwirtschaft gedruckt.

Liebe Schülerin, lieber Schüler,
Sie bekommen dieses Schulbuch von der Republik Österreich für Ihre Ausbildung. Bücher helfen nicht nur beim Lernen, sondern sind auch Freunde fürs Leben.

© 2017
TRAUNER Verlag + Buchservice GmbH
Köglstraße 14, 4020 Linz
Österreich/Austria
Alle Rechte vorbehalten.

Layout wurde vom Patentamt mustergeschützt © Österreich 2010

Lektorat/Produktmanagement:
Mag. Karin Gollowitsch
Korrektorat: Johann Schlapschi
Grafik und Gestaltung:
Bettina Victor, Teresa Foissner
Titelgestaltung: Bettina Victor
Schulbuchvergütung/Bildrechte:
© Bildrecht GmbH/Wien
Gesamtherstellung:
Vorarlberger Verlagsanstalt GmbH
Schwefel 81, 6850 Dornbirn

PRINTED IN AUSTRIA

ISBN 978-3-99113-350-6
Schulbuch-Nr. 180.643

www.trauner.at
/traunergastro

Impressum

Mösenlechner u. a., Küche, Service, Betriebsorganisation
➕ TRAUNER-DigiBox
2. Auflage 2022
(Die 1. und 2. Auflage sind parallel verwendbar.)
Schulbuch-Nr. 180.643
TRAUNER Verlag, Linz

Die Autorinnen und Autoren

PETRA MÖSENLECHNER
Direktorin der Tourismusschulen Salzburg – Bramberg

GERTRUD HAUDER
Polytechnische Schule Linz

CHRISTA LACHINGER
Polytechnische Schule Vöcklabruck

MONIKA WILKS
Neue Mittelschule/Polytechnische Schule Münzkirchen

RUTH KROTZER
Polytechnische Schule Mattighofen, i. R.

ELFRIEDE SCHMID
Polytechnische Schule Ulrichsberg, i. R.

WILHELM GUTMAYER
Höhere Lehranstalt für Tourismus Krems, i. R.

HANS STICKLER
Höhere Lehranstalt für wirtschaftliche Berufe Wiener Neustadt

SYLVIA PEHAK
Höhere Lehranstalt für wirtschaftliche Berufe Wien-Michelbeuerngasse

ELFRIEDE TRAXLER
Höhere Lehranstalt für wirtschaftliche Berufe Steyr

Approbiert für den Unterrichtsgebrauch an:

- Einjährigen Fachschulen für wirtschaftliche Berufe für die 1. Klasse im Unterrichtsgegenstand Küche, Service und Betriebsorganisation (Lehrplan 2016)
- Zweijährigen Fachschulen für wirtschaftliche Berufe für die 1.–2. Klasse im Unterrichtsgegenstand Küche, Service und Betriebsorganisation (Lehrplan 2016)

Bundesministerium für Bildung, BMBF-5.048/0015-IT/3/2016 vom 19. April 2017

Die Inhalte entsprechen dem vorgeschriebenen Kompetenzraster laut Bildungsstandards und sind laut Lehrplan zu vermitteln. Eine Auswahl bzw. Gewichtung ist nur innerhalb einzelner Kapitel (Beispiele bzw. Vertiefungsangebote) gewährleistet, nicht jedoch dürfen lt. Ministerium einzelne Kapitel oder Kompetenzbereiche ausgelassen werden.

Einleitung

Bei der Gestaltung dieses Buchs wurde vor allem darauf geachtet, dass es besonders praxistauglich ist. Das Layout unterstützt den Lesefluss und optische Akzente ermöglichen ein rasches Erfassen von wichtigen Hinweisen.

Dieses Buch bietet eine breite Informationsgrundlage und soll die Vielfalt der Welt des Gastgewerbes vermitteln. Es soll zeigen, wie viel Freude es machen kann, mit dem theoretisch erworbenen Wissen in die Praxis zu gehen. Im Vordergrund steht die Benutzerfreundlichkeit, die Freude am Einsatz weit über den Schulalltag hinaus. In seiner kompakten Form bildet dieses Lehrbuch die Basis für die gesamte Küchen- und Servierpraxis.

Wesentliche Elemente und verwendete Symbole

Das TRAUNER-Bildungskonzept, das wir gemeinsam mit unseren Autorinnen und Autoren sowie Expertinnen und Experten aus dem Bildungsbereich entwickelt haben, unterstützt Lehrende bei der Umsetzung der Bildungsstandards und fördert somit den kompetenzorientierten Unterricht für die Schülerinnen und Schüler.

Die Ziele am Anfang jedes Kapitels zeigen den Schülerinnen und Schülern, über welches Wissen sie nach Bearbeitung des jeweiligen Kapitels verfügen. Sie sind farblich **nach der Kompetenzstufe** gekennzeichnet.

Meine Ziele

Nach Bearbeitung dieses Kapitels kann ich
- ▪ Blau (Wiedergeben, Verstehen)
- ▪ Rot (Anwenden)
- ▪ Schwarz (Analysieren und Entwickeln)

KOMPETENZ-ERWERB

Wissensfragen, Aufgabenstellungen, Ziele erreicht?

Zur Erarbeitung der Kenntnisse und Fertigkeiten sowie zur Kontrolle des Lernerfolgs stehen den Lernenden Wissensfragen, Aufgaben und Abschlusstests („Ziele erreicht?") zur Verfügung. Die Aufgabenstellungen und „Ziele erreicht?"-Aufgaben sind ebenfalls nach dem Kompetenzmodell mit den Farben Blau, Rot und Schwarz gekennzeichnet. Es wird unterschieden zwischen Aufgaben, bei denen die Schüler/innen
- ▪ die gelernten Fachinhalte verstehen und wiedergeben;
- ▪ erworbenes Wissen anwenden können;
- ▪ eigenständig Probleme analysieren und Lösungen entwickeln.

Kompetenzen erworben?
Die Schülerinnen und Schüler kreuzen aufgrund der durchgeführten Ziele erreicht?-Aufgaben an, ob sie die Kompetenzen
- ☺ **zur Gänze**
- 😐 **überwiegend** oder
- ☹ **(noch) nicht ausreichend**

erworben haben. Sie können den jeweiligen Lehrstoff im Buch wiederholen, falls sie einzelne Ziele noch nicht erreicht haben.

Wir wünschen Ihnen ein erfolgreiches Arbeiten mit dem Buch!

Die Autorinnen und Autoren

Folgende Piktogramme werden verwendet:

- Zusatzinformation
- Diskussion
- Gesetzliche Grundlagen
- Besonders wichtige Ergänzung bzw. Gefahrenhinweis
- Aufgabenstellung
- Verknüpfung
- für Downloads aus der TRAUNER-DigiBox (www.trauner-digibox.com)

STARTEN SIE IHR DIGITALES ZUSATZPAKET ZUM BUCH!

In der TRAUNER-DigiBox (www.trauner-digibox.com) finden Sie Ihr persönliches E-Book und die Zusatzmaterialien zum Buch:

- www.trauner-digibox.com aufrufen
- Einmal kostenlos registrieren
- Ihr digitales Zusatzpaket mit **Lizenz-Key** auf der Rückseite des Buches freischalten.

Sprachlautschrift (Buchstabe für Buchstabe nachsprechen)
Sie dient als Unterstützung für die richtige Aussprache von Fremdwörtern in ihrer landesüblichen Form. Sie ist nur für Wörter angegeben, die anders ausgesprochen werden als sie geschrieben sind.

Österreichischen Lebensmitteln auf der Spur

Lebensmittelwissen einfach erklärt: Das bietet der Verein **Land schafft Leben!** Der unabhängige und unpolitische Verein zeigt neutral, transparent und ohne zu werten, wie Lebensmittel in Österreich hergestellt werden. Er kooperiert mit Bildungseinrichtungen, Universitäten und Schulen und erstellt Videos und Lernmaterialien. Auf der Webseite und über die österreichischen Medienzentren werden alle multimedial aufbereiteten Informationen frei zur Verfügung gestellt und können in der Bildung verwendet werden. So verankert sich Wissen zu Anbau, Ernte und Verarbeitung unserer Lebensmittel ebenso wie zu übergreifenden Themen wie Ernährung, Artenvielfalt oder Klimawandel schon früh in den Köpfen unserer Kinder und Jugendlichen. Das schafft die Basis für konsumkompetente Menschen, die bewusst Lebensmittel im Einklang mit Lebensraum und Gesundheit auswählen.

Inhaltsverzeichnis

Küchenführung 7

1 Einführung in den Küchenbetrieb 8
2 Warenbewirtschaftung –
 Einkauf, Lagerung und Kalkulation 10
 Einkauf 10
 Mengenberechnungen 10
 Kalkulation (Ermittlung des Wareneinsatzes) 14
 Computerunterstützte Küchenverwaltung 14
 Ökologische Betriebsführung –
 sparsam und nachhaltig 16
3 Inventar in der Küche 17
 Messer und andere Küchenwerkzeuge 18
 Gängige Küchengeräte und Küchenmaschinen 20
 Ausgabestelle und Ausgabegeräte 22
 Ausgabesysteme 23
4 Arbeits- und Lebensmittelhygiene 26
 Arbeitskleidung in der Küche 26
 Hygienemaßnahmen in der Küche 26
 Abfallbewirtschaftung 28
5 Arbeitssicherheit in der Küche 29
6 Menüs (Speisenfolgen) 31
 Die Gänge im Einzelnen 32
 Erstellung eines Menüs 34
 Trends in der Menüplanung 34
 Allergenauszeichnung in der Gastronomie 35
7 Arbeitsorganisation 36
 Ergonomie 36
 Arbeitsplanung 39
8 Vorbereiten von Lebensmitteln 43
 Vorbereiten von Gemüse und Obst 43
 Vorbereiten von Fleisch und Geflügel 47
 Vorbereiten von Fisch 48
 Würzen 48
9 Garverfahren 49
 Die Garverfahren im Überblick 50
 Schonende Garverfahren 56
 Bindemittel 56
10 Portionieren und Anrichten von Speisen 58
 Grundlagen des Anrichtens 58
 Garnierungen 60

Rezepte 68

1 Grundrezepte 69
 Teige 69
 Massen 77
2 Buttermischungen und Brotaufstriche 81
3 Kalte Saucen 84
4 Salate 87
5 Kalte Vorspeisen 88
6 Suppen und Suppeneinlagen 93
7 Warme Saucen 103
8 Eier- und Gemüsegerichte 105
9 Gerichte mit Hülsenfrüchten und Kartoffeln 108
10 Knödelgerichte 112
11 Teig- und Nudelgerichte 113
12 Getreidegerichte 117
13 Beilagen 119
14 Fischgerichte 127
15 Fleischgerichte 128
 Vorbereiten von Fleisch 128
 Sieden von Fleisch 129
 Dünsten von Fleisch 129
 Braten von Fleisch im Rohr (Langzeitbraten) 131
 Braten von Fleisch auf dem Herd (Kurzbraten) 133
 Backen von Fleisch 135
 Faschiertes 137
 Innereien 139
16 Süßspeisen 140
 Kalte Süßspeisen 140
 Warme Süßspeisen 144
17 Brot, Gebäck, Kuchen, Torten und Schnitten 151
 Brot und Brotgebäck 151
 Gebäck und Kekse 153
 Kuchen, Torten und Schnitten 160
18 Füllungen, Saucen, Cremen und Glasuren 167
 Füllungen 167
 Cremesaucen 168
 Füll- und Garniercremen 169
 Glasuren 170
Küchenfachausdrücke von A bis Z 171

Service 173

1 Umgangsformen 174
2 Die Servicemitarbeiter/innen 176
 Erscheinungsbild und Berufskleidung 177
 Verhaltensregeln im Service 178
 Die Betreuung der Gäste von der Reservierung
 bis zur Verabschiedung 178
3 Arbeitssicherheit im Service 182
4 Inventar im Service 182
 Tischwäsche 182
 Speisegeschirr 183
 Bestecke 185
 Gläser 187

5	Tischschmuck	188
6	Mahlzeiten des Tages	192
	Frühstück	192
	Vormittagsjause, Gabelfrühstück und Brunch	196
	Mittagessen	197
	Abendessen	200
7	Servicevorbereitungsarbeiten	201
8	Allgemeine Servierregeln	206
9	Grundlegende Servier- und Tragmöglichkeiten	207
10	Servierarten	212

Getränkekunde und Getränkeservice 214

1	Einteilung der Getränke	215
2	Grundsätzliches zum Getränkeservice	216
3	Alkoholfreie Getränke	218
	Wässer	218
	Frucht-, Gemüse- und Erfrischungsgetränke	220
	Milch und Kakao	223
	Kaffee	225
	Tee	228
4	Alkoholische Getränke	231
	Alkohol und seine Wirkung	231
	Bier	232
	Wein	235
	Schaumweine	252
	Aromatisierte Weine und Likörweine	254
	Spirituosen	255
5	Korrespondierende Getränke	259

Betriebsorganisation 261

1	Arten von Verpflegungsbetrieben	262
2	Berufsbilder im Gastgewerbe	264
3	Trends in der Gastronomie	267
4	Veranstaltungsmanagement	269
5	Bonieren und Abrechnen	278

Stichwortverzeichnis	284
Rezeptverzeichnis	288
Literaturverzeichnis	291
Bildnachweis	291

Küchenführung

Hinter einem perfekten Gericht steht die perfekte Organisation des Küchenbetriebes. Dazu gehört, dass jede Mitarbeiterin und jeder Mitarbeiter weiß, was sie/er zu tun hat, dass die Arbeits- und Betriebsmittel zur Verfügung stehen und dass die Gerichte zeitgerecht fertig werden. Wenn die Speisen auch gut kalkuliert sind und die Kosten stimmen, dann ist die gesamte Küchenführung effizient und damit erfolgreich.

Effizient = wirtschaftlich, leistungsfähig.

Meine Ziele

Nach Bearbeitung dieses Kapitels kann ich
- die Posten einer kleinen Küchenbrigade beschreiben;
- einen Großeinkauf effizient planen und durchführen;
- Maße und Gewichte umrechnen und Portionsmengen berechnen;
- das Inventar der Küche benennen;
- die notwendigen Hygienemaßnahmen für die Küche darlegen;
- die in der Küche anfallenden Abfälle richtig sortieren und entsorgen;
- die häufigsten Ursachen für Unfälle und Brände in der Küche nennen;
- die klassische Menüreihenfolge aufzählen;
- ein Menü zusammenstellen;
- einen Arbeitsablauf in einer Küche beschreiben;
- Warenkosten berechnen;
- Lebensmittel richtig vorbereiten;
- geeignete Garverfahren für unterschiedliche Lebensmittel anwenden;
- verschiedene Bindemittel unterscheiden;
- Speisen optisch ansprechend anrichten und garnieren.

KOMPETENZ-ERWERB

In einer professionell geführten Küche ist neben der optimalen Ausstattung ein eingespieltes Team das Um und Auf

1 Einführung in den Küchenbetrieb

Raten Sie mal: Wie viele Köchinnen bzw. Köche braucht eine große Hotelküche, damit alles reibungslos funktioniert?

☐ 9 ☐ 16 ☐ 23 oder ☐ 34?

Kontrollieren Sie Ihr Ergebnis nach Bearbeitung dieses Kapitels.

Eine Küche muss so eingerichtet sein, dass ein reibungsloser Arbeitsablauf möglich ist. Dazu muss Folgendes beachtet werden:
- Die Kühl-, Lager-, Küchen- und Speiseräume sollen räumlich so angeordnet sein, dass man rasch zwischen ihnen pendeln kann.
- Die Wege zwischen Arbeitsflächen, Herden, Arbeitsgeräten, Kühlanlagen und Ausgabestellen müssen so kurz wie möglich sein.
- Das nötige Werkzeug soll griffbereit aufbewahrt werden.
- Eine Küche muss leicht zu reinigen sein.

Die Art und Größe einer Küche hängt von der Betriebsform (Hotel, Restaurant, Krankenhaus etc.) ab. Das Speisenangebot kann nur so groß sein, wie es die Einrichtung und Größe einer Küche sowie die Zahl ihrer Küchenmitarbeiter/innen zulassen.

Küchenbrigaden

Eine Küchenbrigade ist ein Team bestehend aus Köchinnen und Köchen, die mit verschiedenen Aufgaben betraut sind. Küchenbrigaden werden abhängig von der Größe und Art des Betriebes aufgebaut – sie können also unterschiedlich groß sein.

Die kleine Küchenbrigade

Sie kommt, wie der Name schon sagt, in Klein- und Mittelbetrieben zum Einsatz und verfügt über wesentlich weniger Mitarbeiter/innen als die große Küchenbrigade, die bis zu 23 Arbeitsplätze umfasst.

💡 Der/Die **Chef de Cuisine** ist zuständig für die gesamte Küchenführung (Wareneinkauf, Speisenkalkulation, Hygienekontrolle, Produktionsüberwachung, Dienstplanerstellung, Lehrlingsausbildung, Menü- und Speisenplanung).

Chef de Cuisine	🔊 *Schef dö Kuisin*
Souschef	🔊 *Suschef*
Rôtisseur	🔊 *Rotissör*
Entremetier	🔊 *Ontremetje*
Gardemanger	🔊 *Gardmosche*
Pâtissier	🔊 *Patissje*

Chef de Cuisine (Küchenchef/Küchenchefin)				
Souschef (Saucier oder Saucenkoch/köchin	**Rôtisseur (Bratenkoch/köchin)**	**Entremetier (Beilagenkoch/köchin)**	**Gardemanger**	**Pâtissier (Süßspeisenkoch/köchin)**
Ist der stellvertretende Küchenchef und gleichzeitig Saucier. Als Saucier ist man für Fleischgerichte mit Saucen und Fischgerichte zuständig.	Stellt Braten, Grilladen, Frittüren her.	Verantwortlich für die Zubereitung von Gemüsegerichten, Beilagen, Suppen, Teigwaren und Eiergerichten.	Zuständig für die kalte Küche (kalte Platten, kalte Vorspeisen, Buffets, Dekor, kalte Saucen, Salate).	Stellt alle warmen und kalten Süßspeisen her.

1 Einführung in den Küchenbetrieb

Unterstützt wird die kleine Küchenbrigade von **Commis** (Jungköchinnen und -köchen), **Apprentis** (Lehrlingen) und der **Spülabteilung**.

Für die Organisation und die Aufgaben des Küchenpersonals gibt es keine festgesetzten Normen. Sie werden von der Küchenchefin/vom Küchenchef den Erfordernissen der jeweiligen Küche angepasst.

Commis	🔊 *Kommi*
Apprentis	🔊 *Appronti*

Kochlehrlinge heißen in der Fachsprache Apprentis

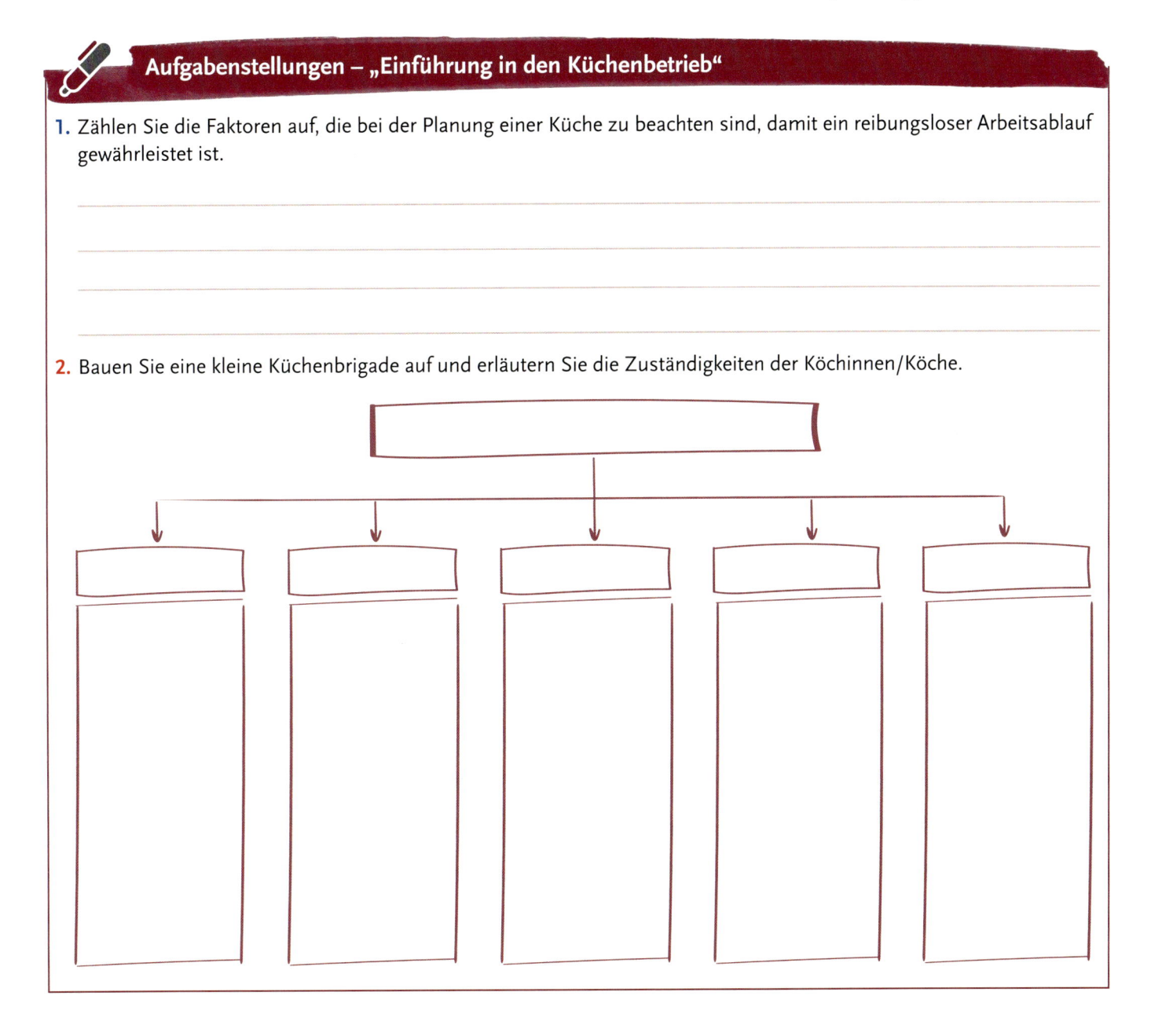

Aufgabenstellungen – „Einführung in den Küchenbetrieb"

1. Zählen Sie die Faktoren auf, die bei der Planung einer Küche zu beachten sind, damit ein reibungsloser Arbeitsablauf gewährleistet ist.

   _____
   _____
   _____
   _____

2. Bauen Sie eine kleine Küchenbrigade auf und erläutern Sie die Zuständigkeiten der Köchinnen/Köche.

Küchenführung

2 Warenbewirtschaftung – Einkauf, Lagerung und Kalkulation

Stellen Sie sich folgende Situation vor: Sie gehen in ein Restaurant und bestellen eine Gemüselasagne mit Blattsalaten. Sie wundern sich über den stolzen Preis von 11,80 EUR. Überlegen Sie, was dieser Preis alles abdecken sollte.

Das Angebot an Lebensmitteln ist enorm, die Aufmachung und die Werbemaßnahmen der Produzenten sind sehr verlockend. Wer wirtschaftlich, also sparsam einkaufen will, sollte die nebenstehenden Punkte berücksichtigen.

Einkauf

Köpfchen hat, wer ...
- kontrolliert, welche Vorräte noch vorhanden sind;
- vorher weiß, für wie viele Personen gekocht werden soll;
- die Rezepte analysiert und die Mengen anhand der Portionsgrößen berechnet;
- Preise und Qualität der Waren vergleicht;
- wenn möglich, eine günstige Einkaufszeit wählt;
- preisgünstige Angebote (auch jahreszeitlich bedingt) nützt;
- Saison bzw. Verfügbarkeit der Lebensmittel in der Menüplanung berücksichtigt;
- Sonderangebote prüft und überlegt, ob diese auch benötigt werden;
- Großpackungen berücksichtigt, wenn sie sinnvoll und wirklich günstig sind (nicht immer trifft das zu);
- auf das Haltbarkeitsdatum von Lebensmitteln achtet;
- Lebensmittel ohne aufwendige Verpackung bzw. vorwiegend umweltfreundliche Produkte und Pfandflaschen kauft;
- auf Lebensmittelkennzeichnungen achtet;
- eine gute Lagerverwaltung hat (Überblick über den Lagerbestand und die Haltbarkeit der Waren).

Gut geplant – viel gespart

Mengenberechnungen

Mithilfe der Rezepte und der Personenanzahl lassen sich die Mengen für eine Speise genau berechnen.

Welche Vorteile hat eine Mengenberechnung?
- Sie gewährleistet gleichmäßige Portionen.
- Sie veranlasst zum wirtschaftlichen Denken.
- Sie dient zur Waren- und Leistungskontrolle.
- Sie ist eine Grundlage für den Einkauf.

Wie war das doch gleich?
Brutto = ohne Abzug, hier: Gewicht der Ware inklusive Verpackung.

Netto = rein, nach Abzug bestimmter Größen; hier: nach Abzug des Verpackungsgewichts – der Tara.

Tara = Gewicht der Verpackung.

Maße und ihre Abkürzungen

Abkürzungen: l = Liter, dl = Deziliter, cl = Zentiliter, ml = Milliliter							
1 l	=	1,0 l	=	10 dl	=	100 cl	=	1 000 ml
1/2 l	=	0,5 l	=	5 dl	=	50 cl	=	500 ml
1/4 l	=	0,25 l	=	2,5 dl	=	25 cl	=	250 ml
1/8 l	=	0,125 l	=	1,25 dl	=	12,5 cl	=	125 ml
1/16 l	=	0,0625 l	=	0,625 dl	=	6,25 cl	=	62,5 ml
1/32 l	=	0,03125 l	=	0,3125 dl	=	3,125 cl	=	31,2 ml

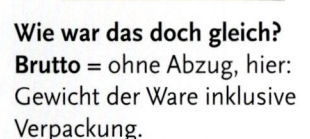

Gewichte und ihre Abkürzungen

Abkürzungen: **kg** = Kilogramm, **dag** = Dekagramm, **g** = Gramm					
1 kg	=	1,0 kg	=	100 dag	=	1 000 g
1/2 kg	=	0,5 kg	=	50 dag	=	500 g
1/4 kg	=	0,25 kg	=	25 dag	=	250 g
1/8 kg	=	0,125 kg	=	12,5 dag	=	125 g
		0,100 kg	=	10 dag	=	100 g
		0,010 kg	=	1 dag	=	10 g
		0,001 kg	=			1 g

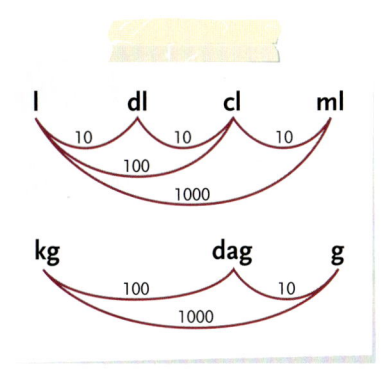

Löffelmaße

Gemeint ist ein leicht gehäufter Esslöffel bei trockenen Lebensmitteln, ein gestrichener bei flüssigen Lebensmitteln und bei Fetten. Die Menge von acht Esslöffeln (EL) Flüssigkeit entspricht einem 1/8 Liter.

	Esslöffel (EL)	Teelöffel (TL)
Flüssigkeiten (Milch, Suppe, Rahm, Saft etc.)	15 g	5 g
Butter	20 g	7 g
Grieß	12 g	4 g
Maisstärke, Mehl	10 g	3 g
Öl	12 g	4 g
Salz, Zucker	15 g	5 g

Ein gestrichener Esslöffel beinhaltet drei gestrichene Teelöffel (TL)

Welche Mengen berechnet man pro Person?

Jeder Betrieb sollte eine Gewichtstabelle für Portionsgrößen erstellen. Sie hilft bei der Erstellung von Rezepturen und beim Schreiben der Einkaufsliste.

Portionsgewichte	
Suppe im Teller	0,25 l
Suppe in der Bouillontasse	0,20 l
Suppeneinlagen	20–40 g
Gebundene Sauce	0,08 l
Reis und Teigwaren als Beilage	40–50 g
Reis und Teigwaren als Hauptgericht	110–120 g
Gemüse und Kartoffeln (ungeschält) als Beilage	200–250 g
Fischfilet als Vorspeise	80–100 g
Fischfilet als Hauptgericht	120–150 g
Fisch im Ganzen	250–300 g
Fleisch mit Knochen und Parüren (Abschnitten)	200–250 g
Fleisch ohne Knochen, paniert in Fett gebacken	120–150 g
Fleisch zum Sieden und Schmoren	200–250 g
Fleisch zum Braten	180–200 g
Faschiertes	100–150 g
Hühnerbrust, 1 Stück	140–180 g
Hühnerkeule, 1 Stück	180–200 g

Die Portionsmengen richten sich auch nach der Anzahl der Beilagen, die zu einem Gericht serviert werden. Bei einem Menü werden die Portionen in der Regel um 20–30 % reduziert.

Küchenführung

Die Lagerverwaltung

Die Warenübernahme und -ausgabe sind in Großbetrieben die Aufgaben einer eigenen Lagerverwaltung, in Klein- und Mittelbetrieben meist der Küchenleitung. In fast allen Betrieben funktioniert die Lagerverwaltung computerunterstützt.

Warenübernahme

💬 Wer kümmert sich in Ihrer Schul- bzw. Betriebsküche um den Einkauf und die Lagerverwaltung? Diskutieren Sie in der Gruppe darüber, welche Aufgaben die Verantwortlichen haben.

Überprüfen Sie den Lieferschein: Die angeführte Menge und das Gewicht müssen mit der Bestellung und mit der Lieferung übereinstimmen.

Kontrollieren Sie die Waren: Achten Sie auf die Qualität, die Temperatur, das Gebinde und die Haltbarkeitsdaten der Waren.

① → ② → ③ → ④

Lagern Sie die Waren sachgemäß: Die Waren werden mit dem Eingangsdatum versehen und entsprechend gelagert.

Verbuchen Sie die gelieferten Waren: Mithilfe der Küchenverwaltungssoftware wird die gelieferte Ware als Wareneingang verbucht. Ebenso vermerkt werden der Lagerbestand, die Mengeneinheit, der Einkaufspreis und der Name des Lieferanten.

Wichtig bei der Warenübernahme: neugierig sein und die Produktpalette des Lieferanten mustern, um auf neue Ideen zu kommen

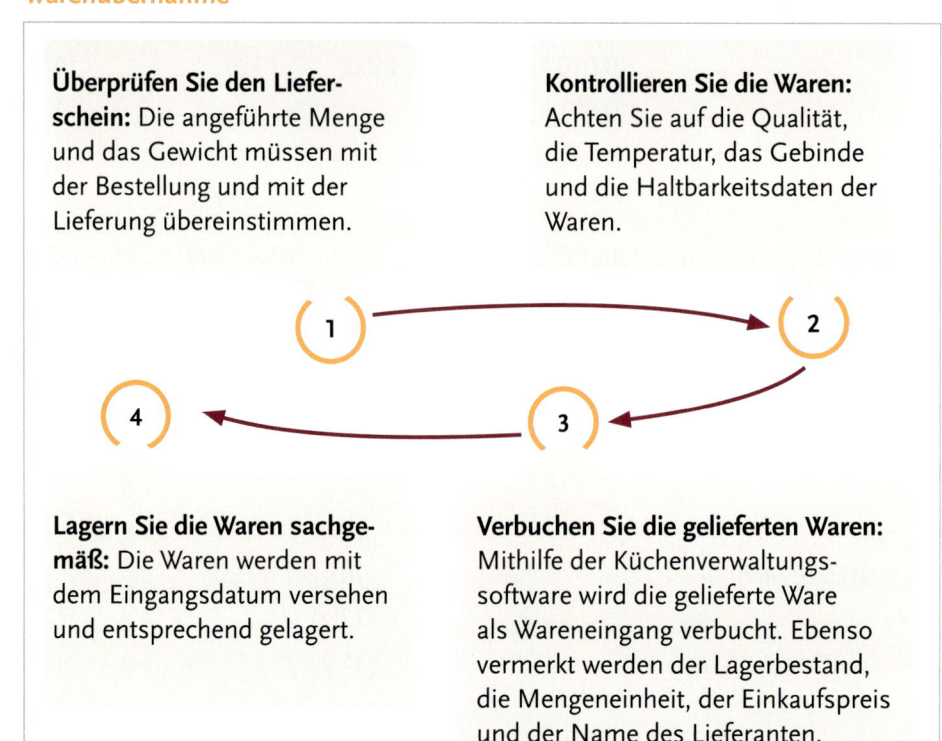

Warenausgabe

Die Küche fordert die Lebensmittel mit einem **Fassungsschein** (Ökonomatsbestellung) an. Das ist der Bestellschein bzw. Warenanforderungsschein der Küche an das Lager.

Ausgegebene Waren werden mithilfe der Küchenverwaltungssoftware unverzüglich verbucht, damit der Warenbestand aktuell ist.

Die fünf W auf dem Fassungsschein
- **Wann:** Datum
- **Was** und **wie viel:** Art und Menge der Ware
- **Wohin:** Kostenstelle
- **Warum:** Zweck des Verbrauchs
- **Wer:** Unterschrift der Küchenleitung oder des/der Chef de Cuisine

Kontrolle

Die laufende Kontrolle des Lagerbestandes, der Lagertemperaturen und der Produkte ist besonders wichtig. Eine schriftliche Dokumentation des gesamten Weges der Ware durch den Betrieb nach HACCP ist von der Lebensmittelverordnung nach HACCP gesetzlich vorgeschrieben (HACCP siehe S. 27).

Kalkulation (Ermittlung des Wareneinsatzes)

Aus einem Rezept kann die Menge für eine bestimmte Anzahl von Personen errechnet werden. Aufgrund dieser Mengenberechnung wird die Einkaufsliste erstellt und werden die Kosten für die Lebensmittel errechnet.

Für die Reduktions- und Schonkost braucht man auch den genauen Nährwert der Speisen. Dabei werden nur die verbrennbaren Nährstoffe (Eiweiß, Fett, Kohlenhydrate) berücksichtigt. Die Maßeinheit ist das Kilojoule (1 kJ).

4,2 kJ = 1 kcal.

Beispiel einer Wareneinsatz- und Nährwertberechnung

Speisenfolge: Klare Suppe mit Tropfteig, Gekochtes Rindfleisch

Datum: 04.06.20..

Portionen: 5

Menge in kg/l/Stück/Packung/Bund	Lebensmittel	Preis in € der Mengeneinheit	Preis in € des Materials	kJ in 100 g	kJ in der Menge
500 g	Rindsknochen	0,60	0,30	–	–
800 g	Tafelspitz	6,20	4,96	725	5 800
100 g	Karotten	0,40	0,04	120	120
50 g	Petersilienwurzeln	1,80	0,09	–	–
50 g	Sellerie	0,60	0,03	–	–
	Knoblauch, Lorbeer, Pfefferkörner, Salz	–	–	–	–
1	Ei	0,12	0,12	615	307
50 g	Mehl, Type 405	0,95	0,05	1.540	770
1 Bd.	Schnittlauch	0,30	0,30	230	57
	Muskat, 1 EL Milch	–	–	275	55
200 ml	Klare Rindsuppe	–	–	70	140
Summe der Materialeinsatzkosten/Nährwert			**5,89**		**7 249**
Materialgemeinkosten 10 %			**0,59**		
Materialkosten			**6,48**		
Für eine Portion			**1,30**		**1 450**

💡 Diese Berechnungen werden heute mit speziellen Computerprogrammen durchgeführt.

Was kostet dieses Gericht? Mit Schätzungen liegt man meist weit neben dem tatsächlichen Wareneinsatz.

Die **Materialgemeinkosten** sind nicht mengenmäßig erfassbare Zutaten (Gewürze, Kräuter) und werden mit 5–10 % des Materialeinsatzes berechnet.

Anhand des Wareneinsatzes kann nun unter Berücksichtigung der anteiligen Betriebskosten (Strom, Mitarbeiter/innen etc.) und eines Gewinnzuschlages der Verkaufspreis für ein Gericht ermittelt werden.

```
  Warenkosten (= direkte Kosten)
+ Betriebskosten (= indirekte Kosten)
  Selbstkosten
+ Gewinnzuschlag
+ Umsatzsteuer (= 10 % für Speisen)
  Verkaufspreis
```

Küchenführung

Computerunterstützte Küchenverwaltung

Die computerunterstützte Küchenverwaltung erleichtert der Wirtschaftsleitung die Planung des Wareneinkaufs, die Berechnung und vor allem die Umrechnung von Rezepten und die Preisgestaltung.

Lagerartikelkartei

Für jeden Artikel im Lebensmittellager wird eine Karteikarte angelegt.

Beispiel einer Lagerartikelkarteikarte

Artikel	Gruppe	Bezeichnung	Stand	Einheit	DPreis	BLS	Gewicht	LagPos	LP-Name	NK
Artischocke	Gemüse	Artischocke, roh		Kilo		G410111	1000			2
Champignons	Gemüse	Champignons frisch		Kilo		K701111	1000			2
Chinakohl	Gemüse	Chinakohl		Kilo		G321111	1000			2
Dille	Gemüse	Dille		Kilo		G065111	1000			2
Eis-Bummerl	Gemüse	Eis-Bummerlsalat		Stück		G103111	100			2
Endivien	Gemüse	Endiviensalat		Kilo		G102114	1000			2
Erbsen fri.	Gemüse	Erbsen grün, frisch		Kilo		G760111	1000			2
Fisolen fr	Gemüse	Fisolen frisch - grüne Bohnen		Kilo		G710111	1000			2
Gelb.Rüben	Gemüse	Gelbe Rüben		Kilo		G610111	1000			2
Gurken	Gemüse	Gurken frisch		Kilo		G520111	1000			2
Karfiol	Gemüse	Karfiol frisch		Kilo		G311111	1000			2
Karotten	Gemüse	Karotten frisch		Kilo		G620111	1000			2
Karotten Tks	Gemüse	Karotten tiefgekühlt Scheiben		Kilo		G620221	1000			2
Kartoffel	Gemüse	Kartoffel(n)		Kilo		K120114	1000			2
Kipfler	Gemüse	Kipfler		Kilo		K100021	1000			2
Kochsalat fr	Gemüse	Kochsalat frisch		Kilo		G200000	1000			2
Kohl	Gemüse	Kohl		Kilo		G300111	1000			2
Kohlrabi roh	Gemüse	Kohlrabi frisch		Kilo		G331111	1000			2
Kohlsprossen	Gemüse	Kohlsprossen		Kilo		G330111	1000			2
Krauspetersi	Gemüse	Krauspetersilie		Kilo		G250111	1000			2

Die Karteikarte enthält folgende Informationen
- Zugänge, Abgänge und Stand des Artikels.
- Nährwerte und Inhaltsstoffe (z. B. BE = Broteinheiten).
- Gewichtseinheit und Preis jedes Zuganges.
- Lieferant/in.

Basisrezeptkartei

In dieser Kartei befinden sich Rezepte, die als Basisrezepte bezeichnet werden. Die Rezepte können jederzeit verändert werden bzw. es können neue Rezeptkarteien angelegt werden.

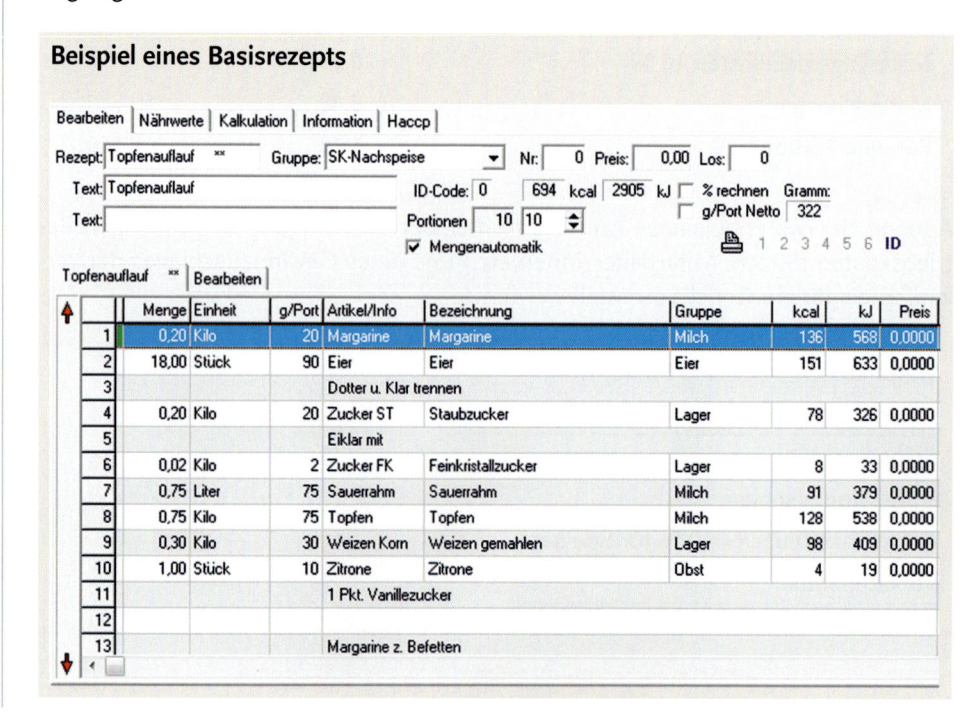

Beispiel eines Basisrezepts

Rezept: Topfenauflauf ** Gruppe: SK-Nachspeise Nr: 0 Preis: 0,00 Los: 0
Text: Topfenauflauf ID-Code: 0 694 kcal 2905 kJ % rechnen Gramm:
Text: Portionen 10 10 g/Port Netto 322
Mengenautomatik

	Menge	Einheit	g/Port	Artikel/Info	Bezeichnung	Gruppe	kcal	kJ	Preis
1	0,20	Kilo	20	Margarine	Margarine	Milch	136	568	0,0000
2	18,00	Stück	90	Eier	Eier	Eier	151	633	0,0000
3				Dotter u. Klar trennen					
4	0,20	Kilo	20	Zucker ST	Staubzucker	Lager	78	326	0,0000
5				Eiklar mit					
6	0,02	Kilo	2	Zucker FK	Feinkristallzucker	Lager	8	33	0,0000
7	0,75	Liter	75	Sauerrahm	Sauerrahm	Milch	91	379	0,0000
8	0,75	Kilo	75	Topfen	Topfen	Milch	128	538	0,0000
9	0,30	Kilo	30	Weizen Korn	Weizen gemahlen	Lager	98	409	0,0000
10	1,00	Stück	10	Zitrone	Zitrone	Obst	4	19	0,0000
11				1 Pkt. Vanillezucker					
12									
13				Margarine z. Befetten					

Die Rezeptkartei enthält folgende Informationen
- Portionszahl: kann je nach Bedürfnis geändert werden.
- Zubereitung des Gerichtes.
- Arbeitszeit bei der Herstellung des Gerichtes.
- Aktueller Gesamteinkaufspreis und Kosten pro Portion.
- Grafische Darstellung der Nährwerttabelle.

Kostenstellen

In den Kostenstellen werden der Tagesspeiseplan und die Menüs erstellt. Als Grundlage dienen die Basisrezepte, die an die Portionszahl angepasst werden. Daraus kann die Bedarfsliste für die Ökonomatsbestellung erstellt und dann die Wareneinsatzberechnung durchgeführt werden.

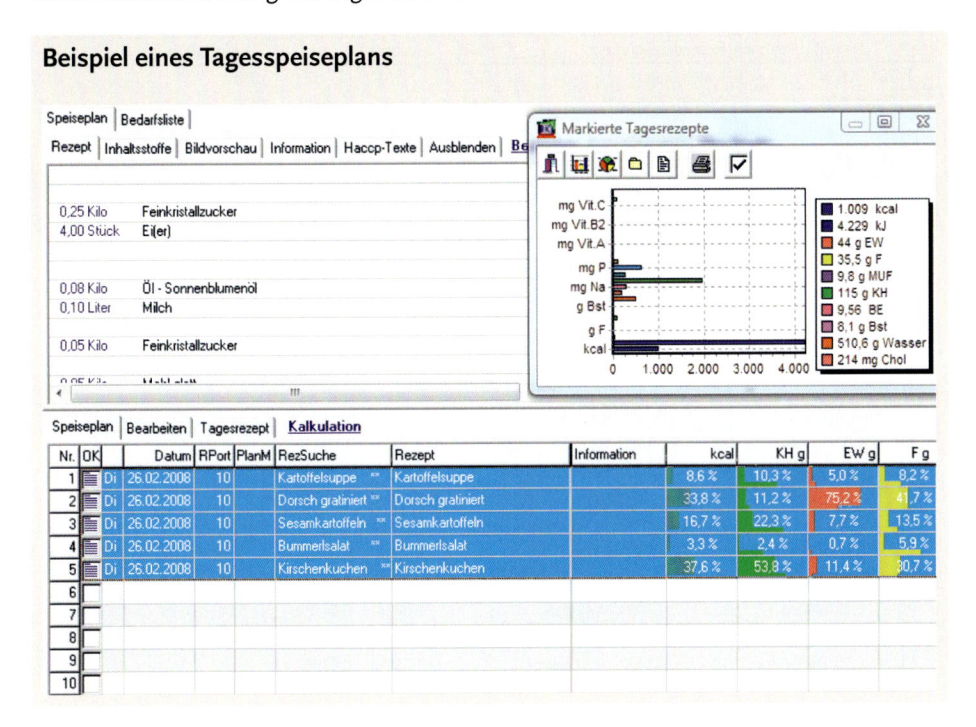

Beispiel eines Tagesspeiseplans

Bedarfsliste

Die Bedarfsliste gibt einen Überblick über die benötigten Lebensmittel und Getränke.

💡 In der Bedarfsliste können die Artikel alphabetisch geordnet bzw. abgeändert werden.

Beispiel einer Bedarfsliste

Anhand dieser Liste und der Kontrolle im Lager wird die Ökonomatsbestellung durchgeführt.

Wareneinsatz

Auf Basis der Kostenstellen wird die Wareneinsatzberechnung durchgeführt.

Beispiel einer Wareneinsatzberechnung

Nr.	Datum	Portionen	Rezeptbezeichnung	Preis	Gesamt	kcal	kJ	Information
1	26.02.2008	10	Kartoffelsuppe **	0,20	2,04	87	365	
2	26.02.2008	10	Dorsch gratiniert **	0,48	4,85	342	1432	
3	26.02.2008	10	Sesamkartoffeln **	0,09	0,87	169	710	
4	26.02.2008	10	Bummerlsalat **	0,16	1,57	33	137	
5	26.02.2008	10	Kirschenkuchen **	0,33	3,32	378	1584	

Tagesrezepte importieren

Kartoffelsuppe ** | Dorsch gratiniert ** | Sesamkartoffeln ** | Bummerlsalat ** | Kirschenkuchen **

Nr.	Menge	Artikel	Einheit	Gramm	Bezeichnung	Preis	Gesamt	KV	kcal	kJ	Information
1	1,00	Kirschen Do	Kilo	1000	Kirschen (Dosen)	1,8895	1,8895		92	387	
2	0,25	Zucker FK	Kilo	1000	Feinkristallzucker	0,8721	0,2180		98	408	
3	4,00	Eier	Stück	50	Ei(er)	0,1453	0,5812		34	141	
4	0,08	Öl	Kilo	1000	Öl - Sonnenblumenöl	1,5988	0,1279		74	311	
5	0,10	Milch	Liter	1000	Milch	0,7994	0,0799		7	28	
6	0,05	Zucker FK	Kilo	1000	Feinkristallzucker	0,8721	0,0436		20	82	
7	0,05	Mehl gl	Kilo	1000	Mehl glatt	0,9447	0,0472		18	76	
8	0,10	Mehl gr	Kilo	1000	Mehl griffig	0,9447	0,0945		36	152	
9	0,15	Dinkel,Korn	Kilo	1000	Dinkelkörner	1,5988	0,2398				

> Wer wirtschaftlich denkt, spart nicht nur bares Geld, sondern vermeidet Verschwendung, was auch unserer Umwelt zugutekommt.

Ökologische Betriebsführung – sparsam und nachhaltig

Die ökologische Betriebsführung umfasst die Bereiche Einkauf, Produktion – also den Umgang mit Lebensmitteln – und Abfallentsorgung. Darüber hinaus ist im gesamten gastronomischen Betrieb auf einen sorgsamen Umgang mit Ausstattung, Geräten, Betriebsmitteln sowie einen sparsamen Einsatz von Pflege- und Reinigungsmitteln und Einwegtüchern zu achten.

Ökologische Betriebsführung

Einkauf

Beim Einkauf soll man auf die Herkunft und auf die Verpackung der Produkte achten. Auch sind die Lieferanten auf ihre Standards in Bezug auf Nachhaltigkeit zu prüfen. Bewusst kauft auch ein, wer regionale und saisonale Lebensmittel bevorzugt.

Produktion

Bewusst gewirtschaftet wird hier, wenn man keine Grundprodukte verschwendet, also auf geringe Abschnitte und genaue Dosierung von Zutaten, z. B. Gewürzen, achtet. Weiters sollen Putz- und Reinigungsmittel mit Dosierspendern entnommen werden, um unnötige Verschwendung zu vermeiden. Einwegtücher sollen nicht grundlos verschwendet werden. In der Produktion können auch Strom und Wasser gespart werden, wenn passende Töpfe und Deckel verwendet und Wasserhähne nicht länger als notwendig laufen gelassen werden.

Abfallentsorgung

Am besten vermeidet man Abfälle, indem man schon beim Einkauf auf geringe Verpackung achtet. Für umweltfreundliche Betriebe gibt es Umweltzeichen. So weiß der Gast, dass im Betrieb auf Abfallvermeidung und richtige Entsorgung geachtet wird.

Aufgabenstellungen – „Warenbewirtschaftung"

1. Stellen Sie eine Einkaufsliste für das kommende Wochenende für Ihren Haushalt zusammen. Berücksichtigen Sie dabei fünf wesentliche Kriterien: Personenanzahl, Portionsgrößen, Lagerbestand, Saison, Herkunft der Lebensmittel.

2. Wie viel ist 1 Liter?
   a) 100 cl ☐   b) 10 dl ☐   c) 100 ml ☐   d) 1 000 ml ☐

3. 0,50 kg sind
   a) 50 g ☐   b) 5 dag ☐   c) 500 g ☐   d) 50 dag ☐

4. Für einen Teller Suppe rechnet man pro Portion
   a) 0,25 l ☐   b) 200 ml ☐   c) 1/4 l ☐   d) 0,125 l ☐

5. Erklären Sie, welche Bereiche der Küchenverwaltung durch die Verwendung eines Computersystems erleichtert werden.

6. Nennen Sie Faktoren einer ökologischen Betriebsführung.

3 Inventar in der Küche

Hoher Kochtopf

Bratenrein

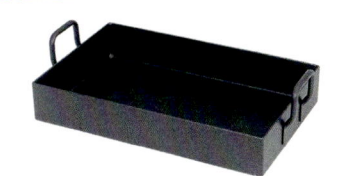

Dampfdruckkochtopf

Bratpfanne

Passiersieb

Halbhoher Kochtopf

Palatschinken-(Crêpes-)Pfanne/ Omelettenpfanne

Dünsttopf mit Locheinsatz zum Dämpfen

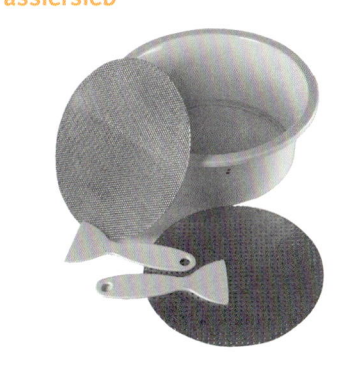

Durchschlagsieb

Flachkasserolle mit Stiel

Küchenführung

Spitzsieb

Rehrückenform

Henkelkasserolle

Portionsförmchen für Pudding und Soufflés

Kastenform

Darioleform
Form zum Pochieren und Backen.

Schneekessel

Tortenspringform

Obsttortenform

Auflauf- oder Gratinierschüssel, Souffléform
Aus hitzebeständigem Steingut.

Gugelhupfform

Messer und andere Küchenwerkzeuge

Messer sollen eine einwandfreie Schneide haben und Griffe aufweisen, die so beschaffen sind, dass die Finger nicht auf die Schneide rutschen können.

Qualitativ hochwertige Messer sind teuer. Geht man mit ihnen sorgsam um, so schont dies zweierlei: die Schneide und die Geldbörse.

Wie wird mit Messern „respektvoll" umgegangen?

- Messer mögen keine Vollbäder im Geschirrspüler, sie werden dadurch stumpf. Am besten reinigt man sie sofort nach Gebrauch mit Wasser und wischt sie dann trocken.
- Lässt die Schärfe des Messers nach, kann man die Schneide auf einem Stahlstreicher flach abziehen.
- Wird maschinell geschliffen, dann nur nass. In trockenem Zustand würde sich das Metall erhitzen und zu glühen beginnen. Die Schneide ginge dabei für immer verloren.

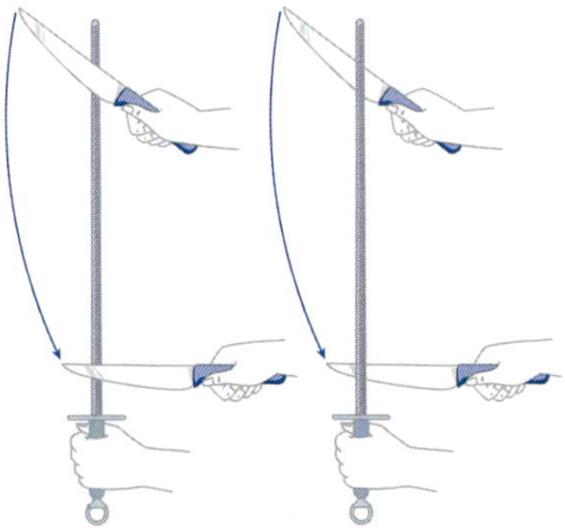

Abziehen eines Messers auf dem Stahlstreicher

3 Inventar in der Küche

Küchenmesser
Allzweckmesser zum Schneiden von Fleisch, Gemüse und Zwiebeln.

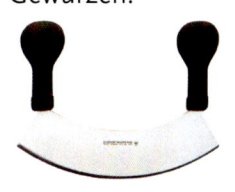

Tourniermesser
Zum Tournieren (Formen) von Gemüse und Obst.

Sparschäler
Zum Schälen von Gemüse, Kartoffeln und Obst.

Tranchiermesser
Zum Tranchieren und Hacken von Fleisch.

Chartreuse- oder Buntmesser
Zum Schneiden von gerippten Scheiben von Gemüse (z. B. Gurken, Karotten) und Butter.

Chartreuse 🔊 *Schatrös*
Parisienne 🔊 *Parisienn*

Filetiermesser
Zum Filetieren, Hautabziehen und Schneiden von kleinem Kochgut.

Tortenmesser
Zum Schneiden von Torten und Schnitten.

Parisienne- oder Kugelausstecher
Zum Ausstechen von Kugelformen aus Gemüse, Kartoffeln und Obst.

Fleischmesser
Zum Schneiden, Portionieren und Abschwarten von rohem Fleisch.

Kanneliermesser
Zum Herstellen von Obst- und Gemüsegarnituren.

Spicknadel
Zum Einziehen von Speckstreifen in rohes Fleisch. Diesen Vorgang nennt man Spicken.

Sägemesser
Mit Wellenschliff; zum Schneiden von Brot und Tomaten.

Fleischgabel
Zum Fixieren und Wenden von gegarten Fleischstücken.

Palette
Zum Aufstreichen von Füllungen, Cremen und als Hilfe zum Abheben und Anrichten.

Gemüsemesser
Zum Putzen und Vorbereiten von Gemüse, Kartoffeln, Pilzen und Obst.

Plattiereisen
Zum Plattieren (Klopfen) von rohem Fleisch (z. B. Schnitzeln).

Lochschöpfer
Zum Herausheben von Knödeln, Nockerln etc. aus Flüssigkeiten.

Wiegemesser
Zum Hacken von Kräutern und Gewürzen.

Geflügelschere
Zum Tranchieren (Zerteilen) von Geflügel.

Schöpflöffel

Küchenführung

Knoblauchpresse

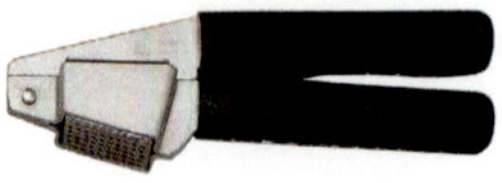

Vierkantreibe

Flotte Lotte

Spätzlehobel

Schneebesen

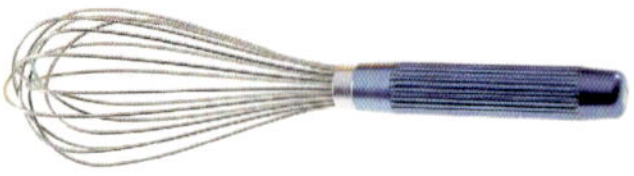

Teigspachtel

Teigkarte

Teigrad

Tüllen
Zum Dressieren (glatt oder gezackt).

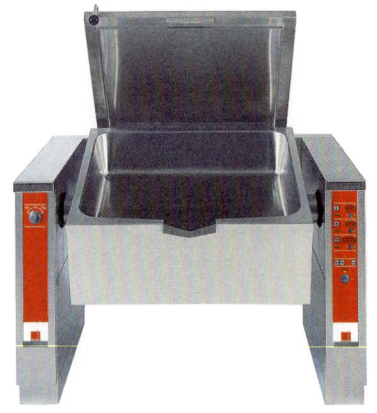

Gängige Küchengeräte und Küchenmaschinen

Kippbratpfanne

Die Kippbratpfanne ist ein typisches **Großküchengerät** der konventionellen Küche. Allerdings wird dieses Gerät zunehmend vom Kombidämpfer verdrängt. Kippbratpfannen sind vor allem zum Braten, Kurzbraten und Schmoren geeignet. Beheizt werden sie elektrisch oder mit Gas.

Heißluft- oder Kombidämpfer, Kombisteamer

Der Kombidämpfer ist mittlerweile der Klassiker unter den Gargeräten. Dabei werden Heißluft und Dampf in verschiedenen Kombinationen und Temperaturvariationen eingesetzt.

Konvektomat ist die Bezeichnung für einen Kombidämpfer, der über die Dämpffunktion hinaus Garfunktionen anderer Geräte integriert hat, wie z. B. Mikrowelle. Programme für verschiedene Garmöglichkeiten für unterschiedliche Gerichte können gespeichert werden. Man spricht daher vom sogenannten **Self-Cooking-Center**.

Niedertemperaturgargerät: Hold-o-mat oder Alto Shaam

Dieses Gerät eignet sich zum **Garen im niedrigen Temperaturbereich** und zum **Warmhalten** von Speisen. Dabei bewahrt es – unter genauer Steuerung von Temperatur und Feuchtigkeit – die Qualität der Speisen. Fleisch und Fisch können damit besonders schonend warm gehalten werden.

Kippbratpfanne

Kombidämpfer

Salamander – Gratiniergerät

Durch die starke Infrarot-Oberhitze eignet sich das Gerät zum **Gratinieren und Glacieren** von fertigen Speisen wie Fleisch-, Fisch- und Gemüsegerichten. Die Auflagefläche für das Kochgut ist höhenverstellbar, dadurch können auch fertige Gerichte erhitzt werden, allerdings nur bei niedriger Temperatur, sonst trocknen sie aus.

Salamander

Fritteuse

Sie wird als Tischaufsatzgerät, separates Blockgerät oder als Einbaueinheit gefertigt. Für mittelgroße Betriebe eignen sich zwei nebeneinanderliegende Becken mit einem Füllvolumen von vier bis sechs Litern.

Die Fritteuse ist für alle Speisen, die in Fett gebacken werden, geeignet. Das Heben und Absenken des Frittierkorbes soll bei geschlossenem Gerät möglich sein.

Steamer – Druckdämpfer

Druckdämpfer haben dicht schließende Garräume, die sich mit **Dampf** füllen. Darin wird das Gargut einem **Überdruck** von 0,3 bis 1,0 bar bei 120 °C ausgesetzt. Die Einstellung von Dampfdruck und Garzeit hängt vom Gargut und seiner Größe ab.

Der Dampf wird direkt auf das Gargut gesprüht. Dies bewirkt ein schonendes Garen in kurzer Zeit. Besonders geeignet ist der Steamer zum Dämpfen von **Kartoffeln und Gemüse.**

⚠️ Der Steamer steht während des Garens unter Druck und darf nicht geöffnet werden (Explosionsgefahr).

Kochkessel

Den Kochkessel kann man sich wie einen überdimensionierten Kochtopf vorstellen, der kippbar ist. Er findet vor allem in Großküchen Verwendung. Der Kochkessel eignet sich zum Kochen von Suppen, Gemüse oder Nudeln, zum Sieden von Fleisch, zum Dämpfen von Kartoffeln und zum Blanchieren von allen Gemüsesorten.

Kochkessel

Gemüseschneidmaschine und Tischcutter

Diese Maschinen werden vorwiegend in Großküchen und in der Gemeinschaftsverpflegung verwendet. Empfehlenswert ist ein Kombinationsgerät mit verschiedenen Aufsätzen und Einsätzen aus Edelstahl zum Schneiden von Gemüse (z. B. in Julienne) und zum Cuttern von Gemüse-, Fleisch- und Fischfarcen.

Handrührgeräte

Mit dem Handrührgerät werden Teige, Massen etc. gerührt oder geknetet. Es hat auch einen Mixstabaufsatz.

Gemüseschneidmaschine

Küchenführung

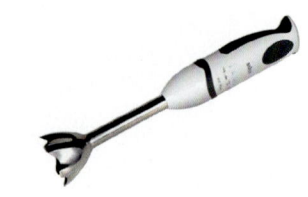

Stabmixer

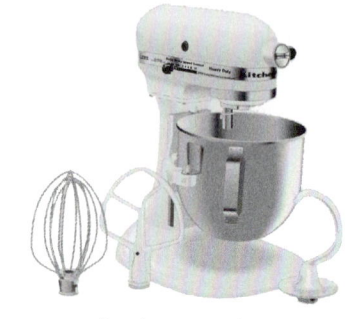

Stabmixer
Der Stabmixer wird zum **Pürieren** von Suppen, Saucen, Cremen etc. verwendet.

Universalküchenmaschine
Die Universalküchenmaschine wird zum Pürieren, Hacken, Kneten, Reiben und Rühren verwendet.

Universalküchenmaschine

> Sonderzubehör: Zitruspresse, Getreidemühle, Saftzentrifuge, Fleischwolf, Pommes-frites-Schneidscheibe, Juliennescheibe, grobe Reibscheibe.

Großküchenuniversalmaschine
Sie ist in beinahe jedem Großbetrieb zu finden, da sie so vielfältig einsetzbar ist. Sie eignet sich zum Kneten, Schlagen und Rühren, zum Schneiden, Zerkleinern und Faschieren und zum Reiben, Passieren und Mahlen. Dazu gibt es zahlreiche Zusatzgeräte.

Pacojet
Der Pacojet ist ein Schweizer Multifunktionsgerät und als Mixer, Cutter oder Eismaschine verwendbar. In einer modernen Küche ist dieses Gerät kaum wegzudenken. Es eignet sich zur Herstellung von Mousses, Farcen, Terrinen, Saucen, Suppen und Speiseeis.

Großküchenuniversalmaschine

Vakuummaschine
Die Aufbewahrung von Lebensmitteln und Speisen in luftdichten Frischhaltefolien oder Vakuumbeuteln ist bei den heutigen Hygienevorschriften unumgänglich. Dazu reicht ein einfaches Tischgerät mit verschiedenen Vakuum- und Druckeinstellungen.

> **Die verschiedenen Verwendungsmöglichkeiten der Vakuumierung**
> - Portionieren von rohem Fleisch im À-la-carte-Bereich – das Fleisch wird vor der Austrocknung bewahrt
> - Portionen von gekochtem bzw. gebratenem Fleisch – die Qualität des Gerichts bleibt erhalten
> - Erhaltung der Frische von geputztem oder gekochtem Gemüse

Pacojet

Ausgabestelle und Ausgabegeräte

Die Ausgabe (auch Pass genannt) ist das **Verbindungsstück** zwischen **Küche** und dem angeschlossenen **Restaurant** bzw. Speisesaal. Hier ist der kritische Punkt jeder Küchenverpflegung – hier entscheidet sich, ob das Essen **ohne Qualitätsverlust** zum Gast gelangt.

Die Ausgabestelle wird in der Regel – je nach Betriebsart – in eine **warme** und in eine **kalte Ausgabe** unterteilt.

Vakuummaschine

Warme Ausgabe

Hier erfolgt die Bereitstellung oder das Anrichten der fertigen warmen Gerichte. Das Anrichten bzw. die Abholung der Speisen durch die Servicemitarbeiter und Servicemitarbeiterinnen muss rasch und gut geplant erfolgen. Es muss gewährleistet sein, dass die warmen Gerichte mit einer Temperatur von **75 °C** serviert werden. Regelmäßige, dokumentierte Temperaturkontrollen sind verpflichtend. **Schnelligkeit, Sorgfalt** und **Hygiene** stehen an oberster Stelle.

Ausstattung
- **Bain-Marie:** thermostatisch regulierbares Wasserbad zum Warmhalten fertiger Speisen. Die Speisen müssen bei der Ausgabe mindestens 75 °C haben. Das Warmhalten von Speisen soll sich auf maximal eine Stunde beschränken, damit die Qualität der Speisen erhalten bleibt.
- **Ausgabefläche mit Rechaud (Wärmeschrank):** für Serviergeschirr wie Porzellan und Anrichteplatten.
- **Wärmebrücke:** mit Wärmeschlange oder Infrarotstrahler.
- **Mikrowellenherd:** zum schnellen Erwärmen.
- **Elektrisch beheizter Tellerdispenser:** zum Warmhalten von Anrichtetellern.
- **Besteck-, Tablett- und Serviettenspender.**

Bain-Marie

Wärmebrücke

Kalte Ausgabe

Hier erfolgt die Bereitstellung oder das Anrichten von allen kalten Speisen. Die kalten Speisen sollen eine Ausgabetemperatur von 8 °C (in keinem Fall über 15 °C) haben.

Ausstattung
- **Anrichtefläche mit Kühlfächern:** für die Mise en Place kalter Speisen.
- **Offene Kühlfläche:** für verschiedene Salate und Vorspeisen.
- **Plattformstapler:** Hordengestell mit Kunststoffeinsätzen für kalte Speisen.
- In diesem Bereich kann sich auch **eine Speiseeisausgabe** befinden.

Bain-Marie 🔊 *Bö-Marie*
Mise en Place 🔊 *Mies on Plas*

Mise en Place = Bereitstellung aller benötigten Produkte und Werkzeuge vor Beginn einer Tätigkeit.

Mobile Ausgabegeräte und Transportmittel

Für Catering (Partyservice) bzw. Bankettveranstaltungen werden für die Fertigstellung der Speisen mobile Einheiten verwendet. Diese Geräte sind meist multifunktionelle und fahrbare Koch-, Anrichte- und Kühleinheiten.

Mobile Einheiten
- Herdblöcke, kombiniert mit Grillplatte und Abstellflächen
- Geschirr- und Gläsertransporter
- Wärmeschränke oder -boxen für Speisen
- Gekühlte Salat- und Vorspeisenwagen
- Geschirrauffangtische
- Barteile und Ausgabetresen

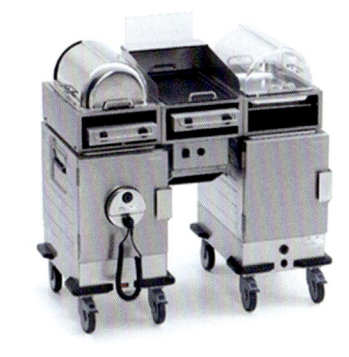

Mobile Cateringküche

Ausgabesysteme

Welches Ausgabesystem in welchem Betrieb verwendet wird, hängt einerseits von der Anzahl der zu verpflegenden Gäste und andererseits von der Menügestaltung – Wahlmenüs oder nur eine Speisenfolge – ab.

Küchenführung

Die Speisenausgabe in der Außer-Haus-Verpflegung soll so rasch wie möglich erfolgen

Tiefe Ausgabetheke, Fließbandausgabe

Die Fließbandausgabe ist für die Ausgabe von einheitlichen Einzelmenüs geeignet, die vorportioniert werden. Eine rasche Ausgabe der Speisen und gleichmäßige Portionsgrößen sind möglich.

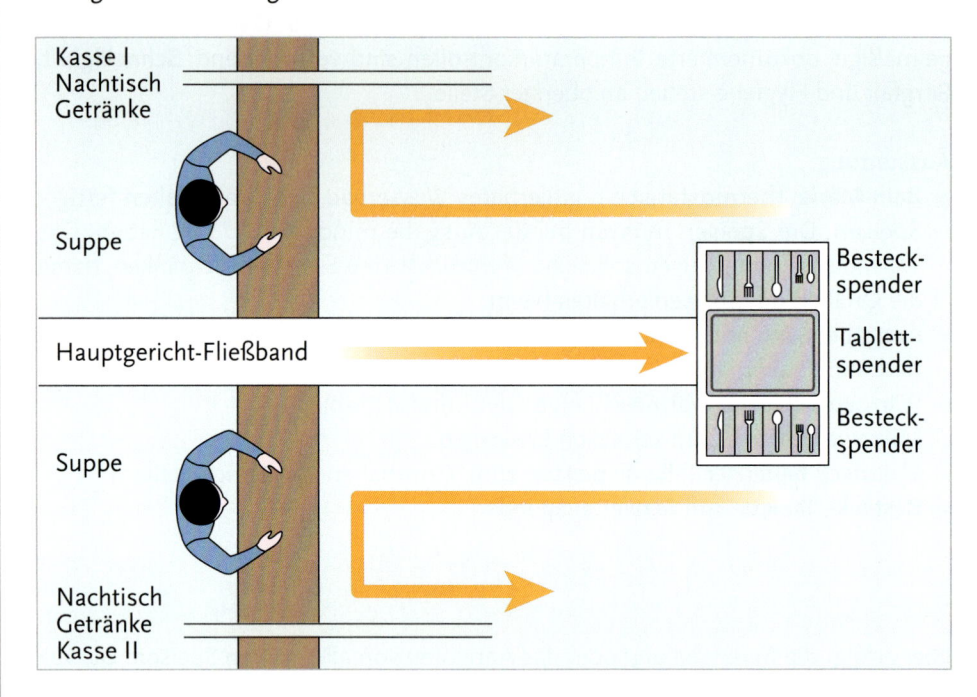

Flache Ausgabetheke

Individuelle Menüs (Portionsgröße, Menüteile) werden auf Wunsch des Gastes von den Mitarbeiterinnen und Mitarbeitern der Ausgabe direkt vor dem Gast angerichtet. Mittlere Ausgabeleistung bei ausreichendem Überblick und genügend Information: 600 Essen je Stunde.

Fließbandportionierung im Tablettsystem

Dieses System eignet sich besonders für Krankenhäuser oder Kuranstalten. Individuell verschiedene Menüs (je nach Diät und Kostform) werden am Fließband nach der Patientenkarte zusammengestellt und im Tablettwagen zu den Stationen gebracht.

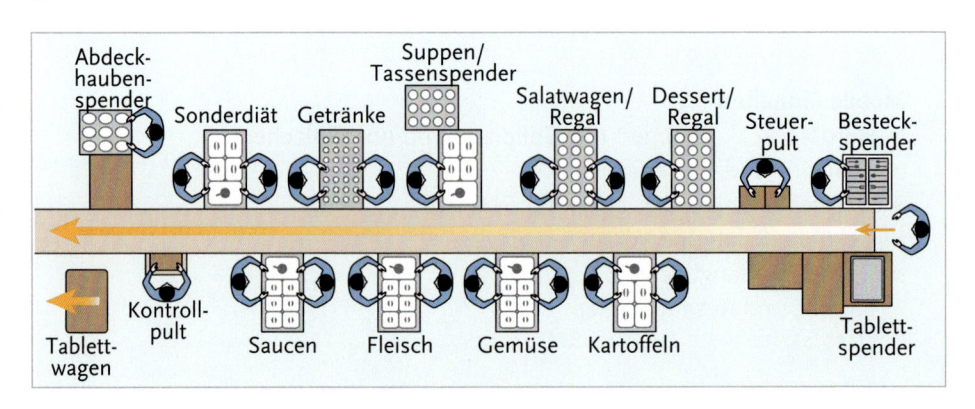

Karusselltheke, Tablettwagentheke, Bandtheke

Menüteile werden direkt aus der Küche (schon vorportioniert) in der Karusselltheke hinter Glas bereitgestellt. Der Gast kann das Menü selbst zusammenstellen. Die Leistung liegt bei 600–800 Essen je Stunde.

3 Inventar in der Küche

Küchenraum

Karussellausgabe

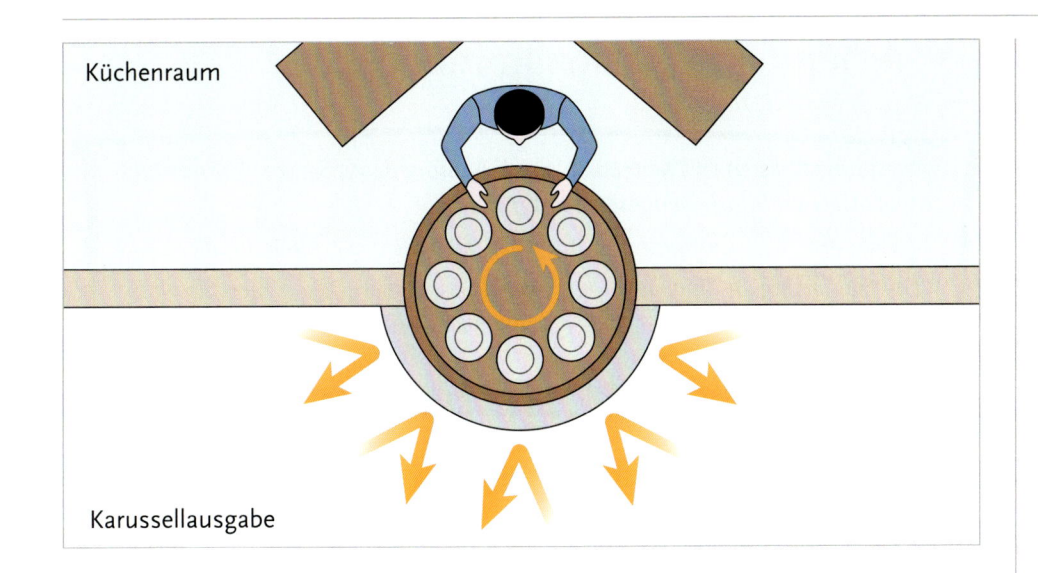

✏️ Welches Ausgabesystem wird an Autobahnraststationen vorwiegend verwendet?

Freeflowsystem

Die Ausgabe erfolgt **an mehreren spezialisierten Theken.** Die warmen Menüteile (Fleisch, Beilagen) werden direkt portioniert; die kalten Menüteile werden vorportioniert und können vom Gast an der Kalttheke frei gewählt werden. Die Getränkeausgabe befindet sich meist vor den Kassaplätzen.

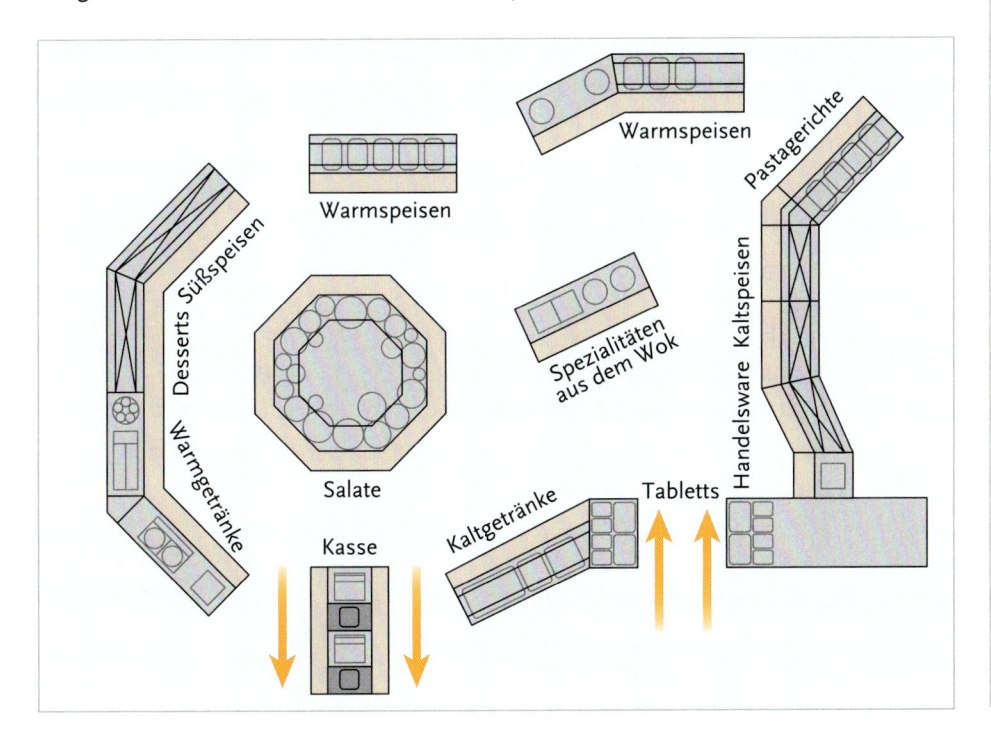

Die Qualität der Speisen darf durch die Ausgabe nicht beeinträchtigt werden

✏️ Aufgabenstellung – „Inventar in der Küche"

- Nennen Sie die fachlich richtigen Bezeichnungen der abgebildeten Gegenstände.

Küchenführung

4 Arbeits- und Lebensmittelhygiene

Unter Hygiene werden sämtliche Maßnahmen verstanden, die zur Erhaltung der Gesundheit und zur Verhütung bzw. Bekämpfung von Krankheiten gesetzt werden.

Was ist am stärksten mit Keimen belastet? Nummerieren Sie von 1 (am stärksten belastet) bis 5 (am wenigsten belastet):

☐ *Türklinke* ☐ *Computertastatur* ☐ *Klobrille* ☐ *Kühlschrank*

Wenn Sie sich regelmäßig die Hände gründlich waschen, bekommen Sie diese Keime aber auch schnell wieder los – umso wichtiger ist aber das regelmäßige Händewaschen!

(1 Computertastatur, 2 Kühlschrank, 3 Türklinke, 4 Klobrille; Quelle: Focus online)

💡 Die Arbeitskleidung bietet auch Schutz vor Verbrennungen durch spritzendes Kochgut.

⚠️ Für die Berufskleidung und die persönliche Hygiene gelten die Vorschriften des Lebensmittelgesetzes.

Arbeitskleidung in der Küche

Die Arbeitskleidung muss aus kochfestem, nicht brennbarem Material sein. Baumwolle eignet sich dafür am besten. Die Kleidung besteht aus: Kopfbedeckung, Kochjacke, Kochhose, Kochschürze, Baumwollsocken und geschlossenen, rutschfesten Schuhen. Häufig wird die Kochkleidung noch um ein Halstuch ergänzt. Bei der Schürze wird ein Geschirrtuch eingehängt. Dass die Kochkleidung während der Arbeit oft in Mitleidenschaft gezogen wird, ist jedem klar. Küchenmitarbeiter/innen müssen jedoch bei Arbeitsbeginn immer mit sauberer Arbeitskleidung erscheinen. Vor dem Besuch des WCs müssen Schürze und Kopfbedeckung abgenommen werden.

Hygienemaßnahmen in der Küche

Maßnahmen	Warum?
Vor Arbeitsbeginn Hände waschen, Fingernägel reinigen, Nagellack entfernen.	■ Krankheitserreger werden leicht durch die Hände übertragen. ■ Nagellack kann brüchig werden und in die Speisen gelangen.
Ringe, Armreife und Uhren ablegen.	Unter den Schmuckstücken sammeln sich Bakterien auf der Haut.
Nach dem Besuch der Toilette die Hände waschen; wenn möglich Einweghandtücher verwenden.	Bakterien können übertragen werden.
Nicht auf Speisen husten oder niesen. Nach dem Niesen, Husten oder Naseputzen die Hände waschen.	Die Krankheitserreger gelangen auf die Speisen und vermehren sich dort sehr rasch. 
Wunden an den Händen müssen mit Pflastern bzw. Verbänden völlig abgedeckt werden.	Offene bzw. eiternde Wunden dürfen nicht mit Lebensmitteln in Berührung kommen.
Schneidbretter müssen aus Kunststoff sein. Zur leichteren Unterscheidung sollte jeder Bereich Bretter mit eigener Farbe haben, z. B. Rot für Fleisch, Gelb für Geflügel, Grün für Gemüse, Blau für Fisch.	
Ungereinigte Lebensmittel nicht mit vorbereitetem Kochgut in Berührung bringen.	Vorbereitete Lebensmittel können wieder mit Erde oder Schmutz verunreinigt werden.
Zu Boden gefallene Lebensmittel nicht weiterverarbeiten, außer die Verunreinigung kann völlig entfernt werden.	Auf dem Boden befindet sich Schmutz.

4 Arbeits- und Lebensmittelhygiene

Geschirr nicht auf dem Boden abstellen.	Auf dem Boden befindet sich Schmutz, nebenbei kann man darüber stolpern.
■ Für die Verarbeitung von rohem Fleisch, Fisch, Geflügel und rohen Eiern gibt es einen eigenen Arbeitsplatz. ■ Nach der Fertigstellung sind die Hände, die Arbeitsplatte und das Werkzeug gut zu reinigen und zu desinfizieren.	Kommen gekochte Speisen mit Rohprodukten (z. B. austretendem Saft von rohem Fleisch) in Kontakt, können sie durch Krankheitserreger verunreinigt (kontaminiert) werden. Auf diese Art werden z. B. Salmonellen übertragen. Vor allem eiweißreiche Lebensmittel können von Salmonellen befallen sein: Eier, Hühnerfleisch, Fisch, Meeresfrüchte und Milch(-produkte).
Gekochte Kartoffeln möglichst heiß schälen und sofort weiterverarbeiten.	Kartoffeln sind ein besonders günstiger Nährboden für Mikroorganismen.
Zu verdorbenem Frittierfett darf kein frisches dazugegeben werden.	Das Lebensmittelgesetz besagt, dass Speisen, die in verdorbenem Fett zubereitet werden, auch als verdorben zu bewerten sind.
Aufgetaute Lebensmittel schnell verbrauchen. Sie dürfen nicht wieder eingefroren werden.	Beim Auftauen verändert sich die Konsistenz und Mikroorganismen vermehren sich sehr rasch. Aufgetaute Lebensmittel sind daher sehr leicht verderblich, wieder eingefrorene gelten als verdorben.
Rohes Faschiertes muss am selben Tag verarbeitet werden.	Wird Fleisch faschiert, so vergrößert sich dadurch die Oberfläche und bietet einen perfekten Landeplatz für Mikroorganismen.
Abschmecken von Speisen nur mit kleinem Teller und Löffel.	Wird z. B. eine Suppe abgeschmeckt, dann nur, indem man mit einem Löffel etwas Suppe auf den Teller gibt und davon probiert. Absolut falsch wäre, den Löffel nach dem Verkosten wieder mit der Speise in Kontakt zu bringen oder mit dem Finger eine Kostprobe zu nehmen.
Speisen nie zu lange warm halten oder lauwarm stehen lassen (auch keine Reste). Speisereste rasch abkühlen, abdecken und kühl aufbewahren.	Zwischen 35 und 40 °C vermehren sich Bakterien sehr rasch. Durch Kühlung kann das Bakterienwachstum verzögert werden.
Keine Tiere und Blumen am Arbeitsplatz.	Ungeziefer, Schmutz, Haare und Erde können auf die Speisen gelangen.
Rauchverbot	Das Aroma der Speisen kann nicht richtig wahrgenommen werden. Nebenbei kann Asche auf die Speisen fallen.
Nicht auf die Arbeitsflächen setzen.	Von anderen Sitzflächen werden Verunreinigungen mitgebracht und abgestreift.

Salmonellen = Bakterien, die leichte bis schwerste Erkrankungen mit Bauchschmerzen, Durchfall, Fieber und Erbrechen verursachen. Die Infektionen erfolgen fast immer durch den Verzehr von mit Salmonellen kontaminierten Lebensmitteln.

Lebensmittelsicherheit durch HACCP

Laut Gesetz ist die Betriebshygiene verpflichtend zu kontrollieren. Das sogenannte HACCP-Konzept ist ein Hilfsmittel zur Kontrolle. Es steht für: **H**azard **A**nalysis **C**ritical **C**ontrol **P**oints. Dieses Konzept hilft, die **kritischen Hygienekontrollpunkte** bei der Anlieferung, Lagerung und Produktion von Lebensmitteln und Speisen zu ermitteln. Verwendet werden dafür Checklisten. Verunreinigte, verdorbene oder kontaminierte (verunreinigte) Lebensmittel und Fremdkörper sollen dadurch aus dem Produktionsprozess ausgeschieden werden.

Gute Hygienepraxis (GHP) – es liegt in Ihrer Hand!

Im Betrieb muss von der Warenübernahme bis zum fertigen Gericht und zur Abfallentsorgung hygienisch sauber gearbeitet werden. Jede Mitarbeiterin und jeder Mitarbeiter ist gefordert, sich an die Hygienemaßnahmen zu halten.

💡 Ein kritischer Kontrollpunkt ist z. B. die Kühlkette, die an keiner Stelle unterbrochen werden darf.

Küchenführung

Abfallbewirtschaftung

In Österreich ist gesetzlich vorgeschrieben, den Müll zu trennen. In jeder Gemeinde stehen kostenlose Entsorgungsstellen zur Verfügung.

Was gehört in welchen Behälter?

Altpapiercontainer	Altglascontainer	Metallcontainer	Gelbe Tonne (Leichtfraktion)	Restölbehälter	Restmüllbehälter	Biotonne
Papier, Karton, Pappe, Wellpappe, jedoch keine Verbundmaterialien (z. B. Tetrapak) oder Kunststoffumhüllungen.	Hohlglas, getrennt nach Weiß- und Buntglas (z. B. Einwegflaschen, Gurken- und Marmeladegläser).	Aluminium- und Weißblechdosen, Kronenkorken, Metall- und Aluminiumdeckel (z. B. von Plastikbechern), Alufolie, Bindedraht, Blechgeschirr.	Verpackungen aus Kunststoff, Verbundstoff und textilen Faserstoffen wie Plastikbecher und -flaschen, Folien, Kaffeeverpackungen, Knabbergebäck- und Teigwarensackerln, Fleisch- und Wurstverpackungspapier, Tetrapak.	Verbrauchtes Fett nicht in den Ausguss leeren, sondern in einem Restölbehälter sammeln und zur Ölverwertung geben.	Babywindeln, Staubsaugerinhalte, Glühbirnen, Kristall- und Spiegelglas, Katzenstreu, kaputte Haushaltsgegenstände und Spielzeug, Leder, Asche, Kehricht, Knochenreste, Fettpapier, Hygieneartikel.	Lebensmittel- und Essensreste, Teesackerln, Kaffeefilter mit Sud, Obst- und Gemüseabfälle, Laub, Schnittblumen, Topfpflanzen, Strauch- und Rasenschnitt.

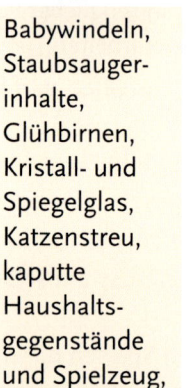

Es muss im Küchenbetrieb ein eigener Müllraum bzw. Müllplatz zur Verfügung stehen.

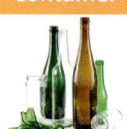

Aufgabenstellungen – „Arbeits- und Lebensmittelhygiene"

1. Sie sind Zeuge folgenden Gesprächs: „Dann nimmst du die Sauce aus dem Gefrierfach und lässt sie auftauen. Was ihr nicht mehr essen könnt, gibst du einfach wieder in die Kühltruhe zurück." Beurteilen Sie diese Aussage.

2. Sommerzeit – heiße Zeit: Lena kommt um 17 Uhr von der Schule nach Hause und findet eine Nachricht ihrer Mutter: „Das Essen steht im Backrohr." Lenas Mutter verlässt täglich um 13 Uhr das Haus. Wie beurteilen Sie die Qualität des Essens?

3. Wie werden diese Abfälle richtig entsorgt? Ordnen Sie die Begriffe richtig zu:

   Knochenreste   Teesackerln   Einmachgläser   Tetrapak

   Gelbe Tonne   Restmüllbehälter   Biotonne   Altglascontainer

5 Arbeitssicherheit in der Küche

> „Mir passiert schon nichts." Gehen Sie auch so an die Dinge heran? Denken Sie dabei auch an die Verantwortung, die Sie für Ihre Schulkolleginnen und -kollegen in der Küche tragen.

Die häufigsten Gründe für Arbeitsunfälle in der Küche

Gedankenlosigkeit	Hektik	Bequemlichkeit	Unterschätzung der Gefahr
Beispiele Mangelnde Konzentration beim Hantieren mit Maschinen und Geräten, wie z. B. Wegschauen beim Mixen oder Schneiden.	**Beispiele** Mangelnde oder falsche Zeiteinteilung führt zu Nervosität und unbedachten Handlungen (Gegenstände werden auf dem Boden abgestellt, andere stolpern darüber; heißes Fett wird auf dem Herd vergessen und fängt zu brennen an etc.).	**Beispiele** Verschüttete Speisen oder Fett werden nicht vom Boden weggewischt und der Nächste rutscht darauf aus.	**Beispiele** Sicherheitsmaßnahmen bei Geräten werden ignoriert.

💡 Die wenigsten Unfälle sind Zufälle. Sie passieren nicht einfach, sondern werden meist durch einen triftigen Grund verursacht.

Tipps zur Unfallvermeidung

Was Sie persönlich dazu beitragen können …

- Lassen Sie sich nicht von der Arbeit ablenken. Achten Sie genau darauf, was Sie tun.
- Tragen Sie immer richtige Arbeitskleidung. Sie schützt vor Verbrennung und Verbrühung durch spritzendes Kochgut. Geschlossene, rutschfeste Arbeitsschuhe schützen vor Ausrutschen, Verbrennungen und herabfallenden Gegenständen.
- Lange Haare müssen zusammengebunden werden, da sich offenes Haar in Maschinen verfangen kann. Unfälle dieser Art führen zu schwersten Verletzungen.
- Legen Sie scharfe Maschinenteile und spitze Gegenstände (Messer, Spicknadel) niemals in das Abwaschbecken. Der Abwäscher/die Abwäscherin kann die Gegenstände durch das häufig trübe Wasser nicht erkennen und sich dadurch Schnittverletzungen zuziehen.
- Benutzen Sie eine Haushaltsleiter und keine „Spitalsgerüste" aus Tischen und Sesseln.
- Lassen Sie Laden und Türen nie offen stehen.
- Etiketten von Chemikalienbehältern dürfen nicht entfernt werden. Chemikalien dürfen niemals in Getränkeflaschen gefüllt, unbekannte Inhalte aus Gefäßen nicht gekostet werden.

⚠️ Verschüttete Flüssigkeiten müssen immer sofort entfernt werden, um die Kollegen und Kolleginnen sowie sich selbst nicht zu gefährden.

Böse Falle – Pfannenstiele, die über den Herdrand ragen

Küchenführung

Maschinen, Geräte, elektrische Installationen

- Arbeitsgeräte und Maschinen müssen den gesetzlichen Bestimmungen der Sicherheits- und Unfallverhütungsvorschriften entsprechen (Prüfzeichen).
- Elektrische Installationen müssen vorschriftsmäßig durchgeführt werden. Schlecht isolierte Kabel, gebrochene Schalterdeckel und Steckdosen müssen sofort erneuert werden.
- Anschlusskabel von Geräten, die an das Stromnetz angeschlossen sind, dürfen nicht herumliegen.
- Ziehen Sie vor dem Reinigen von Maschinen immer den Netzstecker.
- Entfernen Sie niemals Schutzvorrichtungen von Geräten.
- Schalten Sie bei ausströmendem Gas (Gasgeruch) sofort alle Geräte ab und lüften Sie. Die Geräte müssen von einer Fachkraft überprüft werden.

Brandschutz

Brandursachen in der Küche sind

- überhitztes Fett sowie Fettablagerungen in Dunst- und Entlüftungsanlagen, Kaminen und Abzugsrohren,
- defekte elektrische Anlagen und Geräte,
- schadhafte Leitungen.

⚠ Notrufe

Euronotruf	112
Feuerwehr	122
Polizei	133
Rettung	144

Nicht jedes Löschmittel eignet sich gleichermaßen für verschiedene Brandursachen.

- **Holz, Papier, Textilien**
  Wasser, Feuerlöscher
- **Überhitztes Fett, defekte elektrische Anlagen**
  Löschen Sie brennendes Fett niemals mit Wasser! Löschdecke verwenden.
- **Brennende Kleidung**
  Löschdecken

Wo befinden sich in Ihrer Schulküche ein Feuerlöscher und der Erste-Hilfe-Kasten?

Notfallpiktogramme

Fluchtweg / Escape route / Voie de fuite	Ausgang / Exit / Sortie	Notausstieg / Emergency exit / Descente de secours	Stiege / Stairs / Escalier
Feuerlöscher / Fire-extinguisher / Extincteur d´incendie	Brandmelder / Fire alarm box / Avertisseur d´incendie	Fluchtmaske / Smoke mask / Masque filtrant	Standort / You are here / Votre place

In Betrieben bis zu vier Arbeitnehmern soll, ab fünf Arbeitnehmern muss eine Person in Erster Hilfe ausgebildet sein.

Erste Hilfe

Ist es in einem Betrieb zu einem Unfall gekommen, ist jeder/jede als Ersthelfer/in verpflichtet zu helfen, bis die Rettung eintrifft. Dabei dürfen jedoch keine Maßnahmen ergriffen werden, die nur ausgebildeten Fachkräften vorbehalten sind, wie z. B. die Verabreichung von Medikamenten.

Das Motto der Ersten Hilfe lautet: **Schauen – denken – handeln.** Wer die Nerven verliert, ist keine echte Hilfe. Die wichtigsten Behelfe zur Wundversorgung, Blutstillung etc. müssen in einem sichtbar gekennzeichneten Erste-Hilfe-Kasten leicht erreichbar sein.

Aufgabenstellungen – „Arbeitssicherheit in der Küche"

1. Gibt es in Ihrer Schulküche Stellen, an denen besonders leicht ein Brand entstehen könnte? Begründen Sie Ihre Antworten.
2. Von welchen Haushaltsunfällen hört man immer wieder? Stellen Sie dar, wie man sie vermeiden könnte. Die Antwort, einfach nichts im Haushalt zu tun, gilt jedoch nicht!

Haushaltsunfälle sind vermeidbar

6 Menüs (Speisenfolgen)

Überlegen Sie gemeinsam: Was macht ein gelungenes Menü aus?

Ein Menü ist eine Folge zweier oder mehrerer aufeinander abgestimmter Gerichte in einer festgelegten Reihenfolge.

Je nach Anzahl der Gänge unterscheidet man zwischen
- Tagesmenü: Menü bestehend aus zwei bis drei Gängen.
- Festmenü: bestehend aus vier bis sechs Gängen.
- Degustationsmenü: bestehend aus bis zu zehn Gängen. Degustationsmenüs werden nur in Spitzenrestaurants angeboten.

Degustation = Verkostung.

Klassische Menüreihenfolge	Kombinationen für Tagesmenüs	Kombinationen für Festmenüs	Zeitgemäße Menüreihenfolge
1 Kalte Vorspeise			1 Kalte Vorspeise
2 Suppe			2 Suppe
3 Warme Vorspeise			3 Warme Vorspeise
4 Fisch, Krusten- und Weichtiere			4 Fisch, Meeresfrüchte
5 Hauptgericht			5 Eisgetränk (Sorbet)
6 Warmes Zwischengericht			6 Hauptgericht (Fleischgericht)
7 Kaltes Zwischengericht			7 Käse
8 Eisgetränk (Sorbet)			8 Warme oder kalte Süßspeise
9 Braten, Salat, Gemüse			
10 Warme Süßspeise			
11 Kalte Süßspeise			
12 Nachtisch (Dessert)			
13 Würzbissen			

Ob klassisch oder modern – viele Kombinationen sind möglich. Hier ein paar Beispiele.

Carpaccio = gefrostetes, hauchdünn geschnittenes Rinderfilet, meist mit Olivenöl, Salz und Pfeffer mariniert.

Die Portionsgrößen der einzelnen Gerichte hängen immer davon ab, ob sie als Gericht innerhalb einer Menüfolge oder als À-la-carte-Menü angeboten werden.

Mousse = feines Püree von Schinken, Geflügel etc. mit geschlagenem Obers in Formen, gesulzt.

Die Gänge im Einzelnen

Kalte Vorspeisen

Diese kleinen Gerichte leiten das Menü ein und sind mit ihrem pikanten Geschmack dazu bestimmt, Lust auf mehr zu machen. Sie sollen weder sättigend noch zu scharf sein.

Als kalte Vorspeisen eignen sich z. B. Vorspeisencocktails, Spargel, Salate, Pasteten, Terrinen, Schinken, Roastbeef, Carpaccio.

Suppen

Sie können auch als erster Gang gereicht werden. Suppen als Vorspeise regen den Appetit an und bereiten den Magen auf kommende Genüsse vor. Man unterscheidet zwischen klaren und gebundenen Suppen, Spezialsuppen, kalten Suppen, Regional- und Nationalsuppen.

Warme Vorspeisen

Diese kleinen Gerichte sollen einen leichten Übergang nach der Suppe zum Fisch oder zum Hauptgericht herstellen. Warme Vorspeisen sind häufig als kleine, eigenständige Gerichte auf der Speisenkarte zu finden.

Als warme Vorspeisen eignen sich z. B. Pasteten, Strudel, Gemüse-, Getreide-, Nudel- und Reisgerichte, Aufläufe und Gebackenes.

Fische, Krusten- und Weichtiere

Werden Fische und Meerestiere innerhalb einer Menüreihenfolge angeboten, so werden kleinere Portionen ohne Beilagen serviert. Werden sie als Hauptgericht serviert, sind die Portionen größer und mit Beilagen und Salaten ergänzt.

Hauptgerichte

Darunter werden im Ganzen gedünstete oder gekochte Stücke von Schlachtfleisch, Wild und Geflügel verstanden. Als Beilagen eignen sich Gemüse, Teigwaren, Knödel, Kroketten und Kartoffeln.

Warme Zwischengerichte

Dazu zählen alle Fleischgerichte, die vor der Zubereitung portioniert oder in kleine Stücke geschnitten werden.

Kalte Zwischengerichte

Aufschnittplatten und kaltes Geflügel werden neben Pasteten, Terrinen, Mousses und Krustentieren häufig als kalte Zwischengerichte angeboten. In der warmen Jahreszeit serviert man sie auch gerne als Hauptgericht.

Eisgetränk (Halbgefrorenes, Sorbet)

Für Sorbets wird Fruchteis mit Likör, Wein oder Schaumwein aufgegossen. Sorbets sind eine erfrischende Abwechslung vor dem Hauptgericht, sie sind aber auch als Dessert sehr beliebt. Eines sollte jedoch unterlassen werden: sie nach der Suppe anzubieten.

💡 Das Sorbet ist ein erfrischender Zwischengang in einem Menü.

Braten

Darunter versteht man alle im Ganzen gebratenen Stücke mit Beilagen und Salaten.

Süßspeisen

Grundsätzlich unterscheidet man zwischen warmen und kalten Süßspeisen. In Österreich werden die Süßspeisen oft fälschlicherweise Mehlspeisen genannt. Dabei sind Mehlspeisen (wie der Name schon sagt, ist ein Hauptbestandteil Mehl) nur ein kleiner Teil dessen, was unter den Begriff Süßspeisen fällt.
- Nach einem reichhaltigen Hauptgericht empfiehlt man am besten leichte Frucht- oder Topfenspeisen, Cremen, Gelees, Kompotte oder Eis.
- Nach leichtem, nicht sättigendem Hauptgericht darf es ruhig etwas kalorienreicher sein, etwa mit Aufläufen, Puddings, Crêpes, Strudeln, Fruchtknödeln, Schmarren, Germteigspeisen, Torten und Schnitten.

Die Süßspeise soll auf alle anderen Speisen abgestimmt sein

Nachtisch (Dessert)

In der zeitgemäßen Menüreihenfolge gilt das Dessert als letzter Gang. Bei der klassischen Menüreihenfolge gibt es jedoch nach wie vor eine Trennung zwischen Süßspeisen und Nachtisch, bei dem Käse, frisches Obst, Fruchtsalate, Kompotte oder Eis angeboten werden.

Aha!
Im romanischen Raum (Italien, Portugal, Spanien, Frankreich etc.) wird der Käse meist nach dem Hauptgericht gegessen. In Großbritannien hingegen wird Käse immer erst nach der Süßspeise serviert.

Würzbissen

Würzbissen dienen zur Geschmacksneutralisierung nach einem klassischen Menü. In der zeitgemäßen Menüreihenfolge werden sie selten als eigener Menügang angeboten, sondern vorwiegend als warme Vorspeisen bzw. als kleine Zwischenmahlzeit außerhalb eines Menüs gereicht.

Als Würzbissen eignen sich Käsegebäck, kleine Toasts und Pizzas.

💡 Der Anlass bestimmt den Umfang des Menüs.

Kaffee

Er ist nicht Teil der klassischen Menüreihenfolge, bildet aber den Abschluss bei jeder Speisenfolge. Kaffee regt die Nerven und die Verdauung an oder, anders gesagt, macht müde Geister wieder munter.

Kaffee ist ein beliebter Abschluss eines Menüs

Küchenführung

Erstellung eines Menüs

Folgendes sollte bei der Erstellung eines Menüs beachtet werden:

- Grundzutaten und Zubereitungsarten sollen sich innerhalb einer Speisenfolge nicht wiederholen.
- Die Farben der einzelnen Speisen sollen sich voneinander abheben und nicht zu einem Einheitsbrei verkommen. Man isst auch mit den Augen!
- Warenangebot: Am besten sind frische Nahrungsmittel der jeweiligen Jahreszeit.

Diese Fragen sollten Sie sich vor der Erstellung eines Menüs stellen:

- Handelt es sich um ein Tages-, Fest- oder Feinschmeckermenü?
- Wie viele Personen werden kommen? Ist genügend Geschirr vorhanden?
- Welche Altersgruppe (Kinder, Jugendliche, Erwachsene, alte Menschen etc.) wird erwartet?
- Welche Speisen werden bevorzugt? Ein Gast, der einer schweren körperlichen Arbeit nachgeht, benötigt energiereiche Speisen. Ein Gast mit einer sitzenden Tätigkeit wird eher eine leichte Kost bevorzugen.
- Muss auf Essgewohnheiten Rücksicht genommen werden? So gut wie alle Religionen haben spezielle Essvorschriften, auf die eingegangen werden sollte. Aber auch Lieblingsspeisen von Gästen können in die Menüplanung miteinbezogen werden.
- Wird eine spezielle Kost verlangt? Viele Gäste sind dankbar für eine kalorienreduzierte Kost oder eine spezielle Diät bei Nahrungsmittelunverträglichkeit.
- Für welchen Anlass wird gekocht (Wochentag, Sonntag, Geburtstag, Hochzeit, Weihnachten, Ostern ...)?
- Lässt sich der Arbeitsablauf für das Menü mit den Möglichkeiten der Küche bewerkstelligen?

Muslimischen Gästen ist z. B. der Genuss von Schweinefleisch verboten. Viele Christen essen auch heute noch an Freitagen (Todestag von Jesus Christus) kein Fleisch.

Trends in der Menüplanung

Regionale und saisonale Küche

Ein gesundes Speisenangebot zu machen und dabei wirtschaftlich zu bleiben, bedeutet auch, **regional und saisonal** einzukaufen. Achten Sie daher bei der Menüplanung darauf, woher die Lebensmittel kommen und zu welcher Jahreszeit sie in unserer Region wachsen. Die Lebensmittel, die aus der Region stammen und die zu einer bestimmten Jahreszeit wachsen, haben meist einen hohen Vitamin- und Mineralstoffgehalt, sind gesund und brauchen nicht weit transportiert zu werden. Dies schont auch die Umwelt.

Regionale Lebensmittel sind eine gute Basis in der Menüplanung

Denken Sie daran: Gäste sind meist gut informiert über regionale und saisonale Angebote. Sie schätzen es mehr, Speisen aus frischen Lebensmitteln der Region zu bekommen, als dass sie exotische, weit gereiste Zutaten in Kauf nehmen.

Vollwertküche

In der Vollwertküche werden vor allem naturbelassene Lebensmittel verarbeitet. Durch schonende Zubereitungsarten wie Dämpfen oder Garen in Folie werden die Vitamine und Mineralstoffe weitgehend erhalten.

Vollwertmenüs

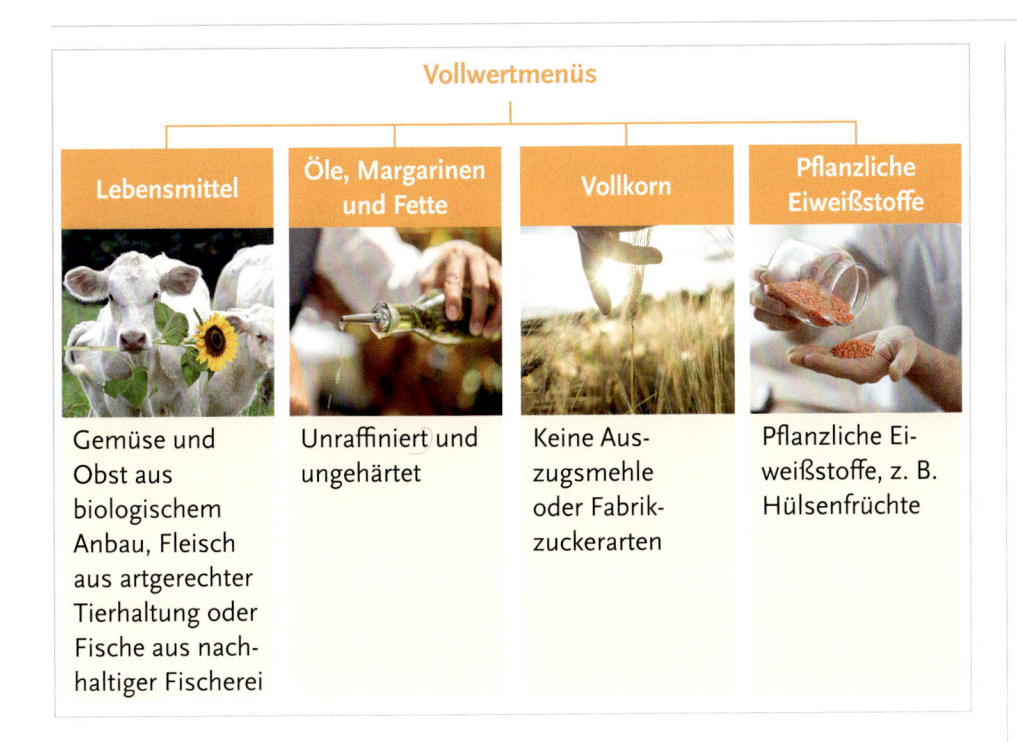

Lebensmittel
Gemüse und Obst aus biologischem Anbau, Fleisch aus artgerechter Tierhaltung oder Fische aus nachhaltiger Fischerei

Öle, Margarinen und Fette
Unraffiniert und ungehärtet

Vollkorn
Keine Auszugsmehle oder Fabrikzuckerarten

Pflanzliche Eiweißstoffe
Pflanzliche Eiweißstoffe, z. B. Hülsenfrüchte

Nationalküchen

Mit jedem Land ist eine eigene, unverwechselbare Küche verbunden, die sich aus der Lebensart der Menschen, dem agrarischen Angebot und den religiösen Sitten und Gebräuchen entwickelt hat. Diese Speisen stehen für ein Land und werden über die Grenzen hinaus möglichst originalgetreu nachgekocht.

Beispiele
Aus Österreich sind Wiener Schnitzel und Linzer Torte weltberühmt, aus Italien neben Carpaccio auch Gnocchi, aus Griechenland Tsatsiki und Moussaka (siehe Abbildung).

💡 Gehen Vollwertküche und regionaler, saisonaler Einkauf Hand in Hand und werden spannende Anregungen aus den Nationalküchen übernommen, steht einer gesunden und zeitgemäßen Menüplanung nichts mehr im Weg.

Allergenauszeichnung in der Gastronomie

Gäste müssen mündlich oder schriftlich (z. B. in der Speisenkarte) über die Verwendung der 14 definierten Allergene informiert werden. Die schriftliche Kennzeichnung kann entweder mit **Kurzbezeichnungen** oder mit **Buchstabencodes** erfolgen.

Kurzbezeichnung (Code)

- Glutenhaltiges Getreide (A)
- Krebstiere (B)
- Ei (C)
- Fisch (D)
- Erdnuss (E)
- Soja (F)
- Milch oder Laktose (G)
- Schalenfrüchte (H)
- Sellerie (L)
- Senf (M)
- Sesam (N)
- Sulfite (O)
- Lupinen (P)
- Weichtiere (R)

💡 Bei der Kurzbezeichnung muss z. B. in der Fußnote der Speisenkarte vermerkt sein, dass es sich um eine Allergeninformation gemäß Codex-Empfehlung handelt.

Küchenführung

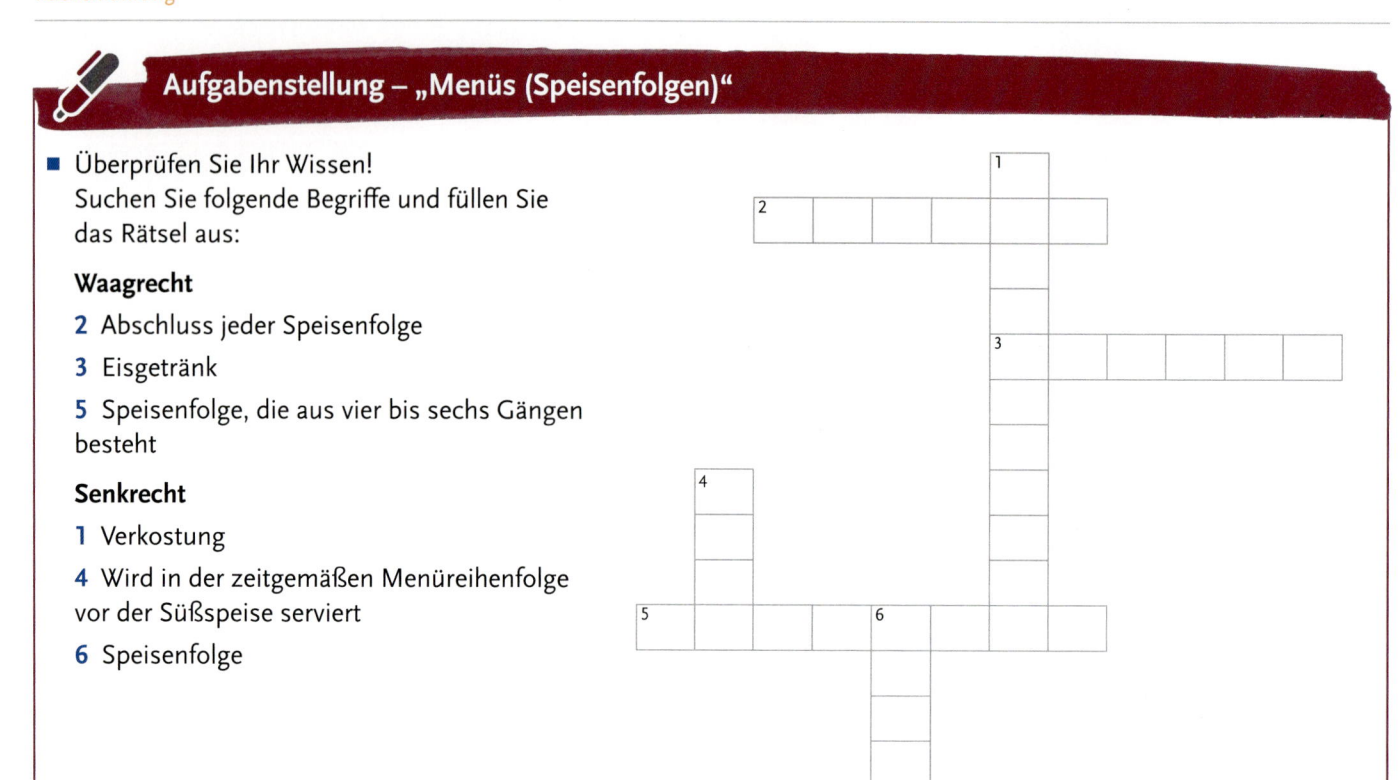

Aufgabenstellung – „Menüs (Speisenfolgen)"

- Überprüfen Sie Ihr Wissen!
Suchen Sie folgende Begriffe und füllen Sie das Rätsel aus:

Waagrecht

2 Abschluss jeder Speisenfolge

3 Eisgetränk

5 Speisenfolge, die aus vier bis sechs Gängen besteht

Senkrecht

1 Verkostung

4 Wird in der zeitgemäßen Menüreihenfolge vor der Süßspeise serviert

6 Speisenfolge

7 Arbeitsorganisation

Was halten Sie von dieser Aussage: „Es ist Zeitverschwendung, vor dem Kochen auch noch zu planen. Die Zeit kann man doch gleich zum Kochen nutzen."?

Die Arbeit in der Küche besteht nicht nur aus Kochen. Damit die Abläufe gut organisiert sind, bedarf es einer genauen Arbeitsplanung bzw. -einteilung.

Ergonomie

Unter Berücksichtigung von Erfahrungswerten können Arbeitsräume, Arbeitsplätze, Einrichtungsgegenstände, Maschinen und Betriebsmittel so gestaltet werden, dass sie zur Gesundheit und zum Wohlbefinden der Mitarbeiter/innen beitragen.

Ergonomie ist die Lehre von der Anpassung der Arbeitsbedingungen und der Betriebsmittel an den Menschen. Dabei werden u. a. folgende Kriterien berücksichtigt:
- Körpermaße der Person
- Rechts- oder Linkshändigkeit
- Körperliche Beeinträchtigungen

Vorteile eines passenden Arbeitsplatzes
- *Die körperliche Beanspruchung wird vermindert.*
- *Man kann sich besser konzentrieren.*
- *Die Freude an der Arbeit wird gefördert.*

Teilbereiche der Ergonomie

- Arbeitsumgebung
- Betriebsmittel
- Arbeitshaltung
- Arbeitsfluss

⚠️ Ein nach ergonomischen Kriterien gestalteter Arbeitsplatz trägt zum Wohlbefinden bei und verhindert Verletzungen bzw. einseitige Belastungen, die Rückenschmerzen oder Verspannungen verursachen können.

Arbeitsumgebung

Der **Mindestraumbedarf** pro Mitarbeiter/in beträgt 9 m², für zwei Mitarbeiter/innen 14 m² und für drei Mitarbeiter/innen 15 m². Der verringerte Platzbedarf erklärt sich aus der Einrichtung, die sich bei mehreren Personen nicht erhöht.

Für die **Beleuchtung** sollte das Tageslicht voll ausgenutzt werden können. Ist dies nicht möglich, sollte die Farbe des Kunstlichts dem Tageslicht möglichst nahekommen, das Licht sollte blendungsfrei sein und die für die Arbeit nötige Stärke haben.

Das **Klima** des Raumes entscheidet über für das Wohlbefinden des arbeitenden Menschen. Bei 20 °C und einer Luftfeuchtigkeit von 55 Prozent ist das Wohlbefinden bei der Tätigkeit am höchsten – konzentriertes Arbeiten ist möglich.

Ein weiterer wesentlicher Faktor ist der **Lärm**. Wie Geräusche empfunden werden, hängt von der Tagesverfassung ab, von der Einstellung zur Lärmquelle und von der persönlichen Beanspruchung im Arbeitsablauf (Konzentration). Gleichbleibende, monotone Geräusche ermüden, hohe Frequenzen sind eine nervliche Belastung.

💬 Was denken Sie über Musik am Arbeitsplatz? Diskutieren Sie darüber in der Gruppe.

Betriebsmittel

Betriebsmittel sind Gegenstände, die zur Ausführung einer Arbeitsaufgabe eingesetzt werden, z. B. Schneidmesser, Stabmixer, Reinigungsmittel, Waschmaschine oder Computer. Gut funktionierende Betriebsmittel erleichtern die Arbeit, unterstützen die Gesunderhaltung des Menschen und tragen zu einem positiven Arbeitsergebnis bei.

Eigenschaften eines guten Küchenmessers

- Breiter Klingensteg
- Übergang von Klinge zu Griff ohne Zwischenraum
- Ergonomischer Griff
- Schmal zulaufende, scharfe Klinge
- Handschutz

Moderne Geräte haben benutzerfreundliche Bedienungselemente
- Griffige Oberfläche
- Gefahrloses Bedienen mit wenig Kraftaufwand
- Sicherheitsabstand bei Hitzebelastung

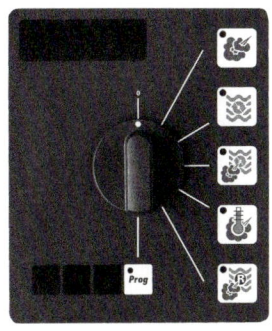

Benutzerfreundliches Bedienungselement

Küchenführung

Beobachten Sie an sich selbst, bei welcher Körperhaltung während einer bestimmten Arbeit Sie eine Belastung spüren, und überlegen Sie, ob es eine bessere Haltung für die Ausführung dieser Tätigkeit gäbe.

Die Körperhaltung steht in direktem Zusammenhang mit dem Energieverbrauch.

Körperhaltung

Durch richtige Körperhaltung wird gesundheitlichen Schäden vorgebeugt. Durch falsche Körperhaltung tritt ein Leistungsverlust ein, weil mehr Kraft als notwendig aufgebracht werden muss. Die Körperhaltung soll also so gewählt werden, dass bei minimalem Energieaufwand ein maximales Arbeitsergebnis erzielt werden kann. Dies ist z. B. durch höhenverstellbare Arbeitsflächen möglich.

Belastung in fünf Minuten bei verschiedenen Körperhaltungen

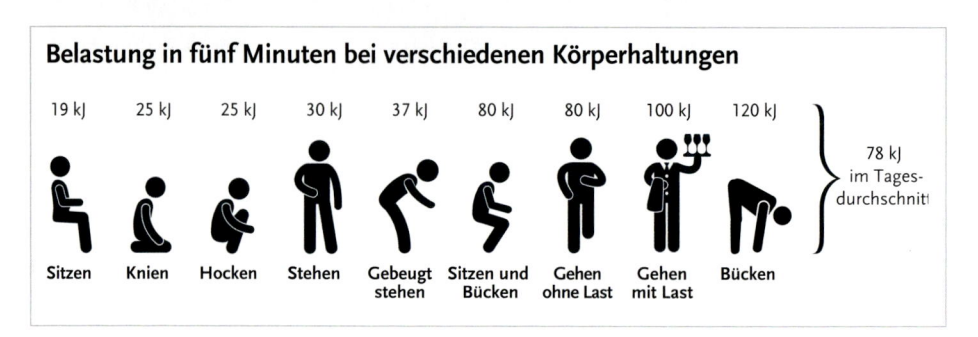

19 kJ	25 kJ	25 kJ	30 kJ	37 kJ	80 kJ	80 kJ	100 kJ	120 kJ
Sitzen	Knien	Hocken	Stehen	Gebeugt stehen	Sitzen und Bücken	Gehen ohne Last	Gehen mit Last	Bücken

78 kJ im Tagesdurchschnitt

Achten Sie auch darauf, dass:
- Sie runde, fließende Bewegungen, bei denen der Schultergürtel und die Arme gleichmäßig bewegt werden, durchführen,
- Sie möglichst mit beiden Händen arbeiten,
- Sie einseitige Arbeiten sowie Arbeiten über der Schulterhöhe vermeiden,
- eine aufrechte Körperhaltung und ein Wechsel der Körperhaltung bei länger andauernden Tätigkeiten die Wirbelsäule entlasten,
- Sie Lasten immer gleichmäßig verteilen.

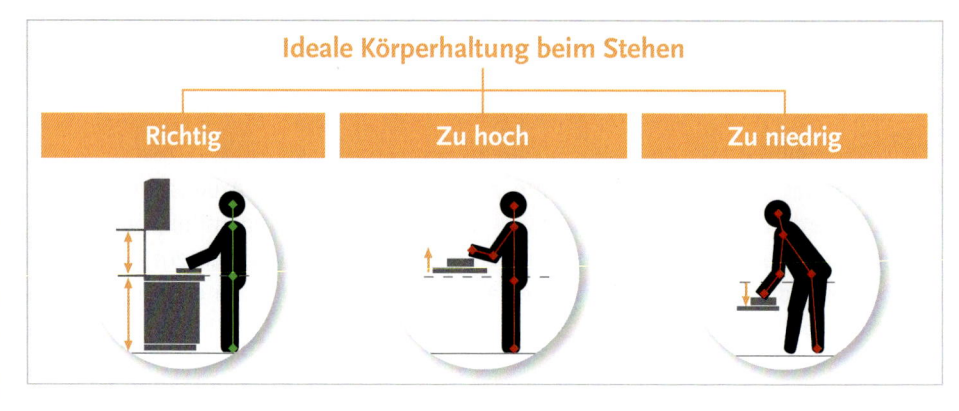

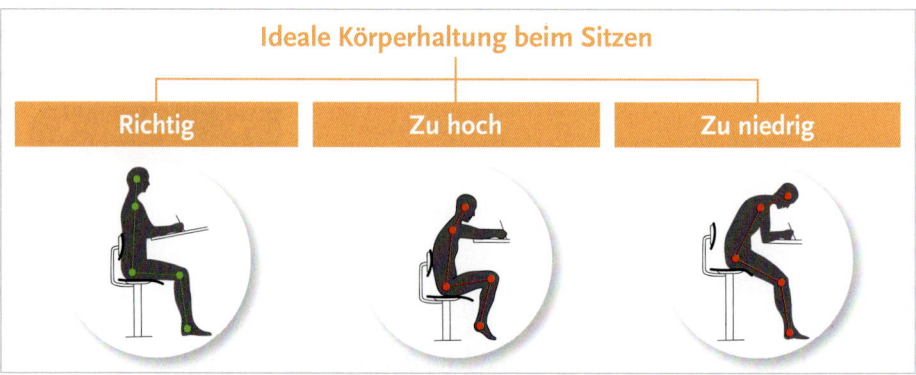

Ideale Körperhaltung beim Stehen:
- Kopffreiheit
- Schultergürtel entlastet
- Oberarme locker hängend
- Unterarme im rechten Winkel
- Die durchschnittliche Arbeitshöhe beträgt 85–90 cm

Ideale Körperhaltung beim Stehen

Richtig	Zu hoch	Zu niedrig

Beobachten Sie, wie Sie an Ihrem Arbeitsplatz sitzen: Fühlen Sie sich wohl? Was können Sie verändern, um entspannt zu sitzen?

Ideale Körperhaltung beim Sitzen

Richtig	Zu hoch	Zu niedrig

Die durchschnittliche Arbeitshöhe im Sitzen beträgt 65–70 cm.

Nicht nur Arbeitshöhe, Arbeitshaltung und Bewegungsablauf beschreiben einen ergonomischen Arbeitsplatz, sondern auch der Greifbereich. Man unterscheidet den kleinen, den optimalen und den maximalen Greifbereich.

Arbeitsplatz: vom kleinen bis zum maximalen Greifbereich

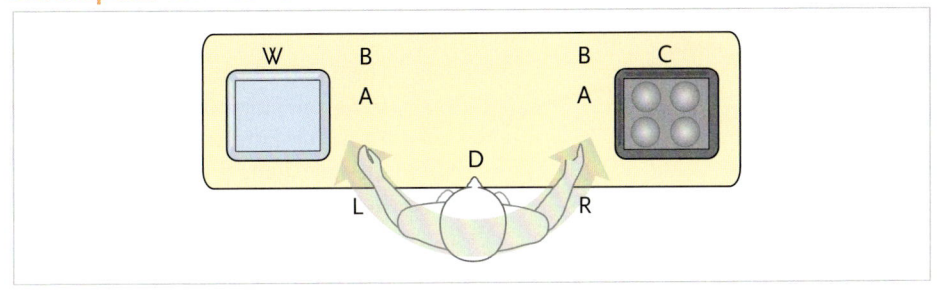

Legende
L = Greifraum linke Hand
R = Greifraum rechte Hand
W = Waschbecken
C = Ceranfeld
A = **optimaler Greifbereich:** häufig gebrauchte Betriebsmittel oder Materialien.
B = **maximaler Greifbereich:** selten gebrauchte Betriebsmittel oder Materialien (ausgestreckte Arme).
D = **kleiner Greifbereich:** Arbeitszentrum; hier liegt z. B. das Schneidbrett (abgewinkelte Arme).

Arbeitsfluss

Der optimale Arbeitsfluss wird durch jene Anordnung der Betriebsmittel erreicht, die es der arbeitenden Person ermöglichen, ihre Tätigkeit
- unter geringem Kraftaufwand,
- mit fließenden Bewegungen und
- ohne unnötige Ablaufunterbrechungen auszuführen.

Eine optimale Arbeitsplatzgestaltung ist Voraussetzung für
- die Vermeidung von Unfällen,
- professionelles Arbeiten,
- eine schonende Körperhaltung.

Arbeitsplanung

Checkliste Arbeitsplanung
- Welche Arbeiten müssen heute erledigt werden?
- Welche Prioritäten haben die Arbeiten?
- Wie groß ist der erforderliche Zeitbedarf?
- Inwieweit bin ich heute bereits durch Termine gebunden?
- Welche Qualität wird erwartet?
- Welche Informationen benötige ich zur Erledigung der Arbeit?
- Wer muss vom Ergebnis benachrichtigt werden?
- Wie merke ich, ob das Ziel erreicht wurde?

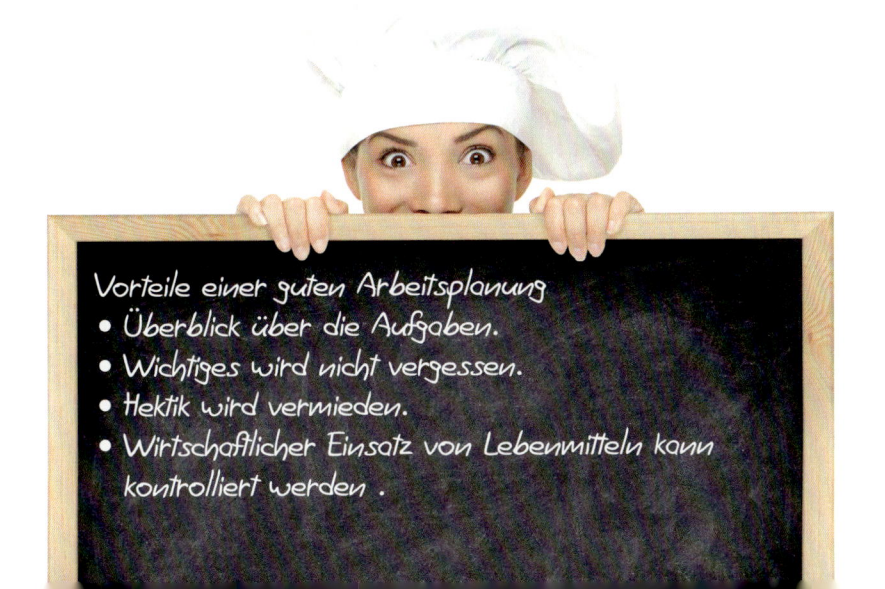

Vorteile einer guten Arbeitsplanung
- Überblick über die Aufgaben.
- Wichtiges wird nicht vergessen.
- Hektik wird vermieden.
- Wirtschaftlicher Einsatz von Lebensmitteln kann kontrolliert werden.

Küchenführung

Paula P.s Müsliherstellung oder die Klärung der Sinnfrage zur Arbeitsplanung

10:00 Uhr
Paula verrührt Joghurt mit Honig. Hoppla, das war zu viel Honig! Schnell noch etwas Joghurt dazu, jetzt stimmen die Mengenverhältnisse nicht mehr. Die Schüssel wird zu klein, sie muss das Joghurt umfüllen.

10:20 Uhr
Paula merkt, dass sie den Getreideschrot nicht eingeweicht hat. Sie mischt den Schrot einfach so ein. „So ein mühsames Rezept", denkt sie wütend.

10:45 Uhr
Um 11:00 Uhr soll das Müsli fertig sein, um 10:45 Uhr stellt Paula mit Entsetzen fest, dass die Äpfel ganz braun sind. Sie hat die Zitrone vergessen. Sie hat Mitleid mit sich selbst, weil sie immer die schwierigen Aufgaben erledigen muss, und arbeitet schlecht gelaunt weiter.

10:55 Uhr
Schnell, schnell sucht sie um kurz vor elf 20 gleiche Schüsserln zusammen, füllt das Müsli ein – und entdeckt das Packerl Zimt, das still auf der Arbeitsfläche gewartet hat. Sie rührt nun in jedes Schüsserl einzeln etwas Zimt, stellt dabei fest, dass das Getreide noch ganz hart ist, und ärgert sich, dass Küchenarbeit immer so enorm stressig ist.

11:15 Uhr
Viel zu spät liefert sie das Müsli ab, ohne Garnitur, das wäre sich beim besten Willen nicht mehr ausgegangen, dafür muss doch jeder Verständnis haben, wo der armen Paula doch heute alles schiefgeht.
Paula ist sauer, kostet angewidert ein Müsli und denkt verärgert: „So viel Arbeit, und ich hab ja immer schon gewusst, dass ich Müsli nicht mag."

Haben Sie Ideen, was Paula tun kann, um zu einem besseren Ergebnis zu kommen? Diskutieren Sie darüber!

Zeitmanagement ist im Küchenbereich besonders wichtig

Zeitmanagement

Betrieblich gesehen ist Zeit Geld, daher ist es ratsam, mit dem **Zeitkapital** sorgsam umzugehen. Es ist notwendig, die Schritte einer Tätigkeit gut zu überlegen und die dafür benötigte Zeit zu schätzen oder durch Zeitnehmung zu messen. Zur Zeitplanung werden **Aufgabenanalysen** erstellt.

Folgende Zeitarten werden unterschieden:

Zeitarten

Grundzeit (GZ)	Tätigkeitszeit (TZ)	Wartezeit (WZ)	Verteilzeit (VZ)
Zeit, die für die Bewältigung der gesamten Arbeitsaufgabe notwendig ist (Tätigkeitszeit und Wartezeit).	Zeit, die für die planmäßige Ausführung einer Arbeitsaufgabe erforderlich ist, z. B. das Schneiden von Zwiebeln, die Herstellung eines Abtriebs.	Die Wartezeit ergibt sich durch den Arbeitsablauf, z. B. Suppe köcheln lassen, Parfait tiefgefrieren, Teig rasten lassen. Sie wird für andere Tätigkeiten genutzt (siehe Zubereitungsplan).	Diese Zeit wird von der Grundzeit berechnet (ca. 10 %) und dient als Puffer. Sie setzt sich aus sachlicher Verteilzeit (z. B. mangelnder Verarbeitungsqualität der Rohstoffe) und persönlicher Verteilzeit (z. B. WC-Besuch) zusammen.

Grundzeit und Verteilzeit ergeben die geplante Arbeitszeit.

Für die grafische Darstellung der Zeitarten werden Symbole benötigt. Die Zeitdauer wird in Minuten (min) angegeben und die kleinste Zeitspanne ist **fünf Minuten.**

Aufgabenanalyse

Bei der Aufgabenanalyse werden das Was, Wie und Womit festgelegt. Ergänzt wird die Aufstellung durch geschätzte oder feststehende Zeitangaben. Jeder Ablaufabschnitt erhält außerdem einen Code, der sich aus einem Großbuchstaben und einer Ziffer zusammensetzt. Wird eine Tätigkeit erstmals durchgeführt oder eine neue Mitarbeiterin/ein neuer Mitarbeiter eingeschult, werden die Ablaufabschnitte genauer beschrieben. Sonst reicht eine Grobstruktur.

Analysieren = untersuchen.

Beispiel Feinstruktur: Zwiebelrostbraten mit Bandnudeln und Babykarotten für 4 Portionen

A	Gedünsteter Zwiebelrostbraten	min	Zeitart
A1	Mise-en-Place-Arbeiten durchführen	5	TZ
A2	Vorbereitungsarbeiten: Zwiebeljulienne herstellen, Rostbraten plattieren, ziselieren, würzen, eine Seite bemehlen, Öl erhitzen	5	TZ
A3	Mit bemehlter Seite in heißes Fett legen, auf beiden Seiten anbraten, herausnehmen	10	TZ
A4	Zwiebeljulienne im Bratrückstand bräunen, stauben	5	TZ
A5	Mit Fond ablöschen, Rostbraten einlegen	5	TZ
A6	Dünsten lassen	*25	WZ
A7	Abschmecken	5	TZ
A8	Anrichten – garnieren – ausgeben	5	TZ
		65	**GZ**
		10	VZ

Die **Feinstruktur** beschreibt die einzelnen Arbeitsschritte genauer. Dies ist besonders beim Beispiel „Zwiebelrostbraten" erkennbar.

* = Wartezeit.

B	Bandnudeln	min	Zeitart
B1	Mise-en-Place-Arbeiten durchführen, Wasser zustellen	5	TZ
B2	Nudeln kochen	*10	WZ
B3	Abseihen, nach Bedarf abschrecken, zur Seite stellen	5	TZ
B4	À la minute in Butter regenerieren	5	TZ
B5	Anrichten – garnieren – ausgeben	5	TZ
		30	**GZ**
		5	VZ

C	Gedämpfte Babykarotten	min	Zeitart
C1	Mise-en-Place-Arbeiten durchführen	5	TZ
C2	TK-Babykarotten dämpfen	*10	WZ
C3	À la minute in Butter regenerieren und würzen	5	TZ
C4	Anrichten – garnieren – ausgeben	5	TZ
		25	**GZ**
		5	VZ

Die Babykarotten werden mit Butter vollendet

Küchenführung

Beispiel Grobstruktur: Müsli für 50 Portionen		min	Zeitart
A	Müsli		
A1	Mise-en-Place-Arbeiten durchführen, Getreideschrot ansetzen	5	TZ
A2	Schrot quellen lassen	*25	WZ
A3	Müsli zubereiten	40	TZ
A4	Anrichten – garnieren – ausgeben	30	TZ
		100	**GZ**
		10	VZ

In der Grobstruktur wird nicht mehr beschrieben, wie das Müsli genau hergestellt wird, wie das Obst geschnitten werden soll, wie portioniert werden soll. Die Mitarbeiter/innen wissen durch trainiertes Handeln, was zu tun ist, und können sich anhand der Grobstruktur gut orientieren.

Zubereitungsplan

Die Zusammenfassung von Aufgabenanalysen für eine Mitarbeiterin/einen Mitarbeiter nennt man Zubereitungsplan. Er wird in der Restaurantküche eingesetzt.

Zubereitungsplan

Datum:	Codierung der Speisen
Portionen: 4	A Gedünsteter Zwiebelrostbraten
Zubereitungszeit: 10:20 Uhr bis 11:55 Uhr	B Bandnudeln
Servicebeginn: 11:55 Uhr	C Gedämpfte Babykarotten
Mitarbeiter/innen: 1	

155	165	175	185	195	205	215	225	235	245	255	265	275	285
10:00	10:15	10:30		10:45	11:00		11:15	11:30		11:45	12:00		12:15
Vorarbeiten		A	A	A	A	A	B	C	B	A	A	B	B	C	C	Service	NA
		1	2	3	4	5	1	1	3	7	8	4	5	3	4		

Wartezeiten: A6, B2, C2

| B 3 | Tätigkeitszeit | ⊢——⊣ Wartezeit | ▨ Verteilzeit |

Aufgabenstellungen – „Arbeitsorganisation"

1. Erläutern Sie den Begriff Ergonomie und erklären Sie, warum ergonomische Grundsätze in Betrieben berücksichtigt werden.
2. Beschreiben Sie den optimalen Arbeitsfluss in der Küche.
3. Begründen Sie die Vorteile der Arbeitsplanung anhand des Textes auf Seite 40.

8 Vorbereiten von Lebensmitteln

Welche Verunreinigungen können auf Gemüse gefunden werden? Kreuzen Sie an:

☐ *Schnecken* ☐ *Erde* ☐ *Autoabgase* ☐ *Schimmel* ☐ *faule Stellen*
☐ *Keime* ☐ *Käfer* ☐ *Schädlingsbekämpfungsmittel* ☐ *Staub*

Wollen Sie das essen? Nein? Dann also ran ans Werk und ordentlich geputzt!

Bevor man mit dem eigentlichen Kochen beginnen kann, ist es notwendig, dass die dafür notwendigen Lebensmittel richtig vorbereitet sind.

Vorbereiten von Gemüse und Obst

Was?	Wie?	Warum?
Putzen	Mit dem Gemüsemesser Stängelansätze, Wurzelenden, faule Stellen, Kerne, Kerngehäuse etc. entfernen.	Diese Teile sind nicht zum Verzehr geeignet.
Schälen	Mit dem Sparschäler oder Gemüsemesser dünn schälen.	Schalen sind oft verschmutzt bzw. nicht genießbar.
Waschen	Obst und Gemüse muss vor der Verarbeitung gewaschen werden.	Ungeziefer, Krankheitskeime und Reste von Schädlingsbekämpfungsmitteln sind gesundheitsschädlich.
Einweichen	Lebensmittel werden für einige Zeit in kaltes Wasser gelegt. ▪ Trockenfrüchte, Trockengemüse, getrocknete Pilze ▪ Hülsenfrüchte in drei- bis vierfacher Menge Wasser	Das entzogene Wasser wird wieder zugesetzt, die Lebensmittel werden wieder weich.

Lebensmittel müssen vor dem Garen vorbereitet werden

Brokkoli kurz in Salzwasser legen, um den Verbleib von Ungeziefer zu verhindern.

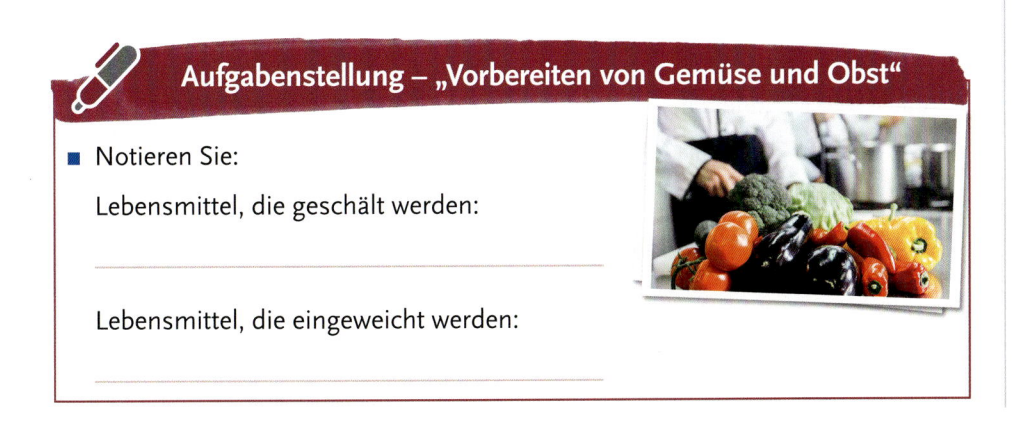

Aufgabenstellung – „Vorbereiten von Gemüse und Obst"

▪ Notieren Sie:

Lebensmittel, die geschält werden:

_____

Lebensmittel, die eingeweicht werden:

_____

⚠ Bei zu langem Waschen geht ein Großteil der wasserlöslichen Vitamine verloren.

Küchenführung

Zwiebelsuppe

Schneiden von Zwiebeln

Zwiebelstreifen

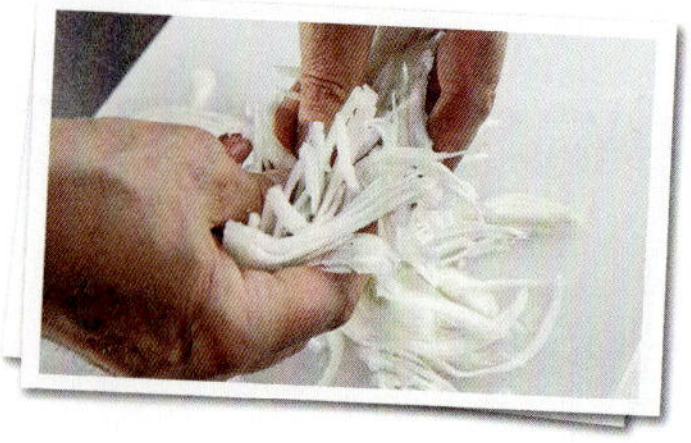

- Zwiebel schälen.
- Der Länge nach halbieren (Schnitt durch die Wurzel).
- 2–3 mm dünne Streifen schneiden.

Wofür?
- Für Salate, zu Sulzen, saurem Rindfleisch etc.
- Als Suppeneinlage für Zwiebelsuppe.
- Zum Ansetzen von Ragouts und Braten, z. B. für Gulasch, Zwiebelrostbraten.

Gemüsesalat mit Zwiebelwürfeln

Zwiebelwürfel

- Zwiebel schälen.
- Der Länge nach halbieren.
- Senkrecht zum Wurzelende sehr fein einschneiden, ohne dieses durchzuschneiden (das Wurzelende hält die Zwiebel zusammen).
- Zwei- bis dreimal waagrecht einschneiden.
- Anschließend quer zum Wurzelende senkrecht kleine Würfel schneiden.

Wofür?
- Roh zu Salaten, Vorspeisen und Saucen.
- Zum Anrösten für diverse Gerichte.

Mit Zwiebelringen garnierter Salat

Zwiebelringe

- Zwiebel schälen.
- Quer zur Wurzel in dünne Scheiben schneiden.
- Aus den Scheiben Ringe herauslösen.

Wofür?
- Zum Garnieren von Salaten, Vorspeisen, kalten Fischgerichten und Speckbroten.
- In Bierteig gebacken als Suppeneinlage.

Jardinière   🔊 *Schardinjär*

Schneiden von Gemüse

Grobwürfelig

Jardinière

Wurzelgemüse (Karotten, Sellerie, Petersilienwurzeln, Gelbe Rüben),
Zwiebeln und Kartoffeln in 1 cm große Würfel schneiden.

Wofür?
- Gedämpftes oder glaciertes Mischgemüse als Beilage.
- Für Ragouts und Eintöpfe.
- Als Garnituren.

8 Vorbereiten von Lebensmitteln

Feinwürfelig
Brunoise

Wurzelgemüse und Paprika:
- Der Länge nach in 3–4 mm dünne Scheiben schneiden.
- Die Scheiben in feine Stäbchen und diese anschließend in Würfel schneiden.

Wofür?
- Für Suppen und Saucen.
- Für Fleisch- und Fischgerichte.
- Für Nudel- und Reisgerichte.
- Zur Verfeinerung von Ragouts.

Brunoise 🔊 *Brünoas*

Feine Streifen
Julienne

Karotten, Sellerie, Lauch, Gelbe Rüben und Petersilienwurzeln:
- Der Länge nach in feine Scheiben schneiden.
- Danach in 4–5 cm lange feine Streifen schneiden.

Wofür?
- Für Rohkost und Salate.
- Als Suppeneinlage.
- Für Saucen.
- Zur Garnierung von Fisch- und Fleischgerichten.

Julienne 🔊 *Schülienn*

Mit Julienne garnierter Salat

Grobblättrig
à grandes feuilles, Scheiben

Wurzelgemüse, Kartoffeln, Kohlgemüse, Kohlrabi:
- In 1 cm dicke Stäbe und anschließend grobblättrig schneiden.

Champignons, Karotten:
- Der Länge nach halbieren und dann grobblättrig schneiden.

Wofür?
- Als Gemüsebeilage.
- Zum Ansetzen von Fischfonds und Saucen.
- Zu Fischgerichten.
- Als Garnierung.

à grandes feuilles 🔊 *a gra föi*

Polenta mit Pilzscheiben

Feinblättrig
Paysanne

Wurzelgemüse, Kartoffeln und Zwiebeln:
Der Länge nach in ca. 1 cm dicke Stäbe und dann in dünne Blätter schneiden.

Wofür?
- Für Gemüsesuppen.
- Für helle und dunkle Fleischsaucen.
- Zur Verfeinerung von Ragouts und Wildgerichten.

Paysanne 🔊 *Pesann*

Küchenführung

Bâtonnets 🔊 *Batonetts*

Stäbchen
Bâtonnets

Karotten, Rüben, Sellerie, Kohlrabi und Kartoffeln:
Der Länge nach in 5 mm dicke und ca. 5 cm lange Stäbchen schneiden.

Wofür?
- Blanchiert für Gemüsesalate und Gemüsegerichte.
- Als Garnitur.
- Gedünstet als Gemüsebeilage.

Ovale Formen
Tournieren

Wurzelgemüse und Kartoffeln:
- In 5 cm lange Spalten oder Stäbe schneiden.
- Mit Tourniermesser formen.

Wofür?
- Als Beilage zu kurz gebratenen oder pochierten Fisch- und Fleischgerichten.
- Als Garnitur.

Parisienne 🔊 *Parisienn*

Melonenkugeln

Runde Formen
Parisienne

Karotten, Rüben, Sellerie, Kartoffeln, Kohlrabi, Gurken und Melonen:
Mit Parisienneausstecher ausstechen bzw. formen.

Wofür?
- Als Beilage und Garnierung für Gerichte aus Meeresfrüchten und Fisch sowie für kurz gebratenes Fleisch vom Lungenbraten.
- Als Garnitur für kalte Buffets und Cocktails.

Weitere Schneidetechniken

Was?	Wie?	Wofür?
Raspeln und Hobeln	Zerkleinern oder blättrig raspeln.	Rohes Wurzel- und Grüngemüse, Stein- und Kernobst.
Reiben	Mit der Handreibe oder der Universalmaschine feinst zerkleinern.	■ Handreibe: Kren, Zitronenschale, Hartkäse, Muskatnuss. ■ Universalmaschine: Nüsse, Schokolade.
Mahlen	Mit der Mühle mahlen.	Kaffee, Mohn, Getreide.
Hacken	Mit dem Hackmesser oder Wiegemesser feinst zerkleinern.	Kräuter, blanchiertes Blattgemüse, Kerne und Nüsse.

Vorbereiten von Fleisch und Geflügel

Wässern
Nieren in Milch oder Wasser legen.

Wofür?
Um Uringeschmack zu vermeiden.

Parieren
Parüren (Haut, Fett, Sehnen, Knorpel) entfernen.

Wofür?
Sie werden als Geschmacksbildner in Fonds mitgekocht.

💡 Parüren sind nicht genießbar und werden nach dem Garen entfernt.

Portionieren
- Schneiden von Schnitzeln, Filets, Koteletts, Steaks, Ragouts.
- Faschieren.
- Schnetzeln.

Klopfen
Plattieren
- Mit dem Plattiereisen das portionierte Fleisch (nicht zu fest) klopfen.
- Haut bzw. Fettrand einschneiden (ziselieren).

Wofür?
- Das Bindegewebe wird gelockert.
- Wird die Haut bzw. der Fettrand nicht eingeschnitten, wölbt sich das Fleisch und kann nicht gleichmäßig gebraten werden.

Schneiden von Spickspeck
- Speck gut vorkühlen und in ca. 7 cm lange und 4 mm breite Streifen schneiden.

Wofür?
Ist der Speck gut gekühlt, lässt er sich besser schneiden.

Spicken
Mit Spicknadel Speckstreifen, rohe Gemüsestreifen oder Knoblauch einziehen.

Wofür?
Mageres Fleisch wird dadurch saftiger und geschmacklich verbessert.

Binden
Mit Nadel und Bindfaden Geflügel, Kalbsbrust, Rindsroulade etc. formen.

Wofür?
Das Fleisch wird in Form gebracht und behält seine Form während des Garens.

Küchenführung

Küchenfertig ausgenommener Wolfsbarsch

Vorbereiten von Fisch

Fisch wird vor dem Verarbeiten gründlich unter fließendem Wasser gewaschen und mit Küchenkrepp trockengetupft. Dabei ist darauf zu achten, dass alle Schuppen und Blutreste entfernt werden. Auch die Innenseite des Fisches ist gründlich auszuspülen. Der Fisch darf nicht im Wasser liegen, damit er nicht ausgelaugt wird.

> Der gesäuberte Fisch wird mit Zitronensaft gesäuert – damit das Fleisch weiß und fest bleibt sowie zur geschmacklichen Unterstützung – und mit frischen Kräutern gewürzt und erst nach dem Garen gesalzen.

Würzen

Gut gewürzt ist halb gewonnen. Der Eigengeschmack von Gerichten sollte dabei erhalten bleiben. Gerade bei scharfen Gewürzen ist es wichtig, Fingerspitzengefühl zu zeigen. Ein Zuviel an Schärfe betäubt nämlich die Geschmacksnerven.

Würzen verlangt Fingerspitzengefühl

Gewürzsäckchen

- Je nachdem, was gekocht wird, werden Pfefferkörner, Kümmel, Majoran, Rosmarin, Gewürznelken, Wacholderbeeren, Salbei etc. in ein Säckchen aus Baumwolle oder Filterpapier (Teebeutel für Blatttee) gegeben.
- Mit einem Bindfaden das Säckchen zuschnüren und am Henkel des Topfes befestigen.

Verwendet werden Gewürzsäckchen für Suppen, Fleisch-, Fisch- und Gemüsegerichte. Der Vorteil eines Gewürzsäckchens ist, dass die Gewürze jederzeit entfernt werden können und nicht im Gargut „herumschwimmen".

Gespickte Zwiebel

- Zwiebel schälen, einschneiden und ein Lorbeerblatt in den Einschnitt stecken.
- Gewürznelken in die Zwiebel stecken.

Gespickte Zwiebeln werden für gedünsteten Reis, für Saucen, Fonds und Ragouts verwendet.

Suppengrün

- Suppengrün besteht aus Wurzelgemüse, wie Karotten, Sellerie, Petersilienwurzeln und Gelben Rüben.
- Die Zutaten werden zusammengebunden und in der Suppe mitgekocht.

Der Vorteil ist, dass das gebündelte Suppengrün nach dem Kochen leicht entfernt werden kann. Suppengrün wird, wie kann es anders sein, für klare Suppen und Fonds verwendet.

Kräuterbündel

- Ein Kräuterbündel setzt sich aus Lauch, Petersiliengrün, Selleriegrün und Liebstöckel zusammen.
- Es dient zur Geschmacksverbesserung von Suppen, Saucen, Fonds und Ragouts.

Aufgabenstellungen – „Vorbereiten von Lebensmitteln"

Überprüfen Sie Ihr Wissen:

1. Schneidet man Gemüse in feine Streifen, so heißt dies _____.
2. Wurzelgemüse und Kartoffeln können zu ovalen Formen _____ werden.
3. Gemüsestäbchen werden auch als _____ bezeichnet.
4. Das Entfernen von Haut, Fett, Sehnen und Knorpeln von Fleisch nennt man _____.
5. Was ist was? Ordnen Sie die Begriffe den Bildern zu:

   a) Gewürzsäckchen ▪ b) Gespickte Zwiebel ▪ c) Suppengrün ▪ d) Kräuterbündel

9 Garverfahren

Überlegen Sie, wie folgende Gerichte gegart werden könnten:

Rindsuppe: _____   Wiener Schnitzel: _____   Brokkoliauflauf: _____

Rindsrouladen: _____   Palatschinken: _____

Lebensmittel sind wertvoll und teuer. Die Auswahl des richtigen Garverfahrens ist daher wichtig, damit ein Gericht auch wirklich gelingt.

Die verschiedenen Garmethoden wirken auf bestimmte Lebensmittel unterschiedlich. Die Lebensmittel werden entweder weicher (z. B. Obst) oder fester (z. B. Pudding), zarter oder knackiger, milder oder kräftiger im Geschmack.

Eiweiß gerinnt beim Garen, Fett wird flüssig, Stärke verkleistert, Zellen ziehen sich zusammen (z. B. Fleisch) oder dehnen sich aus (z. B. Brot), Fleisch- und Pflanzenfasern werden weich.

Es entstehen neue Duft-, Farb- und Geschmacksstoffe (z. B. die Veränderungen, die in einem Teig vorgehen, wenn er zum Kuchen wird).

Was passiert beim Garen?

Lebensmittel verändern sich in Bezug auf Verdaulichkeit und Verwertbarkeit: Kohlenhydrate, z. B. Kartoffeln, Hülsenfrüchte, die in rohem Zustand nicht verdaut werden können, werden durch Garen genießbar.

Der Wert eines Lebensmittels verändert sich: hitzeempfindliche Vitamine gehen verloren, schädliche Mikroorganismen und Krankheitskeime werden abgetötet.

Küchenführung

Die Garverfahren im Überblick

Blanchieren/Überkochen

in Wasser	in Fett
Kurzes Überkochen in viel kochendem Wasser. Der Topf wird dabei nicht zugedeckt. Anschließendes sofortiges kaltes Abschrecken.	Kurzes Vorbacken in heißem Fett; anschließend gut abtropfen lassen.
Geeignet für: Gemüse, wie z. B. Tomaten, Spinat, Kohl; Obst, wie z. B. Pfirsiche; Knochen, Karkassen etc.	**Geeignet für:** dick geschnittene Kartoffeln, Pommes frites.

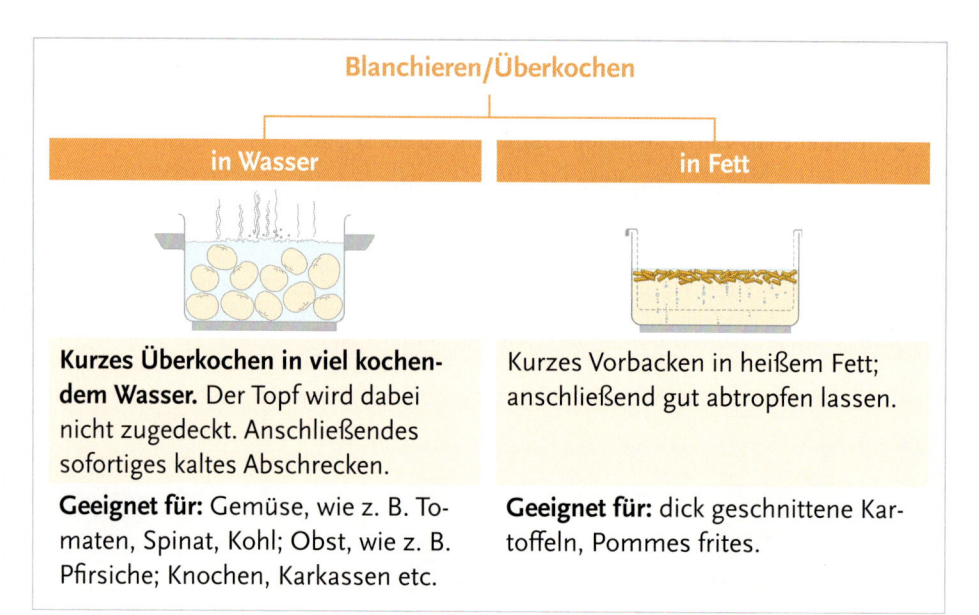

Blanchierter Blattspinat

Karkassen = Knochengerippe von Geflügel und Fischen.

Anmerkungen

- Das Gargut muss völlig mit kochender Flüssigkeit bedeckt sein, das Wasser muss auch nach dem Einlegen des Gargutes weiterkochen.
- Kohlgemüse verliert durch das Blanchieren den scharfen Geruch und evtl. Bitterstoffe.
- Grünes Gemüse behält seine Farbe.
- Gemüse wird vor dem Tiefkühlen blanchiert.
- **Blanchieren von Knochen, Karkassen:** Die Knochen werden durch das Blanchieren vorgereinigt, die Suppe bleibt dadurch klar.
- **Blanchieren als Schälhilfe:** Um Gemüse, Nüsse oder Früchte mit dünnschaliger Haut besser schälen bzw. enthäuten zu können, werden sie kurz blanchiert. Beispiele sind Tomaten (siehe S. 100), Pfirsiche oder Mandeln.

Pochieren (Garziehen)

Garziehen ist ein **schonendes Garverfahren** bei ca. 70–80 °C in wenig oder viel Flüssigkeit (Wasser, Fond) oder im Wasserbad. Pochiert wird offen, teilweise zugedeckt oder ganz zugedeckt.

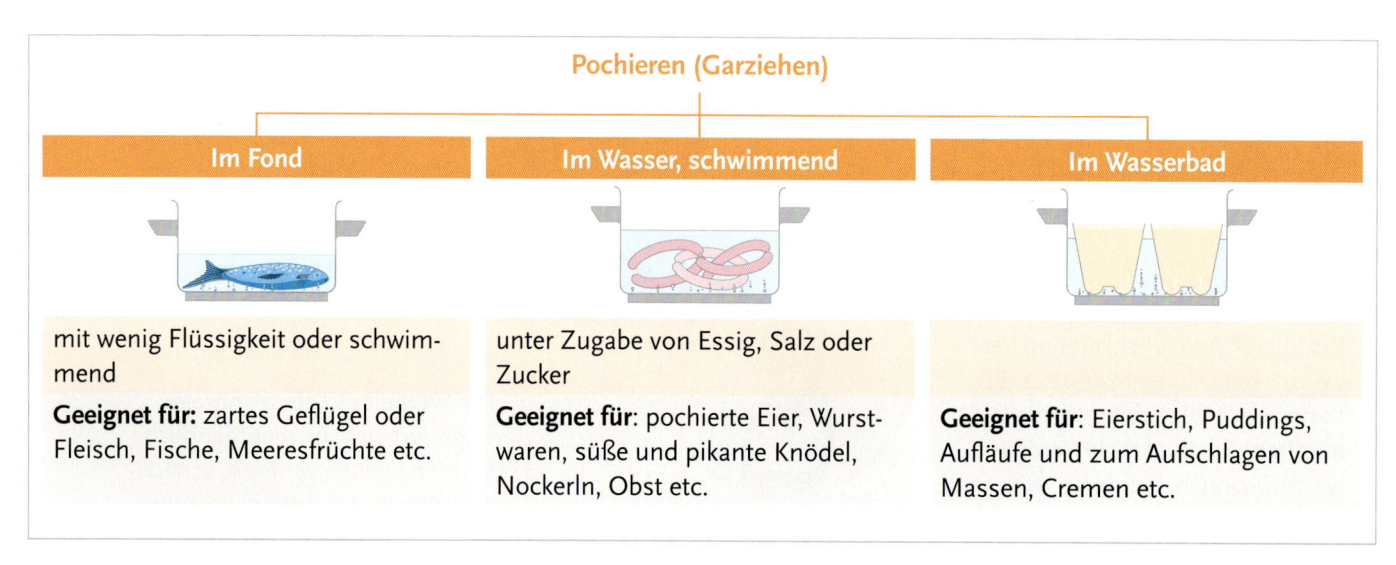

Pochierter Fisch

Pochieren (Garziehen)

Im Fond	Im Wasser, schwimmend	Im Wasserbad
mit wenig Flüssigkeit oder schwimmend	unter Zugabe von Essig, Salz oder Zucker	
Geeignet für: zartes Geflügel oder Fleisch, Fische, Meeresfrüchte etc.	**Geeignet für:** pochierte Eier, Wurstwaren, süße und pikante Knödel, Nockerln, Obst etc.	**Geeignet für:** Eierstich, Puddings, Aufläufe und zum Aufschlagen von Massen, Cremen etc.

Anmerkungen

- Beim Pochieren darf die Flüssigkeit nie zu kochen beginnen, da das Gargut (z. B. Fleisch) sonst austrocknet.
- Die Flüssigkeitsmenge richtet sich nach dem jeweiligen Gargut. Kleine Portionsstücke, z. B. Fischfilets, werden mit wenig Flüssigkeit untergossen. Große Stücke mit längerer Garzeit sollten mit Flüssigkeit leicht bedeckt sein.

Kochen/Sieden

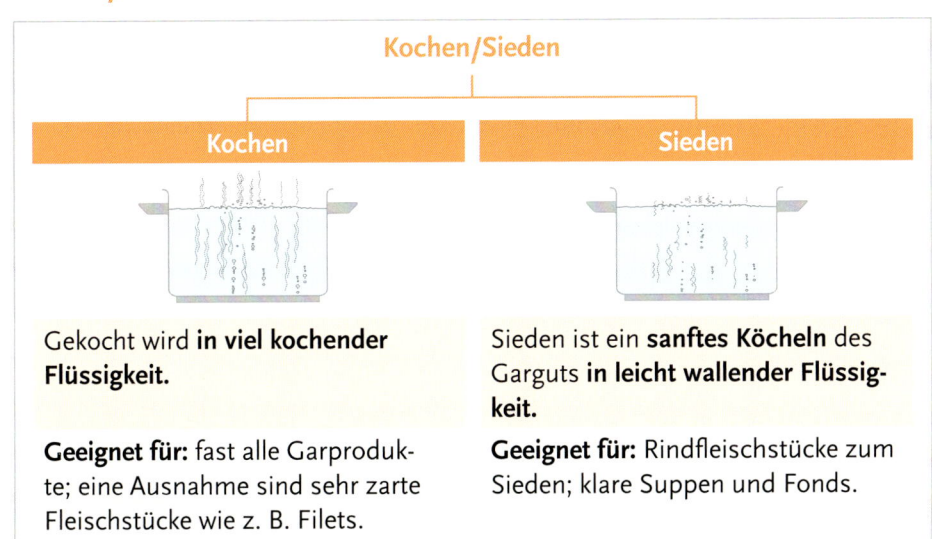

Kochen
Gekocht wird **in viel kochender Flüssigkeit**.

Geeignet für: fast alle Garprodukte; eine Ausnahme sind sehr zarte Fleischstücke wie z. B. Filets.

Sieden
Sieden ist ein **sanftes Köcheln** des Garguts **in leicht wallender Flüssigkeit**.

Geeignet für: Rindfleischstücke zum Sieden; klare Suppen und Fonds.

Rindsuppe

Anmerkungen

- Die meisten Nahrungsmittel werden in die kochende bzw. siedende Flüssigkeit eingelegt. Ausnahmen sind Kartoffeln, Hülsenfrüchte, Trockenobst, Suppenknochen und -fleisch – sie stellt man kalt zu.
- Je nach Nahrungsmittel wird offen (Teigwaren, Kohlgemüse etc.) oder zugedeckt (Kartoffeln) gekocht.
- Das Gargut soll zur Gänze mit Flüssigkeit bedeckt sein.

Dämpfen

Dämpfen ist **Garen im Dampf**.

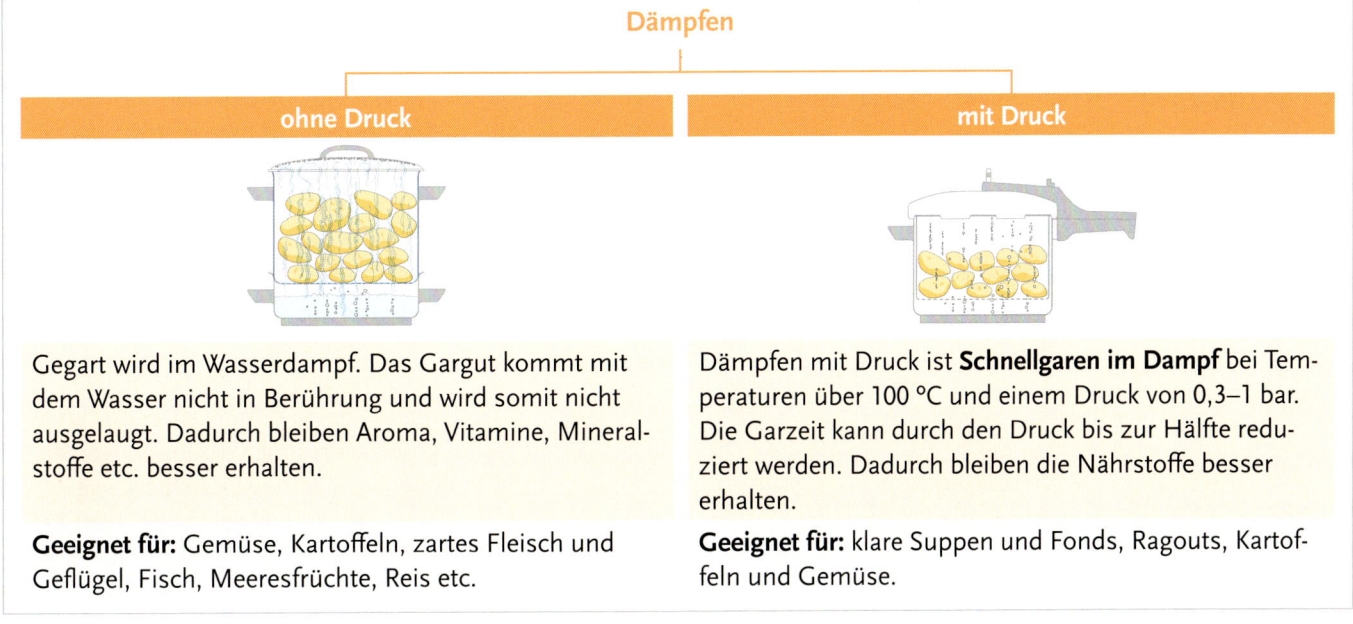

ohne Druck
Gegart wird im Wasserdampf. Das Gargut kommt mit dem Wasser nicht in Berührung und wird somit nicht ausgelaugt. Dadurch bleiben Aroma, Vitamine, Mineralstoffe etc. besser erhalten.

Geeignet für: Gemüse, Kartoffeln, zartes Fleisch und Geflügel, Fisch, Meeresfrüchte, Reis etc.

mit Druck
Dämpfen mit Druck ist **Schnellgaren im Dampf** bei Temperaturen über 100 °C und einem Druck von 0,3–1 bar. Die Garzeit kann durch den Druck bis zur Hälfte reduziert werden. Dadurch bleiben die Nährstoffe besser erhalten.

Geeignet für: klare Suppen und Fonds, Ragouts, Kartoffeln und Gemüse.

Küchenführung

Dämpfer gibt es auch für den Privathaushalt

Anmerkungen

- **Vorsicht, heißer Dampf!** Den Deckel bzw. die Tür eines Kombidämpfers immer mit Geschirrtuch und genügend Abstand zum Gesicht öffnen, damit man sich nicht verbrennt.
- Die Flüssigkeit sollte sanft köcheln, bei zu starker Hitze verdampft die Flüssigkeit zu rasch.
- Der Topf muss immer mit einem Deckel verschlossen werden, damit nicht unnötig Dampf entweicht.

⚠️ **Aufgepasst!** Einen Dampfdruckkochtopf darf man nie ganz anfüllen.
- Bereitet man eine Suppe oder einen Fond zu, sollte er maximal halb voll sein.
- Dämpft man z. B. Kartoffeln oder Gemüse, sollte der Dampfdruckkochtopf nicht mehr als zu zwei Dritteln gefüllt werden.

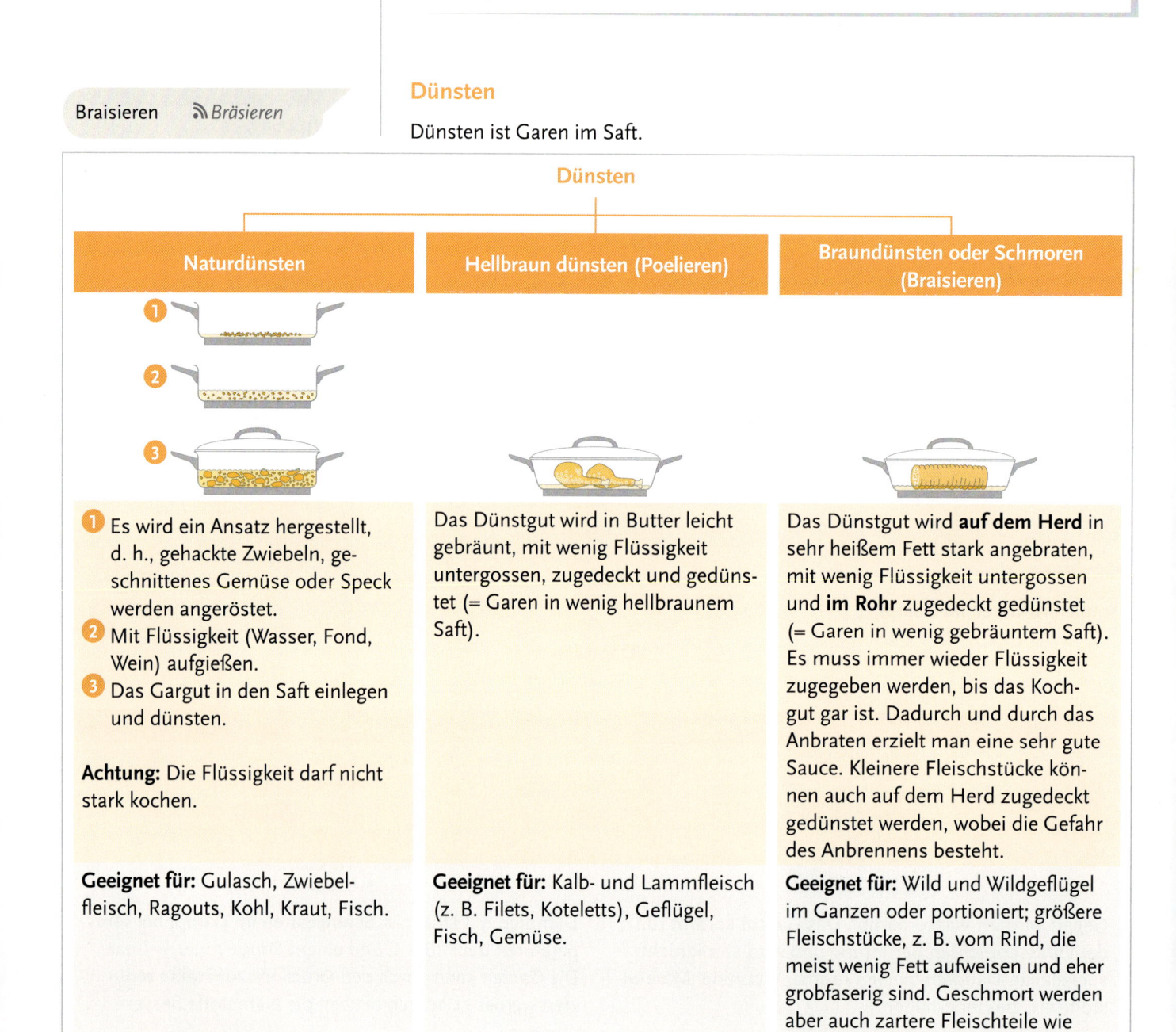

Braisieren 🔗 *Bräsieren*

Dünsten

Dünsten ist Garen im Saft.

Dünsten		
Naturdünsten	**Hellbraun dünsten (Poelieren)**	**Braundünsten oder Schmoren (Braisieren)**
❶ Es wird ein Ansatz hergestellt, d. h., gehackte Zwiebeln, geschnittenes Gemüse oder Speck werden angeröstet. ❷ Mit Flüssigkeit (Wasser, Fond, Wein) aufgießen. ❸ Das Gargut in den Saft einlegen und dünsten. **Achtung:** Die Flüssigkeit darf nicht stark kochen. **Geeignet für:** Gulasch, Zwiebelfleisch, Ragouts, Kohl, Kraut, Fisch.	Das Dünstgut wird in Butter leicht gebräunt, mit wenig Flüssigkeit untergossen, zugedeckt und gedünstet (= Garen in wenig hellbraunem Saft). **Geeignet für:** Kalb- und Lammfleisch (z. B. Filets, Koteletts), Geflügel, Fisch, Gemüse.	Das Dünstgut wird **auf dem Herd** in sehr heißem Fett stark angebraten, mit wenig Flüssigkeit untergossen und **im Rohr** zugedeckt gedünstet (= Garen in wenig gebräuntem Saft). Es muss immer wieder Flüssigkeit zugegeben werden, bis das Kochgut gar ist. Dadurch und durch das Anbraten erzielt man eine sehr gute Sauce. Kleinere Fleischstücke können auch auf dem Herd zugedeckt gedünstet werden, wobei die Gefahr des Anbrennens besteht. **Geeignet für:** Wild und Wildgeflügel im Ganzen oder portioniert; größere Fleischstücke, z. B. vom Rind, die meist wenig Fett aufweisen und eher grobfaserig sind. Geschmort werden aber auch zartere Fleischteile wie Teile vom Kalb (Ossobucco) oder Kaninchen sowie gefüllte Gemüse (z. B. gefüllte Paprika, Krautrouladen).

Anmerkungen

- Das Gargut darf keinesfalls in zu viel Flüssigkeit liegen. Bei optimaler Hitze steigen nur kleine Bläschen an die Oberfläche; Flüssigkeitsmenge kontrollieren, evtl. zwischendurch untergießen.
- Die Topfgröße muss der Garmenge entsprechen, da in zu großen Töpfen die Garflüssigkeit zu rasch verdunstet.

Braten in der Pfanne

Kurzzeitbraten	Schwingend rösten, sautieren
Beidseitiges kurzes Braten in sehr heißem Fett. Es ist dazu nur sehr wenig Fett notwendig.	Klein geschnittenes Gargut in wenig heißem Fett schwingend rösten. Je nach Rezept im Saft oder in Sauce ziehen lassen – nicht kochen!
Geeignet für: zartes Rind-, Schweine-, Kalb-, Lammfleisch oder Wild in Portionsstücken, Geflügel, Innereien, Fisch, Meeresfrüchte, Melanzani, Tomaten, Zucchini etc.	**Geeignet für:** sehr zartes Rindfleisch wie Rinds- oder Schweinslungenbraten, Kalbfleisch, Hühner- oder Putenbrust, geröstete Leber.

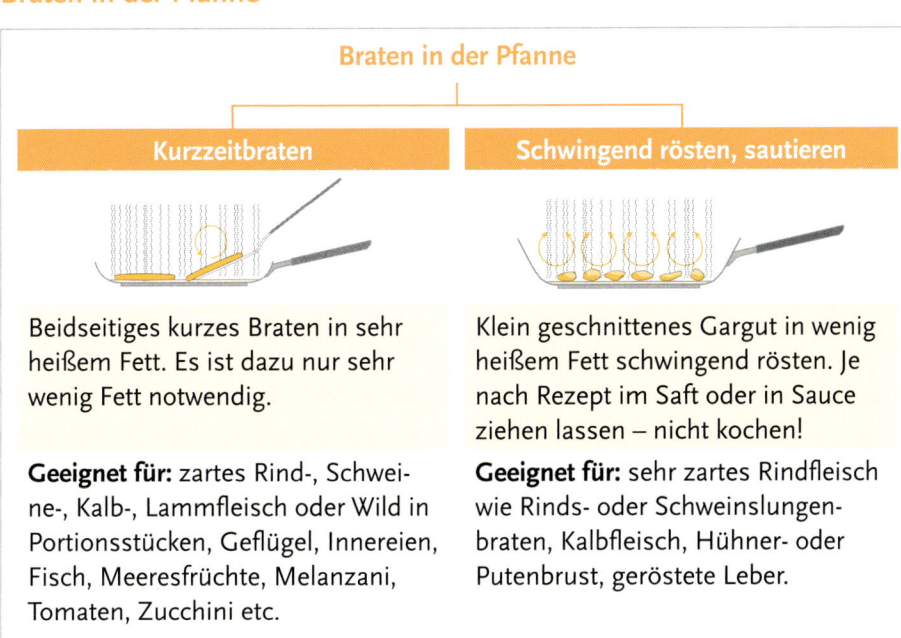

Anmerkungen

- **Das Fett muss heiß sein,** damit nicht zu viel Saft aus dem Fleisch austritt. Das Fleisch beginnt sonst zu schmoren und wird zäh. Die nötige Anfangstemperatur ist erreicht, wenn das Öl an der Oberfläche feinste Wellen wirft bzw. kurz vor dem Rauchpunkt ist. Zum Braten sollte nur hitzebeständiges Fett (Speiseöl) verwendet werden. Bei reduzierter Hitze kann Öl zusammen mit Butter verwendet werden – der Geschmack wird wesentlich beeinflusst (Vorsicht – Butter bräunt rascher). In Teflonpfannen kann man auch ohne Fett braten.
- **Zartes, saftiges Fleisch klebt leicht an**
  Durch das Einlegen der Fleischstücke wird teilweise das Öl, welches eine Trennschicht bildet, nach außen verdrängt. In der Folge klebt das Fleisch am Pfannenboden – daher Fleischstücke nach einigen Sekunden Anbratzeit hochheben bzw. die Pfanne schwenken.
- **Dicker geschnittene Fleischstücke unbedingt rasten lassen!**
  Der Saft muss nach dem Braten wieder in die Fleischzellen zurückgehen. Dazu lässt man das Fleisch rasten. Es wird dadurch saftiger und zarter.

Tipps zur Fleischvorbereitung beim Braten in der Pfanne
- *Fleischstücke mit wenig Fettanteil eventuell mit Speck umwickeln.*
- *Erst knapp vor dem Zubereiten salzen bzw. würzen.*
- *Fettrand (ist ein Geschmacksträger) einschneiden.*

Braten im Rohr

Braten im Rohr

Langzeitbraten mit Fett	Langzeitbraten im eigenen Saft – ohne Fett
Gargut bei 200–250 °C im Brat-/Backrohr in wenig heißem Fett unbedeckt anbraten. Unter öfterem Begießen mit dem Fett aus der Bratpfanne bei 140–160 °C fertig braten.	Fleischstück in eine Bratpfanne geben, die Flüssigkeit soll den Pfannenboden bedecken. Bei 230 °C zugedeckt im Brat-/Backrohr braten (man erspart sich dadurch das Übergießen).
Geeignet für: ganze Stücke vom Kalb, Schwein oder Rind, Lamm, Wild und Wildgeflügel, Geflügel, Kraut (Stöcklkraut), Kartoffeln.	**Geeignet für:** Schweinefleisch, Geflügel, Lamm, Gemüse.

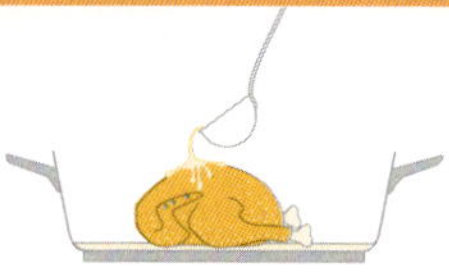

Braten im Rohr

Anmerkungen

- Fleischstücke während des Bratens keinesfalls anstechen.
- Große Bratenstücke vom Schwein werden immer durchgebraten, dunkles Fleisch (z. B. Filet und Beiried vom Rind, Lammkeule, Reh, Fasan) wird nicht ganz durchgebraten.
- Fleischstücke – vor allem rosa gebratene – müssen nach dem Garen nachziehen. Dieses Rasten bewirkt, dass sich der Fleischsaft gleichmäßig im Fleisch verteilt und das Fleisch beim Tranchieren wenig Saft verliert.

Grillen

Grillen

auf dem Rost	am Spieß
Gegart wird auf einem Rost oder einer Grillplatte.	Gegart wird bei trockener Hitzestrahlung (durch Holzkohlenglut, heiße Luft oder Infrarotstrahlung). Fleischstücke auf Spießen fixieren und drehen.
Geeignet für: Stücke aus Rücken und Schlögel von Schwein und Rind, Geflügel, Fische im Ganzen oder portioniert, Krustentiere, Tomaten, Melanzani, Zucchini, Kartoffeln, verschiedene Würste.	**Geeignet für:** ganze, zarte Fleischstücke, Geflügel, Wildgeflügel.

Grillen am Spieß

Anmerkungen

- Wird Fisch auf dem Rost gegrillt, sollte er vorher gut mit Öl bestrichen werden.
- Dunkles Fleisch bräunt schneller als helles Fleisch. Helles Fleisch oder Fisch ist an der Oberfläche nur hellbraun und trotzdem gar.
- Zum Grillen am Spieß müssen Geflügel und Wildgeflügel bridiert (gebunden) sein.

Frittieren/Backen in Fett

Das Gargut wird in heißem Fettbad – evtl. unter Wenden – schwimmend ausgebacken. Zum Ausbacken kann eine Fritteuse verwendet werden.

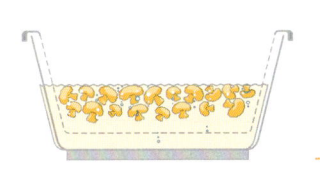

Geeignet für: zarte, kleine Fleischstücke, portioniertes Geflügel, Fisch, Kartoffeln, Kroketten, Suppeneinlagen (z. B. Backerbsen), Pommes frites, Gemüse, Kräuter und Obst im Backteig, Süßspeisen wie Krapfen oder Brandteiggebäck etc.

Wiener Schnitzel wird schwimmend ausgebacken

Anmerkungen

- Die richtige Gartemperatur garantiert eine vollkommene Krustenbildung und somit saftig Gebackenes. Bei zu starker Hitze wird das Gargut zu dunkel und ist möglicherweise nicht durch. Bei zu schwacher Hitze verkrustet die Panade bzw. der Backteig zu langsam, das Backgut saugt das Fett auf und verliert so deutlich an Qualität.
- Nach dem Herausheben des Backguts lässt man es vor dem Anrichten kurz auf Küchenkrepppapier abtropfen, so wird überschüssiges Fett entfernt.

Backen im Rohr

Gebacken wird in trockener, heißer Luft bei 170–250 °C, die durch Ober- und Unterhitze oder Umluft erzeugt wird.

Geeignet für: Fleisch im Teigmantel, Torten, Kuchen, Strudel, Pasteten, Quiches, Soufflés, Brot, Gebäck etc.

Anmerkungen

- Das Gargut wird bei einer höheren Temperatur angebacken und anschließend bei weniger Hitze ausgebacken.
- Germgebäckstücke bzw. Brot benötigen zum besseren Aufgehen Dampf. Manche Geräte haben dafür einen Wasseranschluss, durch den Dampf zugeführt wird. Es genügt jedoch auch, wenn man ein Gefäß mit Wasser dazustellt.

Vorsicht – Verbrennungsgefahr
- *Entsprechende Schutzhandschuhe sowie mehrfach zusammengelegte Tücher schützen beim Hantieren mit heißen Blechen vor Verbrennung.*

Küchenführung

Schonende Garverfahren

Gegart wird im Backrohr mit sehr wenig oder ganz ohne Fett. Diese Form des Garens ist in der Diätküche und in der Schonkost unerlässlich. Gerichte, die so zubereitet werden, eignen sich auch für Menschen mit sitzendem Beruf.

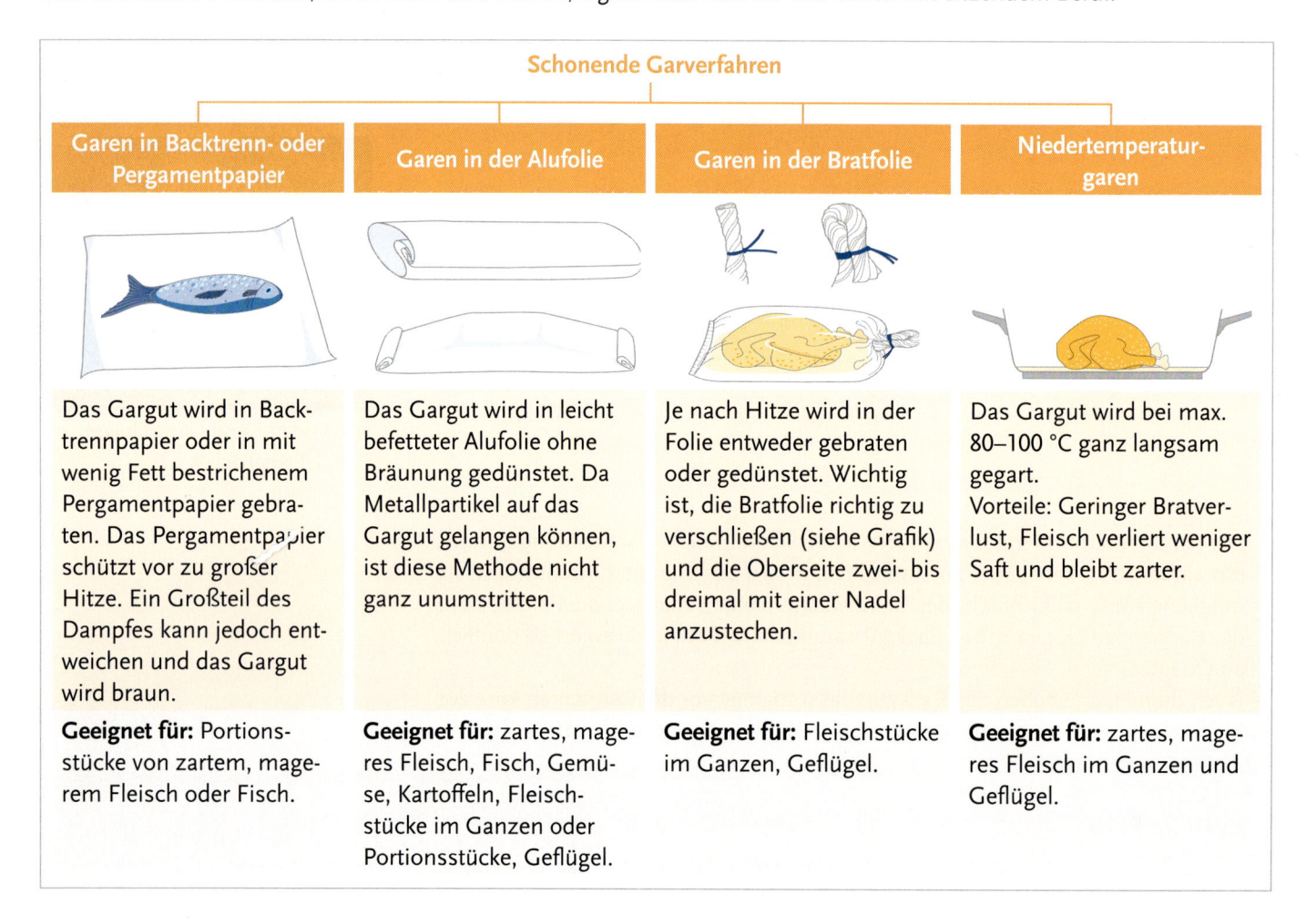

Schonende Garverfahren

Garen in Backtrenn- oder Pergamentpapier	Garen in der Alufolie	Garen in der Bratfolie	Niedertemperaturgaren
Das Gargut wird in Backtrennpapier oder in mit wenig Fett bestrichenem Pergamentpapier gebraten. Das Pergamentpapier schützt vor zu großer Hitze. Ein Großteil des Dampfes kann jedoch entweichen und das Gargut wird braun.	Das Gargut wird in leicht befetteter Alufolie ohne Bräunung gedünstet. Da Metallpartikel auf das Gargut gelangen können, ist diese Methode nicht ganz unumstritten.	Je nach Hitze wird in der Folie entweder gebraten oder gedünstet. Wichtig ist, die Bratfolie richtig zu verschließen (siehe Grafik) und die Oberseite zwei- bis dreimal mit einer Nadel anzustechen.	Das Gargut wird bei max. 80–100 °C ganz langsam gegart. Vorteile: Geringer Bratverlust, Fleisch verliert weniger Saft und bleibt zarter.
Geeignet für: Portionsstücke von zartem, magerem Fleisch oder Fisch.	**Geeignet für:** zartes, mageres Fleisch, Fisch, Gemüse, Kartoffeln, Fleischstücke im Ganzen oder Portionsstücke, Geflügel.	**Geeignet für:** Fleischstücke im Ganzen, Geflügel.	**Geeignet für:** zartes, mageres Fleisch im Ganzen und Geflügel.

⚠ Heiße Einmach wird immer mit kalter Flüssigkeit aufgegossen, kalte Einmach immer mit warmer Flüssigkeit.

Klümpchen können vermieden werden, indem man die Einmach oder Béchamel mit einem Schneebesen rührt

Bindemittel

Bindemittel werden zum Binden (Eindicken) und Verfeinern von Suppen, Saucen, Ragoutgerichten und Gemüse benötigt.

Bindemittel	Wie? Wofür?
Einmach	■ Butter oder Margarine erhitzen, Mehl beifügen, ohne Färbung einmal aufschäumen lassen. ■ Für gebundene Suppen, helle Saucen und Gemüse.
Helle Einbrenn	■ Fett erhitzen, Mehl beifügen, leicht anrösten. ■ Für kräftige Saucen und deftiges Gemüse, wie z. B. Bohnen, Linsen, Kohl.
Dunkle Einbrenn	■ Fett erhitzen, Mehl beifügen und rösten, bis es braun wird. ■ Für braune Saucen, Ragouts, Beuschel.
Béchamel	■ Einmach mit Milch aufgießen, aufkochen lassen und mit Schneebesen glatt rühren. ■ Für Gemüse- und Fleischfüllungen (z. B. für Lasagne).
Mehl (zum Stauben)	■ Mehl je nach Flüssigkeitsmenge in das fertige, heiße Gericht einrühren und nochmals aufkochen lassen. ■ Für Ragouts und als Saucenbasis.

Angerührtes Mehl	■ Mehl mit Wasser oder mit Sauerrahm und Wasser glatt rühren, der kochenden Speise beimengen und nochmals aufkochen lassen. ■ Für Suppen und Saucen.
Kartoffel- oder Maisstärke	■ Mit kalter Flüssigkeit glatt rühren, in das kochende Gericht einrühren und nochmals aufkochen lassen. ■ Für Suppen und Saucen.
Geriebene Kartoffeln	■ Rohe Kartoffeln schälen und reiben, in das Gargut mengen und mitkochen. ■ Für Suppen, deftige Gemüsegerichte, wie z. B. Kohl, und Fleischgerichte.
Sauerrahm	■ Mit Flüssigkeit verrühren und in die Speise einrühren, jedoch nicht mehr kochen. ■ Für Suppen und Saucen.
Crème fraîche/Obers	■ In den Fond einrühren und bis zur gewünschten Konsistenz einkochen lassen (reduzieren). ■ Für helle Saucen und Suppen.
Eidotter und Obers (Legieren)	■ Eidotter und Obers vermengen, in das Gargut einrühren, danach nicht mehr kochen lassen. ■ Für Suppen und helle Saucen.
Butter (Montieren)	■ Eiskalte Butterstücke oder -flocken rasch in die Speise einrühren. ■ Für Saucen und Suppen.
Mehlbutter (Butterkugel)	■ Mehl und Butter zu gleichen Teilen vermengen, durchkühlen, in die kochende Speise rühren und einmal aufkochen lassen. ■ Für Suppen, helle Saucen und Gemüsegerichte.
Ei, Eidotter	■ Für Haschee- und Krokettenmassen.
Grieß, Mehl, Haferflocken, Semmel- und Biskuitbrösel	■ Als Bindung und Auflockerung für Fleisch-, Gemüse- und Obstfüllungen.

Wussten Sie, dass …
mit Sauerrahm angerührtes Mehl auch als „Gmachtl" bezeichnet wird? Es sollte nicht zu stark kochen, sonst verliert das Mehl seine Bindekraft.

Welche Bindemittel eignen sich Ihrer Meinung nach für die zeitgemäße Küche? Begründen Sie Ihre Auswahl.

Aufgabenstellungen – „Garverfahren"

1. Ordnen Sie die Begriffe richtig zu:

Pochieren	Schwingend rösten.
Dünsten	Garziehen bei ca. 70–80 °C in Flüssigkeit oder im Wasserbad.
Sieden	Garen im Wasserdampf, mit oder ohne Druck.
Kochen	Kurzes Überkochen in kochendem Wasser.
Sautieren	Sanftes Köcheln des Garguts in leicht wallender Flüssigkeit.
Blanchieren	Garen in viel sprudelnder Flüssigkeit.
Dämpfen	Garen im Saft.

2. Nennen Sie drei Bindemittel und beschreiben Sie ihre Herstellung:

_____

_____

_____

Küchenführung

10 Portionieren und Anrichten von Speisen

💡 Das Anrichten ist der letzte Arbeitsgang, bevor die Speisen serviert werden. Alles sollte so appetitlich wie möglich angerichtet sein, denn bekanntlich isst das Auge ja mit.

Welche Lebensmittel könnten sich zum Garnieren von Speisen eignen? Kreuzen Sie an:

☐ Eier ☐ Butter ☐ Blüten ☐ Salatblatt ☐ Zwiebel ☐ Gurke
☐ Pilze ☐ Radieschen ☐ Sellerie

Grundlagen des Anrichtens

Das Geschirr, auf dem angerichtet wird, muss selbstverständlich ebenso hygienisch einwandfrei sein wie das Kochgeschirr.

Jede Speise verlangt das passende Geschirr (kein angeschlagenes Geschirr verwenden).

Eiergerichte werden nicht auf Silbergeschirr angerichtet, da sich das Silber durch den in Eiern enthaltenen Schwefel schwarz verfärbt.

Kalte Speisen werden auf kaltem Geschirr, warme Speisen auf vorgewärmtem Geschirr angerichtet.

Achten Sie auf Folgendes: Der Tellerrand bleibt frei, die Tassen werden nicht bis zum Rand gefüllt. Ein übervoller Teller ist keine Augenweide.

Die Speisen müssen so angerichtet werden, dass sie von den Servicemitarbeitern und -mitarbeiterinnen korrekt präsentiert und vorgelegt werden können.

Knusprige Suppeneinlagen, wie z. B. Croûtons, werden extra angerichtet, damit sie kross bleiben.

Anrichten auf einem Teller

🔗 Die Portionsgrößen und Portionsmengen finden Sie im Kapitel Warenbewirtschaftung auf Seite 11.

Das **Hauptgericht** liegt unten (das heißt nächst zum Gast). **Sättigungsbeilagen** (z. B. Knödel, Nockerln, Nudeln) und Gemüsebeilagen werden oberhalb der Hauptspeise platziert. Die Beilagen sollten sich farblich voneinander unterscheiden.

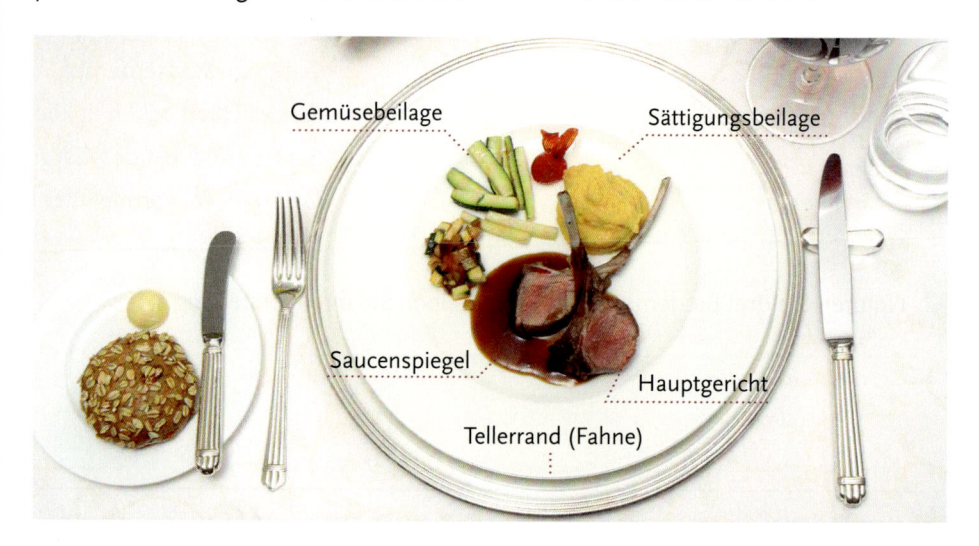

💡 Als **Fahne** bezeichnet man einen breiten Tellerrand.

Gemüsebeilage · Sättigungsbeilage · Saucenspiegel · Hauptgericht · Tellerrand (Fahne)

Saft und Saucen können auf unterschiedliche Weise angerichtet werden:
- Als Saucenspiegel bei rosa gebratenem Fleisch.
- Neben dem Fleisch, z. B. bei Gebackenem.
- Das Fleisch, keinesfalls aber die Sättigungsbeilagen, wird mit Saft oder Sauce nappiert.

Nappieren = überziehen.

Der Rest der Sauce bzw. des Saftes kann in einer Sauciere dazu gereicht werden.

Kalte Saucen (z. B. Sauce tartare) werden wie die Beilagen im oberen Bereich des Tellers angerichtet.

Anrichten auf einer Platte

- Die Portionen werden, vom Servierenden aus gesehen, dachziegelartig aufgelegt. Man fängt links auf der Platte an, die letzte Tranche kommt rechts zu liegen. So kann der Gast das vorderste Stück leicht abheben.
- Das Fleisch wird mit etwas Sauce oder Saft nappiert.
- Die Beilagen werden oberhalb der Fleischstücke gefällig angerichtet. Gerade bei einer Platte sollten sie sich farblich gut voneinander abheben.
- Anschließend wird die Platte noch garniert.
- In Fett gebackene Gerichte, wie z. B. Backhähnchen oder Wiener Schnitzel, werden auf einer Platte mit Spitzenpapier angerichtet.

⚠️ Auf einer Platte sollte maximal für acht Personen angerichtet werden. Das Vorlegen geht dabei schnell von der Hand und der Gast kommt in den Genuss eines heißen Gerichtes.

Anrichten auf einer Buffetplatte

Die Abwechslung macht's. Gerade beim Ausrichten eines Buffets können Köche und Köchinnen ihr Können unter Beweis stellen. Damit die ganze Pracht auch wirklich zur Geltung kommt, sollten besser zu große Platten als zu kleine verwendet werden.
- Richten Sie Fleisch und Fisch auf separaten Platten an.
- Der Fettrand von Schinken, Schweinsbraten etc. sollte immer auf der gleichen Seite zu liegen kommen. Dadurch wirkt eine Platte harmonisch.
- Fleischtranchen sind in regelmäßigem Abstand aufzulegen.
- Wurstscheiben werden reihenweise angerichtet, große Scheiben können gefaltet werden.
- Salate und Saucen müssen immer separat angerichtet werden.
- Die Platten sollen vor dem Servieren mit Frischhaltefolie abgedeckt werden, damit die Speisen nicht vorzeitig austrocknen. Auch sollten sie nicht zu lange ungekühlt stehen.

Buffetplatte

⚠️ Topfpflanzen als Dekoration zwischen Buffetplatten sind verboten, da die Erde zu Verunreinigungen der Speisen führen kann.

Anrichten auf einer Käseplatte

Damit Käse sein Aroma richtig entfalten kann, ist es wichtig, ihn ca. eine Stunde vor dem Servieren aus der Kühlung zu geben (Ausnahme: Frischkäse).

Auf einer Käseplatte sollten **mindestens vier bis fünf Käsesorten** präsentiert werden:
- Frischkäse
- Weichkäse mit Edelschimmelrinde
- Weichkäse mit Rotkulturreifung
- Hartkäse
- Blau- bzw. Grünschimmelkäse

Die Käsesorten werden auf der Platte in einer Reihenfolge – vom mildesten Käse bis zur kräftigsten Käsesorte – angeordnet.

Küchenführung

💡 Machen Sie zur Qualitätskontrolle einen letzten prüfenden Blick, bevor ein Gericht die Küche verlässt.

Aspik = Gelee aus Fleisch- oder Fischfond.

Garnierungen

Eine passende Garnierung ist auf Tellern und Platten das Tüpfelchen auf dem I.
- Garnierungen sollen farblich und geschmacklich zu den jeweiligen Gerichten passen.
- Sie müssen korrekt ausgeführt sein, damit sie auch wirklich ansprechend sind.
- Blattsalate sind als Garnierung für heiße Speisen ungeeignet, da sie schnell verwelken.
- Aus Salami kann man Tütchen machen, Schinken kann gerollt werden, aus Käse lassen sich mit Formen nette Dekorationen ausstechen. Diese Garnierungen eignen sich für eine Wurst- und Fleischplatte.
- Käseplatten können mit Weintrauben, Radieschen etc. garniert werden.
- Damit Garnierungen länger halten, können sie mit Aspik überzogen werden.

Garnierungen mit Kräutern

Mit Kräutern werden Tellerränder, einzelne Hauptspeisen oder Beilagen garniert. Die Kräuter können im Ganzen belassen, gehackt oder geschnitten werden.

Petersilie in nicht zu feine Streifen schneiden. Mit dem Messer zu einer Zeile formen.

Schnittlauch in gleichmäßig lange Stücke schneiden (ca. 1 cm). Längs auf dem Tellerrand anordnen.

Garnierungen mit Blüten

Blüten von Zucchini, Kapuzinerkresse, Lavendel, Salbei, Borretsch, Gänseblümchen, Veilchen, Rosen etc. sind dekorative Garnierungen für pikante oder süße Gerichte.

Blüten im Ganzen ...

... oder einzelne Blütenblätter zum Garnieren verwenden.

Garnierungen mit Ei

Spalten oder Scheiben

Hart gekochtes Ei mit dem Eiteiler in Spalten teilen.

Hart gekochtes Ei mit dem Eischneider in Scheiben schneiden.

Eischeiben aneinanderreihen und mit einem Schnittlauchhalm (mit Spitze) belegen.

Eischeibe (oder Spalte) mit Dille und Spalten einer Cocktailtomate belegen.

Garnierungen mit Ei werden vorwiegend für kalte Platten verwendet.

Garnierungen mit Butter

Die Butter mit dem Chartreusemesser in Quadrate, Dreiecke oder ähnliche Formen schneiden.

Mit dem Parisienneausstecher Butterkugerln ausstechen. Eventuell in gehackten Kräutern wälzen.

Mit dem Butterroller Butterröllchen formen.

Für Buttergarnierungen keine Sommerbutter verwenden! Sie ist sehr weich und lässt sich daher nicht so gut formen.

Garnierungen mit (Essig-)Gurken und Zucchini

Fächer

Gurke oder Zucchini der Länge nach halbieren – je nach Größe in zwei Teile schneiden.

Schnittseite mit dem runden Ende nach vorn auf das Schneidbrett legen und längs in dünne Streifen schneiden (nicht ganz durchschneiden).

Stücke mit Salz bestreuen und 20 min liegenlassen (nicht bei eingelegten Gurken). Abspülen, flachdrücken.

Der Fächer kann für alle pikanten Gerichte verwendet werden.

Belegtes Brot mit Gurkenfächer

Küchenführung

Kannelieren

Räder

Gurke oder Zucchini der Länge nach halbieren – mit der Schnittseite auf das Schneidbrett legen.

In dünne Scheiben schneiden.

Räder auflegen.

Räder werden für Eier- und Fleischgerichte und andere pikante Gerichte verwendet.

Ecken

Gurke oder Zucchini der Länge nach halbieren und mit der Schnittseite auf das Schneidbrett legen.

In Ecken schneiden.

Hintereinander, übereinander oder im Kreis anordnen.

Ecken können für alle pikanten Gerichte verwendet werden.

Krone

Gurke oder Zucchini in 8 bis 10 cm große Stücke schneiden und rundherum im Zickzackschnitt halbieren.

Mit einer vorsichtigen Drehbewegung auseinandernehmen. Flache Seite stehend, Anschnitt liegend verwenden.

Kronen werden zur Dekoration von kalten Platten verwendet.

10 Portionieren und Anrichten von Speisen

Garnierungen mit Zwiebeln
Julienne und Ringe

Zwiebeln in Julienne schneiden und locker arrangieren.

Zwiebel in feine Ringe schneiden und auflegen ...

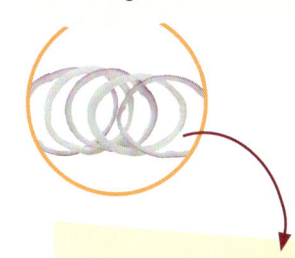

... oder halbieren und in Kräuter oder Gewürze drücken und anordnen.

Mit Zwiebeln werden deftige Speisen, Aufstriche und Brote garniert.

Zwiebelringe eignen sich zum Garnieren von deftigen Speisen

Garnierungen mit Tomaten
Scheiben oder Spalten

Tomaten mit dem Tomatenmesser in Scheiben oder Spalten schneiden.

Scheiben hintereinander anordnen.

Spalten ansprechend auflegen und mit Kräuterzweigerln belegen.

Garnierungen mit Tomaten eignen sich für alle pikanten Gerichte, für kalte Platten und gefüllt als Vorspeise.

Auch mit Kirsch- oder Cocktailtomaten lassen sich hübsche Garnierungen herstellen.

Gefüllte Tomaten

Küchenführung

Tomatenrosen

Rose

Tomate vorsichtig spiralförmig 1,5–2 cm breit schälen.

Tomatenstreifen, am Strunkende beginnend, zuerst fest, dann locker aufrollen.

Rose arrangieren und evtl. mit Kräutern dekorieren.

Garnierungen mit Paprika

Ringe

Paprika entkernen.

In Ringe schneiden und arrangieren.

Paprikaringe

Paprika kann auch ausgestochen werden

Garnierungen mit Radieschen

Margerite, Krone, Fächer, Knospe

Radieschen rundherum mehrmals bis vor den Stielansatz einritzen, vorsichtig öffnen und mit Kresse dekorieren.

Radieschen rundherum im Zickzackschnitt halbieren. Mit einer vorsichtigen Drehbewegung auseinandernehmen.

Radieschen von oben mehrmals einschneiden. Je eine Radieschenscheibe einstecken.

Radieschen längs und quer mehrmals einschneiden. In Eiswasser legen, bis es sich öffnet.

Kreative Kombinationen sind möglich

10 Portionieren und Anrichten von Speisen

Garnierungen mit Pilzen
Scheiben, Spalten, Kopf, gefüllter Kopf

Pilze in Scheiben schneiden, sofort mit Zitronensaft beträufeln, auflegen und z. B. mit Olivenscheiben dekorieren.

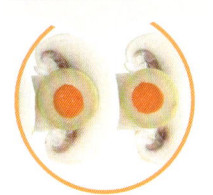

Pilze in Spalten schneiden. Mit einem Kräuterzweigerl auf eine Zitronenscheibe setzen.

Mit dem Kanneliermesser Streifen ziehen. Auf eine Gurkenscheibe setzen, mit Kräuterzweigerl dekorieren.

Stiel entfernen, Pilz evtl. aushöhlen. Beliebig füllen und dekorieren.

Garnierungen mit Stein- und Kernobst
Scheiben

Apfel- und Kiwischeibe schälen oder ausstechen, mit einer halben Erdbeere belegen.

Sternfrucht in Scheiben schneiden und hintereinander auflegen.

Halbierte Erdbeere vorsichtig in dünne Scheiben schneiden und versetzt auflegen.

Stein- und Kernobst (wie z. B. Pflaumen, Marille, Kiwi, Erdbeeren oder Apfel) in Scheiben geschnitten ist ebenfalls eine ansprechende Art der Garnierung

Es gibt unzählige Möglichkeiten für Garnierungen – werden Sie selbst kreativ!

Küchenführung

Fischgerichte können mit Zitronen garniert werden

Garnierungen mit Zitrusfrüchten

Spalten, Tüte, Spirale, Scheibe

Zitrusfrucht in Sechstel- oder Achtelspalten schneiden.

Zitrusfrucht in dünne Scheiben schneiden, bis zur Mitte einschneiden und zur Tüte formen.

Zitrusfrucht in dünne Scheiben schneiden, bis zur Mitte einschneiden und spiralförmig drehen.

Zitronenscheibe schälen, Rosmarinzweigerl einstecken, mit der Schale Schleife binden.

Kannelierte Scheibe, Zesten

Zitrusfrucht kannelieren. In Scheiben schneiden, evtl. halbieren und beliebig dekorieren.

Schale der Zitrusfrucht mit dem Kanneliermesser in Zesten schneiden, Zesten arrangieren.

Aufgabenstellungen – „Portionieren und Anrichten"

1. Zeichnen Sie in verschiedenen Farben auf dem Teller auf, wie Sie folgendes Gericht anrichten: Rindsbraten mit Sauce, Kartoffelknödel und Rotkraut.

2. Welche Garnierungen lassen sich

   aus einer Gurke: _____

   _____,

   aus einer Tomate: _____

   _____,

   aus einer Zwiebel: _____

   _____

   schneiden? Nennen Sie je 2 Beispiele.

Ziele erreicht? – „Küchenführung"

Ausgangssituation

Lisa Mirelli hat die Leitung einer Restaurantküche eines mittelgroßen Lokals übernommen. Sie hat 4 Köchinnen/Köche und einen Jungkoch. Sie will in ihrer Küche frisch gekochte Gerichte anbieten und benötigt daher eine gut organisierte Küchenbrigade. Damit ihr Team gut und sicher arbeitet, möchte sie auch einige Checklisten vorbereiten, Arbeitsabläufe verbessern und ihre Mitarbeiter/innen gut einschulen.

a) Erklären Sie, welche Führungsaufgaben Lisa in der Küche zu erfüllen hat.

b) Konzipieren Sie für Lisa eine geeignete Küchenbrigade.

c) Lisa ist als Chefin auch für den Lebensmitteleinkauf zuständig. Nennen Sie jene Person, die sie vertritt, wenn sie selbst dafür keine Zeit hat.

d) Helfen Sie Lisa, einen Hygienemaßnahmenkatalog für ihre Mitarbeiter/innen zu erstellen und die richtige Berufskleidung für ihr Team auszuwählen.

e) Die Müllentsorgung ist ein leidiges Thema in der Küche. Bisher waren die Küchenmitarbeiter/innen eher schlampig und haben das meiste über den Restmüll entsorgt. Lisa erkennt auch, woran das liegt: Es gibt keinen zentralen Müllplatz, sondern oft weite Wege zu den verschiedenen Containern. Sie plant daher, im Vorraum der Küche alle nötigen Container nebeneinander aufzustellen. Beschreiben Sie, welche verschiedenen Behälter sie zur Verfügung stellen muss, damit der gesamte Küchenabfall ordnungsgemäß getrennt werden kann.

f) Lisa schult ihr Team in Bezug auf richtiges Verhalten bei Unfällen und Bränden ein. Erstellen Sie dafür eine Liste mit Tipps, die sie ihren Mitarbeiterinnen und Mitarbeitern geben kann, um Unfälle und Brände zu vermeiden.

g) Nennen Sie die Notrufnummern, die Lisa gut sichtbar in der Küche neben dem Telefon anbringt.

h) Für 29. Juni ist eine Hochzeitsgesellschaft angekündigt. Gewünscht wird ein viergängiges Menü. Erstellen Sie dafür 2 Vorschläge und beachten Sie dabei auch die Jahreszeit.

i) Womit beginnen Lisas Mitarbeiter/innen, wenn sie vormittags ihren Dienst antreten? Nennen Sie den ersten Schritt in ihrem Arbeitsablauf.

j) Lisa bietet auf der Abendkarte als Vorspeise Räucherforellenmousse (siehe Rezeptteil, S. 92) an. Leiten Sie Vorschläge ab, wie sie dieses Gericht passend garnieren kann.

k) Als Hauptspeisen gibt es unter anderem Gulasch, Schweinsbraten, Steaks und Fisch. Wenden Sie Ihr Wissen an und wählen Sie dafür die richtigen Garmethoden aus. Begründen Sie die verschiedenen Möglichkeiten der Zubereitung dieser unterschiedlichen Gerichte.

Einen interaktiven **Safety-Check** finden Sie in der TRAUNER-DigiBox.

Rezepte

In diesem Kapitel finde ich

- Grundrezepte
- Buttermischungen und Brotaufstriche
- Kalte Saucen
- Salate
- Kalte Vorspeisen
- Suppen und Suppeneinlagen
- Warme Saucen
- Eier- und Gemüsegerichte
- Gerichte mit Hülsenfrüchten und Kartoffeln
- Knödelgerichte
- Teig- und Nudelgerichte
- Getreidegerichte
- Beilagen
- Fischgerichte
- Fleischgerichte
- Süßspeisen
- Brot, Gebäck, Kuchen, Torten und Schnitten
- Füllungen, Saucen, Cremen und Glasuren

1 Grundrezepte

Nicht jedes Gericht muss neu erfunden werden. Aus bewährten Rezepten lassen sich viele verschiedene Zubereitungen zaubern. Vor allem für Kuchen und Torten kann man immer wieder auf die gleichen Grundrezepte zurückgreifen.

Teige

1 Palatschinkenteig

Zutaten für 8 Stück

200 g glattes Mehl
400 ml Milch
3 Eier
1 Prise Salz
(Evtl. 20 g zerlassene Butter)
Fett zum Ausbacken

Zubereitung

- Mehl, die Hälfte der Milch, Ei, Salz und evtl. zerlassene Butter (Fettbeigabe macht den Teig zarter) zu einem dickflüssigen Teig verrühren.
- Restliche Milch bis zur gewünschten Konsistenz einrühren.
- Palatschinkenpfanne trocken erhitzen, wenig Fett zugeben, Teig unter ständigem Drehen der Pfanne eingießen, hellbraun backen, wenden und fertig backen.
- Zum Warmhalten Palatschinken übereinanderlegen.
- Vor dem Anrichten füllen und falten.

Besonders flaumig werden die Palatschinken, wenn man die halbe Menge Milch durch prickelndes Mineralwasser ersetzt.

- Damit keine Klumpen entstehen, wird der Teig von dick auf dünn gerührt.
- Ist das Fett beim Backen zu heiß, bekommen die Palatschinken Blasen und Löcher und die Palatschinken werden stellenweise zu dunkel. Daher ist darauf zu achten, dass das Fett nicht zu hoch erhitzt wird.

2 Backteig

Zutaten für 4 Portionen

200 g glattes Mehl
1/8 l Milch (Bier, Wein, Most)
2 Eidotter
1 EL Öl
1 Prise Salz
2 Eiklar
Evtl. 1 EL Kristallzucker

Zubereitung

- Mehl, Flüssigkeit, Eidotter, Öl und Salz zu einem glatten Teig verrühren.
- Eiklar (mit Zucker) zu Schnee schlagen, vorsichtig unter den Teig heben.
- Backgut durch Backteig ziehen und in Fett schwimmend backen.
- Gut abtropfen lassen, rasch servieren.

Die verwendete Flüssigkeit gibt dem Backteig seinen Namen:
- *Milchbackteig*
- *Bierbackteig*
- *Weinbackteig*
- *Mostbackteig*

Das Backgut (z. B. Pilze, Fisch, Fleisch, Innereien, Gemüse, Käse, Früchte, Hollerblüten) darf nicht zu groß sein, da es sonst nicht durchgart.

⚠️ Bierbackteig wird nur für pikante Zubereitungen, Milchbackteig nur für Süßspeisen verwendet. Je nach Backgut wird der Zucker weggelassen.

Rezepte

3 Spätzleteig

Zutaten für 4 Beilagenportionen

100 g glattes Mehl
100 g griffiges Mehl
Salz
1 Ei
200 ml Wasser

Zubereitung
- Alle Zutaten mit einem Kochlöffel kurz durcharbeiten.
- Durch ein Spätzlesieb oder mit einem Spätzlehobel in kochendes Salzwasser gleiten lassen und einige Minuten kochen.
- Abseihen und mit kaltem Wasser abschrecken.

Wussten Sie, dass ... statt griffigem Mehl auch Weizenvollmehl oder Dinkelmehl verwendet werden kann?

4 Nockerlteig

Zutaten für 4 Portionen

Ca. 1/8 l Milch
2 Eier
1–2 EL Öl oder 50 g Butter
1 Prise Salz
300 g glattes Mehl
Zerlassene Butter

Zubereitung
- Milch, Ei, Öl oder zerlassene Butter und Salz versprudeln.
- Mehl dazumischen und nur leicht verrühren.
- Teig rasten lassen.
- Nockerlteig auf ein befeuchtetes Brett geben und mit dem Messerrücken Nockerln ins kochende Salzwasser schieben.
- Einige Minuten kochen lassen (Nockerln steigen auf).
- Abseihen und mit kaltem Wasser abschrecken.
- Abgetropft in zerlassener Butter schwenken und evtl. nachsalzen

5 Brandteig zum Backen im Rohr

Zutaten für 8 Stück

1/8 l Wasser
50 g Butter
1 Prise Salz
100 g glattes Mehl
2–3 Eier

Zubereitung
- Flüssigkeit mit Butter und Salz aufkochen.
- Das gesiebte Mehl mit einem Kochlöffel einkochen.
- Abbrennen: Die Masse so lange unter Hitzeeinwirkung mit einem Kochlöffel bearbeiten, bis sie sich vom Gefäßrand löst oder sich am Gefäßboden ein weißer Belag bildet.
- In die überkühlte Masse nach und nach versprudelte Eier einarbeiten.
- Dressiertes Brandteiggebäck muss sofort im heißen Rohr (200 °C) gebacken werden, damit die Oberfläche nicht austrocknet. Wenn sich eine Kruste gebildet hat, bei fallender Hitze fertig backen. Backblech mit kaltem Wasser bespritzen.

Die gewünschte Festigkeit wird mit der Eimenge reguliert. Je größer der Mehlanteil der Masse ist, je mehr Flüssigkeit kocht und abgebrannt wird, desto mehr Eier nimmt die Masse auf.

💡 Man kann Fett einsparen, wenn man Backbleche nicht einfettet, sondern Backpapier verwendet.

1 Grundrezepte

6 Brandteig zum Backen in Fett

Zutaten für 8 Stück

1/8 l Wasser

35 g Butter

1 Prise Salz

60 g glattes Mehl

1–2 Eier

Fett zum Backen

Zubereitung
- Brandteig wie oben beschrieben herstellen.
- Teig auf ein befettetes Pergamentpapier dressieren und umgedreht durch das heiße Fett ziehen (das Papier löst sich von der Masse).
- Gebäck ein- bis zweimal wenden, nicht zudecken.

Wussten Sie, dass ... Brandteig rasch zäh wird?

7 Brandteig zum Kochen (für Knödel)

Zutaten für 8 Stück

1/4 l Wasser

25 g Butter

150 g glattes Mehl

2 Eidotter

Zubereitung
- Brandteig wie oben beschrieben herstellen.
- Gleich große Teigstücke abtrennen, füllen, Knödel formen.
- In kochendes Wasser legen und je nach Füllung 10–15 min köcheln lassen.

8 Nudelteig

Zutaten für 300 g Teigwaren

250 g glattes Mehl

2–3 Eier

Bei Bedarf 1–2 EL Wasser

Evtl. Salz

1 EL Öl

Roter Nudelteig:

250 g glattes Mehl

3 Eier

150 g Tomatenmark

Evtl. Salz

Grüner Nudelteig:

250 g glattes Mehl

3 Eier

120 g passierter Spinat

Evtl. Salz

Zubereitung
- Laibchen formen, mit einem feuchten Tuch abdecken oder in Frischhaltefolie wickeln.
- 30 min rasten lassen.
- Auf bemehltem Brett dünn ausrollen.
- Nach dem Ausrollen kurz übertrocknen lassen.
- Zu Suppennudeln, Bandnudeln oder Fleckerln schneiden.
- Zum Trocknen locker auf ein Tuch auflegen.

Je mehr Eier verwendet werden, desto besser ist die Qualität der Teigware.

Wussten Sie, dass ... auf Vorrat hergestellter Nudelteig nicht gesalzen wird?

9 Strudelteig

Zutaten für 2 Strudel

250 g glattes Mehl

1/8 l lauwarmes Wasser

2 EL Öl

Evtl. 1 TL Essig

Salz

50 g Butter zum Ausfetten und Beträufeln

Evtl. 1 Ei

Aus Vollmehl:

125 g Weizenvollmehl (gut aussieben – Kleie für die Fülle verwenden)

125 g glattes Mehl

1/8 l lauwarmes Wasser

4–6 EL Öl

Evtl. 1 TL Essig

Salz

50 g Butter zum Ausfetten und Beträufeln

Evtl. 1 Ei

Zubereitung
- Alle Zutaten so lange zu einem Teig kneten, bis er sich vom Brett löst und seidig glänzend und glatt ist.
- Laibchen formen.
- Mit Öl bestreichen und vorgewärmte Schüssel darüberstülpen.
- 20–30 min rasten lassen (Vollmehlteig: 1 Stunde).
- Teig auf bemehltem Tuch ausrollen, Fläche leicht ölen.
- Mit den Händen (Handrücken) gleichmäßig zu einem Rechteck ausziehen.
- Zwei Drittel der Teigfläche mit der Füllung belegen. Bei Obstfüllungen den Teig vor dem Füllen mit Butterbröseln bestreuen. Streichfüllungen direkt auf den Teig geben.
- Letztes Drittel mit Butter beträufeln, damit die Oberschicht knusprig wird.
- Nach dem Füllen Teigränder einschlagen (dicke Ränder vorher abschneiden). Den Strudel mithilfe des Tuches, mit der gefüllten Seite beginnend, gleichmäßig einrollen.
- Je nach Art den Strudel in eine befettete Pfanne oder auf ein mit Backtrennpapier belegtes Backblech legen und mit zerlassener Butter oder einem Ei bestreichen.
- Im vorgeheizten Rohr bei 180–200 °C ca. 45 min backen.

Für einen kleinen Strudel reicht ein Drittel der Angaben (Strudel aus 80 g Mehl). Verwenden Sie kleberreiche Mehlsorten (Type 700), da sich sonst der Teig schwer ziehen lässt.

Das lauwarme Wasser bewirkt, dass sich der Teig während des Rastens schneller entspannt. Öl macht den Teig beim Backen knusprig. Der Teig muss deshalb rasten, damit er verkleistert und sich ziehen lässt.

10 Kartoffelteig

Zutaten für 4 Portionen

450 g mehlige Kartoffeln

100 g griffiges Mehl

25 g Butter

1 Ei

Salz

Weizengrieß nach Bedarf

Zubereitung
- Kartoffeln mit der Schale kochen, schälen, heiß pressen.
- Alle Zutaten kurz zusammenarbeiten. Sollte der Teig zu weich sein, mit etwas Grieß festigen.
- Sofort weiterverarbeiten!
- Teig zu einer gleichmäßigen Rolle formen und in Stücke schneiden.
- **Für Knödel als Beilage:** Teigstücke zu Knödeln formen.
- **Für gefüllte Knödel:** Teigstücke flach drücken, Fülle einhüllen und gut verschließen (Luft herausdrücken); Knödel formen.
- **Für Nudeln:** Teigstücke zu gleichmäßigen Röllchen formen, kleine Stücke abschneiden und Nudeln formen.

Formen von Knödeln

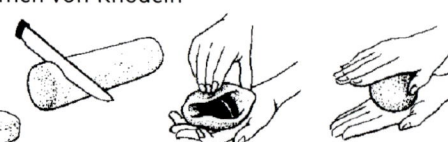

Formen von Nudeln

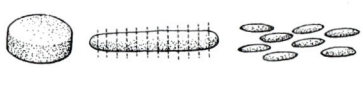

- Verwenden Sie mehlige Kartoffeln, weil sonst der Teig zäh wird.
- Grieß gibt man zu, wenn der Teig zu weich ist. Er nimmt Flüssigkeit auf, ohne den Teig zu verändern.

Gartechniken für Kartoffelteig

- **Kochen:** Zum Kochen wird der Kartoffelteig mit Grieß zubereitet. Gargut in kochendes Salzwasser einlegen; je nach Gericht 10–20 min leicht kochen.
- **Frittieren:** Nudeln oder Laibchen in heißes Öl einlegen, beiderseits goldgelb backen, abtropfen lassen.
- **Backen im Rohr:** Knödel oder Nudeln in einer befetteten Form eng aneinanderlegen, mit etwas zerlassener Butter bestreichen und im vorgeheizten Rohr bei 200 °C ca. 30 min backen. Nach zwei Dritteln der Backzeit mit einem Rahmguss übergießen.

11 Topfenteig zum Kochen

Zutaten für 4 Portionen
- 250 g Topfen
- 200 g Mehl
- 1 Ei
- 3 EL Öl
- 1 Prise Salz

Zubereitung
- Alle Zutaten mit dem Knethaken in einer Rührschüssel rasch zu einem glatten Teig verkneten.
- Den Teig auf einer bemehlten Fläche zu einem Rechteck ausrollen. Quadrate ausradeln, füllen und Knödel formen.
- In kochendem Wasser ca. 15 min kochen lassen.

Dieser Teig eignet sich besonders für die Herstellung von Obstknödeln.

Germteig (Hefeteig)

Teigführungsarten

Direkte Teigführung	Indirekte Teigführung
Alle Zutaten werden ohne Dampfl vermischt. Die Germ sollte dabei in lauwarmer Milch aufgelöst werden.	**Dampfl (Vorteig):** Die fein zerbröckelte Germ wird in lauwarmer Milch und Zucker aufgelöst und mit Mehl vermengt. Es entsteht ein dickflüssiger Teig. Mit Mehl stauben und zugedeckt an einem warmen Ort (30 °C) gehen lassen. Entstehen in der Oberschicht Sprünge, ist das Dampfl reif. **Hauptteig:** Zucker, Fett, Salz, Vanillezucker und Zitronenschale in lauwarmer Milch auflösen. Dampfl, aufgelöste Zutaten, angewärmtes Mehl und Eier so lange verarbeiten, bis der Teig seidig glatt ist und sich vom Geschirr löst.

Man kann auch **mit Trockenhefe** arbeiten. Dabei wird die Hefe einfach zum Mehl dazugemischt. Es wird kein Dampfl hergestellt.

Gartechniken

- **Im Rohr backen:** im vorgeheizten Rohr (180 °C) bei möglichst gleichbleibender Hitze.
- **In Fett backen:** bei ca. 160–170 °C.
- **Dämpfen oder Kochen:** Germknödel (Rezept siehe S. 150) werden meistens auf einem Siebuntersatz in Dampf gegart. Beim Kochen in Wasser nach halber Garzeit umdrehen.

Glatte Weizenmehle sind für im Rohr und in Fett gebackene Teige geeignet; für in Dampf und in Wasser gegarte Teige verwendet man griffiges und glattes Mehl im Verhältnis 50:50.

12 Einfacher Germteig

Zutaten für 20–25 Dessertportionen

Dampfl:

40 g Germ, 1 TL Zucker, 2 EL Mehl, 6 EL Milch

oder 1 P. Trockenhefe statt des Dampfls

50 g Butter

1/8–1/4 l Milch

50 g Kristallzucker

Salz

Schale von 1 Zitrone

1–2 Eier

400 g glattes Mehl

Zubereitung

Variante 1 – mit Dampfl
- Dampfl lauwarm ansetzen.
- Butter zerlassen, Milch dazugießen, mit Salz, geriebener Zitronenschale und dem Ei versprudeln. Auf 30 °C erwärmen.
- Dampfl und Flüssigkeit zum Mehl geben und zu einem glatten Teig verarbeiten.

Variante 2 – mit Trockenhefe
- Mehl und Trockenhefe vermischen.
- Zerlassene Butter, erwärmte Milch, Zucker, Salz, geriebene Zitronenschale und Ei dazugeben.
- Zu einem glatten Teig verarbeiten.

Weitere Vorgehensweise
- Gehen lassen: Teig mit Mehl stauben, zugedeckt warm stellen, bis sich das Volumen des Teiges um ein Drittel vergrößert hat.
- Teig nochmals zusammenarbeiten und kurze Zeit rasten lassen. Dadurch bekommt der Teig eine feinere Struktur.
- Geformtes Backgut zum nochmaligen Gehen warm stellen, bis es um ein Drittel größer geworden ist.

Germteig lässt sich gut einfrieren
- **Fertiges Gebäck:** Wenn es noch lauwarm ist, einfrieren. So wird das Gebäck nach dem Auftauen nicht trocken.
- **Roher Teig:** Nicht gehen lassen, gleich einfrieren (während des Auftauens geht der Teig schön auf).

13 Feiner Germteig

Zutaten für 20–25 Dessertportionen

Dampfl:

40 g Germ, 1 TL Zucker, 2 EL Mehl, 6 EL Milch

100 g Butter

1/8–1/4 l Milch

50–100 g Kristallzucker

1 Prise Salz

1 P. Vanillezucker

Schale von 1 Zitrone

4 Eidotter

400 g glattes Mehl

Zubereitung
- Der feine Germteig wird wie der einfache Germteig zubereitet, wird aber nach dem Abarbeiten direkt in die Formen gefüllt und so an einen warmen Ort zum Rasten gestellt.

Es lassen sich für alle Zubereitungen sowohl der einfache als auch der feine Germteig nehmen. Der Unterschied liegt darin, dass im feinen Germteig nur Eidotter und kein Eiklar verwendet wird, was den Teig feiner macht.

1 Grundrezepte

14 Germbrotteig

Zutaten für ca. 25 Stück Gebäck

Dampfl:

40 g Germ, 1 TL Zucker, 2 EL Mehl, 6 EL Milch oder Wasser

1/4 l Wasser

1 TL Salz

Evtl. 1 TL Brotgewürz

400 g glattes Mehl

Zubereitung
- Dampfl lauwarm ansetzen.
- Dampfl mit Wasser, Salz, evtl. Brotgewürz und Mehl zu einem glatten Teig verarbeiten.
- Zugedeckt gehen lassen.
- Zusammenkneten und weiterverarbeiten.

15 Germteig mit kalter Teigführung (Beugelteig)

300 g glattes Mehl

80 g Butter

1/2 Würfel Germ

50 g Staubzucker

Ca. 50 ml Milch

1 Eidotter

1 Prise Salz

Schale von 1 Zitrone

Zubereitung
- Mehl auf ein Nudelbrett sieben und mit Butter abbröseln.
- In der Mitte eine Mulde eindrücken.
- Germ zerbröckeln, mit etwas Zucker anrühren und mit allen weiteren Zutaten in die Mulde geben.
- Einen mittelfesten, glatten Teig kneten.
- Ca. 1 Stunde kühl zugedeckt rasten lassen.

⚠️ Beugelteig wird ohne Dampfl bei direkter Teigführung zubereitet. Die Zutaten werden kalt verarbeitet, damit die Beugel erst beim Backen aufgehen.

16 Germbutterteig oder Plunderteig

Vorteig:

400 g glattes Mehl

1 Prise Salz

1/2 Würfel Germ

1 Ei oder 2 Eidotter

40 g Zucker

40 g flüssige Butter

Butterziegel:

80 g Butter

20 g Mehl

Tourieren = einschlagen.

Zubereitung
- Der Germteig wird ohne Butter zubereitet und gut abgeschlagen.
- Dann arbeitet man die flüssige Butter ein und lässt den Teig ruhen.
- Aus Butter und Mehl formt man einen Fettziegel, legt ihn in die Mitte des Teiges und schlägt den Teig darüber (siehe Bilder, nächste Seite). Oder man formt aus Butter und Mehl eine Rolle, schneidet diese in Scheiben und belegt damit den zu einem Rechteck ausgewalkten Teig.
- Es wird nur der mittlere Teil belegt, die rechte Seite des Teiges darübergeschlagen, leicht angedrückt, mit den restlichen Butterscheiben belegt, mit der linken Teigseite bedeckt und angedrückt.
- 20 Minuten rasten lassen. Nun arbeitet man den Teig zu einem Rechteck aus, das man dreifach zusammenlegt (touriert) und wieder für 20 Minuten kalt stellt.
- Während des Rastens soll der Teig mit einem feuchten Tuch zugedeckt werden.
- Nach nochmaligem Ausrollen, Tourieren und Rasten kann der Teig beliebig verwendet werden.

Die Butterscheiben trennen die Teigschichten, die beim Tourieren entstehen. Dadurch blättert der Teig beim Backen.

- **Germbutterteig** wird mit Butter zubereitet,
- **Plunderteig** mit Ziehmargarine.

Rezepte

Einschlagen des Fettziegels

Einfache Tour (dreimal einschlagen)

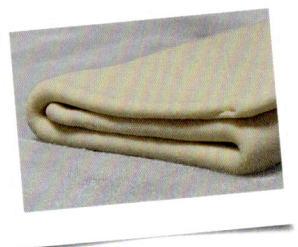

Doppelte Tour (viermal einschlagen)

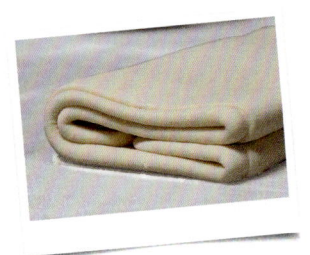

💡 Teigreste nicht zusammenkneten, sondern übereinanderlegen und erneut tourieren, sonst werden die Teigschichten zerstört.

17 Lebkuchenteig

80 g Honig
300 g Roggenmehl
150 g Staubzucker
10 g Natron
Schale von 1/2 Zitrone
Schale von 1/2 Orange
1 TL Zimt
2 TL Lebkuchengewürz
2 Eier
1 Ei zum Bestreichen
Mandeln zum Belegen

Zubereitung
- Honig erwärmen, überkühlen lassen.
- Trockene Zutaten gut vermischen.
- Eier und Honig mit den trockenen Zutaten zusammenarbeiten.
- Teig 5 mm dick ausrollen, Formen ausstechen.
- Auf Backpapier setzen, mit Ei bestreichen, mit geschälten Mandeln belegen.
- Bei 220 °C kurz backen.
- Lebkuchen kann nach dem Backen beliebig glasiert werden, z. B. mit Eiweißglasur (siehe S. 171).

Man kann Roggen- und Dinkelmehl mischen.

- Honig, der zu heiß verarbeitet wird, macht den Teig klebrig. Zähflüssiger Honig muss nicht erwärmt werden.
- Lebkuchenteig nicht zu dünn ausrollen und nicht zu lange backen – das ist das Geheimnis von weichem Lebkuchen.
- Der Lebkuchen ist fertig gebacken, sobald sich an der Unterseite eine leichte Kruste bildet.

1 Grundrezepte

18 — Topfenmürbteig

250 g Butter
250 g glattes Mehl
250 g Magertopfen
Salz

Zubereitung
- Kalte Butter in das Mehl schneiden, abbröseln.
- Topfen und Salz rasch einarbeiten.
- Rolle formen.
- In Frischhaltefolie einwickeln und ca. 30–60 min kühl rasten lassen.

Mürbteige sind kalt zu verarbeiten und sollen so lang wie möglich kalt rasten.

19 — Mürbteig zum Ausrollen, Ausstechen, Auslegen und Vorbacken

300 g glattes Mehl
200 g Butter
100 g Staubzucker
1–2 Eidotter
1 P. Vanillezucker
Schale von 1/2 Zitrone
Salz

Zubereitung
- Mehl auf Brett sieben.
- Kalte Butter hineinschneiden, kurz abbröseln.
- Gesiebten Staubzucker dazumengen, Grube bilden.
- Eidotter, 1 Prise Salz und Geschmacksstoffe dazugeben, kurz zusammenwirken (nicht abarbeiten), Rolle formen.
- In Frischhaltefolie wickeln und mindestens 30 min kühl rasten lassen.
- Gebäck formen und bei 200 °C backen.

Für Mürbteiggebäck braucht man das Backblech nicht zu befetten und zu bemehlen, da das fetthaltige Backgut ohnedies nicht anklebt.

- Mürbteig ist sehr fettreich und geht kaum auf. Er muss rasch geknetet werden, damit er sich verarbeiten lässt.
- Alle Mürbteige werden hell gebacken. Das Backrohr muss immer vorgeheizt werden, da der Teig sonst auseinanderfließt.
- Backtemperatur: Bei zu geringer Hitze tritt Fett aus, bei zu starker Hitze verbrennt das Gebäck.

20 — Mürbteig zum Dressieren

200 g Butter
100 g Staubzucker
2 Eier
1 P. Vanillezucker
Schale von 1/2 Zitrone
Salz
300 g glattes Mehl oder 250 g glattes Mehl und 50 g Kakao

Zubereitung
- Butter, Zucker und Eier mit Geschmacksstoffen schaumig rühren.
- Gesiebtes Mehl einmengen.
- Gebäck auf Blech dressieren und bei 200 °C kurz backen.

Massen

Biskuitmassen

Bei den Biskuitmassen unterscheidet man nach der Zubereitungsart:
- warm geschlagenes Biskuit,
- kalt geschlagenes Biskuit,
- verkehrt geschlagenes Biskuit.

Rezepte

Biskuitmassen

Warm geschlagenes Biskuit	Verkehrt geschlagenes Biskuit	Kalt geschlagenes Biskuit
Ganze Eier werden mit Zucker über Wasserbad (mit maximal 40 °C) schaumig geschlagen.	Unter den steif geschlagenen Eischnee werden die verrührten Eidotter untergehoben.	Eidotter und Eiklar werden getrennt. Die Eidotter werden mit 1/3 des Zuckers schaumig gerührt, die Eiklar mit 2/3 des Zuckers zu Schnee geschlagen.

Weiters werden die Biskuitmassen nach den Grundzutaten (Mehl, Zucker, Fett) eingeteilt in:
- leichte Biskuitmasse (ohne Fett) und
- schwere Biskuitmasse (mit Fett).

21 Leichte Biskuitmasse, warm geschlagen

6 Eier
150 g Staubzucker
1 P. Vanillezucker
150 g glattes Mehl
Fett und Mehl oder Backpapier

Zubereitung
- Eier mit Staub- und Vanillezucker im Wasserbad bei 40 °C aufschlagen.
- Kalt schlagen.
- Gesiebtes Mehl behutsam, aber gründlich unter die Schaummasse heben.
- Masse in die vorbereitete Tortenform (Ø 24 cm) füllen oder auf das vorbereitete Backblech streichen.
- Im vorgeheizten Backrohr backen.
- Auf ein bezuckertes oder bemehltes Brett stürzen und auskühlen lassen.

Mengenverhältnis
1 Ei (ca. 50 g)
25 g Staubzucker
25 g glattes Mehl

💡 **Wussten Sie, dass ...**
durch das Aufschlagen im Wasserbad die Masse ein größeres Volumen bekommt und fester wird?

- Eiklar nicht zu steif schlagen. Schnittfester Schnee lässt sich nur schwer unter die Dottermasse ziehen. Es entstehen „Schneenester".
- Fingerprobe – so ist die Konsistenz der Masse ideal.
- Die fertige Masse muss sofort in das richtig temperierte Rohr gegeben werden, damit die eingeschlagene Luft nicht entweicht:
  ▶ In hohe Formen eingefüllte Biskuitmassen bei 170 °C ca. 1 Stunde backen.
  ▶ Auf Blech aufgestrichene Biskuitmassen bei 180–190 °C ca. 20 min (Schnitten) bzw. bei 200 °C ca. 12 min (Rouladen) backen.
- Biskuit ist durchgebacken, wenn es sich leicht vom Formenrand gelöst hat bzw. wenn sich die Oberfläche des Gebäcks wieder hebt, nachdem man mit einem Finger leicht darauf gedrückt hat.

22 Verkehrt geschlagene Biskuitmasse mit Zucker

6 Eiklar (von Eiern à 50 g)
120 g Kristallzucker
6 Eidotter
90 g glattes Mehl
Fett und Mehl oder Backpapier

Zubereitung
- Eiklar mit Kristallzucker zu Schnee ausschlagen.
- Eidotter versprudeln, unter die Schneemasse heben.
- Ebenso das gesiebte Mehl unterheben.
- Masse in die vorbereitete Tortenform (Ø 24 cm) füllen oder auf das vorbereitete Blech streichen.
- Im vorgeheizten Backrohr backen.

Mengenverhältnis
1 Ei (ca. 50 g)
20 g Kristallzucker
15 g glattes Mehl

1 Grundrezepte

23 Leichte Biskuitmasse, kalt geschlagen

4 Eidotter (von Eiern à 50 g)
40 g Staubzucker
4 EL lauwarmes Wasser
1 P. Vanillezucker
4 Eiklar
80 g Kristallzucker
160 g glattes Mehl
Fett und Mehl oder Backpapier

Zubereitung
- Eidotter mit Staub- und Vanillezucker schaumig rühren.
- Eiklar mit Kristallzucker zu Schnee ausschlagen.
- Ein Drittel des Schnees unter die Dottermasse rühren.
- Den restlichen Eischnee abwechselnd mit dem gesiebten Mehl behutsam unter die Masse heben.
- In die vorbereitete Tortenform (Ø 24 cm) oder auf ein Blech oder in 15–20 Förmchen füllen.
- Im vorgeheizten Backrohr backen.
- In der Form etwas abkühlen lassen, vorsichtig herausnehmen.

Mengenverhältnis
1 Ei (ca. 50 g)
10 g Staubzucker
20 g Kristallzucker
40 g glattes Mehl

24 Hippenmasse

1 Ei
50 g gesiebter Staubzucker
50 g gesiebtes Mehl
Backpapier

Zubereitung
- Zutaten kurz glatt verrühren und mit Papiertütchen spritzen.
- Bei 200 °C hellbraun backen, noch heiß in Form biegen, daher nicht zu viele Formen auf einmal backen.

Rührmassen

25 Topfenrührmasse

4 Eiklar
100 g Butter
150 g Staubzucker
4 Eidotter
150 g Topfen (10 % Fett)
300 g glattes Mehl
1/8 l Milch
1 TL Rum
1/2 P. Backpulver
Fett und Mehl für die Form
Staubzucker (zum Bestreuen)

Zubereitung
- Schnee schlagen.
- Butter, Zucker, Eidotter und Topfen schaumig rühren.
- Die Hälfte des Mehls, Milch und Rum daruntermengen.
- Backpulver mit dem restlichen Mehl versieben und abwechselnd mit dem Schnee unter den Abtrieb heben.
- Die Masse in eine vorbereitete Form füllen.
- Im vorgeheizten Rohr bei 180 °C ca. 60 min backen.
- Stürzen und bezuckern.

Rezepte

26 Sandmasse (Gleichschwermasse)

250 g Butter
250 g Staubzucker
1 P. Vanillezucker
5 Eier
250 g Mehl
5 Msp. Backpulver
Fett und Mehl für die Form

Zubereitung
- Weiche Butter mit der Hälfte des Staubzuckers und dem Vanillezucker schaumig rühren.
- Eier und restlichen Zucker nach und nach daruntermengen.
- Masse sehr schaumig rühren.
- Gesiebtes Mehl mit Backpulver vermischen und vorsichtig unterheben.
- Masse in die vorbereitete Tortenform oder 3 cm dick auf ein tiefes Blech streichen.
- Bei 180 °C backen.

Mengenverhältnis
50 g Butter
50 g Zucker
1 Ei
50 g Mehl
1 Msp. Backpulver

27 Rührmasse mit Backpulver (Backpulverteig)

180 g Butter
100 g Staubzucker
1 P. Vanillezucker
4 Eidotter
200 ml Milch
4 Eiklar
70 g Kristallzucker
350 g glattes Mehl
1/2 P. Backpulver
Fett und Mehl für die Form

Zubereitung
- Butter mit Staubzucker und Vanillezucker schaumig rühren.
- Zuerst Eidotter und dann Milch nach und nach einrühren.
- Eiklar mit Kristallzucker zu Schnee schlagen.
- Das mit Backpulver versiebte Mehl abwechselnd mit dem Schnee unter die Buttermasse ziehen.
- Die Masse in eine vorbereitete Form füllen.
- Sofort bei mittlerer Hitze backen: 60 min bei 180 °C (hohe Formen), 30–40 min bei 200 °C (flache Formen und Bleche).

Im Backpulverteig entwickelt sich durch Feuchtigkeit und Hitze Kohlensäure, die den Teig aufgehen lässt.

- Damit sich das Fett schaumig rühren lässt, sollte man es eine Stunde vor Verarbeitung aus dem Kühlschrank nehmen.
- Backpulverteig darf nicht lange stehen, damit die Kohlensäure nicht vorzeitig entweicht.
- Backpulver soll immer mit dem Mehl versiebt werden, damit es sich gleichmäßig verteilt.

28 Ölmasse

4 Eidotter
200 g Zucker
100 ml Öl
100 ml Wasser
250 g griffiges Mehl
1/2 P. Backpulver
4 Eiklar
Fett und Mehl

Zubereitung
- Eidotter und Zucker sehr schaumig rühren.
- Öl und Wasser langsam einrühren.
- Mit Backpulver vermischtes Mehl unterrühren.
- Zuletzt Eiklar zu Schnee schlagen und vorsichtig unterheben.
- Masse auf ein befettetes und bemehltes Blech streichen und bei mittlerer Hitze backen.

Wussten Sie, dass ... sich diese Masse wunderbar für die Zubereitung von Osterlämmern eignet? Sie reicht für ca. 3 Lämmer.

Schaummassen

29 Leichte Schaummasse (für Obstkuchen, Torten und Schnitten)

6 Eiklar
(= 180 g Eiklar)
90 g Kristallzucker
90 g Staubzucker

Zubereitung
- Eiklar mit Kristallzucker ausschlagen.
- Mit gesiebtem Staubzucker vermengen.

- Das Eiklar muss absolut frei von Eidotter sein, es lässt sich sonst nicht zu Schnee schlagen.
- Der ausgeschlagenen Schaummasse können geriebene Mandeln, Nüsse, Kakaopulver, Löskaffee etc. beigegeben werden (nach dem Geschmacksstoff benennen).
- Die Backrohrtür leicht geöffnet lassen (Kochlöffelstiel einklemmen), damit Feuchtigkeit entweichen kann. Unterlässt man diese Maßnahme, wird der Teig klebrig. Bei der Verwendung von Heißluft ist diese Vorgangsweise nicht notwendig.

Verhältnis Eiklar : Zucker = 1 : 1. Man rechnet 1 Eiklar mit 30 g.

30 Schwere Schaummasse (für Schaum- oder Windgebäck)

6 Eiklar
(= 180 g Eiklar)
180 g Kristallzucker
180 g Staubzucker

Zubereitung
- Eiklar mit Kristallzucker ausschlagen.
- Mit gesiebtem Staubzucker vermengen.
- Die Masse sofort verarbeiten, da die Stabilität rasch nachlässt.

Verhältnis Eiklar : Zucker = 1 : 2.

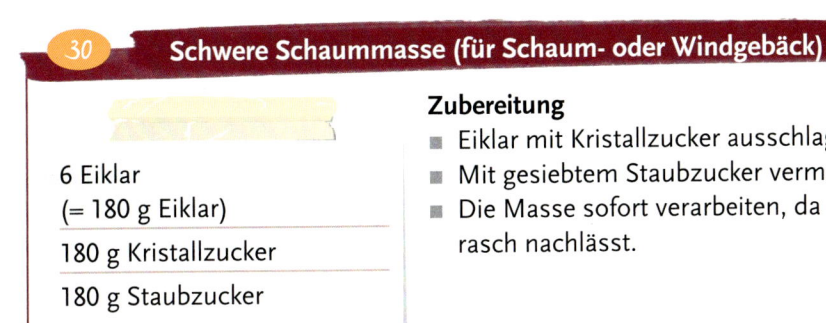

2 Buttermischungen und Brotaufstriche

Buttermischungen bestehen aus schaumig gerührter Butter und Geschmack gebenden Zutaten. Mit Buttermischungen werden gegarte Speisen verfeinert. Brotaufstriche eignen sich für garnierte Brote, Sandwiches oder Canapés.

Canapé = kleines, mundgerecht geschnittenes Brötchen.

Buttermischungen

Bezeichnung	Zutaten	Passt zu
Kräuterbutter	100 g weiche Butter, 4 TL gehackte Kräuter (Petersilie, Kerbel, Estragon, Basilikum etc.), 1 Messerspitze zerdrückter Knoblauch, Senf, Salz, Zitronensaft	gegrilltem Fleisch, Fisch oder Gemüse
Knoblauchbutter	100 g weiche Butter, reichlich zerdrückter Knoblauch, evtl. Salz	gegrilltem Fleisch oder Fisch

Portionsmengen
- **Butterscheiben, -rosetten** oder **-röllchen:** 10 g pro Portion.
- **Brotaufstrich:** 5 g pro Portion als Unterlage, wenn das Brot noch zusätzlich belegt wird, 50 g pro Portion, wenn das Brot nur noch garniert wird (1 Scheibe Brot bzw. 2 Canapés).

Rezepte

Brotaufstriche

31 Frühlingsaufstrich

Zutaten für 4 Portionen

- 80 g weiche Butter
- 300 g Magertopfen
- 2 EL Sauerrahm
- 1 Bund Radieschen
- 50 g Jungzwiebeln
- 2 EL Kräuter nach Wahl
- Salz, Pfeffer

Garnierung:
Kresse, Radieschenscheiben

Zubereitung
- Butter schaumig rühren.
- Topfen und Sauerrahm einrühren.
- Radieschen und Jungzwiebeln fein schneiden und zur Buttermischung geben.
- Mit gehackten Kräutern, Salz und Pfeffer abschmecken.

⚠️ Zur Herstellung von Buttermischungen oder Brotaufstrichen mit Butter nimmt man die Butter rechtzeitig aus dem Kühlschrank, damit sie weich wird. Die Butter sollte etwa Raumtemperatur haben, bevor sie verarbeitet wird.

Die Mengenangaben reichen für 10 Brotscheiben à 50 g bzw. 20 Canapés à 25 g Aufstrich.

32 Rohkostaufstrich

Zutaten für 4 Portionen

- 250 g Magertopfen
- 4 EL Sauerrahm
- 150 g Karotten
- 100 g Äpfel
- 60 g Essiggurkerln
- Kräutersalz, Pfeffer

Zubereitung
- Topfen mit Sauerrahm glatt abrühren.
- Karotten und Äpfel fein reiben und dem Topfen beigeben.
- Essiggurkerln fein hacken und untermengen.
- Mit Salz und Pfeffer abschmecken.

33 Thunfischaufstrich

Zutaten für 4 Portionen

- 250 g Frischkäse
- 1 kleine Zwiebel
- 1 Dose Thunfisch Natur
- 2–3 Essiggurkerln oder 2 TL Kapern
- Saft von 1/2 Zitrone
- Pfeffer, evtl. Salz

Garnierung:
Fächergurkerln oder Kapernbeeren

Zubereitung
- Frischkäse cremig rühren.
- Zwiebel fein schneiden und untermengen.
- Thunfisch abseihen, mit einer Gabel zerkleinern und dazugeben.
- Essiggurkerln oder Kapern fein schneiden und untermengen.
- Mit Zitronensaft und Pfeffer abschmecken, nach Bedarf salzen.
- Mit Fächergurkerln oder Kapernbeeren garnieren.

Die Mengenangaben reichen für 10 Brotscheiben à 50 g bzw. 20 Canapés à 25 g Aufstrich.

2 Buttermischungen und Brotaufstriche

34 Aufstrich nach Liptauer Art

Zutaten für 4 Portionen

- 80 g Zwiebeln
- 50 g Essiggurkerln
- 1 Knoblauchzehe
- 80 g weiche Butter
- 200 g Topfen
- 2 EL Sauerrahm
- 1 TL Kapern
- 1 TL Sardellenpaste
- 1 TL Estragonsenf
- 1 TL Paprikapulver
- 1 TL gemahlener Kümmel
- Salz, Pfeffer
- Schnittlauch

Garnierung:
Fächergurkerln oder Perlzwieberln

Zubereitung

- Zwiebeln und Essiggurkerln fein hacken.
- Knoblauchzehe zerdrücken.
- Butter, Topfen und Sauerrahm verrühren.
- Mit den Zwiebeln, Essiggurkerln und Kapern, Knoblauch und Sardellenpaste gut vermischen.
- Mit Senf, Paprikapulver, Kümmel, Salz und Pfeffer würzen.
- Schnittlauch schneiden und Aufstrich damit bestreuen.
- Mit Fächergurkerln oder Perlzwieberln garnieren.

35 Rohkostbrötchen auf Senfbutter

Zutaten für 4 Portionen

- 500 g Vollkornbrot

Senfbutter:
- 40 g Butter
- 1/2 TL Senf
- Salz

- 120 g Kohlrabi
- 1/8 l Joghurt oder Sauerrahm
- Salz, Zucker
- 120 g Karotten
- 1/8 l Joghurt
- 1/2 grüner Paprika
- Saft von 1 Zitrone
- Öl
- Schnittlauch

Zubereitung

- Kohlrabi schälen, fein reißen, mit Joghurt oder Rahm, Salz und Zucker vermischen.
- Karotten fein reiben, mit Joghurt, Salz, Zucker und Schnittlauch vermischen.
- Paprika feinwürfelig schneiden, mit Salz, Zucker, Zitronensaft und Öl vermengen.
- Salate 1/2 Stunde ziehen lassen.
- Für die Senfbutter die Zutaten schaumig rühren und auf die vorbereiteten Brotstreifen aufstreichen.
- Erst kurz vor dem Servieren, damit das Brot nicht nass wird, mit abgetropften Salaten belegen.
- Brotstreifen auf Dessertteller anrichten und mit Schnittlauch garnieren.

Die Mengenangaben reichen für 10 Brotscheiben à 50 g bzw. 20 Canapés à 25 g Aufstrich.

3 Kalte Saucen

Kalte Saucen werden zu Speisen dazugereicht. Als Grundsauce dient meist Mayonnaise. Aber auch Marinaden und Dressings zählen zu den kalten Saucen.

36 Mayonnaise

2 Eidotter
1/2 TL scharfer Senf
1/4 l Sonnenblumenöl
Salz, weißer Pfeffer
Zucker
Zitronensaft
Worcestersauce

Zubereitung
- Eidotter mit Senf glatt rühren.
- Öl tropfenweise nach und nach einrühren, bis eine Emulsion entsteht. Das restliche Öl kann nun zügiger eingerührt werden.
- Die Mayonnaise würzen und pikant abschmecken.

Aufgrund der Hygienevorschriften zur Vermeidung von Lebensmittelvergiftungen, Salmonellen etc. sollte auf die Zubereitung von Speisen mit rohen Eiern verzichtet werden. Als Alternative können Fertigmayonnaisen verwendet werden.

⚠ Öl und Dotter müssen die gleiche Temperatur haben, damit die Mayonnaise nicht gerinnt.

Verwendung
Für Eier, Salat, Gemüse und als Basis für viele Saucen und Dressings.

Man muss kräftig rühren, damit eine Emulsion entstehen kann

37 Sauce tartare

Zutaten für 4 Portionen
40 g Essiggurkerln
1 kleine Zwiebel (ca. 25 g)
4 g oder 1 TL Kapern
100 g Mayonnaise
100 g Rahm oder Joghurt
1 EL fein gehackte Petersilie
Salz, Pfeffer
Zitronensaft
Estragonsenf

Zubereitung
- Essiggurkerln, Zwiebeln und Kapern fein hacken.
- Mit Mayonnaise und Petersilie gut abmischen.
- Mit Salz, Pfeffer, Zitronensaft, Estragonsenf abschmecken.

Verwendung
Zu gebackenem Fisch, Gemüse und Pilzen (z. B. gebackene Champignons) sowie zu kaltem Braten (z. B. Roastbeef).

3 Kalte Saucen

38 Oberskren

Zutaten für 4 Portionen
1/8 l Schlagobers
1 EL gerissener Kren
Salz, Zucker

Zubereitung
- Schlagobers nicht zu steif schlagen.
- Kren untermengen.
- Mit Salz und Zucker abschmecken.

Verwendung
Als Beigabe zu Schinken, zu geräucherter Forelle oder als Füllung für Schinkenrollen.

39 Cocktailsauce

Zutaten für 4 Portionen
100 g Mayonnaise
40 g Ketchup
1 EL Schlagobers
Etwas fein gerissener Kren
1 EL Weinbrand (Cognac)
Worcestersauce, Salz, Pfeffer

Zubereitung
- Mayonnaise mit Ketchup, geschlagenem Obers, Kren und Weinbrand (Cognac) mischen.
- Mit Worcestersauce, Salz und Pfeffer pikant würzen.

Verwendung
Zum Binden von Salaten und für Cocktails von Krustentieren (z. B. Shrimps) und Fischen.

40 Knoblauchsauce

Zutaten für 4 Portionen
150 ml Sauerrahm
2 TL zerdrückter Knoblauch
Salz
4 Knoblauchzehen
3 EL Olivenöl

Zubereitung
- Sauerrahm mit zerdrücktem Knoblauch verrühren und mit Salz abschmecken.
- Knoblauchzehen in dünne Scheiben schneiden.
- In Olivenöl beiderseits braten und überkühlt auf die Sauce geben.

Verwendung
Für Lamm-, Melanzani- und Zucchinigerichte.

Knoblauchsauce passt zu Lammgerichten

41 Mexikanische Sauce

Zutaten für 4 Portionen
Je 60 g rote und grüne Paprikaschoten
250 g Lauch
60 g Essiggurkerln
50 g Mayonnaise
70 g Joghurt
Pfeffer

Zubereitung
- Paprika in 1/2 cm große Würfel, Lauch nudelig, Essiggurkerln in Julienne schneiden.
- Mayonnaise mit Joghurt verrühren und evtl. mit etwas Essiggurkerlmarinade verdünnen.
- Gemüse mit Mayonnaise mischen, pikant abschmecken.
- Zugedeckt mindestens 30 min kühl ziehen lassen.

Verwendung
Als Beigabe zu Fisch und zu Fondue.

Rezepte

42 Schnittlauchsauce

Zutaten für 4 Portionen

60 g entrindetes Weißbrot

(1–2 altbackene Semmeln)

100 ml Milch

2 gekochte Eidotter

Salz, weißer Pfeffer

Essig

1 Prise Zucker

100 ml Öl

1/2 Bund Schnittlauch

Zubereitung
- Weißbrot in kalter Milch einweichen und gut ausdrücken.
- Eidotter und Weißbrot fein passieren.
- Mit Salz, Pfeffer, Essig und Zucker würzen.
- Mit dem Mixer unter ständiger Zugabe von Öl eine sämige Sauce herstellen.
- Schnittlauch fein schneiden und erst kurz vor dem Servieren zur Sauce geben.

Eine schnelle Variante ist, Mayonnaise mit 2–3 EL fein geschnittenem Schnittlauch zu verrühren.

Gut gekühlt ist die Sauce (ohne Schnittlauch) einige Tage haltbar.

💡 Marinieren bedeutet, etwas durchziehen zu lassen.

Die einfache Essig-Öl-Marinade kann mit Knoblauch, gehackten Kräutern, Dijonsenf und Zitronensaft statt Essig abgewandelt werden. Durch die Verwendung von verschiedenen Essigsorten oder Ölen kann man die Marinade verändert werden.

Salatsaucen – Marinaden und Dressings

Marinaden sind klare, flüssige Salatsaucen, Dressings sind cremige Salatsaucen.

Mengen für 4 Portionen:
- 150 ml für Marinaden
- 200 ml für Dressings

Salatsaucen	Zutaten und Arbeitsablauf
Einfache Essig-Öl-Marinade	■ **Blattsalate:** 1 Teil Essig (je nach Säuregrad), 2 Teile Öl, Salz, evtl. Zucker und Wasser. ■ **Gemüsesalate:** 1 Teil Essig, 1 Teil Öl, Salz, Pfeffer, evtl. Zucker, Wasser.
Joghurtdressing, Joghurt-Schnittlauch-Dressing	■ 4 Teile Joghurt, 1 Teil Zitronensaft (oder Essig), 1 Teil Öl, Salz, Pfeffer, evtl. Zucker. ■ Für Joghurt-Schnittlauch-Dressing zusätzlich 2 Teile Schnittlauch.
Kräuterdressing	■ 4 Teile Mayonnaise, 4 Teile Joghurt, 1 Teil fein gehackte Zwiebeln, 1 Teil Kräuter (Petersilie, Kerbel, Estragon, Basilikum etc.), Salz, Zitronensaft, Pfeffer.
Französisches Dressing (French dressing)	■ Schüssel mit Knoblauch ausreiben. ■ 1 Teil Essig, 1 Teil Estragonsenf (oder Dijonsenf), Salz, Pfeffer, evtl. etwas Zucker glatt verrühren. ■ Tropfenweise 6 Teile Öl einrühren, bis eine sämige Masse entsteht.
Thousand-Island-Dressing (Amerikanisches Spezialdressing)	■ 1/2 Teil Zwiebeln und 2 Teile Paprikaschoten (rot und grün) in feine Würfel schneiden. ■ 4 Teile Mayonnaise mit etwas Ketchup, Tabasco- oder Chilisauce vermengen. ■ Zwiebeln und Paprika dazugeben. ■ Mit Salz, Pfeffer und Zitronensaft würzen.
Rahmdressing	■ 4 Teile Sauerrahm, 1 Teil Zitronensaft, Salz, Pfeffer.

> **Aufgabenstellung – „Salatsaucen"**
>
> ■ Notieren Sie:
>
> fünf Essigsorten: _____
>
> fünf Ölsorten: _____
>
> drei Salzsorten: _____
>
> fünf Kräuter: _____
>
> fünf Gewürze: _____

4 Salate

Bei den Salaten unterscheidet man Blattsalate und Gemüsesalate. Gemüsesalate können aus rohem oder aus gekochtem Gemüse hergestellt werden.

Salate und Portionsmengen	Tipps zum Vorbereiten und Marinieren
Blattsalate 30–50 g/Portion	■ Blattsalate unter fließendem Wasser waschen, keinesfalls im Wasser liegen lassen. ■ Gewaschene Blätter sollten trocken sein, um die Marinade besser aufnehmen zu können (Salatschleuder). ■ Blattsalate erst kurz vor dem Servieren marinieren.
Rohgemüsesalate 80–100 g/Portion	■ Vorbereitetes zartes Gemüse erst kurz vor dem Servieren marinieren. ■ Derbe Rohsalate bereits längere Zeit vor dem Servieren marinieren, damit die Marinade besser durchziehen kann.
Salate aus gekochtem Gemüse 100–150 g/Portion	■ Gemüse im Ganzen (z. B. Kartoffeln, Rote Rüben, Fisolen) oder geschnitten (z. B. Karfiol, Karotten, Sellerie) garen. ■ Gemüse noch heiß marinieren. ■ Für Kartoffelsalat nur festkochende Sorten verwenden.

Salate aus rohem Gemüse	
Tomatensalat	■ Tomaten waschen, Stängelansatz entfernen, in Scheiben schneiden. ■ Salz, Pfeffer, Essig, Öl und Zucker zu einer Marinade verrühren, fein gehackte Zwiebeln beigeben. ■ Die Marinade über die Tomatenscheiben gießen.
Gurkensalat	■ Gurken waschen und fein hobeln. Freilandgurken schälen, weil sie eine dickere Schale haben. ■ Knoblauch dazugeben und mit Rahmdressing oder einfacher Marinade (ohne Öl) marinieren.
Krautsalat	■ Kraut putzen, halbieren, Strunk entfernen, fein hobeln. ■ Salz und Kümmel dazugeben, gut durchdrücken und ziehen lassen. ■ Salat mit Essig und etwas Zucker sowie Öl marinieren und durchziehen lassen.

Tomatensalat kann man durch die Zugabe von Lauch, Frühlingszwiebeln, Petersilie oder Basilikum geschmacklich variieren.

⚠ **Wussten Sie, dass ...**
der Stängelansatz von Tomaten Solanin beinhaltet, das zu Verdauungsstörungen führen kann? Darum wird er ausgeschnitten.

⚠️ Kartoffelsalat ist ein idealer Nährboden für Keime. Deshalb muss er am Tag der Zubereitung verzehrt werden.

💡 Warmer Krautsalat kann mit gerösteten Speckwürfeln verfeinert werden.

Salate aus gekochtem Gemüse	
Kartoffelsalat	■ Öl, Essig (eventuell etwas Bouillon), Salz, Pfeffer, fein gehackte Zwiebeln, evtl. Zucker und Senf in einer Schüssel verrühren. ■ Heiße, geschälte Kartoffeln in die Marinade schneiden, gut durchmischen und abschmecken.
Rote-Rüben-Salat	■ Gekochte, geschälte Rote Rüben in Scheiben schneiden oder grob reiben. ■ Mit Weinessig, Kümmel, Salz, Zucker und etwas frisch gerissenem Kren marinieren. Gibt man dem Rote-Rüben-Salat Kren bei, ist er länger haltbar und kann einige Tage im Kühlschrank aufbewahrt werden.
Warmer Krautsalat	■ Kraut putzen, halbieren, Strunk entfernen, fein hobeln. ■ Fein gehackte Zwiebeln in etwas Öl anschwitzen. ■ 1 EL Zucker dazugeben und karamellisieren lassen. ■ Kraut zugeben und mit Essig und Wasser ablöschen. ■ Mit Salz und Kümmel würzen und kernig weich kochen.

5 Kalte Vorspeisen

Kalte Vorspeisen sollen den Appetit anregen, aber nicht sehr sättigend sein. Es eignen sich daher Salate, Rohkost, Cocktails und leichte kalte Gemüsegerichte.

43 Nizzaer Salat – Salade niçoise

Zutaten für 4 Portionen

120 g speckige Kartoffeln
80 g Prinzessbohnen
1 EL Weinessig
Salz, Pfeffer
1/2 EL Senf
2 EL Olivenöl
1 Knoblauchzehe
60 g gefüllte Oliven
120 g Tomaten
80 g Thunfisch aus der Dose (Natur)

Zubereitung
- Kartoffeln und Prinzessbohnen separat kochen.
- Essig mit Salz, Pfeffer, Senf und Olivenöl in einer mit Knoblauch ausgeriebenen Salatschüssel sämig schlagen.
- Gekochte Kartoffeln und Oliven in Scheiben schneiden.
- Tomaten schälen, entkernen und achteln.
- Gekochte Prinzessbohnen, in Stücke zerteilten Thunfisch, Kartoffeln, Oliven und Tomaten mit Salatsauce mischen und gekühlt durchziehen lassen.

5 Kalte Vorspeisen

44 Griechischer Salat

Zutaten für 4 Portionen

120 g Tomatenviertel
120 g Gurken
Je 40 g rote und grüne Paprika
60 g Zwiebeln
Weinessig
Olivenöl
1 Knoblauchzehe
Salz, Pfeffer
100 g Schafkäse
60 g schwarze Oliven
1 EL Salatkräuter

Zubereitung
- Tomatenviertel, in große Würfel geschnittene Gurken, in Streifen geschnittene Paprika und Zwiebelringe mit Essig, Olivenöl, zerdrücktem Knoblauch, Salz und Pfeffer (siehe einfache Essig-Öl-Marinade, S. 86) marinieren.
- In Würfel geschnittenen Schafkäse und Oliven vorsichtig unter den Salat mischen und mit Salatkräutern bestreuen.

45 Französischer Salat

Zutaten für 4 Portionen

60 g Erbsen
80 g Karotten
150 g speckige Kartoffeln
40 g Essiggurkerln
80 g Äpfel
100 g Mayonnaise
Salz, Pfeffer
Senf
Worcestersauce
Essig

Zubereitung
- Erbsen, Karotten und Kartoffeln (in der Schale) kochen.
- Karotten, Kartoffeln, Essiggurkerln und Äpfel in kleine Würfel schneiden.
- Alle Zutaten vermischen, die Mayonnaise unterrühren und würzen.
- Masse durchziehen lassen und gut kühlen.

- Mit französischem Salat können Schinkenrollen gefüllt werden.
- Es kann auch wahlweise anderes Gemüse verwendet und diese Zubereitung als Gemüsecocktail auf Blattsalat angerichtet werden.
- Statt 100 g Mayonnaise können auch 50 g Mayonnaise und 50 g Rahm oder Joghurt verwendet werden.

46 Tsatsiki

Zutaten für 4 Portionen

1 Salatgurke

Joghurtdressing aus 250 g Joghurt
(siehe S. 86)

1 Knoblauchzehe

Zubereitung
- Gurke schälen, reiben, mit etwas Salz mischen, stehen lassen.
- Gurke in ein Sieb geben und den Saft der Gurke gut abpressen.
- Mit gehacktem Knoblauch in das Joghurtdressing rühren.

Das Joghurt vor der Verwendung in einem mit einem Kaffeefilter ausgelegten Sieb abtropfen lassen, damit es fester wird. Griechisches Joghurt eignet sich besser für Tsatsiki, weil es einen höheren Fettgehalt hat und dadurch fester ist.

47 Rohkostcocktail

Zutaten für 4 Portionen

200 g Äpfel

150 g Karotten

Saft von 1/2 Zitrone

100 g Knollensellerie

100 ml Sauerrahm

1/4 l Joghurt

1 EL Öl

Salz, Pfeffer

Blätter von grünem Salat und Radicchioblätter

Garnierung:

Krauspetersilie

Zubereitung
- Äpfel evtl. schälen, Karotten putzen. Beides grob raffeln und mit Zitronensaft beträufeln.
- Sellerie schälen, fein raffeln (oder in Julienne schneiden) und beimengen.
- Sauerrahm und Joghurt mit den übrigen Zutaten abrühren.
- Mit Äpfeln und Gemüse vermischen und mit Salz, Pfeffer und Öl abschmecken.
- Im Cocktailglas auf einem grünen Salatblatt und einem Radicchioblatt anrichten.

48 Gefüllte Tomaten

Zutaten für 4 Portionen

4 Tomaten

Füllungen:

200 g (ca. 50 g pro Tomate)

Französischer Salat (siehe S. 89) oder Aufstrich nach Liptauer Art (siehe S. 83)

Zubereitung
- Stängelansatz der Tomaten entfernen, Tomaten abkappen und mit einem Kaffeelöffel aushöhlen.
- Füllen und Kappe schräg auf die Fülle setzen.
- Die Kappe kann auch halbiert und beide Hälften können arrangiert werden.

49 Melone mit Rohschinken

Zutaten für 4 Portionen

1 Zucker- oder Honigmelone

200 g dünn aufgeschnittener Rohschinken

Zubereitung
- Melone halbieren und die Fasern und Kerne entfernen.
- Jede Hälfte in 4 Spalten schneiden.
- Je zwei Spalten mit Rohschinken anrichten und gut gekühlt servieren.

50 Shrimpscocktail

Zutaten für 4 Portionen

200 g Shrimps

Pfeffer, Salz

Zitronensaft

Salatblätter

Cocktailsauce (siehe S. 85)

Saft von 1 Zitrone

Garnierung:

eingeschnittene Zitronenscheibe auf Glasrand, Oliven, Eischeiben oder Ketchupgitter

Zubereitung
- Shrimps mit Salz, Pfeffer und Zitronensaft marinieren.
- Cocktailglas an der Seite mit Salatblatt auslegen.
- Shrimps darauf verteilen, mit Cocktailsauce überziehen.

51 Mozzarella mit Tomaten

Zutaten für 4 Portionen

4 Tomaten

2 Packungen Mozzarella

Salz, Pfeffer

Kalt gepresstes Olivenöl

Frisches Basilikum

Zubereitung
- Tomaten und Mozzarella in Scheiben schneiden.
- Tomaten dekorativ auf einem Teller anrichten. Mozzarellascheiben auf die Tomatenscheiben legen.
- Mit Salz und Pfeffer würzen, mit etwas Olivenöl beträufeln und mit Basilikumblättern garnieren.
- Kurz anziehen lassen und servieren.

Hübsch sehen auch kleine Mozzarellabällchen und Cocktailtomaten aus, die abwechselnd mit Basilikumblättern auf Spießchen gesteckt und dann mariniert werden.

52 Gefüllte Eier

Zutaten für 4 Portionen

4 hart gekochte Eier

40 g entrindetes Weißbrot (1 altbackene Semmel)

50 g Butter

Salz, Pfeffer

Worcestersauce

Sardellenpaste

Estragonsenf

Zubereitung
- Hart gekochte Eier der Länge nach halbieren und unten abkappen, damit sie stehen.
- Dotter herauslösen.
- Weißbrot in Wasser einweichen, ausdrücken und mit den Eidottern passieren.
- Butter schaumig rühren, mit den übrigen Zutaten vermengen, abschmecken.
- Dottermasse mit einem Dressiersack in die Eihälften spritzen und nach Belieben garnieren.

Gekochte Eier, die geschält werden sollen, müssen nach dem Abgießen sofort unter kaltem Wasser abgeschreckt werden, damit sie sich gut schälen lassen.

Werden gefüllte Eier nicht sofort gegessen, sollten sie mit Aspik oder Tortengelee überzogen werden.

53 Antipasti vom Backblech

Zutaten für 4 Portionen

Je 1 grüne und gelbe Zucchini
1 Melanzani
300 g große Champignons
Je 1 roter und gelber Paprika, 3 grüne Pfefferoni

Würzöl:

2 Thymianzweige
2 Rosmarinzweige
1/2 Bund Petersilie
1 Knoblauchzehe
Olivenöl, Salz, Pfeffer

Zubereitung

- Zucchini und Melanzani in Streifen schneiden.
- Champignons in Scheiben schneiden.
- Paprika und Pfefferoni in grobe Stücke schneiden.
- Für das Würzöl die Kräuter entstielen, klein hacken und mit Knoblauch im Mixer fein pürieren. Reichlich Olivenöl darübergießen.
- Das vorbereitete Gemüse auf einem Backblech verteilen, mit dem Würzöl gleichmäßig bedecken und mit Salz und Pfeffer würzen.
- Die Antipasti für ca. 15–20 min bei 200 °C und starker Oberhitze im vorgeheizten Backrohr garen, bis sie Farbe bekommen.

Wussten Sie, dass ... Antipasti italienisch ist und „vor dem Essen" bedeutet? Es entspricht daher in etwa dem deutschen Begriff „Appetithappen", der ein Menü einleitet.

54 Spargel-Paprika-Salat

Zutaten für 4 Portionen

Je 1/2 gelbe und grüne Paprikaschote
2 hart gekochte Eier
1/2 Häuptel grüner Salat
1/2 kleine Zwiebel
150 g Spargel

Zubereitung

- Paprikaschoten in dünne Ringe schneiden, Eier in Scheiben schneiden.
- Salat in mundgerechte Stücke teilen, Zwiebel in dünne Ringe schneiden, Spargel in 4 cm lange Stücke schneiden.
- Alle Zutaten in einer Schüssel vorsichtig vermengen, Marinade zubereiten, über die Zutaten in der Schüssel gießen, vorsichtig vermengen, etwas durchziehen lassen.
- Auf Desserttellern anrichten.

*Marinade:
2 EL Essig
2 EL Öl
Salz, Pfeffer
Evtl. 2 EL Cognac*

55 Räucherforellenmousse im Lachsmantel

Zutaten für 4 Portionen

125 g Räucherforellenfilets
50 g Räucherlachs
30 ml Obers
1 Blatt Gelatine
Saft von 1/2 Zitrone
Salz, weißer Pfeffer, Kren
25 ml geschlagenes Obers
125 g Räucherlachs zum Auskleiden der Form
Marinierte Blattsalate
Dill, Zitronenscheiben

Zubereitung

- Terrinenform zur Hälfte mit Klarsichtfolie (evtl. mit Öl bestrichen) auslegen und mit Räucherlachs auskleiden. An den Seiten überstehen lassen.
- Die Forellenfilets und den Räucherlachs in grobe Würfel schneiden.
- Mit dem eiskalten Obers fein pürieren.
- Die eingeweichte Gelatine in Zitronensaft auflösen und zum Forellenmus geben.
- Geschlagenes Obers unterheben.
- Die Masse mit Salz, Pfeffer und Kren abschmecken und in die Terrinenform füllen.
- Überstehende Lachsscheiben darüberklappen, etwa 4–5 Stunden kühlen.
- Anschließend aus der Form stürzen und in Scheiben schneiden.
- Mit marinierten Blattsalaten, Dill und Zitronenscheiben anrichten und mit Stangenweißbrot servieren.

Dazu passt auch eine Dill-Kren-Sauce: Sauerrahm, Creme fraîche (oder Joghurt), etwas Dill und Kren mit Salz und einer Prise Zucker abschmecken.

6 Suppen und Suppeneinlagen

Suppen können zum ersten Gang oder nach einer kalten Vorspeise serviert werden und sind ein beliebter Auftakt eines Menüs. Es gibt klare und gebundene Suppen.

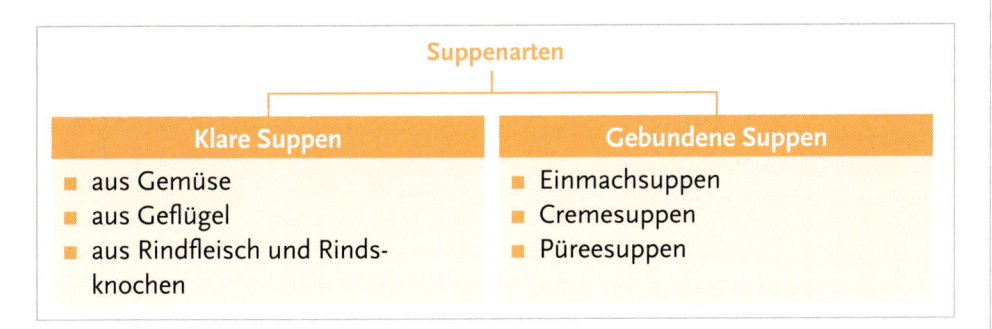

Suppenarten

Klare Suppen	Gebundene Suppen
▪ aus Gemüse ▪ aus Geflügel ▪ aus Rindfleisch und Rindsknochen	▪ Einmachsuppen ▪ Cremesuppen ▪ Püreesuppen

Klare Suppen

Klare Suppen erhält man durch langsames Auskochen von Knochen, Fleisch oder Gemüse.

56 Helle Rindsknochensuppe

Zutaten für 1 Liter

600 g Rindsknochen
Parüren (Fleischabschnitte)
Evtl. 25 g Rindsleber und 25 g Rindsmilz
1,50 l Wasser
1/2 Zwiebel
120 g Wurzelgemüse
Suppengrün
Pfefferkörner, Salz
1 Knoblauchzehe
1 Lorbeerblatt
2 Wacholderbeeren

Zubereitung

- Knochen und Parüren kalt waschen, blanchieren, zuerst heiß, dann kalt abfrischen. Mit kaltem Wasser zustellen.
- In große Würfel geschnittenes Gemüse, Suppengrün und Gewürze zugeben, nach dem Aufkochen abschäumen und mindestens zwei Stunden schwach wallend köcheln lassen.
- Suppe durch ein feines Spitzsieb oder Etamin seihen und abschmecken.

Abgeschäumt wird mit einem Löffel und einem Unterteller

Etamin = festes, feines Tuch zum Abseihen von Suppen, Saucen etc.

57 Braune Rindsknochensuppe

Zutaten für 1 Liter

Helle Rindsknochensuppe (siehe oben)

Zusätzlich 1 EL Öl

Zubereitung

- Zuerst blanchierte Knochen und Parüren (Fleischabschnitte), dann in Würfel geschnittenes Wurzelgemüse und zuletzt die Zwiebel in heißem Öl anrösten.
- Mit kaltem Wasser aufgießen und wie die helle Rindsknochensuppe fertigstellen.

Der Unterschied zur hellen Rindsknochensuppe besteht darin, dass die Knochen, Parüren und das Gemüse vor dem Sieden in Öl angeröstet werden, damit die Suppe eine kräftige, dunkle Farbe bekommt.

58 Rindsuppe – Bouillon

Zutaten für 1 Liter

Helle Rindsknochensuppe
(siehe S. 93)

Zusätzlich 1/2 kg Rindfleisch zum Sieden (z. B. Tafelspitz)

Zubereitung
Zubereitung wie helle Rindsknochensuppe – mit den blanchierten Knochen auch das Fleisch zusetzen.

- Leber und Milz verstärken den Geschmack der Suppe und klären sie.
- Suppe setzt man kalt an, damit die Geschmacksstoffe der Zutaten besser ausgelaugt werden.
- Gibt man dem Fond für Bouillon auch Rindfleisch dazu, so hat man zwei Möglichkeiten:
  ▶ Entweder man setzt das Fleisch mit den anderen Zutaten kalt zu, damit es stärker ausgelaugt wird und man eine kräftige, geschmackvolle Suppe erhält. Dafür eignet sich fett- und sehnenreiches Siedefleisch wie z. B. Beinfleisch.
  ▶ Oder man gibt das Siedefleisch erst in den bereits wallenden Fond, damit es saftig und geschmackvoll bleibt. Das auf diese Weise gegarte Fleisch eignet sich für Hauptspeisen. Darum nimmt man in diesem Fall hochwertiges Siedefleisch wie etwa einen Tafelspitz.
- Tafelspitz wird erst in den wallenden Fond eingelegt.

59 Klare Hühnersuppe

Zutaten für 1 Liter

700 g Suppenhuhn und/oder Geflügelklein

150 g Wurzelgemüse

1,50 l Wasser

1/4 grüner Paprika

1/2 Zwiebel

Liebstöckel, Pfefferkörner, 1 Lorbeerblatt, Salz, Muskat

Zubereitung
- Suppenhuhn bzw. Geflügelklein vorbereiten.
- Wurzelgemüse putzen und in grobe Stücke schneiden.
- Suppenhuhn mit kaltem Wasser zustellen, aufkochen lassen, abschäumen.
- Geputztes, in große Würfel geschnittenes Wurzelgemüse, Paprikaschote, geschälte Zwiebel, Liebstöckel und Gewürze zugeben.
- Mindestens 1 1/2 Stunden schwach wallend kochen lassen, öfter abschäumen.
- Abseihen und mit Salz und Muskat abschmecken.
- Das gekochte, ausgelöste Hühnerfleisch in kleine Würfel schneiden und als Einlage verwenden.

Geflügelklein = Geflügelteile wie Flügel, Magen, Leber, Hals, Herz.

6 Suppen und Suppeneinlagen

60 Gemüsefond, Gemüsesud

Zutaten für 1 Liter

300 g Wurzelgemüse (Karotten, Sellerie, Petersilienwurzel, Lauch)

1 EL Öl

1 l Wasser

1 Knoblauchzehe

Salz, Pfefferkörner

Neugewürzkörner

Suppengrün (Liebstöckel, Petersiliengrün, Selleriegrün)

Zusätzlich zur Geschmacksverstärkung evtl. 1 Gemüsebrühwürfel

Zubereitung
- Gemüse putzen.
- In grobe Stücke teilen und in Öl anschwitzen.
- Mit kaltem Wasser aufgießen, Gewürze beigeben, kochen lassen.
- Zuletzt Suppengrün zugeben und nur kurz mitkochen lassen.
- Abseihen, abschmecken.

Neugewürzkörner = Piment.
Liebstöckel = Maggikraut.

61 Gemüsejuliennesuppe

Zutaten für 1 Liter

Je 60 g Sellerie, Karotten, Gelbe Rübe, Lauch

1 TL Butter

Ca. 1 l Gemüsefond

1/2 Bund Schnittlauch

Zubereitung
- Geputztes Gemüse in Julienne schneiden.
- In Butter anschwitzen, mit Gemüsefond aufgießen, kurz aufkochen.
- Mit geschnittenem Schnittlauch bestreuen.

Suppeneinlagen

62 Grießnockerln

Zutaten für 4 Portionen

40 g weiche Butter

1 Ei

Salz

Muskat

100 g feiner Weizengrieß

Zubereitung
- Butter schaumig rühren.
- Ei verschlagen und nach und nach zugeben. Mit Salz und Muskat würzen.
- Grieß einrühren, 20 min rasten lassen.
- Mit zwei nassen Löffeln Nockerln formen und auf ein nasses Brett setzen.
- Alle Nockerln gleichzeitig in leicht wallendes Salzwasser gleiten lassen.
- 10 min leicht wallend kochen und 10 min ziehen lassen.

Richtwerte für Suppeneinlagen
Gemüse: 70 g pro Portion
Teigwaren: 20 g pro Portion

Die Nockerln kann man auch im nassen Handteller mit einem nassen Löffel formen.

Rezepte

63 Käsecroûtons

Zutaten für 4 Portionen
- 40 g weiche Butter
- 1 Eidotter
- 60 g geriebener Käse
- Salz
- Paprikapulver
- 4 Scheiben Toastbrot

Zubereitung
- Butter schaumig rühren. Nach und nach Eidotter und Käse zugeben.
- Mit Salz und Paprikapulver abschmecken.
- Masse auf Toastscheiben streichen und bei 180 °C im Backrohr backen.
- In Quadrate oder Dreiecke schneiden.

> Käsecroûtons erst kurz vor dem Servieren in die heiße Suppe einlegen, damit sie nicht weich werden. Oder die Croûtons extra auf einem Glasteller mit Unterteller, Serviette und Vorleger anrichten, damit sich der Gast diese selbst nehmen kann.

64 Brandteigkrapferln

Zutaten für 4 Portionen
Brandteig zum Backen im Rohr (siehe S. 70)

Zubereitung
- Brandteig zum Backen im Rohr wie auf Seite 70 beschrieben herstellen und Krapferln backen.
- Brandteigkrapferln erst kurz vor dem Servieren in die heiße Suppe einlegen, damit sie nicht weich werden.

65 Frittaten

Zutaten für 4 Portionen
Palatschinkenteig (siehe S. 69)

Zubereitung
- Palatschinken wie auf Seite 69 beschrieben herstellen.
- Ausgekühlt in feine Streifen schneiden.

Frittaten schneiden

66 Frittatenroulade

Zutaten für 4 Portionen
Palatschinkenteig (siehe S. 69)

Fülle:
- 1 kleine Zwiebel
- 1 EL Öl
- 100 g Faschiertes
- 1 Knoblauchzehe
- 1 Ei
- Petersilie, Majoran
- Salz

Zubereitung
- 2 Palatschinken backen, auskühlen lassen.
- Fein gehackte Zwiebel in Öl glasig anlaufen lassen.
- Faschiertes beigeben und weiterrösten.
- Knoblauch dazupressen.
- Überkühlen lassen.
- Mit Ei und gehackter Petersilie vermengen und würzen.
- Masse auf die Palatschinken aufstreichen und straff einrollen.
- In Alufolie fest einwickeln und ca. 10 min in siedendem Wasser ziehen lassen.
- Palatschinken aus dem Wasser heben, erkalten lassen, Alufolie abziehen und in Scheiben schneiden.

> Da es sich nicht lohnt, nur 2 Palatschinken zu backen, ist die Menge des Palatschinkenteigs für 8 Stück angegeben. Die übrigen Palatschinken schneidet man am besten zu Frittaten, die sich gut tiefkühlen lassen.

6 Suppen und Suppeneinlagen

67 Biskuitschöberln

Zutaten für 1/2 Blech

- 3 Eiklar (von Eiern der Gewichtsklasse S mit ca. 50 g)
- Salz
- 3 Eidotter
- 60 g glattes Mehl
- Margarine und glattes Mehl oder Backpapier

Zubereitung

- Eiklar mit Salz zu Schnee ausschlagen.
- Eidotter versprudeln, unter die Schneemasse heben, Mehl sieben und unterheben.
- In befettete, bemehlte Schöberlformen (15 Stück) füllen oder 1 cm dick auf das vorbereitete Blech aufstreichen (zum Abtrennen Blechschiene verwenden).
- Im vorgeheizten Backrohr backen.
- Etwas überkühlen lassen, Formen stürzen bzw. das Biskuit auf dem Blech in Rauten schneiden.

Mengenverhältnis für Schöberlmasse:
1 Ei (der Gewichtsklasse S mit ca. 50 g)
20 g glattes Mehl
Salz

68 Kräuter- oder Schinkenschöberln

Zutaten für 1/2 Blech

Masse für Biskuitschöberln (siehe oben)

Zusätzlich 20 g gehackte Kräuter oder 20 g fein gehackter Schinken

Zubereitung

- Herstellung wie Biskuitschöberln.
- Kräuter oder Schinken gemeinsam mit dem Mehl unter die Masse mengen.

Wussten Sie, dass ... Schöberln sich gut tiefkühlen lassen?

69 Tropfteig

Zutaten für 4 Portionen

- 1 Ei
- 30 g glattes Mehl
- Salz, Muskat
- Evtl. 1 EL Milch

Zubereitung

- Zutaten (evtl. mit Milch) zu einem glatten Teig verrühren.
- Teig mit Dressiersack mit glatter, dünner Tülle oder mit hochgehaltenem Gefäß über einen Löffelrand in die leicht wallende Suppe einlaufen lassen.
- Kurz aufkochen lassen, bis der Teig stockt.

Für Käsetropfteig wird dem Teig 1 EL geriebener Hartkäse oder Parmesan beigegeben.

Rezepte

70 Fleischstrudel

Zutaten für 1 Strudel

1/2 Menge Strudelteig (siehe S. 72)
100 g Zwiebeln
500 g Faschiertes
Salz, Pfeffer
Majoran
1 Knoblauchzehe
1 Ei
Evtl. 3 EL Sauerrahm
25 g Semmelbrösel
Etwas Mehl
Etwas Öl
1 Ei zum Bestreichen

Zubereitung
- Strudelteig zubereiten.
- Feinwürfelig geschnittene Zwiebeln in Öl anrösten.
- Faschiertes dazugeben, gut durchrösten und würzen.
- Überkühlt mit Ei, evtl. Sauerrahm, Bröseln und Mehl binden.
- Strudel ausarbeiten.
- Strudel vor dem Backen mit Ei bestreichen.

Auch Kaspressknödel (siehe S. 112) und Tiroler Knödel (siehe S. 122) eignen sich als Suppeneinlage.

71 Leberknödel

Zutaten für 4 Portionen

2 altbackene Semmeln
120 g Schweinsleber
80 g fettes Schweinefleisch
2 EL gehackte Zwiebeln
2 EL Butter
2 EL Mehl
2 Eier
Salz, Pfeffer
Majoran
1–2 Knoblauchzehen
Schale von 1/2 Zitrone
Petersilie
1–3 EL Semmelbrösel

Zubereitung
- Semmeln in Milch einweichen und ausdrücken.
- Schweinefleisch und Leber faschieren.
- Zwiebeln in Butter rösten und auskühlen lassen.
- Alle Zutaten mit den Eiern gut durchmischen, würzen und mit Semmelbröseln binden.
- 5 min rasten lassen.
- Kleine Knödel formen und in Salzwasser kochen.

Wussten Sie, dass ...
Leberknödel auch im Rohr gebacken oder frittiert werden können?
Dazu werden sie ohne Mehl zubereitet. Werden die Leberknödel gekocht, wird Mehl zugegeben, damit sie beim Kochen nicht zerfallen.

Einmachsuppen

72 Gemüseeinmachsuppe

Zutaten für 4 Portionen

320–400 g gemischtes Gemüse nach Saison (Karotten, Karfiol, Kohlrabi, Erbsen, Fisolen, Kohlsprossen etc.)

600 ml Wasser

1 Gemüsebrühwürfel

Salz

1 EL Butter

1 gehäufter EL Mehl

Petersilie bzw. Kräuter nach Wahl

Zubereitung
- Geputztes Gemüse mundgerecht vorbereiten und in Salzwasser kernig weich kochen. Abseihen und Kochwasser aufheben.
- Einmach bereiten, mit Kochwasser aufgießen, glatt rühren und verkochen lassen.
- Gemüse beigeben, abschmecken und mit gehackter Petersilie servieren.

73 Geflügeleinmachsuppe

Zutaten für 4 Portionen

200 g Geflügelklein

100 g Hühnerbrust

Wasser

Wurzelgemüse

40 g Lauch

Salz, Pfefferkörner

Muskat

1 EL Fett

1 EL Mehl

Saft von 1 Zitrone

Evtl. 1/8 l Sauerrahm und etwas Wasser

Petersilie

Zubereitung
- Geflügelklein (siehe Seite 94) und Hühnerbrust weich kochen.
- Wurzelwerk und Lauch grob schneiden.
- Nach der Hälfte der Garzeit Gemüse zugeben.
- Suppe abseihen.
- Hühnerbrust und Gemüse auskühlen lassen.
- Einmach zubereiten.
- Mit heißer Suppe aufgießen, glatt rühren und verkochen lassen.
- Hühnerbrust und Gemüse in Würfel schneiden und wieder in die Suppe geben.
- Suppe abschmecken.
- Nach Belieben mit etwas Rahm verfeinern und mit Petersilie vollenden.

Für Kalbseinmachsuppe nimmt man anstatt Hühnerklein und Hühnerbrust Kalbshals und Kalbsknochen.

Rezepte

74 Kartoffelsuppe

Zutaten für 4 Portionen

- 1 große Zwiebel
- 1 EL Fett
- 60 g Karotten und Sellerie
- 1 EL glattes Mehl
- 800 ml Rindsuppe
- Salz, Pfeffer, Bohnenkraut
- 350 g mehlige Kartoffeln
- 1/16 l Sauerrahm
- Essig, Petersilie

Zubereitung

- Fein gehackte Zwiebel in Fett glasig werden lassen.
- Karotten und Sellerie in kleine Würfel schneiden, mit den Zwiebeln anschwitzen.
- Mehl unterrühren.
- Mit heißer Suppe aufgießen und glatt rühren.
- Würzen.
- Geschälte, würfelig geschnittene Kartoffeln in die Suppe geben und kernig weich kochen.
- Glatt gerührten Sauerrahm einrühren und mit Salz, Pfeffer und Essig abschmecken.
- Mit gehackter Petersilie bestreuen.

Die Suppe kann mit 40 g getrockneten Steinpilzen geschmacklich verändert werden. Die Pilze müssen mindestens 15 min mitgekocht werden.

Creme- und Püreesuppen

75 Tomatencremesuppe

Zutaten für 4 Portionen

- 1 mittelgroße Zwiebel
- 1 EL Butter, 1 EL glattes Mehl
- 500 g vollreife Tomaten
- 1 EL Tomatenmark
- 1/2 l Rindsuppe
- Pfefferkörner, 1 Lorbeerblatt
- Salz, Essig oder Zitronensaft
- 1 EL Kristallzucker
- 1/16 l Schlagobers

Zubereitung

- Fein gehackte Zwiebel in Butter glasig werden lassen.
- Mehl zugeben, kurz durchrösten, ohne dass es Farbe annimmt.
- Enthäutete, geviertelte Tomaten und Tomatenmark zugeben.
- Mit heißer Suppe aufgießen, würzen und ca. 30 min kochen lassen.
- Suppe passieren, mit Schlagobers aufmixen und abschmecken.

So häutet man Tomaten

Tomate kreuzförmig einschneiden  — Stielansatz herausschneiden  — Mit Siebschöpfer kurz in siedendes Wasser halten, eiskalt abschrecken — Haut mit der Messerspitze abziehen

76 Zucchinicremesuppe

Zutaten für 4 Portionen

- 250 g Zucchini
- 1 mittelgroße Zwiebel
- 1 EL Butter
- 800 ml Rindsuppe
- 1/8 l Schlagobers
- 1–2 Knoblauchzehen
- Salz, Pfeffer

Zubereitung

- Zucchini würfelig, Zwiebel kleinwürfelig schneiden.
- Zucchini- und Zwiebelwürfel in Butter anschwitzen.
- Mit heißer Suppe und etwas Schlagobers aufgießen und Gemüse weich dünsten.
- Suppe pürieren und würzen.
- Kurz vor dem Servieren mit dem restlichen Schlagobers aufmixen.

- Auf diese Weise kann auch Kürbiscremesuppe hergestellt werden.
- Durch Zugabe von Kartoffelwürfeln wird die Suppe sämiger.

6 Suppen und Suppeneinlagen

77 Pürierte Kürbissuppe mit Ingwer

Zutaten für 4 Portionen

- 300 g Kürbis
- 4 Karotten
- 1 frische Ingwerwurzel (ca. 2 cm)
- 1 kleine Zwiebel
- Etwas Öl
- 1/2 l Gemüsefond
- 200 ml Kokosmilch
- Curry, Kurkuma
- Salz, Pfeffer
- Saft von 1 Zitrone
- Sojasauce

Zubereitung

- Kürbis bei Bedarf schälen, Kerne und Fasern entfernen und Kürbisfleisch in kleine Würfel schneiden.
- Karotten putzen, schälen und in Würfel schneiden. Ingwer und Zwiebel schälen und fein schneiden.
- Zwiebel in Öl anschwitzen lassen, Kürbisfleisch, Karotten und Ingwer dazugeben, andünsten.
- Mit heißem Gemüsefond aufgießen und ca. 20 min weichkochen.
- Suppe sehr fein pürieren und evtl. durch ein Sieb streichen.
- Kokosmilch unterrühren.
- Mit Curry, Kurkuma, Salz, Pfeffer und Zitronensaft würzen.
- Suppe mit Sojasauce abschmecken.

In Thailand wird die Suppe mit gebratenen kleinen Garnelen als Einlage serviert.

Kurkuma = Gelbwurz. Sie gibt der Suppe eine schöne Farbe.

Wussten Sie, dass ... man Hokkaidokürbis nicht zu schälen braucht? Daher ist er bestens für diese Suppe geeignet.

78 Knoblauchcremesuppe

Zutaten für 4 Portionen

- 1 kleine Zwiebel
- 1 EL Butter
- 1 EL glattes Mehl
- 100 g Knoblauch (ca. 10 geschälte Knoblauchzehen)
- 0,60 l Rindsuppe
- Salz, Pfeffer
- 1/8 l Schlagobers

Zubereitung

- Fein gehackte Zwiebel in Butter glasig werden lassen.
- Mehl zugeben, leicht bräunen.
- Zerdrückten Knoblauch beigeben, durchrühren und mit heißer Suppe aufgießen, gut verrühren und verkochen lassen.
- Würzen und mit Schlagobers vollenden.
- Für die Croûtons zerdrückten Knoblauch in Butter aufschäumen lassen.
- Weißbrotwürfel dazugeben und auf dem Herd oder im Backrohr bei 220 °C bräunen.
- Suppe mit Croûtons anrichten.

Nach demselben Rezept kann man auch Bärlauch-, Zucchini-, Kürbiscreme- oder Lauchcremesuppe zubereiten.

*Croûtons:
2 Knoblauchzehen
1 EL Butter
2 Scheiben entrindetes Weißbrot*

79 Karfiolcremesuppe

Zutaten für 4 Portionen

- 1 mittelgroße Zwiebel
- 1 EL Butter
- 2 EL Mehl
- 1 l klare Suppe
- 1 Karfiol
- 1/8 l Schlagobers
- Salz, Pfeffer

Zubereitung

- Zwiebel klein schneiden und in Butter glasig dünsten.
- Mit Mehl stauben, gut umrühren und mit der Suppe aufgießen.
- Den in kleine Röschen zerteilten Karfiol beigeben und ca. 30 Minuten kochen.
- Mit dem Stabmixer passieren, Schlagobers zugeben und mit Salz und Pfeffer abschmecken.

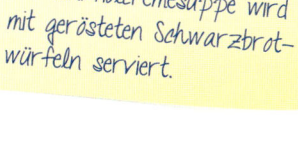

Die Karfiolcremesuppe wird mit gerösteten Schwarzbrotwürfeln serviert.

Rezepte

Suppen aus aller Welt

80 Minestrone

Zutaten für 4 Portionen

- 30 g durchwachsener Speck
- 1 Zwiebel
- 1 Knoblauchzehe
- 100 g Lauch
- 60 g Karotten
- 80 g Kartoffeln
- 100 g Zucchini
- 60 g Fisolen
- 1 EL Olivenöl
- 1 EL Tomatenmark
- 800 ml Rindsknochensuppe
- Salz, Pfeffer
- Oregano, Salbei, Basilikum
- 60 g Rundkornreis
- 40 g Tomatenwürfel
- Evtl. 30 g Parmesan

Zubereitung

- Speck, Zwiebel, Lauch und Knoblauch fein schneiden.
- Karotten, geschälte Kartoffeln und Zucchini in kleine Würfel schneiden.
- Fisolen in kleine Stücke teilen.
- Öl erhitzen und Speck darin anlaufen lassen.
- Zwiebel und Knoblauch dazugeben und anschwitzen, Gemüse zugeben und andünsten lassen.
- Tomatenmark beifügen, durchrühren.
- Mit heißer Suppe aufgießen und Gemüse kernig kochen.
- Würzen, Reis einstreuen und ca. 15 min mitgaren lassen.
- Tomatenwürfel zugeben, aufkochen lassen und abschmecken.
- Evtl. mit Parmesan bestreut servieren oder Parmesan extra reichen.

Die Minestrone ist ein italienischer Suppenklassiker.

Anstatt Reis kann man auch 100 g in Stücke gebrochene Spaghetti zur Suppe geben und bissfest kochen.

81 Gulaschsuppe

Zutaten für 4 Portionen

- 2 mittelgroße Zwiebeln
- 1 EL Fett
- 150 g Rindfleisch (Wadschinken, Hals, Schulter)
- 2 TL edelsüßer Paprika
- 1 TL Essig, evtl. 1 EL Wasser
- 800 ml Wasser oder Rindsuppe
- Salz, Kümmel
- Majoran
- 2–3 Knoblauchzehen
- Evtl. 1 TL Tomatenmark
- 300 g festkochende Kartoffeln
- 20 g glattes Mehl

Zubereitung

- Fein geschnittene Zwiebeln in Fett goldbraun rösten.
- In Würfel geschnittenes Rindfleisch beigeben, durchrösten.
- Paprikapulver zugeben, mit Essig(wasser) ablöschen.
- Mit Flüssigkeit aufgießen, würzen.
- Fleisch fast weich dünsten.
- Geschälte, in Würfel geschnittene Kartoffeln zur Suppe geben.
- Suppe mit angerührtem Mehl binden und weiterkochen lassen, bis die Kartoffeln kernig weich sind.
- Suppe abschmecken.

Wussten Sie, dass … die Gulaschsuppe ursprünglich aus Ungarn stammt? Doch auch hierzulande verleibt man sie sich im wahrsten Sinn des Wortes gerne ein.

82 Französische Zwiebelsuppe

Zutaten für 4 Portionen

- 400 g Zwiebeln
- 2 EL Olivenöl
- 800 ml Rindsuppe
- Salz, Pfeffer
- 4 Scheiben Weißbrot
- 100 g Hartkäse

Zubereitung

- Zwiebeln nudelig schneiden.
- In heißem Öl goldbraun rösten.
- Mit heißer Suppe aufgießen, würzen, kernig kochen.
- Weißbrotscheiben toasten.
- Zwiebelsuppe in feuerfesten Schalen anrichten. Weißbrotscheiben darauflegen, dick mit Käse bestreuen und bei starker Oberhitze im Backrohr überbacken.

Die französische Zwiebelsuppe stammt, wie der Name schon sagt, aus der Wiege der klassischen europäischen Küche – aus Frankreich

7 Warme Saucen

Die richtige Sauce macht ein gutes Gericht erst perfekt. Sie vollendet, verfeinert, bereichert oder setzt einfach geschmacklich den richtigen Akzent.

83 Weiße Grundsauce – Einmachsauce

Zutaten für 4 Portionen

- 30 g Butter
- 30 g glattes Mehl
- 1/2 l weißer Fond
- Salz, weißer Pfeffer
- Muskat
- Etwas Zitronensaft
- Evtl. 1/16 l Schlagobers

Zubereitung

- Aus Butter und Mehl helle Einmach zubereiten.
- Mit heißem Fond aufgießen, sofort mit dem Schneebesen glatt rühren.
- Ca. 10 min verkochen lassen, würzen.
- Die Sauce kann mit Schlagobers verfeinert werden.

84 Schnittlauchsauce

Zutaten für 4 Portionen

- Weiße Grundsauce
- Zusätzlich 1/16 l Sauerrahm
- Evtl. 1 Eidotter
- 1 Bund Schnittlauch

Zubereitung

- Weiße Grundsauce mit Sauerrahm und Eidottern vollenden.
- Gehackten Schnittlauch beigeben.
- Die Sauce nicht mehr kochen lassen.

Diese Sauce passt gut zu gekochtem Rindfleisch.

85 Béchamelsauce – Milcheinmachsauce

Zutaten für 4 Portionen

- 30 g Butter
- 30 g glattes Mehl
- 400 ml Milch
- Salz, Pfeffer, Muskat
- 1 Gewürznelke
- 1 kleine Zwiebel

Zubereitung

- Helle Einmach zubereiten, überkühlen lassen.
- Milch, Gewürze und feinwürfelig geschnittene Zwiebel aufkochen, 5 min ziehen lassen, abseihen.
- Einmach mit heißer Milch aufgießen, sofort glatt rühren.
- Sauce ca. 10 min verkochen lassen, abschmecken.

Béchamelsauce verwendet man zum Gratinieren (Überbacken, Überkrusten) von Gemüse, Fisch, Aufläufen und Geflügel.

86 Pilzsauce

Zutaten für 4 Portionen

- 2 kleine Zwiebeln
- 1 EL Butter
- 1/2 kg Champignons, Austernpilze, Eierschwammerln etc.
- Salz, weißer Pfeffer
- 200 ml weißer Fond oder Suppe
- 1/8 l Sauerrahm
- 20 g glattes Mehl
- 1 EL gehackte Petersilie
- Zitronensaft
- 1/16 l Schlagobers

Zubereitung

- Feinwürfelig geschnittene Zwiebeln in Butter anschwitzen.
- Blättrig geschnittene Pilze dazugeben, dünsten lassen, salzen, pfeffern.
- Mit Fond oder Suppe aufgießen, noch etwas dünsten lassen.
- Sauerrahm mit Mehl und etwas Wasser abrühren und zu den Champignons geben, kurz durchkochen.
- Gehackte Petersilie und Zitronensaft beigeben, würzen und mit Schlagobers verfeinern.

Pilzsauce passt zu gekochtem und kurz gebratenem Fleisch oder zu Semmelknödeln.

87 Semmelkren

Zutaten für 4 Portionen

- 4 altbackene Semmeln
- 400 ml Rindsuppe
- Ca. 20 g Kren (nach Geschmack)
- Salz, Pfeffer, Muskat

Zubereitung

- Semmeln in dünne Scheiben schneiden.
- Mit heißer Suppe übergießen, breiartig einkochen.
- Geriebenen Kren unterrühren.
- Würzen.

Semmelkren kann verfeinert werden mit
- 1/8 l Schlagobers

oder
- 1/8 l Sauerrahm

oder
- 1/8 l Sauerrahm und
- 2 Eidottern.

8 Eier- und Gemüsegerichte

88 Tomatensauce

Zutaten für 4 Portionen

1 mittelgroße Zwiebel
1 EL Butter
25 g glattes Mehl
400 ml Fond oder Wasser
400 g vollreife Tomaten
1 Lorbeerblatt, Pfefferkörner, Salz, Zucker
Essig oder Zitronensaft

Zubereitung
- Feinwürfelig geschnittene Zwiebel in Butter glasig anlaufen lassen.
- Mehl darin anschwitzen, mit Fond oder Wasser aufgießen, glatt rühren.
- In Spalten geschnittene Tomaten, Lorbeerblatt und Pfefferkörner dazugeben, weich kochen.
- Sauce durch ein feines Sieb streichen, mit den restlichen Gewürzen abschmecken und glatt rühren.

Wussten Sie, dass ...
anstatt der Tomaten auch Tomatenmark oder passierte Tomaten verwendet werden können? Durch Tomatenmark werden Farbe und Geschmack intensiviert.

89 Lauchsauce

Zutaten für 4 Portionen

250 g Lauch
2 große Zwiebeln
200 ml Suppe
1/8 l Schlagobers
Salz, Pfeffer, Zitronensaft

Zubereitung
- Nudelig geschnittenen Lauch in Salzwasser überkochen und abschrecken.
- Zwiebeln fein hacken, mit Suppe aufgießen und aufkochen lassen.
- Schlagobers zugießen und die Sauce sämig einkochen lassen.
- Die Hälfte des Lauchs zur Sauce geben und fein pürieren.
- Restlichen Lauch beigeben, die Sauce aufkochen lassen und abschmecken.

Die Lauchsauce passt zum Beispiel zu gefüllten Putenrouladen in Blätterteig.

8 Eier- und Gemüsegerichte

Diese Gerichte eignen sich als warme Vorspeisen, kleine Zwischengerichte oder auch als Hauptspeise einer ernährungsbewussten Küche.

Eiergerichte

90 Omelett

Zutaten für 1 Portion

3 Eier
Salz
3 EL Schlagobers oder Milch
Etwas Butter

Zubereitung
- Eier aufschlagen, salzen und mit Schlagobers oder Milch verschlagen.
- In einer Pfanne etwas Butter erhitzen und die Eimasse einlaufen lassen.
- Bei geringer Hitze leicht anstocken lassen, die Eimasse mit dem Kochlöffel unter Rütteln der Pfanne von Rand und Boden lösen und wieder leicht anstocken lassen.
- Mit der Palette oder dem Küchenfreund einschlagen und auf einen Teller stürzen.

91 Käseomelett

Zutaten für 1 Portion
Eimasse (siehe S. 105)
1 EL geriebener Hartkäse

Zubereitung
- Geriebenen Käse unter die Eimasse heben.
- Omelett wie auf Seite 105 beschrieben backen.

92 Kräuteromelett

Zutaten für 1 Portion
Eimasse (siehe S. 105)
1 EL gehackte Kräuter

Zubereitung
- Gehackte Kräuter mit der Eimasse versprudeln.
- Omelett wie auf Seite 105 beschrieben backen.

Gemüsegerichte

Karotten, Erbsen, Fisolen, Karfiol, Kohlsprossen, Spinat etc.

Gekocht
Gekochtes Gemüse abtropfen lassen, in Butter schwenken, würzen, evtl. mit gehackten Kräutern bestreuen. Für eine Portion: 10 g Butter.

Karfiol, Spargel, Schwarzwurzeln.

Mit Butter und Semmelbröseln
Über gekochtes Gemüse in Butter braun geröstete Brösel geben.
Für eine Portion: 15 g Butter, 15 g Brösel.

Kraut- und Kohlarten, Pilze.

Gedünstet
Gemüse mit Fett (evtl. mit Karamellzucker, Speck, gerösteten Zwiebeln) dünsten.
Für eine Portion: 10 g Fett.

Karotten, Erbsen, Kohlrabi, Maroni, Pilze.

Glaciert
Gemüse mit Butter und Zucker dünsten, Flüssigkeit einkochen, bis sich ein glänzender, sirupartiger Überzug bildet, oder gekochtes Gemüse in Butter und Zucker schwenken. Für eine Portion: 1 TL Butter und 1 TL Zucker.

Kohl, Fisolen, Erbsen, Kochsalat, Spinat etc.

Eingemacht
Blanchiertes oder gedünstetes Gemüse mit einer Einmachsauce vollenden.
Für eine Portion: 1/16 l Einmachsauce.

Karfiol, Fenchel, Schwarzwurzeln, Brokkoli.

Gratiniert
Gekochtes oder gedünstetes Gemüse anrichten, mit einer Käsesauce überziehen, mit etwas Reibkäse bestreuen, mit Butterflocken belegen und im heißen Backrohr bei starker Oberhitze überbacken.
Für eine Portion: 1/16 l Käsesauce, 1 TL Reibkäse und 1 TL Butter.

Melanzani, Zucchini, Champignons, Karfiol, Sellerie etc.

Gebacken
Weiches Fruchtgemüse (Melanzani, Zucchini etc.) und Pilze werden ohne Vorkochen gebacken, alle anderen Gemüse (Karfiol, Sellerie etc.) müssen vor dem Backen vorgekocht (blanchiert) werden.

Rohes Gemüse: z. B. Champignons, Zucchini.
Vorgekochtes Gemüse: z. B. Karfiol, Sellerie.

In Backteig
Rohes oder vorgekochtes Gemüse mit gehackter Petersilie und Zitronensaft marinieren, salzen, durch Backteig ziehen und in Fett schwimmend backen.

Paniert
Vorbereitetes Gemüse oder Pilze mit Mehl, Ei und Bröseln panieren und in Fett schwimmend backen.

→ Champignons, Melanzani, Zucchini etc.

Püree
Gemüse kochen, passieren und mit Butter verrühren.

→ Erbsen, Karotten, Pastinaken, Sellerie etc.

---

93 Gemüsestrudel

Zutaten für 4 Portionen

1/2 Menge Strudelteig (siehe S. 72)

750 g frisches Gemüse (Karfiol, Karotten, Brokkoli, Zucchini, Fisolen, Kohlrabi, Sellerie)

Béchamelsauce:

30 g Butter

30 g Weizenvollmehl

1/4 l Milch

Salz, Pfeffer, Muskat

1 TL Parmesan

Petersilie, Knoblauch

2 Eidotter

2 Eiklar

Kräutersalz

1 Ei zum Bestreichen

Zubereitung
- Strudelteig zubereiten.
- Gemüse waschen, putzen, in Würfel schneiden und blanchieren.
- Béchamelsauce zubereiten, würzen, Parmesan beimengen und abkühlen lassen.
- Eidotter mit gehackter Petersilie und zerdrücktem Knoblauch versprudeln.
- Eiklar mit Kräutersalz zu Schnee schlagen.
- Gemüse mit Béchamelsauce und versprudelten Eidottern vermischen.
- Schnee unterheben.
- Strudelteig ausarbeiten, Strudel füllen und formen.
- Mit Ei bestreichen und Strudel im vorgeheizten Backrohr bei 180–200 °C ca. 45 min backen.

Wie macht man eine Béchamelsauce?
Aus Butter und Mehl eine helle Einmach zubereiten, mit Milch aufgießen, glatt rühren und würzen.

---

94 Überbackene Gemüsepalatschinken

Zutaten für 4 Portionen

Palatschinkenteig (siehe S. 69)

400 g Gemüse nach Saison (Brokkoli, Karfiol, Karotten, Kohlrabi, Zucchini, Kraut, Fisolen, Sellerie, Pilze etc.)

Béchamelsauce (siehe oben)

Fett für die Auflaufform

Etwas Parmesan

Zubereitung
- Palatschinken backen.
- Gemüse vorbereiten und in Salzwasser kernig kochen, abseihen.
- Ein Drittel der Béchamelsauce unter das Gemüse mischen.
- Palatschinken mit Gemüse füllen und einrollen.
- Eng in eine befettete Auflaufform schichten.
- Mit restlicher Béchamelsauce übergießen und mit Parmesan bestreuen.
- Im vorgeheizten Backrohr bei 220 °C 10–12 min überbacken.

Statt Parmesan kann man auch andere würzige Käsesorten verwenden.

9 Gerichte mit Hülsenfrüchten und Kartoffeln

Hülsenfrüchte und Kartoffeln haben einen hohen Stärkeanteil und sind die Grundlage sättigender Gerichte. Sie eignen sich daher vor allem als Hauptgericht und nicht so sehr als warme Vorspeise.

Gerichte mit Hülsenfrüchten

Vorbereitungsarbeiten

- Hülsenfrüchte waschen.
- In der drei- bis vierfachen Menge Wasser einweichen.
- Mit Speckschwarten, Schinkenknochen, gespickter Zwiebel, Kräutersträußchen, Knoblauch oder Gewürzsäckchen im Einweichwasser kalt ansetzen und weich kochen. Dabei den aufsteigenden Eiweißschaum abschöpfen.
- Erst nach dem Weichkochen salzen und mit wenig Essig säuern, da Salz und Säure die Garzeit verlängern.

95 Eingebrannte Linsen auf Wiener Art

Zutaten für 4 Portionen

250 g braune Linsen
1 l Wasser
Evtl. Speckschwarte
1 gespickte Zwiebel
Majoran, Estragon, Thymian
1 Lorbeerblatt
1 Zwiebel
1 EL Kapern
Schale von 1 Zitrone
3 Sardellenfilets
2 Knoblauchzehen
2 EL Fett
1 EL glattes Mehl
Salz, Pfeffer
2 Paar Frankfurter Würstel

Zubereitung

- Eingeweichte Linsen im Einweichwasser mit Würzzutaten kalt zustellen und weich kochen.
- Zwiebel, Kapern, Zitronenschale, Sardellenfilets und Knoblauch fein hacken.
- Einbrenn zubereiten: Fett erhitzen. Mehl unter ständigem Rühren braun rösten.
- Gehackte Geschmackszutaten kurz mitrösten.
- Mit 3/4 l Linsensud aufgießen, gut verkochen lassen.
- Linsen in die Sauce geben, abschmecken und durchziehen lassen.
- Würstel in Scheiben schneiden und in den Linsen ziehen lassen.

Der Linseneintopf kann mit etwas Sauerrahm und Petersilie serviert werden

9 Gerichte mit Hülsenfrüchten und Kartoffeln

96 Chili con Carne

Zutaten für 4 Portionen

1 Zwiebel
1 EL Öl
250 g Rindfleisch
1 EL Tomatenmark
Paprikapulver
2 Knoblauchzehen
3/4 l Gemüsebrühe
1 kleiner grüner Paprika
1 kleiner roter Paprika
480 g rote Bohnen (= 2 kleine Dosen à 240 g) oder 200 g rohe Bohnen
Chilipulver
1 Chilischote
Pfeffer

Zubereitung

- Die Zwiebel fein hacken und in heißem Öl kurz anschwitzen.
- Das Rindfleisch kleinwürfelig schneiden, in das heiße Öl geben und gut anbraten.
- Tomatenmark, Paprikapulver und den zerdrückten Knoblauch kurz mitrösten.
- Mit der Gemüsebrühe aufgießen und dünsten lassen.
- Paprikaschoten kleinwürfelig schneiden und kurz bevor das Fleisch weich ist mit den (gekochten) Bohnen dazugeben.
- Mit Chilipulver, Chilischote und Pfeffer kräftig abschmecken.

Wenn Sie rohe Bohnen verwenden, weichen Sie sie über Nacht ein. Kochen Sie die Bohnen am nächsten Tag in diesem Einweichwasser weich.

Wussten Sie, dass ... Chili con Carne ein Nationalgericht aus Mexiko ist?

Gerichte mit Kartoffeln

97 Kartoffelgulasch

Zutaten für 4 Portionen

800 g festkochende Kartoffeln
Evtl. 80 g Selchspeck
2 Zwiebeln
1 EL Fett
1 EL Paprikapulver
Essig
3/4 l Fond oder Suppe
Kümmel, Salz
Knoblauch, Majoran

Zubereitung

- Rohe Kartoffeln schälen, in grobe Würfel schneiden und anbraten.
- Speck in Würfel schneiden und Zwiebeln fein hacken.
- Speck und Zwiebeln in Fett goldbraun rösten.
- Paprizieren, mit etwas Essigwasser ablöschen.
- Kartoffeln dazugeben, mit Fond auffüllen, würzen.
- Zugedeckt weich dünsten.
- Mit etwas Mehl stauben, kräftig umrühren, damit das Kartoffelgulasch cremig wird, und nochmals kurz durchkochen.

Kartoffelgulasch kann kurz vor dem Fertigwerden mit Wurst (Dürre, Knacker), in Würfel oder Scheiben geschnitten, sowie mit Paprikawürferln, in Scheiben geschnittenen Essiggurkerln und etwas Sauerrahm verfeinert werden.

Rezepte

98 Kartoffelpuffer

Zutaten für 4 Portionen

1 kg speckige Kartoffeln

2 Eier

Etwas Mehl

Salz

Öl zum Ausbacken

Zubereitung

- Rohe geschälte Kartoffeln reiben und gut ausdrücken.
- Mit versprudelten Eiern, Mehl und Salz vermischen.
- Öl in einer flachen Pfanne erhitzen.
- Masse portionsweise in das Öl geben, flach drücken.
- Auf beiden Seiten hellbraun backen.

Kartoffelpuffer können als Hauptspeise mit einer Joghurt-Kräuter-Sauce und Salat serviert werden oder eignen sich mit gerösteten Zwiebeln oder geriebenem Käse als Beilage. Mit Apfelmus oder Preiselbeeren können sie als Süßspeise gereicht werden.

Kartoffelpuffer nicht zu rasch braten, da die Kartoffelmasse ansonsten innen roh bleibt.

99 Gnocchi

Zutaten für 4 Portionen

500 g mehlige gekochte Kartoffeln

1 Ei

180–200 g glattes Mehl (je nach Kartoffelsorte)

Salz

Mehl zum Ausarbeiten

Zubereitung

- Gekochte Kartoffeln durch die Kartoffelpresse oder ein Sieb drücken.
- Überkühlte Kartoffeln mit Ei, Mehl und etwas Salz zu einem geschmeidigen Teig verarbeiten.
- Teig zudecken und mindestens 20 min rasten lassen.
- Teig in 6 gleich große Portionen teilen.
- Auf der bemehlten Arbeitsfläche aus jeder Portion eine Rolle mit einem Durchmesser von 1,5 cm formen und jeweils 2 cm große Stücke abschneiden.
- Diese dann mit einer Gabel leicht einkerben und nebeneinander auf ein Brett legen.
- Die Gnocchi portionsweise in wallendes Salzwasser geben; es darf nicht sprudeln, da die Gnocchi sonst beim Kochen zerfallen.
- Wenn die Gnocchi an die Oberfläche steigen, noch etwa 2–3 min ziehen lassen.
- Entweder in heißer Butter schwenken oder mit einer beliebigen Sauce anrichten.

Noch heiß lassen sich die Kartoffeln leichter pressen.

Am Anfang sollte nur so viel Mehl zugefügt werden, dass der Teig nicht klebt. Dann erst gibt man bei Bedarf nach und nach mehr Mehl bei, falls der Teig zu klebrig ist.

100 Kartoffelgratin

Zutaten für 4 Portionen

800 g festkochende Kartoffeln

1/8 l Milch

200 ml Schlagobers

Salz, Muskat

Knoblauch

Butter für die Form

Evtl. 150 g geriebener Hartkäse

Zubereitung

- Kartoffeln schälen und in 2 mm dicke Scheiben schneiden.
- Milch und Schlagobers vermischen, würzen, aufkochen.
- Kartoffeln beifügen und unter oftmaligem Umrühren kernig kochen.
- Die Kartoffelmasse in eine bebutterte Auflaufform einfüllen.
- Im vorgeheizten Backrohr bei 220 °C ca. 30 min backen.
- Evtl. 10 min vor Ende der Garzeit mit geriebenem Hartkäse bestreuen.

Das Kartoffelgratin kann auch als Beilage gereicht werden.

9 Gerichte mit Hülsenfrüchten und Kartoffeln

101 Gefüllte Folienkartoffeln

Zutaten für 4 Portionen

4 große, mehlige, gleichmäßige Kartoffeln

Fett für die Folie

Fülle:

250 g Topfen

4 EL Sauerrahm

Salz, frisch gemahlener Pfeffer

Paprikapulver

Petersilie, Kerbel, Schnittlauch

Garnierung:

Gehackte Kräuter oder Kaviarersatz

Zubereitung

- Kartoffeln waschen, bürsten, abtrocknen, einstechen und in befettete Alufolie wickeln.
- Bei 200 °C im Backrohr etwa eine Stunde garen.
- Für die Fülle Topfen mit Sauerrahm verrühren, mit Salz, Pfeffer und Paprikapulver würzen.
- Kräuter fein hacken und untermischen.
- Pikant abschmecken.
- Die Kartoffeln auswickeln und kreuzförmig einschneiden. Nach unten leicht zusammendrücken, um sie zu öffnen.
- Füllen und garnieren.

⚠ Die Verwendung von Alufolie zum Garen ist nicht ganz unumstritten, da Metallpartikel auf das Gargut gelangen können.

Dazu kann statt der Fülle auch eine Mischung aus Sauerrahm und Crème fraîche gereicht werden.

102 Pikanter Kartoffelstrudel

Zutaten für 4 Portionen

80 g durchwachsener Speck

1 Zwiebel

1 EL Butter

750 g mehlige gekochte Kartoffeln

2 Eidotter

1/8 l Schlagobers

1 Bund Schnittlauch

2 Bund Petersilie

Salz, Pfeffer

Majoran

Kümmel

300 g Blätterteig

1 Eidotter zum Bestreichen

Zubereitung

- Speck und Zwiebel feinwürfelig schneiden.
- Speck in heißer Butter anbraten, Zwiebel darin glasig dünsten. Abkühlen lassen.
- Kartoffeln schälen, auskühlen lassen und grob raffeln.
- 2 Eidotter und Schlagobers verquirlen.
- Schnittlauch und Petersilie fein hacken.
- Kartoffeln, Ei-Obers-Gemisch, Schnittlauch, Petersilie, Speck- und Zwiebelwürfel sowie Gewürze miteinander vermischen und gut verkneten.
- Blätterteig nicht zu dünn ausrollen.
- Mit der Kartoffelmasse bestreichen, die Teigränder mit Eidotter bestreichen, Strudel einrollen.
- Strudel mit der Naht nach unten auf ein mit Backpapier ausgelegtes Backblech legen.
- Mit restlichem Eidotter bestreichen und Strudel an der Oberseite mehrmals anstechen.
- 10 min bei 200 °C und weitere 10 min bei 175 °C backen.
- In Scheiben schneiden und anrichten.

Dieser Kartoffelstrudel kann sowohl als kleines Hauptgericht mit Salat gegessen oder als Beilage zu Fleisch gereicht werden.

103 Gebackene Erdäpfelnudeln

Zutaten für 4 Portionen

Teig:
- 500 g mehlige Kartoffeln
- 2 Eidotter
- 50 g Butter
- Salz
- Evtl. Mehl zum Festigen
- Butter zum Bestreichen

Überguss:
- 1/4 l Sauerrahm
- 2 Eidotter
- Salz, Pfeffer
- Muskat

Zubereitung
- Kartoffeln kochen, schälen und noch heiß durch die Kartoffelpresse drücken.
- Etwas überkühlen lassen, dann auf einem Brett mit den anderen Zutaten gut verkneten.
- Aus dem Teig ca. 10 cm lange, daumendicke Nudeln formen.
- Nudeln nebeneinander in eine Auflaufform schichten, dabei die einzelnen Nudeln mit zerlassener Butter bestreichen.
- Im Backrohr bei 180 °C ca. 30 min backen.
- Die Zutaten für den Überguss verrühren und gut würzen.
- Die Nudeln damit übergießen und bei 150 °C nochmals 10–15 min backen.

Dazu passt als Beilage Sauerkraut.

10 Knödelgerichte

Knödelgerichte werden als Hauptspeise gereicht. Süß gefüllt tauchen sie auch in der Dessertküche auf. Damit sie auf alle Fälle gelingen, ist es ratsam, einen Probeknödel zu kochen.

104 Kaspressknödel

Zutaten für 4 Portionen
- 1 Zwiebel
- 1 EL Fett
- 50 g Berg- oder Raclettekäse
- 50 g Graukäse
- 100 g Bauerntopfen
- 1 Bund Petersilie
- 200 g Knödelbrot
- Salz, Pfeffer, Muskatnuss
- 1/8 l Milch
- 2 Eier
- 100 g gekochte Kartoffeln
- Ca. 60 g Mehl
- Butterschmalz zum Braten

Zubereitung
- Gehackte Zwiebel in Fett anrösten.
- Käse in Würfel schneiden.
- Käsewürfel, Topfen und gehackte Petersilie zum Knödelbrot geben und würzen.
- Heiße Milch und verquirlte Eier dazugeben.
- Gekochte Kartoffeln in die Masse reiben.
- Gut durchmischen und rasten lassen.
- Das Mehl unterheben.
- Knödel formen, etwas flach drücken und in nicht zu heißem Butterschmalz beidseitig goldbraun braten.

Kaspressknödel können mit Krautsalat serviert oder als Suppeneinlage verwendet werden.

Hat man keinen Graukäse zur Hand, nimmt man 100 g Bergkäse. Es ändert sich dadurch allerdings der Geschmack der Knödel etwas.

105 Gefüllte Kartoffelknödel

Zutaten für 4 Portionen

Kartoffelteig:
- 500 g mehlige Kartoffeln
- 20 g Butter
- 1–2 Eier
- Salz, Muskat
- 120–150 g griffiges Mehl
- 50 g Feingrieß

Füllung:
- 100 g Zwiebeln
- 20 g Butter
- 350 g faschiertes Selchfleisch
- Salz, Pfeffer
- Majoran, Petersilie

Weitere Füllungen:
Gemischtes Faschiertes, Wursthaschee, Speckwürferln, Grammeln

Zubereitung
- Kartoffeln in der Schale dämpfen, heiß schälen und passieren.
- Mit Butter, Ei, Gewürzen und Mehl abkneten und nach Bedarf Grieß einarbeiten.
- Für die Fülle fein gehackte Zwiebeln in Butter anrösten.
- Faschiertes Fleisch mitrösten.
- Mit Salz, Pfeffer, Majoran und gehackter Petersilie würzen.
- Teig zu einer Rolle formen und in Stücke schneiden.
- Teigstücke flach drücken, Füllung daraufgeben (am besten vorher kleine Kugeln formen), Knödel formen.
- Knödel in Salzwasser kochen.

Knödel formen

Legt man die Haschee-kugerln kurz in den Tiefkühler, zerfallen sie beim Knödelformen nicht.

Gebackene Knödel
Knödel in eine befettete Form setzen, mit einem Rahm-Ei-Gemisch aus 1/4 l Rahm, 2–3 Eiern, Salz, Pfeffer und Paprikapulver übergießen und im Rohr backen.

11 Teig- und Nudelgerichte

Spaghetti und Co eignen sich sowohl als Hauptspeisen als auch als warme Vorspeisen. Aus Nudeln lassen sich auch Salate zubereiten.

Hinweise zur Zubereitung von Teigwaren

- Teigwaren offen in viel wallendem Salzwasser mit Öl kochen.
- Nicht zu weich kochen, sodass die Nudeln noch Biss haben.
- Teigwaren nach Bedarf (vor der Weiterverarbeitung) kalt abschrecken.

Vollendungen

- **Mit Butter:** Gekochte Teigwaren in heißer Butter schwenken und mit geriebenem Parmesan anrichten.
- **Mit Saucen:** siehe nachfolgende Rezepte.
- **Als Gratin:** Gekochte Teigwaren mit Béchamelsauce (siehe S. 104) vermischen, in eine Gratinierschüssel geben, mit Reibkäse bestreuen, Butterflocken daraufsetzen und im Backrohr überbacken.

106 Krautfleckerln

Zutaten für 4 Portionen

- 300 g Fleckerln
- 600 g Weißkraut
- 1 EL Zucker
- 1 EL Fett
- 1 kleine Zwiebel
- 1 TL Essig
- Salz, Pfeffer
- Kümmel

Zubereitung

- Fleckerln kernig kochen, abseihen und kalt abschrecken.
- Kraut putzen, vierteln, feinnudelig schneiden.
- Zwiebel nudelig schneiden.
- Zucker in Fett erhitzen, Zwiebel dazugeben und hell rösten und mit Essig ablöschen.
- Kraut zugeben, würzen, weichdünsten.
- Fleckerln untermischen, abschmecken.

Die Krautfleckerln kann man mit 100 g gerösteten Speckwürfeln verfeinern.

107 Gebackene Schinkenfleckerln

Zutaten für 4 Portionen

- 300 g Fleckerln
- 60 g Butter
- 2 Eidotter
- Salz, Pfeffer
- Muskat
- 1/4 l Sauerrahm
- 160 g Schinken
- 2 Eiklar
- Semmelbrösel
- 1 EL Reibkäse
- Butter zum Beträufeln

Zubereitung

- Die gekochten, abgeseihten Fleckerln gut abtropfen lassen.
- Butter schaumig rühren, nach und nach die Eidotter einrühren und würzen.
- Sauerrahm, Fleckerln und kleinwürfelig geschnittenen Schinken beimengen.
- Den mit etwas Salz steif ausgeschlagenen Schnee unterheben.
- Masse in eine bebutterte und mit Bröseln ausgestreute Form geben, glatt streichen, mit Bröseln und Reibkäse bestreuen, mit zerlassener Butter beträufeln und bei mittlerer Hitze im Backrohr ca. 40 min goldbraun backen.
- Portionsweise ausstechen und anrichten.

108 Käsespätzle

Zutaten für 4 Portionen

- Spätzleteig (siehe S. 70)
- 2 Zwiebeln
- 2 EL Fett
- 120 g Tilsiter, Alpenkäse oder Graukäse
- Evtl. 3 EL Butter
- Evtl. Röstzwiebeln

Zubereitung

- Spätzle zubereiten.
- Zwiebeln in Streifen schneiden, in Fett rösten und mit den Spätzle mischen.
- In eine flache Pfanne geben und grob geriebenen Käse oder zerbröselten Graukäse schichtweise darüberstreuen. Mit Käse abschließen.
- Im vorgeheizten Backrohr bei 220 °C 10 min überbacken.
- Evtl. mit gebräunter Butter übergießen und mit gerösteten Zwiebeln bestreuen.

Spinatspätzle
In die Spätzlemasse wird statt Wasser 100 g passierter Spinat eingearbeitet. Sie können mit Käse überbacken als Hauptspeise, aber auch als Beilage gereicht werden.

11 Teig- und Nudelgerichte

109 Eiernockerln

Zutaten für 4 Portionen

Nockerlteig (siehe S. 70)

4–6 Eier

Salz, Pfeffer

Garnierung:

3 EL fein geschnittener Schnittlauch

Zubereitung
- Nockerln zubereiten.
- Eier mit Salz und Pfeffer versprudeln und über die Nockerln gießen.
- Kurz durchrösten, durchrühren und abschmecken.
- Mit Schnittlauch anrichten.

110 Pizza

Zutaten für 1 Blech – ca. 4 Portionen

300 g Mehl

200 ml Wasser

1/2 Würfel Germ oder 1 P. Trockenhefe

Salz

1–2 EL Öl

Fett für das Backblech

Belag:

3 Knoblauchzehen

Olivenöl

1 kg Tomaten

Geriebener Käse

Wahlweise Schinken, Thunfisch, Salami, Zwiebel, Artischockenherzen, Oliven

Oregano

Salz

200 g Mozzarella

Zubereitung
- Pizzateig zubereiten und 30 min gehen lassen.
- Zusammenschlagen, ein Laibchen formen und nochmals gehen lassen.
- Teig nicht zu dick ausrollen und auf ein befettetes Backblech legen.
- Knoblauch pressen und mit Olivenöl vermischen; Teig damit bestreichen.
- Tomatensauce herstellen: kleingeschnittene Zwiebel in 1 EL Olivenöl rösten, passierte Tomaten dazugeben und mit Salz, Pfeffer und gekörnter Gemüsebrühe abschmecken. Überkühlen lassen.
- Pizzateig mit Tomatensauce bestreichen und mit geriebenem Käse bestreuen.
- Nach Belieben belegen.
- Mit Oregano würzen und mit Mozzarellascheiben belegen.
- Im vorgeheizten Backrohr bei 220–230 °C 20 min backen.

Nehmen Sie nur schmelzfähigen Käse mit mindestens 45 % Fett i. T.

- Wenn man vor dem Belegen etwas geriebenen Käse auf den Teig streut, so wird die Pizza nicht so nass, da der Käse Flüssigkeit aufnimmt.
- Statt frischer Tomaten kann auch 1 Dose geschälte Tomaten verwendet werden.

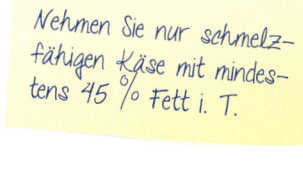

Rezepte

111 Spaghetti alla bolognese

Zutaten für 4 Portionen

400 g Spaghetti

Sauce bolognese:

150 g Wurzelgemüse

150 g Zwiebeln

300 g gemischtes oder Rinderfaschiertes

2 EL Olivenöl

4 Knoblauchzehen

1/16 l Rotwein

1/2 l passierte Tomaten oder 300 g Tomatenmark

1/4 l Suppe oder Wasser

Salz, Pfeffer

Oregano

Zubereitung
- Spaghetti bissfest kochen, abseihen und gut abtropfen lassen.
- Wurzelgemüse grob reiben.
- Zwiebeln fein schneiden.
- Faschiertes in Öl anrösten. Wurzelgemüse, Zwiebeln und zerdrückten Knoblauch beigeben, kurz mitrösten, mit Wein ablöschen.
- Passierte Tomaten oder Tomatenmark beigeben und mit Suppe oder Wasser aufgießen und würzen.
- Mindestens 1 Stunde köcheln lassen.
- Spaghetti in Pastateller geben und mit Sauce übergießen.

Der Rotwein kann durch zusätzliche Flüssigkeit (Suppe oder Wasser) ersetzt werden.

112 Spaghetti mit Gorgonzolasauce

Zutaten für 4 Portionen

400 g Spaghetti

200 g Gorgonzola (Österkron)

1/8 l Schlagobers

Zubereitung
- Spaghetti bissfest kochen, abseihen und gut abtropfen lassen.
- Gorgonzola in Schlagobers langsam schmelzen lassen, kurz verkochen.
- Spaghetti in einen Pastateller geben und mit Sauce übergießen.

Ein Teil des Schlagobers' kann durch Milch ersetzt werden.

113 Spaghetti alla carbonara

Zutaten für 4 Portionen

400 g Spaghetti

100 g Schinkenspeck

1 EL Öl

2 Eidotter

200 ml Schlagobers

Salz, Pfeffer

100 g frisch geriebener Parmesan oder Pecorino

2 Knoblauchzehen

Zubereitung
- Spaghetti bissfest kochen, abseihen und gut abtropfen lassen.
- Schinken in feine Streifen schneiden und in einer großen Pfanne mit Öl langsam anbraten.
- Eidotter, Schlagobers, Salz und Pfeffer kräftig mit dem Schneebesen zu einer schaumig-cremigen Masse verquirlen.
- 50 g geriebenen Parmesan unterrühren.
- Schinken aus der Pfanne nehmen.
- Knoblauchzehen fein hacken und im Schinkenöl sanft andünsten.
- Spaghetti zugeben.
- Schinken und Eiermasse zugeben und gut durchmengen, ohne dass die Eier zu stocken beginnen. Nochmals würzen.
- Spaghetti in Pastateller geben und mit dem restlichen Parmesan bestreuen.

114 Lasagne

Zutaten für 4 Portionen

Sauce bolognese
(siehe S. 116)

Béchamelsauce:

60 g Butter

60 g Mehl

3/4 l Milch

Salz, Pfeffer

Fett für die Form

16 Lasagneblätter (ohne Vorkochen; entspricht 240 g)

100–150 g geriebener Parmesan oder Hartkäse

Butterflocken zum Bestreuen

Zubereitung

- Sauce bolognese zubereiten (siehe S. 116).
- Für die Béchamelsauce die Butter schmelzen und das Mehl darin anschwitzen. Unter ständigem Rühren mit dem Schneebesen die Milch zugeben und kochen, bis die Sauce andickt.
- Würzen und vom Herd nehmen.
- Eine große, rechteckige Auflaufform einfetten und etwas Béchamelsauce dünn auf dem Boden der Form verstreichen.
- Lasagneblätter nebeneinander auf die Béchamelsauce legen.
- Sauce bolognese, dann Béchamelsauce dünn auf den Nudelblättern verteilen und mit Parmesan bestreuen. Diesen Vorgang ein paarmal wiederholen, mit Béchamelsauce abschließen.
- Mit Parmesan bestreuen, ein paar Butterflocken aufsetzen und im Backrohr bei 180 °C (Heißluft) ca. 30 min backen.

12 Getreidegerichte

Reis und andere Getreidesorten eignen sich für die Zubereitung von verschiedenen Risotti, von Aufläufen und zur Herstellung von Laibchen. Sie dienen nicht nur als Beilage, sondern werten als Hauptgerichte eine gesundheitsbewusste Küche auf – vor allem dann, wenn Vollkornprodukte verwendet werden.

115 Risotto

Zutaten für 4 Portionen

1 Zwiebel

1 EL Olivenöl

200–250 g Risottoreis

1/8 l trockener Weißwein oder Wasser

Ca. 500 ml Suppe

Salz, Pfeffer

2 EL Butterflocken

120 g geriebener Parmesan

Zubereitung

- Zwiebel feinwürfelig schneiden und in Olivenöl anschwitzen.
- Reis beimengen und glasig andünsten.
- Mit Wein ablöschen und so lange kochen, bis der Wein vom Reis vollkommen aufgenommen worden ist. Der Topf bleibt dabei offen.
- Suppe nach und nach zugießen, sodass der Reis immer bedeckt bleibt, Reis unter oftmaligem Rühren garen. Der Reis ist fertig, wenn er cremig und dabei bissfest ist.
- Würzen und mit Butterflocken und einem Großteil des Parmesans vermengen.
- Risotto anrichten, mit restlichem Parmesan bestreuen.

Risotto gibt es in vielen Variationen, die durch verschiedene Zutaten, wie z. B. Meeresfrüchte, Hühnerfleisch, Steinpilze, Spargel, Artischockenherzen etc. entstehen. Die Zutaten werden erst gegen Schluss beigegeben und nur kurz mitgedünstet.

Rezepte

116 Grünkernauflauf

Zutaten für 4 Portionen

200 g Grünkern
400 ml Wasser
1 Gemüsebrühwürfel
1 Lorbeerblatt, Koriander, Basilikum
1/4 kg Lauch
1 Karotte
1/2 Sellerieknolle
1 EL Butter
(Kräuter-)Salz
Petersilie
Sojasauce
1/8 l Sauerrahm
2 Eier
80 g geriebener Käse
Butter für die Auflaufform

Zubereitung

- Körner waschen und abseihen. In Wasser mit Gemüsebrühwürfel, gehacktem Koriander und Basilikum sowie 1 Lorbeerblatt 30 min kochen. Lorbeerblatt entfernen.
- Gemüse putzen, schneiden und in Butter dünsten.
- Gemüse mit Salz würzen und mit fein gehackter Petersilie und Sojasauce unter das Getreide mischen.
- Die Masse in eine befettete Auflaufform geben und mit einer Mischung aus Sauerrahm, Eiern und geriebenem Käse übergießen.
- Im Backrohr bei 200 °C ca. 30 min backen.

117 Getreidelaibchen

Zutaten für 4 Portionen

120 g grob geschrotetes Getreide (Grünkern, Weizen, Dinkel)
Ca. 300 ml Wasser
2 Lorbeerblätter
1 Gemüsebrühwürfel
1 mittelgroße Karotte
1/2 Stange Lauch
1 Zwiebel
1 EL Butter
Gehackte Petersilie
80 g Topfen
1–2 Eier
Vollkornbrösel
Salz, Pfeffer
Majoran
Kokosfett

Zubereitung

- Getreideschrot in Wasser mit Lorbeerblättern und Gemüsebrühwürfel aufkochen und ca. 20 min bei geringer Hitze ausquellen lassen; dabei immer wieder umrühren. Lorbeerblätter nach dem Ausquellen entfernen.
- Karotte grob reiben, Lauch feinnudelig schneiden, Zwiebel fein hacken.
- Karotte, Lauch und Zwiebel in Butter dünsten und zusammen mit der gehackten Petersilie, dem Topfen, Eiern und Bröseln zum Getreide geben und abschmecken.
- Laibchen formen und auf beiden Seiten in Kokosfett goldgelb braten.

Die Laibchen können auch im Backrohr auf einem befetteten Blech mit Sesam oder Käse bestreut gebacken werden (Backrohrtemperatur: 200 °C, Backdauer: 30 min).

Aufgabenstellung – „Getreide"

- Notieren Sie alle Getreidesorten, die Sie kennen:

___

13 Beilagen

Beilagen werden vorwiegend zu Fleisch- und Fischgerichten bzw. auch zu Gemüsegerichten, die als Hauptspeise serviert werden, gereicht. Man unterscheidet Sättigungs- und Gemüsebeilagen. Sättigungsbeilagen sind z. B. Kartoffeln, Reis oder Knödel. Gemüsebeilagen sind alle Arten von Gemüse, aber auch Salat.

Kartoffeln

Hinweise zum Kochen von Kartoffeln

- Kocht man die Kartoffeln in der Schale, so werden heurige Kartoffeln mit heißem Wasser zugestellt, Lagerkartoffeln hingegen mit kaltem Wasser (diese springen beim Kochen nicht auf).
- Für Beilagenkartoffeln soll man eine festkochende (speckige) Sorte verwenden.
- Gegarte Kartoffeln entweder heiß schälen und sofort weiterverarbeiten oder in der Schale rasch abkühlen lassen, kühl aufbewahren, kalt schälen und sofort weiterverarbeiten.

Bei unsachgemäßer Behandlung vermehren sich Mikroorganismen auf Kartoffeln besonders gut. Die Gefahr einer Lebensmittelvergiftung ist dadurch gegeben.

118 Petersilienkartoffeln

Zutaten für 4 Beilagenportionen

800 g festkochende Kartoffeln

30 g Butter

1 EL gehackte Petersilie

Salz

Zubereitung
- Kartoffeln dämpfen, schälen und größere Kartoffeln halbieren oder evtl. vierteln.
- In heißer Butter mit gehackter Petersilie schwenken, salzen.

Auch das Kartoffelgratin auf S. 110 kann als Beilage gereicht werden.

119 Bratkartoffeln

Zutaten für 4 Beilagenportionen

800 g festkochende Kartoffeln

2 EL Fett

Salz

Zubereitung
- Kartoffeln dämpfen, schälen und der Länge nach vierteln.
- In Fett goldbraun braten, anschließend salzen.

Bratkartoffeln macht man am besten in einer gusseisernen oder einer beschichteten Pfanne.

120 Erdäpfelschmarren

Zutaten für 4 Beilagenportionen

800 g festkochende Kartoffeln

1 Zwiebel

50 g Butterschmalz

Salz

Zubereitung
- Kartoffeln dämpfen, schälen und in Scheiben schneiden.
- Feinwürfelig geschnittene Zwiebel in zerlassenem Butterschmalz leicht anrösten.
- Kartoffelscheiben beigeben und bei mittlerer Hitze unter ständigem Wenden rundum anrösten, anschließend salzen.

121 Rosmarinkartoffeln

Zutaten für 4 Beilagenportionen

12 kleine festkochende Kartoffeln (am besten Heurige)

Olivenöl

Rosmarin, Salz

Pfeffer

Zubereitung
- Kartoffeln mit der Schale gründlich waschen, halbieren und auf einem Backblech verteilen.
- Mit Olivenöl beträufeln, mit Rosmarinnadeln, Salz und Pfeffer bestreuen.
- Bei 180 °C im Backrohr ca. 50 min garen.

122 Kartoffelpüree

Zutaten für 4 Beilagenportionen

800 g mehlige Kartoffeln

2 EL Butter

Salz, Muskat

Ca. 1/2 l heiße Milch

Zubereitung
- Rohe Kartoffeln schälen, vierteln und in leicht gesalzenem Wasser ca. 20 min kochen.
- Wasser abgießen und evtl. im heißen Backrohr ausdämpfen lassen.
- Die noch heißen Kartoffeln durch eine Kartoffelpresse in einen Topf drücken.
- Mit Butter, Salz und Muskat glatt rühren.
- Heiße Milch nach und nach einrühren, bis die richtige Konsistenz erreicht ist.

Kartoffelpüree kann im Wasserbad warm gehalten und die Oberfläche dabei mit heißer Milch bedeckt werden, damit sie nicht austrocknet.

13 Beilagen

123 Kartoffellaibchen

Zutaten für 4 Beilagenportionen

600 g mehlige Kartoffeln

Ca. 120 g griffiges Mehl

1 Ei

Salz

Muskat

Evtl. 80–100 g geraffelte Karotten

Öl

Zubereitung
- Rohe Kartoffeln schälen, vierteln und in leicht gesalzenem Wasser ca. 20 min kochen.
- Wasser abgießen und evtl. im heißen Backrohr ausdämpfen lassen.
- Die noch heißen Kartoffeln durch eine Kartoffelpresse in einen Topf drücken.
- Mit Mehl, Ei und Gewürzen verkneten (evtl. auch geraffelte Karotten zugeben).
- Aus dem Teig eine Rolle formen, gleich große Stücke abschneiden und diese zu flachen Laibchen formen.
- In heißem Öl auf beiden Seiten goldbraun backen.

Mit Salat können die Kartoffellaibchen auch als Hauptspeise serviert werden.

Die Mehlmenge richtet sich nach der Kartoffelsorte. Bei frischen Kartoffeln nimmt man etwas mehr. Auch durch die Zugabe von geraffelten Karotten wird etwas mehr Mehl benötigt.

124 Prinzessinnenkartoffeln

Zutaten für 4 Beilagenportionen

600 g mehlige Kartoffeln

20 g Butter

2 Eidotter

Salz, Muskat

1 Eidotter zum Bestreichen

Backpapier

Zubereitung
- Rohe Kartoffeln schälen, vierteln und in leicht gesalzenem Wasser ca. 20 min kochen.
- Wasser abgießen und evtl. im heißen Backrohr ausdämpfen lassen.
- Die noch heißen Kartoffeln durch eine Kartoffelpresse in einen Topf drücken.
- Mit Butter, Eidottern und Gewürzen glatt rühren.
- Die Masse mit einem Dressiersack auf Backpapier dressieren.
- Mit Eidotter bestreichen.
- Im Backrohr bei 200 °C goldgelb backen.

125 Kartoffelkroketten

Zutaten für 4 Beilagenportionen

600 g mehlige Kartoffeln

20 g Butter

2 Eidotter

Salz, Muskat

Mehl

Semmelbrösel

Fett zum Ausbacken

Zubereitung
- Rohe Kartoffeln schälen, vierteln und in leicht gesalzenem Wasser ca. 20 min kochen.
- Wasser abgießen und evtl. im heißen Backrohr ausdämpfen lassen.
- Die noch heißen Kartoffeln durch eine Kartoffelpresse in einen Topf drücken.
- Mit Butter, Eidottern und Gewürzen glatt rühren.
- Die Masse mit einem Dressiersack auf eine mit Mehl bestaubte Arbeitsfläche daumendick dressieren.
- In 6 cm lange Stücke schneiden.
- Nach dem Erkalten panieren.
- Schwimmend in Fett ausbacken.

Rezepte

126 Salzkartoffeln

Zutaten für 4 Beilagenportionen

600 g festkochende Kartoffeln

Salz

Kümmel

Zubereitung
- Rohe Kartoffeln schälen und der Länge nach vierteln.
- In Salzwasser mit Kümmel kochen.
- Wasser abgießen, trocken anrichten.

Knödel

127 Semmelknödel

Zutaten für 4 Beilagenportionen

2 EL Fett

1 mittelgroße Zwiebel

300 g Weißbrotwürfel oder Knödelbrot

Ca. 1/8 l Milch

2 Eier

Salz, Petersilie

Ca. 60 g Mehl

Zubereitung
- Fein gehackte Zwiebel in Fett leicht anrösten und unter die Semmelwürfel mischen.
- Lauwarme Milch mit Eiern, Salz und gehackter Petersilie verschlagen und über die Semmelwürfel gießen.
- Vermischen und ziehen lassen.
- Mehl einarbeiten.
- Knödel formen.
- In kochendes Salzwasser einlegen und 20 min köcheln lassen.

- Tauchen Sie beim Knödelformen die Hände in lauwarmes Wasser.
- Die Knödel halten besser, wenn sie nach dem Formen in Mehl gewälzt werden.

Tiroler Knödel
In die Grundmasse 200 g würfelig geschnittenes Selchfleisch mischen.

128 Grießknödel

Zutaten für 4 Beilagenportionen

200 ml Milch

30 g Butter

Salz

90 g Grieß

2 Eier

80 g Weißbrotwürfel oder Knödelbrot

20 g Butter

Zubereitung
- Milch mit Butter und Salz aufkochen.
- Grieß einrühren, dick einkochen und überkühlen lassen.
- Nach und nach die Eier und die in Butter gerösteten Weißbrotwürfel untermischen.
- Die Masse ziehen lassen.
- Mit nassen Händen Knödel formen und in leicht wallendem Salzwasser 15 min ziehen lassen.

13 Beilagen

129 Serviettenknödel

Zutaten für 4 Beilagenportionen

1 mittelgroße Zwiebel

60 g Butter

200 ml Milch

300 g Semmelwürfel oder Knödelbrot

3 Eier

Salz

1 Bund Petersilie

50 g Butter für die Serviette

Zubereitung
- Fein gehackte Zwiebel in Butter leicht anrösten und unter die Semmelwürfel mischen.
- Lauwarme Milch mit Eiern, Salz und gehackter Petersilie verschlagen und über die Semmelwürfel gießen.
- Vermischen und ziehen lassen.
- Semmelmasse auf eine nasse, mit Butter bestrichene Stoffserviette oder auf Küchenfolie geben und zu einer Rolle formen. Die Enden mit einem Faden zusammenbinden.
- In siedendem Salzwasser oder im Dampf mindestens 35 min garen.
- Ausrollen und in fingerdicke Scheiben schneiden.

130 Kartoffelknödel

Zutaten für 4 Beilagenportionen

400 g mehlige Kartoffeln

20 g Butter

1 Ei

Salz, Muskat

80 g griffiges Mehl

Ca. 20 g Feingrieß

Zubereitung
- Kartoffeln in der Schale dämpfen, heiß schälen und passieren.
- Mit Butter, Ei, Salz, Muskat und Mehl locker vermengen und nach Bedarf Grieß einarbeiten.
- Knödel formen.
- In leicht wallendem Salzwasser ziehen lassen.

Getreide

131 Gedünsteter Reis

Zutaten für 4 Beilagenportionen

20 ml Öl

200 g Reis

Salz

400 ml Wasser (evtl. Geflügel- oder Gemüsefond)

1 gespickte Zwiebel

20 g Butterflocken

Zubereitung
- Reis in einer Kasserolle im Öl glasig werden lassen, mit Wasser aufgießen, salzen, die gespickte Zwiebel beigeben und zum Kochen bringen. Ca. 20 Minuten langsam zugedeckt dünsten lassen.
- Die gespickte Zwiebel entfernen und Butterflocken darunterrühren.

132 Curryreis

Zutaten für 4 Beilagenportionen

1 Tasse Reis

2 Tassen Wasser

1 kleine Zwiebel, mit 4 Nelken besteckt

Salz

Curry

Zubereitung
- Gewaschenen Reis trocken anrösten.
- Wasser zugeben und Reis zum Kochen bringen.
- Zwiebel, Salz und Curry beigeben.
- Zugedeckt bei geringer Hitze ca. 20 min quellen lassen.
- Offen ausdünsten lassen.

Statt Curry kann man auch Safran für Safranreis oder Paprikapulver für Paprikareis beigeben.

133 Erbsenreis

Zutaten für 4 Beilagenportionen

1 Tasse Reis

2 Tassen Wasser

1 kleine Zwiebel, mit 4 Nelken besteckt

Salz

100 g Erbsen

Zubereitung
- Gewaschenen Reis trocken anrösten.
- Wasser zugeben und Reis zum Kochen bringen.
- Zwiebel, Salz und Paprikapulver beigeben.
- Zugedeckt bei geringer Hitze ca. 20 min quellen lassen.
- Offen ausdünsten lassen.
- Blanchierte Erbsen untermengen.

Statt Erbsen kann man auch geschnittenen Schinken für Schinkenreis oder in Butter gedünstete Champignons für Champignonreis beigeben.

134 Getreide

Zutaten für 4 Beilagenportionen

200 g Getreidekörner

400 ml Wasser

Salz, Gewürze nach Geschmack

Zubereitung
- Getreidekörner waschen und abseihen.
- Wasser zugießen und über Nacht quellen lassen.
- Am nächsten Tag die Körner im Einweichwasser mit Gewürzen weich kochen.
- Auf dem ausgeschalteten Herd 10 min nachquellen lassen.

Getreide kann mit Kurkuma, Curry, Paprikapulver, Nelken etc. gewürzt werden.

13 Beilagen

Gemüse

Als Beilage eignen sich gekochtes, gedünstetes, glaciertes oder gratiniertes Gemüse sowie Gemüsepürees.

Gratiniertes Gemüse eignet sich als Beilage

135 Sauerkraut

Zutaten für 4 Beilagenportionen

- 500 g Sauerkraut
- Evtl. 70 g Bauchspeck
- 1 Zwiebel
- 1 EL Fett
- Lorbeerblatt
- Wacholderbeeren
- Salz, Kümmel
- 1 EL Zucker
- 1/4 l Wasser
- Speckschwarte
- 150 g mehlige Kartoffeln

Zubereitung

- Sauerkraut einige Male durchschneiden und evtl. kurz durchwaschen, wenn es sehr sauer ist.
- In Würfel geschnittenen Speck und in Streifen geschnittene Zwiebel in Fett hell rösten.
- Sauerkraut, Gewürze, Wasser und Speckschwarte zugeben.
- Zugedeckt dünsten.
- Gegen Ende der Garzeit mit rohen geriebenen Kartoffeln binden.
- Weichdünsten und abschmecken.

Sauerkraut kann auch mit weißer Einmach aus 50 g Fett und 50 g Weißmehl gebunden werden.

136 Dillfisolen

Zutaten für 4 Beilagenportionen

- 500 g Fisolen
- 1/2 Zwiebel
- 1 EL Butter
- 1/8 l Schlagobers
- Salz, gemahlener Kümmel
- Frischer Dill

Zubereitung

- Fisolen putzen, in 2 cm lange Stifte schneiden und in reichlich Salzwasser blanchieren (Blanchieren siehe S. 50).
- Zwiebel fein schneiden und in Butter anschwitzen.
- Fisolen und Schlagobers dazugeben und weich dünsten.
- Würzen und mit frischem Dill vollenden.

Dillfisolen passen gut als Beilage zu gekochtem Rindfleisch und zu Faschiertem oder mit Semmelknödeln oder Salzkartoffeln serviert als Hauptspeise.

137 Rotkraut – Blaukraut

Zutaten für 4 Beilagenportionen

- 600 g Rotkraut (ohne Außenblätter und Strunk)
- 1/4 l frisch gepresster Orangensaft
- Salz
- 2 EL Öl
- 1 große Zwiebel
- 20 g Kristallzucker
- 20 ml Rotwein
- 1 Zimtstange
- 1 EL Preiselbeeren
- 1 EL Rotweinessig
- Evtl. 1 Apfel

Zubereitung

- Rotkraut fein hobeln.
- Mit Orangensaft und Salz gründlich durchmischen und ziehen lassen.
- Öl erhitzen und die fein gehackte Zwiebel darin anschwitzen, ohne dass sie Farbe annimmt.
- Zucker dazugeben und leicht karamellisieren lassen.
- Mit Rotwein ablöschen, Rotkraut und Zimtstange dazugeben und zugedeckt dünsten lassen.
- Falls notwendig, mit Wasser oder Suppe aufgießen.
- Zuletzt mit Preiselbeeren und Essig verfeinern oder einen geriebenen Apfel einrühren.

Vor dem Servieren ist die Zimtstange zu entfernen.

- Rotkraut kann auch mit in Rotwein verrührter Stärke gebunden und mit Preiselbeerkompott verfeinert werden.
- **Kastanienrotkraut**: Unter das fertig zubereitete Rotkraut werden gekochte Edelkastanien (Maroni) gemengt.

138 Ratatouille

Zutaten für 4 Beilagenportionen

- 2 kleine Zucchini
- 1 Melanzani
- 4 Tomaten
- 1 Paprika
- 1 Zwiebel
- 2 EL Olivenöl
- 2 Knoblauchzehen
- 2 EL frische gehackte Kräuter (Oregano, Thymian …)
- Salz, Pfeffer

Zubereitung

- Gemüse waschen und gesondert würfeln.
- Zwiebel fein schneiden und in Öl anschwitzen.
- Zucchini, Melanzani und Paprika beigeben.
- 5 min dünsten, dann die Tomatenwürfel dazugeben.
- Mit zerdrücktem Knoblauch, Kräutern, Salz und Pfeffer würzen und weitere 5–10 min dünsten.

Ratatouille erhält durch den Paprika eine würzige Note

14 Fischgerichte

Früher wurde Fisch immer am Freitag serviert, da der Freitag als Fasttag galt und daher an diesem Tag kein Fleisch zubereitet wurde. Sich daran zu halten, ist aber auch heute noch sinnvoll, damit man nicht darauf vergisst, einmal in der Woche Fisch zu essen. Fisch ist nämlich ein wesentlicher Bestandteil einer gesunden Ernährung und rundet einen abwechslungsreichen Speiseplan ab.

Die angeführten Rezepte können auch mit tiefgekühltem Fisch zubereitet werden. Vorportionierte Tiefkühlfilets sollte man aber gefroren verarbeiten, damit sie beim Garen nicht zerfallen.

139 Gebratener Fisch

Zutaten für 4 Portionen

600 g Fischfilets oder 4 kleine Portionsfische

Evtl. Saft von einer 1/2 Zitrone

Salz, Pfeffer

Ca. 50 g glattes Mehl

1 EL Öl

Zubereitung

- Vorbereitete Fische evtl. mit Zitronensaft säuern und mit Salz und Pfeffer würzen.
- Auf beiden Seiten bemehlen (restliches Mehl gut abschütteln).
- In wenig Öl in einer Pfanne auf beiden Seiten goldgelb braten.
- Auf einer vorgewärmten Platte anrichten.

Fisch nach Müllerinart wird auf die gleiche Art zubereitet, jedoch kurz vor dem Servieren mit Zitronensaft beträufelt und mit heißer schaumiger Butter übergossen.

140 Panierter Fisch

Zutaten für 4 Portionen

600 g Fischfilets oder 4 kleine Portionsfische

Evtl. Saft von einer 1/2 Zitrone

Salz, evtl. Pfeffer

Ca. 50 g glattes Mehl

2 Eier

Ca. 100 g Semmelbrösel

Öl zum Backen

Garnierung:

Zitronenspalten und Krauspetersilie

Zubereitung

- Vorbereitete Fische evtl. mit Zitronensaft säuern und mit Salz und Pfeffer würzen.
- Auf beiden Seiten bemehlen (restliches Mehl gut abschütteln).
- Durch versprudelte Eier ziehen und etwas abstreifen.
- Fisch in die Brösel legen und auf beiden Seiten leicht andrücken.
- Im heißen Öl (ca. 160 °C) backen.
- Auf Spitzenpapier anrichten und garnieren.

Zum Panieren und Backen eignen sich fast alle Süßwasser- und Meeresfische, die nicht zu dick sind, damit sie gleichmäßig durchgaren.

Rezepte

141 Gratinierter Fisch

Zutaten für 4 Portionen

600 g Fischfilets
Saft von 1/2 Zitrone
Salz
Ca. 50 g Mehl
1 EL Öl
80 g Reibkäse
20 g Semmelbrösel
20 g Butter

Gratiniersauce:

50 g Butter
50 g Mehl
1/4 l Milch
Salz, Muskat, Kümmel
Zitronensaft
Eidotter

Zubereitung

- Fischfilets evtl. mit Zitronensaft säuern und mit Salz würzen, eine Seite in Mehl tauchen (restliches Mehl gut abschütteln) und in wenig Öl rasch anbraten.
- Für die Sauce Béchamel herstellen und mit Salz, Muskat, Kümmel und Zitronensaft würzen.
- Sauce mit Eidotter legieren.
- Die Fischfilets in eine befettete Auflaufform dachziegelartig einlegen und mit der Gratiniersauce übergießen.
- Mit geriebenem Käse bestreuen, Brösel darauf verteilen und Butterflocken daraufsetzen.
- Im gut vorgeheizten Backrohr bei 220 °C 10–15 min bei starker Oberhitze so lange gratinieren, bis eine goldbraune Kruste entsteht.

15 Fleischgerichte

Die traditionelle österreichische Küche hat viele Fleischgerichte, die sie weit über die Grenzen hinaus bekannt gemacht haben. Das klassische Wiener Schnitzel oder der gekochte Tafelspitz sind nur zwei der berühmten Vertreter. Darüber hinaus darf man aber nicht vergessen, dass der Verzehr von zu viel Fleisch der Gesundheit nicht zuträglich ist – einmal in der Woche ein Hauptgericht mit Fleisch ist genug.

Vorbereiten von Fleisch

Marinieren

- Das Fleisch mit Öl bestreichen und würzen (kein Salz verwenden!).
- Portioniertes Schlachtfleisch zugedeckt und kühl höchstens einen Tag ziehen lassen.
- Wild- und Wildgeflügelstücke mit Pastetengewürz, zerdrückten Wacholderbeeren und Pfeffer würzen. Kühl und zugedeckt bis zu zwei Tage ziehen lassen.

Was Marinieren bewirkt

- Das Fleisch wird mürber.
- Durch die Gewürze wird der Geschmack verbessert.
- Das Fleisch wird konserviert (das Öl schließt die Poren, das Eindringen von Luft wird somit verhindert).

Marinierte Rindersteaks

Beizen

Was Beizen bewirkt
- Beizen ist ein Langzeitmarinieren und bewirkt eine Verbesserung des Geschmacks (der extreme Wildgeschmack wird beispielsweise milder).
- Das Bindegewebe wird mürber.
- Das Fleisch wird konserviert.
- Die Garzeit wird verkürzt.

Sieden von Fleisch

142 Gekochtes Rindfleisch – Tafelspitz

Zutaten für 4 Portionen
Mengenangabe und Arbeitsweise wie Rindsuppe (siehe S. 94)

Garnierung:
Gekochtes, blättrig geschnittenes Wurzelgemüse

Zubereitung
- Das gekochte Rindfleisch quer zur Faser in Scheiben schneiden.
- Dachziegelartig anrichten, mit wenig Suppe übergießen und mit grobem Salz und Schnittlauch bestreuen.

Beilagenvorschläge: Cremespinat, Dillfisolen, Röstkartoffeln, Schnittlauchsauce, Semmel- oder Apfelkren.

Die restliche Suppe kann als klare Suppe verwendet werden.

Dünsten von Fleisch

143 Rindsrouladen

Zutaten für 4 Portionen

4 Rindsschnitzel oder Rostbratenschnitten
Pfeffer, Salz
Senf
100 g durchwachsener Speck
100 g Essiggurkerln
100 g Karotten
100 g Sellerie
Evtl. 100 g Zwiebeln
2 EL Öl
1/8 l Sauerrahm
2 EL Mehl

Zubereitung
- Schnitzel klopfen, würzen und mit Senf bestreichen.
- Mit Speck-, Gurkerl-, Karotten- und Selleriestreifen (evtl. auch Zwiebelstreifen) belegen und einrollen.
- Mit einem Faden umwickeln oder mit Rouladennadeln fixieren.
- In Öl scharf anbraten und anschließend weich dünsten.
- Rouladen aus dem Bratensaft nehmen und warm stellen.
- Für die Sauce den Bratensaft mit in Sauerrahm angerührtem Mehl gut verkochen, Sauce durch ein Sieb passieren und über die schräg halbierten Rouladen gießen.

Beilagenvorschläge: Kartoffelpüree, Nudeln.

Schneiden Sie beim Portionieren von Schnitzeln aus dem ganzen Stück das Fleisch immer quer zur Faser. So ergeben sich kurze, zarte Fasern – das Fleisch wird schneller gar, wird mürber und kann leichter gekaut werden.

Die Rouladen können auch mit Kalbs- oder Schweinsschnitzeln zubereitet werden.

Rezepte

144 Rindsgulasch

Zutaten für 4 Portionen

600 g Wadschinken
300 g Zwiebeln
2 EL Öl
4 EL Paprikapulver
1 EL Essig und 1 EL Wasser
Ca. 1 l Wasser
Gemahlener Kümmel
2 Knoblauchzehen
Majoran, Salz
Ca. 50 g Mehl zum Stauben

Für ein Fiakergulasch wird das Rindsgulasch mit einem Spiegelei, einem Fächergurkerl und einem Frankfurter Würstel angerichtet.

Zubereitung

- Wadschinken in 4 cm große Würfel schneiden.
- Zwiebeln in Streifen schneiden und in Öl goldgelb rösten.
- Paprizieren und sofort mit Essigwasser ablöschen.
- Fleischwürfel dazugeben und andünsten.
- Aufgießen und würzen.
- Fleisch zugedeckt weich dünsten, evtl. noch etwas Wasser nachgießen.
- Zum Schluss mit Mehl stauben und Mehl verkochen lassen.
- Abschmecken.

Wadschinken

- Entfernen Sie die Flachsen (das Bindegewebe) des Wadschinkens nicht, da sie beim Garvorgang gallertartig werden und dem Gulasch die nötige Saftigkeit geben.
- Durch die Säure des Essigwassers bleibt das Paprikapulver rot. Färbt es zu wenig, kann mit Tomatenmark nachgeholfen werden.
- Paprikapulver nie mitrösten, da es bitter wird. Löschen Sie immer gleich nach Zugabe mit Essigwasser ab.

145 Reisfleisch

Zutaten für 4 Portionen

400 g Kalbs- oder Schweinsschulter oder Putenbrust
100 g Zwiebeln
2 EL Fett
2 EL Paprikapulver
Ca. 1/4 l Wasser
Knoblauch, Salz
250 g Reis
1/4 l Rindsuppe
Evtl. Hartkäse, gerieben

Zubereitung

- Fleisch in 2 cm große Würfel schneiden.
- Zwiebeln fein schneiden und in heißem Fett goldgelb rösten.
- Paprizieren, Fleischwürfel beigeben, mitrösten und mit Wasser aufgießen.
- Würzen und zugedeckt halb weich dünsten.
- Reis dazugeben und mit Rindsuppe aufgießen.
- Zugedeckt auf dem Herd oder noch besser im vorgeheizten Backrohr bei 180 °C 25 min fertig dünsten.
- Reisfleisch anrichten und evtl. mit geriebenem Käse bestreuen.

Wussten Sie, dass … Reisfleisch sich besonders schön anrichten lässt, wenn man es in einen mit heißem Wasser ausgewaschenen Schöpflöffel drückt und auf einen Teller stürzt?

Braten von Fleisch im Rohr (Langzeitbraten)

146 Gefülltes Brathuhn

Zutaten für 4 Portionen

1 küchenfertiges Brathuhn
Rosmarin
Salz
2 EL Öl
1/8 l Wasser
Evtl. etwas Mehl

Semmelfülle:

60 g Zwiebeln
60 g Butter
2 Semmeln
Ca. 1/8 l Milch
2 Eier
Gehackte Petersilie
Salz, Pfeffer, Muskat

Zubereitung

- Für die Semmelfülle Zwiebeln fein schneiden und in Butter anrösten.
- Semmeln entrinden, in Milch einweichen, ausdrücken und die gerösteten Zwiebeln beigeben.
- Eier unterrühren, Petersilie beigeben und würzen.
- Huhn waschen, gut abtropfen lassen und außen und innen würzen.
- Mit der Semmelfülle füllen und mit Zwirn oder Rouladennadeln verschließen.
- Mit der Brustseite in heißes Öl legen, damit bestreichen und im vorgeheizten Backrohr bei 200 °C braten.
- Nach ca. 20 min umdrehen und fertig braten. Mit dem eigenen Bratensaft dabei mehrmals übergießen und wenn nötig etwas Wasser zugeben.
- Das Huhn aus der Bratpfanne nehmen, überschüssiges Fett abgießen und den Bratrückstand evtl. mit etwas Mehl binden.
- Das Huhn vierteln und mit dem Bratensaft anrichten.

Das Huhn darf nicht zu prall gefüllt werden, damit es während des Garens nicht aufplatzt. Die Fülle geht nämlich beim Garen etwas auf. Bleibt Fülle übrig, so kann sie auch unter die Brusthaut gefüllt werden.

Das Huhn bekommt eine knusprige Haut, wenn man es kurz vor dem Fertigbraten mit Butter einstreicht und mit etwas kaltem Wasser bespritzt.

Beilagenvorschläge: Reis, Blatt-, Tomaten- oder Gurkensalat.

147 Putenrouladen

Zutaten für 4 Portionen

4 Putenschnitzel
4 Essiggurkerl
1 Packung Mozzarella
2 hart gekochte Eier
4 Scheiben Schinken
1 Packung Blätterteig

Zubereitung

- Schnitzel klopfen.
- Mozzarella in Scheiben, Essiggurkerl in Streifen und gekochte Eier in Scheiben schneiden.
- Schnitzel mit Schinken, Gurkerln, Mozzarella und Eischeiben belegen und einrollen.
- Jeweils zwei Rouladen übereinander auf die Querseite des Blätterteiges legen und jede Roulade bis zur Hälfte einrollen. Auf die zweite Hälfte die nächsten zwei Rouladen setzen und einrollen.
- Teigränder für jede Roulade einzeln an allen Rändern verschließen und im vorgeheizten Backrohr bei 180 °C backen. Im Ganzen oder aufgeschnitten servieren.

148 Schweinsbraten

Zutaten für 4 Portionen

800 g Schopfbraten, Karree, Schulter oder Bauchfleisch

Salz, Pfeffer

Gemahlener Kümmel

5 Knoblauchzehen

2 EL Öl

Mehl zum Stauben

1/8 l Wasser

Der Braten bekommt eine schöne Kruste, wenn man ihn entweder mit etwas Bier übergießt oder 10 min vor dem Garwerden mit etwas Honig bestreicht.

Zubereitung

- Fleischteil mit den Knochen braten, so bleibt es saftiger; Schwarte schröpfen.
- Fleisch mit Salz, Pfeffer, Kümmel und zerdrücktem Knoblauch gut einreiben.
- Auf der Schwartenseite in heißem Öl scharf anbraten, umdrehen und in das auf 220 °C vorgeheizte Backrohr stellen.
- Je nach Größe des Bratens ca. 30–45 min braten. Mit dem entstehenden Bratensaft öfters übergießen und bei Bedarf mit etwas Wasser untergießen.
- Dann den Braten wenden und bei 180–200 °C nochmals ca. 30–45 min fertig garen und dabei wiederum öfters mit dem Bratensaft übergießen.
- Braten aus der Bratpfanne geben, warm stellen und rasten lassen.
- Vom Bratensaft das Fett abgießen, etwas stauben, mit 1/8 l Wasser aufgießen und einkochen lassen.
- Braten in Scheiben schneiden und mit Bratensaft anrichten.

Diese Fleischteile eignen sich für Schweinsbraten

Schopfbraten | Karree | Schulter | Bauchfleisch

Beilagenvorschläge: Semmelknödel, Serviettenknödel, Kartoffelknödel, warmer Krautsalat.

So schröpft man richtig

Das Fleisch wird für 10 min mit der Schwarte nach unten in 2 cm hoch kochendes Wasser gelegt. Anschließend wird die Schwarte quer zum Faserverlauf kreuzförmig (nicht zu tief) mehrmals eingeschnitten.

149 Surbraten

Zutaten für 4 Portionen

800 g gesurtes (gepökeltes) Schweinefleisch

Pfeffer

Gemahlener Kümmel

5 Knoblauchzehen

2 EL Öl

Mehl zum Stauben

1/8 l Wasser

Zubereitung

- Surbraten wird wie Schweinsbraten zubereitet (siehe oben). Beim Würzen wird jedoch das Salz weggelassen, da das Surfleisch ohnedies schon sehr salzig ist.

Braten von Fleisch auf dem Herd (Kurzbraten)

150 Zwiebelrostbraten

Zutaten für 4 Portionen

- 4 Rostbratenschnitzel
- 600 g Zwiebeln
- 1 EL Mehl
- 1 Prise Paprikapulver
- 1/8 l Öl
- Pfeffer, Salz
- 1/2 l Rindsuppe

Zubereitung

- Fleisch klopfen und an den Rändern einschneiden.
- Zwiebeln in Scheiben schneiden und in einer Mischung aus Mehl und Paprikapulver wenden.
- In der halben Menge Öl goldgelb rösten und gut abtropfen lassen.
- Fleisch würzen, bemehlen, im restlichen Öl anbraten und warm stellen.
- Bratensaft mit Suppe aufgießen, ein Drittel der Röstzwiebeln zugeben und aufkochen.
- Rostbraten zugeben und in der Sauce weich dünsten.
- Fleisch auf der Sauce anrichten und mit den restlichen Röstzwiebeln bestreuen.

Wussten Sie, dass ... man die Zwiebelringe vor dem Rösten nicht salzen darf, weil sie sonst nicht knusprig werden?

151 Champignonschnitzel

Zutaten für 4 Portionen

- 4 Kalbs- oder Putenschnitzel
- Pfeffer, Salz
- Ca. 1 EL Mehl
- 2 EL Öl
- 1 EL Butter
- 1 Zwiebel
- 200 g Champignons
- 1/8 l Suppe
- 1/16 l Schlagobers
- 1 Bund Schnittlauch

Zubereitung

- Schnitzel klopfen.
- Würzen, mit einer Seite in Mehl tauchen und in heißem Öl zuerst auf der bemehlten Seite goldbraun braten, dann umdrehen und fertig braten.
- Schnitzel herausnehmen und warm stellen.
- Bratfett ableeren, Butter hinzugeben und fein geschnittene Zwiebeln darin leicht anrösten.
- Blättrig geschnittene Champignons mitrösten, mit Suppe ablöschen.
- Schlagobers dazugeben, die Sauce cremig einkochen und würzen.
- Schnitzel in der Sauce kurz ziehen lassen und mit fein geschnittenem Schnittlauch anrichten.

Beilagenvorschläge: Petersilienkartoffeln, Reis, Blattsalate, zartes Gemüse.

Schnitzel soll man immer erst kurz vor dem Anrichten braten, damit sie nicht im Saft dünsten und dabei hart und trocken und nebenbei auch kleiner werden.

152 Gebratene Koteletts

Zutaten für 4 Portionen

- 4 Kalbs- oder Schweinskoteletts
- 3–4 Knoblauchzehen
- Kümmel, Salz
- 1 EL Mehl
- 2 EL Öl
- 1 EL Butter
- Mehl zum Stauben
- 200 ml Wasser

Zubereitung

- Koteletts klopfen.
- Mit zerdrücktem Knoblauch, Kümmel und Salz würzen.
- Mit einer Seite in Mehl tauchen und in heißem Öl zuerst die bemehlte, dann die unbemehlte Seite braten.
- Koteletts aus der Pfanne geben und warm stellen.
- Bratfett abgießen und Butter im Bratrückstand aufschäumen lassen.
- Mit Mehl stauben, mit Wasser aufgießen, einkochen lassen und abschmecken.
- Saft über die Koteletts gießen.

Beilagenvorschläge: gedünstetes Gemüse (z. B. Mangold), Petersilienkartoffeln.

Der Fettrand auf dem Kotelett muss unbedingt mitgebraten werden, da er dem Fleisch Geschmack und Saftigkeit verleiht. Man kann ihn immer noch auf dem Teller übrig lassen.

153 Schweinsmedaillons mit Käsekruste

Zutaten für 4 Portionen

8–12 Schweinsmedaillons
Salz, Pfeffer
1 EL Öl
1 EL Butter
Zitronensaft
1/8 l Schlagobers

Kruste:

2 Eier
100 g passierter Blauschimmelkäse
Semmelbrösel

Zubereitung

- Die Medaillons gleich hoch klopfen, eventuell mit Küchenspagat rund binden und würzen.
- Öl und Butter erhitzen, die Medaillons auf beiden Seiten scharf anbraten, aus der Pfanne nehmen und warm stellen.
- Den Bratrückstand mit Schlagobers loskochen, abseihen, würzen und abschmecken.
- Für die Kruste die Eier trennen und das Eiklar zu Schnee schlagen.
- Versprudelte Eidotter mit passiertem Käse vermischen und den Schnee unterheben. Mit Bröseln festigen.
- Die Medaillons eng nebeneinander in einen Bräter setzen, mit Sauce übergießen, Masse für die Kruste aufsetzen und bei starker Oberhitze im Backrohr so lange gratinieren, bis die Kruste goldbraun ist.

Beilagenvorschläge: zartes Gemüse, Blattsalate.

Medaillons = dicke Schnitten aus der Mitte vom Lungenbraten mit einem Gewicht von ca. 60 g.

> *Die Medaillons müssen eng nebeneinander liegen und die Masse für die Kruste muss schön fest sein, damit die Kruste auf den Medaillons liegen bleibt.*

154 Exotische Geflügelpfanne

Zutaten für 4 Portionen

500 g Hühner- oder Putenbrust
100 g Karotten
100 g Fisolen
1 grüne Paprikaschote
4 Ananasscheiben
1 Zwiebel
1 EL Fett
40 ml Tomatensaft
1 Stück frischer Ingwer
Salz

Zubereitung

- Fleisch in Streifen, Karotten in Julienne, Fisolen in dünne Scheiben und Paprikaschote in Würfel schneiden.
- Ananasscheiben in kleine Stücke teilen.
- Zwiebel fein schneiden und in heißem Fett anrösten.
- Fleisch beigeben und gut mitrösten.
- Tomatensaft dazugeben und darin das Gemüse bissfest garen.
- Ingwer fein schneiden.
- Ingwer und Ananas erst gegen Schluss beigeben und durchziehen lassen.
- Abschmecken.

Beilagenvorschlag: gedünsteter (Basmati-)Reis.

> *Schmeckt die Sauce zu süßlich, so kann etwas Zitronensaft beigegeben werden.*

15 Fleischgerichte

155 Putengeschnetzeltes

Zutaten für 4 Portionen

Ca. 250 g Putenbrust

1 Zwiebel

1 EL Fett

50 g Erbsen, 50 g Karotten

1 kl. Dose Früchtekompott

Etwas Mehl

Salz, Pfeffer

Muskat, Kümmel, Majoran, Knoblauch

1/8 l Schlagobers

Zubereitung
- Fleisch würfelig schneiden.
- Zwiebel fein hacken und in Fett anrösten.
- Fleisch dazugeben und anrösten, gepressten Knoblauch zugeben.
- Mit Mehl stauben.
- Kleinwürfelig geschnittene Karotten, Erbsen und abgetropftes Früchtekompott zugeben.
- Kräftig würzen und mit Schlagobers verfeinern.

Backen von Fleisch

156 Schnitzel Wiener Art

Zutaten für 4 Portionen

4 Puten- oder Schweinsschnitzel

3 EL Mehl

2 Eier

Salz

100 g Semmelbrösel

200 ml Öl

1 EL Butter

Garnierung:

Zitronenspalten oder -scheiben

Krauspetersilie

Zubereitung
- Schnitzel klopfen.
- Mit Mehl, mit Salz versprudelten Eiern und Bröseln panieren.
- Öl erhitzen und Fettprobe machen.
- Schnitzel backen. Dabei die Pfanne immer wieder schütteln, damit die Panier aufgeht.
- Butter zugeben und die Panier kurz darin soufflieren oder die Schnitzel im Backrohr in Butter nachbraten.

Wussten Sie, dass ... als Wiener Schnitzel nur ein Kalbsschnitzel bezeichnet werden darf? Es ist das klassische Original. Puten-, Schweins- oder Hühnerschnitzel werden Schnitzel Wiener Art genannt und die Fleischart wird angeführt, z. B. Schweinsschnitzel Wiener Art.

Diese Fleischteile eignen sich für Schnitzel

Kaiserteil — Kalbsnuss — Kalbsfrikandeau

- Die Schnitzel soll man erst kurz vor dem Backen panieren, da das in der Panier enthaltene Salz dem Fleisch Flüssigkeit entzieht.
- Das Fett darf beim Backen nicht zu heiß sein, da die Panier sonst zu stark bräunt.

Beilagenvorschläge: gedünsteter Reis, Petersilienkartoffeln oder Kartoffelsalat; gemischter Salat.

Soufflieren = aufgehen, Oberfläche aufblähen.

💡 **Wie wird eine Fettprobe gemacht?**
Man streut ein paar Semmelbrösel in das Fett. Wenn das Fett schäumt, hat es die richtige Temperatur zum Backen.

Rezepte

157 Pariser Schnitzel

Zutaten für 4 Portionen
- 4 Kalbsschnitzel
- 3 EL Mehl
- 2 Eier
- Salz
- 200 ml Öl

Zubereitung
- Schnitzel klopfen und an den Rändern einschneiden.
- Schnitzel bemehlen.
- Öl erhitzen und Fettprobe machen.
- Bemehlte Schnitzel durch die mit Salz versprudelten Eier ziehen und sofort backen.

158 Cordon bleu

Zutaten für 4 Portionen
- 4 Kalbsschnitzel
- 4 Scheiben Schinken
- 4 Scheiben Emmentaler oder Gouda
- 3 EL Mehl
- 2 Eier
- Salz
- 100 g Semmelbrösel
- 200 ml Öl
- 1 EL Butter

Garnierung:
- Zitronenspalten oder -scheiben
- Krauspetersilie

Zubereitung
- Schnitzel klopfen und an den Rändern einschneiden.
- Eine Hälfte mit einer Scheibe Schinken und einer Scheibe Käse belegen.
- Die zweite Hälfte darüberklappen und die Ränder gut andrücken (evtl. mit Rouladennadeln fixieren).
- Mit Mehl, mit Salz versprudelten Eiern und Bröseln panieren.
- Öl erhitzen und Fettprobe machen.
- Schnitzel backen. Dabei die Pfanne immer wieder schütteln, damit die Panier aufgeht.
- Butter zugeben und die Panier kurz darin soufflieren oder die Schnitzel im Backrohr in Butter nachbraten.

159 Parmesanschnitzel

Zutaten für 4 Portionen
- 4 Kalbs-, Puten- oder Schweinsschnitzel
- 3 EL Mehl
- 2 Eier
- Salz
- 200 ml Öl
- 1 EL geriebener Parmesan

Zubereitung
- Schnitzel klopfen und an den Rändern einschneiden.
- Schnitzel bemehlen.
- Öl erhitzen und Fettprobe machen.
- Bemehlte Schnitzel durch die mit Salz und Parmesan versprudelten Eier ziehen und sofort backen.

Beilagenvorschlag: Spaghetti mit Tomatensauce.

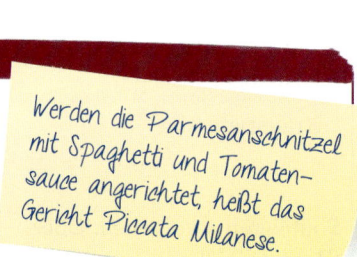

Werden die Parmesanschnitzel mit Spaghetti und Tomatensauce angerichtet, heißt das Gericht Piccata Milanese.

Faschiertes

160 Faschierte Laibchen

Zutaten für 4 Portionen

- 2 mittelgroße Zwiebeln
- 2 EL Öl
- 2 Semmeln
- 1/2 kg Faschiertes
- 1 Ei
- Pfeffer, Salz
- Knoblauch
- Majoran, Petersilie
- Ca. 2 EL Semmelbrösel
- Öl zum Braten

Zubereitung

- Zwiebeln feinwürfelig schneiden und in Öl anrösten, überkühlen lassen.
- Semmeln in Wasser einweichen, ausdrücken und passieren oder mit der Gabel fein zerdrücken.
- Faschiertes, Semmeln, Zwiebeln, Ei und Gewürze gut durchmischen.
- Gleich große Laibchen formen und in Brösel drücken.
- In heißem Öl (Fettprobe machen) auf beiden Seiten knusprig braten.

Beilagenvorschläge: Brat- oder Petersilienkartoffeln, Kartoffelpüree, Gemüse- und Blattsalate.

161 Faschierter Netzbraten

Zutaten für 4 Portionen

- 2 mittelgroße Zwiebeln
- 2 EL Öl
- 2 Semmeln
- 1/2 kg Faschiertes
- 1 Ei
- Pfeffer, Salz
- Knoblauch
- Majoran, Petersilie
- Schweinsnetz

Fülle:

- 2 hart gekochte Eier
- 1 Frankfurter Würstel
- 2 Essiggurkerln

Zubereitung

- Zwiebeln feinwürfelig schneiden und in Öl anrösten, überkühlen lassen.
- Semmeln in Wasser (oder Milch) einweichen, ausdrücken und passieren oder mit der Gabel fein zerdrücken.
- Faschiertes, Semmeln, Zwiebeln, Ei und Gewürze gut durchmischen.
- Mit hart gekochten Eiern, einem Frankfurter Würstel und Essiggurkerln füllen.
- Zu einem Striezel formen, in ein gewässertes Schweinsnetz hüllen und im vorgeheizten Backrohr bei 150 °C ca. 90 min backen.
- Rasten lassen und anschließend in dünne Scheiben schneiden.

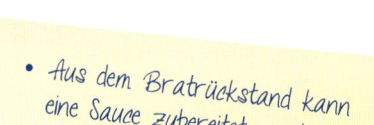

Beilagenvorschläge: Brat- oder Petersilienkartoffeln, Kartoffelpüree, Gemüse- und Blattsalate.

- Aus dem Bratrückstand kann eine Sauce zubereitet werden.
- Der Braten kann auch in einer Kastenform gebacken werden, dann ist kein Schweinsnetz nötig.

162 Orientalischer Auflauf

Zutaten für 4 Portionen

- 3 Tomaten
- 2 Zwiebeln
- 2 EL Öl
- 400 g Faschiertes
- Paprikapulver, Salz
- 400 g Bandnudeln
- 200 g Schafkäse
- 1/8 l Schlagobers
- 4 Knoblauchzehen
- 100 g geriebener Käse

Garnierung:
Entkernte schwarze Oliven

Zubereitung

- Tomaten blanchieren, enthäuten und in kleine Würfel schneiden.
- Zwiebeln kleinwürfelig schneiden und in heißem Öl glasig anlaufen lassen.
- Faschiertes darin anbraten und würzen.
- Nudeln kochen und abseihen.
- Schafkäse mit einer Gabel zerdrücken und mit Schlagobers vermischen.
- Faschiertes, Tomaten, zerdrückten Knoblauch, Nudeln und Schafkäse vermengen und in eine befettete feuerfeste Form geben.
- Mit geriebenem Käse bestreuen und im vorgeheizten Backrohr bei 200 °C 15 min backen.

Wie man Tomaten richtig häutet, sehen Sie auf S. 100.

163 Krautrouladen

Zutaten für 4 Portionen

- 1 Häuptel Weißkraut, Rotkraut, Chinakohl oder Grünkohl
- Salz
- 50 g Speckwürfel
- Wasser oder Suppe
- Etwas Mehl
- 1/8 l Sauerrahm

Fülle:

- 100 g Reis
- 1 mittelgroße Zwiebel
- 1 EL Öl
- 400 g Faschiertes
- Pfeffer, Salz
- Knoblauch, Majoran
- Gehackte Petersilie

Zubereitung

- Die schönen äußeren und mittleren Blätter des Krauthäuptels in Salzwasser kurz blanchieren, damit sie sich rollen lassen. Dicke Blattrippen etwas abflachen, ausschneiden oder klopfen.
- Für die Fülle Reis dünsten.
- Zwiebeln kleinwürfelig schneiden und in Öl goldbraun rösten.
- Faschiertes mit Zwiebeln, gedünstetem Reis und Gewürzen vermengen.
- Die Blätter mit Fleischfülle belegen, seitlich einschlagen und einrollen.
- In einer Kasserolle die Speckwürfel und die Rouladen anbraten.
- Mit Wasser oder Suppe aufgießen und ca. 40 min dünsten lassen.
- Danach im vorgeheizten Backrohr bei 220 °C noch etwas bräunen.
- Rouladen aus der Kasserolle geben und warm stellen.
- Saft mit Mehl und Sauerrahm binden.
- Rouladen auf der Sauce anrichten.

Krautrouladen herstellen (im Bild mit Grünkohl)

Beilagenvorschläge: Salz- oder Petersilienkartoffeln.

15 Fleischgerichte

164 Gefüllte Paprika

Zutaten für 4 Portionen

- 4 grüne Paprikaschoten
- 1/4 l Suppe
- Fülle:
- 50 g Reis
- 1 mittelgroße Zwiebel
- 1 EL Öl
- 200 g Faschiertes
- Pfeffer, Salz
- Knoblauch, Majoran
- Gehackte Petersilie

Zubereitung

- Für die Fülle Reis dünsten.
- Deckel der Paprikaschoten abschneiden und beiseitelegen. Schoten entkernen.
- Schoten und Deckel mit kochendem Wasser übergießen, kurz ziehen lassen und kurz in kaltes Wasser tauchen, damit sie ihre Farbe behalten.
- Für die Fülle Zwiebel kleinwürfelig schneiden und rösten.
- Zwiebel mit Faschiertem, Reis und Gewürzen vermengen.
- Paprikaschoten füllen und mit den abgeschnittenen Deckeln zudecken.
- In eine Kasserolle setzen und mit etwas Suppe oder Wasser untergießen.
- Weichdünsten.

Beilagenvorschläge: Tomatensauce (siehe S. 105), Salz- oder Petersilienkartoffeln.

Ein Teil der Dünstflüssigkeit kann für die Tomatensauce verwendet werden.

Innereien

Wofür eignen sich Innereien?
- **Kalbsbries:** zum Braten, Backen.
- **Leber:** zum Braten, Backen, Rösten, für Suppeneinlagen, Pasteten, Leberwurst.
- **Nieren:** für Nierenbraten, zum Rösten.
- **Milz:** für Suppeneinlagen.
- **Lunge:** für Beuschel.
- **Herz:** zum Dünsten, für Beuschel.
- **Kutteln:** zum Dünsten, Rösten.
- **Netz:** zum Umhüllen von Speisen.
- **Zunge:** zum Kochen, Pökeln und Räuchern.

Kalbsleber, tranchiert

165 Geröstete Leber

Zutaten für 4 Portionen

- 400 g Kalbs- oder Schweinsleber
- 2 mittelgroße Zwiebeln
- 2 EL Fett
- 2 EL Essig
- 2 EL Butter
- Mehl zum Stauben
- Salz, Pfeffer
- Majoran

Zubereitung

- Von der Leber die Haut abziehen und feinblättrig schneiden.
- Zwiebeln in Streifen schneiden und in Fett hellbraun rösten. Leber dazugeben, rasch rösten und mit Essig ablöschen.
- Aus der Pfanne nehmen und warm stellen.
- Butter aufschäumen lassen, mit Mehl stauben, mit etwas Wasser aufgießen und gut verrühren.
- Die geröstete Leber einlegen, würzen, kurz ziehen lassen und sofort servieren.

Leber darf man erst nach dem Rösten salzen, da sie sonst hart wird. Dasselbe passiert, wenn man sie kocht.

166 Gebackene Leber

Zutaten für 4 Portionen
- 4 Kalbsleberschnitzel
- 3 EL glattes Mehl
- 2 Eier
- 100 g Semmelbrösel
- 200 ml Öl
- Salz

Zubereitung
- Leber mit Mehl, Eiern und Bröseln panieren.
- In heißem Öl rasch backen.
- Erst nach dem Backen salzen, damit die Leber nicht hart wird.

Beilagenvorschläge: Petersilienkartoffeln, Sauce tartare.

Am hochwertigsten sind die Innereien vom Kalb, dann folgen jene des Schweins, dann erst die Innereien des Rindes.

16 Süßspeisen

Süßspeisen bilden den Abschluss eines Menüs und können kalt oder warm sein. Warme Süßspeisen können auch als Hauptgericht serviert werden.

Kalte Süßspeisen

167 Fruchtcreme

Zutaten für 4 Portionen
- 125 g Fruchtpüree (aus Erdbeeren, Pfirsichen etc.)
- 1 EL Staubzucker
- 1/2 Stamperl Likör
- 1 TL Zitronensaft
- 2 Blatt Gelatine
- 2 EL Kompottsaft
- 1/8 l Schlagobers

Garnierung:
Schlagobers, Beeren oder Früchte

Zubereitung
- Fruchtpüree mit Staubzucker, Likör und Zitronensaft verrühren.
- Gelatine in Kompottsaft auflösen und darunterrühren.
- Vor dem Stocken geschlagenes Obers unterheben.
- In Glasschalen füllen und kalt stellen.

168 Topfenoberscreme

Zutaten für 4 Portionen

- 6 Blatt Gelatine oder 20 g Gelatinepulver
- 500 g Topfen (20 % Fett)
- 200 g Staubzucker
- 125 ml Sauerrahm oder Joghurt (3,6 % Fett)
- 1 Zitrone
- 1/4 l Schlagobers

Zubereitung

- Gelatine in Wasser auflösen.
- Passierten Topfen mit Zucker, Sauerrahm und Zitronensaft glatt rühren.
- Gelatine unterrühren und geschlagenes Obers unterheben.

Die Creme kann durch Beigabe von Fruchtstücken, Beerenobst, Löskaffee, Schokolade etc. beliebig abgewandelt werden.

169 Topfen-Joghurt-Nockerln

Zutaten für 4 Portionen

- 1/4 kg Magertopfen
- 1 P. Vanillezucker
- 80 g Staubzucker
- 1/4 l Joghurt
- 1 Orange oder Zitrone
- 4 Blatt Gelatine
- 1/8 l Schlagobers

Garnierung:

Fruchtsauce (siehe S. 168)

Zubereitung

- Topfen glatt rühren.
- Vanille- und Staubzucker, Joghurt und geriebene Orangen- oder Zitronenschale dazugeben.
- Eingeweichte, aufgelöste Gelatine zügig unter die Topfenmasse rühren.
- Vor dem Stocken geschlagenes Obers unterheben.
- Masse kalt stellen.
- Vor dem Servieren mit einem nassen Löffel Nockerln ausstechen.

Die Masse kann auch in Portionsförmchen gefüllt werden.

170 Honigparfait

Zutaten für 4 Portionen

- 1 Ei
- 1 Eidotter
- 1 EL Honig
- 1/8–1/4 l Schlagobers
- 200 g Beeren
- Evtl. Zucker

Garnierung:

Schlagobers

Beeren, Minze- oder Melisseblätter

Zubereitung

- Ei, Eidotter und Honig über Dampf dickschaumig aufschlagen.
- Kalt schlagen und geschlagenes Obers unterheben.
- In kalt ausgespülte Darioleförmchen (oder abgeschnittene Joghurtbecher) füllen und mindestens für 2 Stunden im Gefrierfach kalt stellen.
- Schöne Beeren für die Garnierung aufheben, restliche Beeren mit wenig Wasser kurz aufkochen, bei Bedarf süßen, pürieren und auf Dessertteller anrichten.
- Parfait aus der Form auf den Fruchtspiegel stürzen.

Rezepte

171 Schokoladenmousse

Zutaten für 4 Portionen

1/4 kg QuimiQ

100 g Schokolade

1/16 l Milch

3 EL Zucker

1 TL Rum

1/8–1/4 l Schlagobers

Garnierung:

Frische Früchte und Schokoladenspäne

Zubereitung
- QuimiQ glatt rühren.
- Schokolade schmelzen.
- Milch, Zucker und Rum dazugeben und gut vermischen.
- Geschlagenes Obers unterheben.
- Die Mousse im Kühlschrank fest werden lassen.
- Nockerln ausstechen und auf Dessertteller anrichten.

Mousse kann auch in Portionsförmchen serviert werden

QuimiQ = Rahmprodukt aus 99 % Süßrahm und 1 % Gelatine. Es kann anstelle von Butter, Ei, Schlagobers und Gelatine eingesetzt werden. QuimiQ mit Joghurt vermischt ergibt einen besonders cremig-sahnigen Geschmack.

172 Joghurt-Zitronen-Creme

Zutaten für 4 Portionen

1/4 kg QuimiQ

1 Becher Joghurt

Saft von 1 Zitrone

3 EL Zucker

Frische Früchte

Garnierung:

Frische Früchte und Schlagobers

Zubereitung
- QuimiQ glatt rühren.
- Joghurt, Zitronensaft und Zucker dazugeben und gut vermischen.
- Früchte klein schneiden und in die Creme rühren.
- Creme in Glasschalen füllen und kühl stellen.
- Mit frischen Früchten und geschlagenem Obers auf Dessertteller anrichten.

173 Obstkompott

Zutaten für 4 Portionen

Äpfel, Birnen, Kirschen, Zwetschken, Marillen, Holunderbeeren, Stachelbeeren oder Rhabarber

Zucker

Zitronensaft

Nelken, Zimtrinde

Evtl. etwas Wein

Zubereitung
- 1 Teil Zucker mit 2 Teilen Wasser unter Beigabe von Zitronensaft, Nelken, Zimtrinde und evtl. Wein 5 min kochen lassen.
- Vorbereitete Früchte dazugeben, kurz garen (Obst, das sich leicht zerkocht, nur zugedeckt ziehen lassen).
- Kompott gut gekühlt in Glasschalen anrichten.

Sind die Kompottfrüchte sehr süß, reduziert man die Zuckermenge.

Obstkompott lässt sich gut auf Vorrat herstellen

16 Süßspeisen

174 Weichselbecher

Zutaten für 4 Portionen

1 P. Puddingpulver (Vanille, Mandel etc.)
1/2 l Milch
50 g Zucker
20 g Butter
1 cl Rum
1 P. Vanillezucker
100 ml Joghurt
1/8–1/4 l Schlagobers
300 g Kompottweichseln

Garnierung:
Schlagobers
Weichseln

Zubereitung
- Mit 5 EL der angegebenen Milchmenge das Puddingpulver glatt abrühren.
- Die restliche Milch mit Zucker aufkochen.
- Puddingteigerl einrühren, 1 min kochen lassen, noch heiß mit Butter, Rum und Vanillezucker vermischen.
- Unter Rühren überkühlen lassen und Joghurt unterrühren.
- In hohe Gläser lagenweise Pudding, geschlagenes Obers und Kompottweichseln einfüllen und kühl stellen.

Für dieses Rezept können auch andere Früchte oder Beeren verwendet werden.

175 Tiramisu

Zutaten für 4 Portionen

1/2 P. Vanillepuddingpulver
1/4 l Milch
25 g Zucker
1/8 l Schlagobers
1/2 P. Vanillezucker
50 g Zucker
1/4 kg Mascarino
25–30 Biskotten
1/8 l Kaffee
1 EL Rum
Kakao

Garnierung:
Schlagobers
Beeren, Minze- oder Melisseblätter

Zubereitung
- Vanillepudding zubereiten; während des Auskühlens öfter umrühren.
- Schlagobers mit Vanillezucker und Zucker steif schlagen.
- Pudding, Schlagobers und Mascarino vorsichtig verrühren.
- Biskotten kurz in Kaffee-Rum-Mischung eintauchen, schichtweise abwechselnd mit der Creme in eine Schüssel oder rechteckige Auflaufform einlegen. Dabei mit Biskotten beginnen und mit Creme abschließen.
- Im Kühlschrank mindestens 1 Stunde ziehen lassen.
- Dick mit Kakao bestreuen.

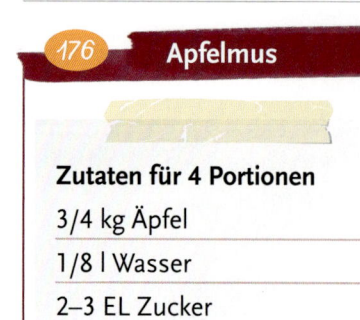

Rezepte

176 Apfelmus

Zutaten für 4 Portionen
- 3/4 kg Äpfel
- 1/8 l Wasser
- 2–3 EL Zucker
- Saft von 1/2 Zitrone
- Zimt

Zubereitung
- Gewaschene Äpfel vierteln.
- Mit Schale und Kerngehäuse in Wasser weich kochen.
- Passieren.
- Mit Zucker, Zitronensaft und Zimt würzen.

Warme Süßspeisen

177 Erdbeertaler

Zutaten für 4 Portionen
- 2 Eiklar
- Salz
- 2 Eidotter
- 60 g glattes Mehl
- 1/16 l Schlagobers
- 1 EL Zucker
- Schale von 1/4 Zitrone
- 200 g Erdbeeren
- 2 EL Butter
- Staubzucker zum Bestreuen

Zubereitung
- Eiklar und Salz zu festem Schnee schlagen.
- Eidotter, Mehl, Schlagobers, Zucker und Zitronenschale verrühren.
- Erdbeeren kleinwürfelig schneiden und unter die Dottermasse heben.
- Eischnee unterziehen.
- Butter in einer Pfanne zergehen lassen, mit einem Esslöffel kleine Teigportionen einlegen und auf beiden Seiten goldgelb backen.
- Auf Küchenkrepp abtropfen lassen und mit Staubzucker bestreuen.

178 Orangen-Rosinen-Reis

Zutaten für 4 Portionen
- 120 g Reis
- 40 g Butter
- 400 ml Wasser
- 1 Prise Salz
- 1 Messerspitze Safran
- 160 g Rosinen
- 3 Orangen
- Honig
- 1/8 l Schlagobers

Zubereitung
- Reis mit Butter und Salz in Wasser dünsten und während der Quellzeit Rosinen und Safran hinzugeben.
- In Würfel geschnittene Orangen, Honig nach Geschmack und zum Schluss geschlagenes Obers unterziehen.

16 Süßspeisen

179 Reisauflauf

Zutaten für 4 Portionen

1/2 l Milch
Salz
100 g Reis
70 g Butter
50 g Staubzucker
1 P. Vanillezucker
3 Eidotter
3 Eiklar
Schale von 1 Zitrone
20 g Rosinen
Butter und Semmelbrösel für die Kasserolle
Zucker zum Bestreuen

Zubereitung

- Milch mit einer Prise Salz versehen und Reis darin weich kochen.
- Masse auskühlen lassen.
- Butter, Staubzucker, Eidotter, Vanillezucker und geriebene Zitronenschale schaumig rühren.
- Ausgekühlten Reis und Rosinen untermengen.
- Eiklar zu Schnee schlagen und unter die Masse heben.
- Kasserolle mit Butter ausstreichen, mit Bröseln bestreuen und die Masse einfüllen.
- Bei 170 °C ca. 45 min goldbraun backen.
- Auflauf bezuckern.

Beilagenvorschlag: Kompott.

Wird die Schale einer Zitrone verwendet, so muss sie unbehandelt sein.

180 Hirseauflauf mit Früchten

Zutaten für 4 Portionen

1 Tasse Hirse
2 Tassen Wasser
Salz
Zimtrinde
65 g Butter
3 Eidotter
3 EL Honig
4 EL Schlagobers
3 EL Rosinen
400 g Kirschen oder Pfirsiche
Butter für die Form

Schneehaube:

3 Eiklar
3 EL Honig
Schale von 1 Zitrone
30 g gehackte Haselnüsse

Zubereitung

- Gewaschene Hirse in Wasser mit Salz und Zimtrinde 5 min kochen. Bei ausgeschalteter Herdplatte 30 min nachquellen lassen.
- Butter, Eidotter und Honig schaumig rühren und mit Schlagobers und Rosinen unter die Hirse mischen.
- Auflaufform befetten, die entkernten Kirschen oder geschnittenen Pfirsiche einlegen und mit der Hirsemasse bedecken.
- Im vorgeheizten Backrohr bei 200 °C 30 min backen.
- Für die Schneehaube festen Schnee schlagen, Honig dazugeben und nochmals fest schlagen.
- Geriebene Zitronenschale untermischen.
- Den gebackenen Auflauf mit der Schneehaube abdecken, mit gehackten Nüssen bestreuen und hell backen.

181 Dinkel-Obst-Auflauf

Zutaten für 4 Portionen

- 120 g Dinkel
- 300 ml Wasser
- 120 g Topfen
- 1 Ei
- 1 EL Butter
- 3 EL Honig
- 1 P. Vanillezucker
- Schale von 1 Zitrone
- 80 g gemahlene Nüsse
- 120 g getrocknete Marillen
- Butterflocken
- Fett für die Form

Zubereitung

- Dinkel in Wasser über Nacht quellen lassen.
- Am nächsten Tag im Einweichwasser kochen.
- Getrocknete Marillen einweichen.
- Topfen, Ei, Butter, Honig, Vanillezucker und Zitronenschale schaumig rühren.
- Gemahlene Nüsse dazugeben.
- Marillen würfelig schneiden.
- Topfenmasse mit dem Getreide und den Marillen vermischen.
- In eine befettete Auflaufform füllen, mit Butterflocken belegen.
- Im vorgeheizten Backrohr bei 200 °C ca. 50 min backen.

Man kann den Dinkel-Obst-Auflauf auch mit Weizen zubereiten. Statt getrockneten Marillen kann auch Frischobst verwendet werden.

182 Topfennockerln

Zutaten für 4 Portionen

- 2 EL Butter
- 1 Ei
- 2 EL Zucker
- 1/4 kg Topfen
- 4 EL Mehl

Zubereitung

- Butter, Ei und Zucker schaumig rühren.
- Topfen und Mehl unterrühren.
- Masse ca. 30 min im Kühlschrank rasten lassen.
- Mit zwei Esslöffeln Nockerln formen, in leicht kochendem Wasser ca. 10 min ziehen lassen.
- Mit einem Siebschöpfer herausheben und anrichten.

Beilagenvorschläge: Kompott oder Fruchtmus.

Die Topfennockerln können auch in Butterbröseln gewälzt serviert werden

183 Grießschmarren

Zutaten für 4 Portionen

- 1/2 l Milch
- 70 g Butter
- 30 g Zucker
- Schale von 1 Zitrone
- Salz
- 180 g Weizengrieß
- 50 g Rosinen
- Butter für die Form
- Zucker zum Bestreuen

Zubereitung

- Milch mit Butter, Zucker, Zitronenschale und einer Prise Salz aufkochen lassen.
- Unter ständigem Rühren den Grieß einlaufen lassen.
- Rosinen beimengen.
- Masse unter ständigem Rühren zu einem dicklichen Brei einkochen lassen.
- In einer Auflaufform Butter zergehen lassen.
- Grießbrei einfüllen und im vorgeheizten Backrohr bei 200 °C ca. 30 min backen. Dabei den Schmarren mehrmals in kleine Stücke zerteilen.
- Anrichten und mit Zucker bestreuen.

Beilagenvorschläge: Apfelkompott, Apfelmus oder Zwetschkenröster.

16 Süßspeisen

184 Kaiserschmarren

Zutaten für 4 Portionen
- 3/8 l Milch
- 180 g Mehl
- Evtl. 1 TL Vanillezucker
- 4 Eidotter
- 4 Eiklar
- 50 g Kristallzucker
- Salz
- Butter zum Backen
- Kristallzucker zum Karamellisieren
- Staubzucker zum Bestreuen

Zubereitung
- Milch mit Mehl und Vanillezucker glatt rühren.
- Eidotter locker unterheben.
- Eiklar mit Zucker und Salz zu festem Schnee schlagen, unter den Teig heben.
- Butter in einer Pfanne erhitzen und den Teig eingießen.
- Anbacken, wenden und im vorgeheizten Backrohr bei 200 °C oder in der Pfanne fertig backen.
- Mit zwei Gabeln in Stücke reißen und mit Kristallzucker bestreuen.
- Auf dem Herd noch etwas karamellisieren lassen.
- Mit Staubzucker bestreut anrichten.

Beilagenvorschläge: Kompott oder Fruchtmus.

Kaiserschmarren wird lockerer, wenn die Hälfte der Milch durch prickelndes Mineralwasser ersetzt wird.

185 Gebackene Apfelscheiben

Zutaten für 4 Portionen
- Milch-, Wein- oder Mostbackteig (siehe S. 69)
- Ca. 1/2 kg Äpfel
- Fett zum Backen
- Zucker
- Zimt

Zubereitung
- Backteig zubereiten.
- Äpfel schälen, entkernen und in 1 cm dicke Scheiben schneiden.
- Durch Backteig ziehen.
- Auf beiden Seiten in heißem Fett goldgelb backen und auf Küchenkrepp abtropfen lassen.
- Mit Zucker und Zimt bestreut servieren.

186 Überbackene Topfenpalatschinken

Zutaten für 4 Portionen
- Palatschinkenteig (siehe S. 69)
- Topfenfülle (siehe S. 168)

Eiermilch:
- 200 ml Milch
- 1 Ei
- 1 Eidotter
- 1 P. Vanillezucker

Zubereitung
- Palatschinken backen.
- Topfenfülle zubereiten.
- Palatschinken mit Topfenfülle füllen, einrollen, halbieren, mit der Schnittfläche nach oben in eine befettete Auflaufform schichten.
- Für die Eiermilch die Milch mit Ei, Eidotter und Vanillezucker verquirlen.
- Palatschinken kurz im vorgeheizten Backrohr bei 220 °C anbacken, mit Eiermilch übergießen und fertig backen.

187 Obstknödel

Zutaten für 4 Portionen

Brandteig (siehe S. 71),
Topfenteig (siehe S. 73) oder
Kartoffelteig (siehe S. 72)

8 Marillen, Zwetschken oder Erdbeeren

Butterbrösel:

50 g Butter

50 g Brösel

50 g Kristallzucker

Evtl. etwas Zimt

Zubereitung
- Teig zubereiten.
- Aus dem Teig eine Rolle formen und in 8 gleich große Stücke teilen.
- Früchte damit einhüllen, Ränder gut verschließen und Knödel drehen.
- Knödel in leicht wallendem Wasser kochen.
- Butter in einer Pfanne schmelzen, Brösel und Zucker darin leicht bräunen, evtl. Zimt zugeben.
- Knödel in den Butterbröseln wälzen.

Die Knödel sollten nicht zu stark kochen, damit sie nicht zerfallen. Dagegen hilft auch, wenn man dem Knödelwasser 1 TL Maisstärke zugibt. Es empfiehlt sich, einen Probeknödel zu kochen.

188 Bröselnudeln

Zutaten für 4 Portionen

Kartoffelteig (siehe S. 72)

100 g Butter

80 g Semmelbrösel

Staubzucker zum Bestreuen

Zubereitung
- Kartoffelteig zubereiten, Nudeln formen, in Salzwasser kochen und abtropfen lassen.
- In Butterbröseln wenden.
- Mit Staubzucker bestreut servieren.

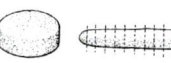

Formen von Nudeln

Mohn- oder Nussnudeln stellt man her, indem man statt Semmelbrösel 40 g geriebene Nüsse oder Mohn verwendet.

189 Apfelstrudel

Zutaten für 4 Portionen

1/2 Menge Strudelteig (siehe S. 72)

3/4 kg säuerliche Äpfel

2 EL Rosinen

Etwas Rum

40 g Semmelbrösel

40 g Butter

50 g Kristallzucker

Zimt

Butter zum Bestreichen

Evtl. Milch zum Übergießen

Zubereitung
- Strudelteig zubereiten.
- Äpfel schälen, entkernen und blättrig schneiden.
- Rosinen in Rum einweichen.
- Semmelbrösel und evtl. Zucker in Butter rösten.
- Strudelteig ausarbeiten.
- Ausgezogenen Teig mit gerösteten Bröseln, Äpfeln und Rosinen belegen, mit Zucker und Zimt bestreuen und einrollen.
- Mit zerlassener Butter bestreichen und im vorgeheizten Backrohr bei 180–200 °C ca. 45 min backen. Evtl. nach zwei Dritteln der Backzeit mit Milch übergießen.

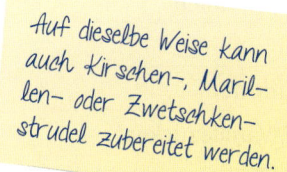

Auf dieselbe Weise kann auch Kirschen-, Marillen- oder Zwetschkenstrudel zubereitet werden.

190 Milchrahmstrudel

Zutaten für 4 Portionen

1/2 Menge Strudelteig (siehe S. 72)
1/4 kg altbackenes Weißbrot
Ca. 1/8 l Milch
50 g Butter
30 g Staubzucker
3 Eidotter
1/2 P. Vanillezucker
Schale von 1 Zitrone
Salz
1/8 l Sauerrahm
3 Eiklar
1 EL Kristallzucker
20 g Brösel
2 EL Rosinen

Eiermilch:

200 ml Milch
1 Ei, 1 Eidotter
1 P. Vanillezucker

Zubereitung

- Strudelteig zubereiten.
- Weißbrot entrinden, in kleine Würfel schneiden und mit Milch befeuchten (evtl. passieren).
- Butter mit Staubzucker, Eidottern, Vanillezucker, Zitronenschale und Salz schaumig rühren.
- Sauerrahm und Weißbrot beimengen.
- Eiklar mit Kristallzucker zu Schnee schlagen und mit den Bröseln unter die Dottermasse heben.
- Strudelteig ausziehen, mit Fülle bestreichen, Rosinen darüberstreuen und Strudel ausfertigen.
- Strudel in eine befettete Bratpfanne legen und ca. 1 Stunde bei 180 °C backen.
- Nach zwei Dritteln der Backzeit (wenn die Oberfläche des Strudels leicht Farbe annimmt) mit Eiermilch übergießen.

Statt Weißbrot können auch entrindete Semmeln verwendet werden.

Mischen Sie die Rosinen nicht in die Fülle – der Teig kann sonst beim Aufstreichen der Fülle reißen.

191 Topfenstrudel

Zutaten für 4 Portionen

1/2 Menge Strudelteig (siehe S. 72)
50 g Butter
50 g Staubzucker
3 Eidotter
Salz
1/2 P. Vanillezucker
Schale von 1 Zitrone
1/2 kg Topfen (20 % Fett)
3 Eiklar
10 g Kristallzucker
25 g Grieß oder 15 g Vanillepuddingpulver
2 EL Rosinen
Vanillesauce (siehe S. 168)

Zubereitung

- Strudelteig zubereiten.
- Butter, Staubzucker, Eidotter und Geschmackszutaten schaumig rühren.
- Topfen beimengen.
- Eiklar mit Zucker zu Schnee schlagen und mit Grieß oder Puddingpulver unter die Masse heben.
- Strudel ausarbeiten und backen.
- Warm mit Vanillesauce servieren.

Ohne Vanillesauce kann der Strudel mit Staubzucker bestreut serviert werden.

192 Germknödel

Zutaten für 4 Portionen

Germteig zum Kochen oder Dämpfen:

1/4 kg glattes Mehl
30 ml Öl
1/8 l Milch
1 Eidotter
Salz
1/2 Würfel Germ
2 TL Zucker
100 ml Milch

Fülle:
80 g Powidlmarmelade

Zum Anrichten:
50 g Butter
20 g Staubzucker
20 g gemahlener Mohn

Zubereitung
- Mehl mit Öl, lauwarmer Milch, Eidotter und Salz in eine Schüssel geben.
- Germ zerbröseln, mit Zucker und Milch verrühren und zu den anderen Zutaten geben.
- Zu einem geschmeidigen Teig verarbeiten.
- Zugedeckt 30 min warm stellen und gehen lassen.
- Zusammenkneten und in vier gleich große Stücke teilen.
- Teigstücke flach drücken, mit Powidl füllen und Knödel formen.
- Zugedeckt 10 min gehen lassen.
- Kochen.
- Die angerichteten Knödel mit zerlassener Butter übergießen und mit Zucker und gemahlenem Mohn bestreuen.

193 Topfenknödel

Zutaten für 4 Portionen

100 g Butter
3 Eier
500 g Magertopfen
150 g Grieß
Salz
100 g Butter
100 g Brösel
100 g Kristallzucker
Etl. etwas Zimt
Staubzucker

Zubereitung
- Handwarme Butter schaumig rühren.
- Nach und nach die Eier einrühren.
- Topfen unterrühren, salzen und Masse mit Grieß binden.
- Masse etwas rasten lassen.
- Knödel formen und in schwach gesalzenem Wasser 15 min kochen.
- Butter schmelzen, Brösel beigeben, kurz vor Fertigstellung Kristallzucker beigeben.
- Knödel in Butterbröseln drehen und mit Staubzucker anrichten.

Ein Teil der Brösel kann durch geriebene Nüsse ersetzt werden.

17 Brot, Gebäck, Kuchen, Torten und Schnitten

Feine Backwaren begleiten unsere Küche vom belegten Brot bis zum Dessert. Vor allem die klassische österreichische Küche hat in puncto Mehlspeisen einiges zu bieten.

Brot und Brotgebäck

194 Jourgebäck

Zutaten für 25 Stück

Germbrotteig (siehe S. 75)

Stärkelösung aus 100 ml Wasser und 20 g Maisstärke

Grobes Salz, Sesam, Mohn oder Leinsamen zum Bestreuen

Schleifen = Teig auf der Arbeitsplatte mit Druck und kreisender Bewegung bearbeiten, bis er eine glatte Oberfläche hat.

Zubereitung
- Teig zubereiten und 30 min gehen lassen.
- Zusammenschlagen, in 25 gleich große Teigstücke teilen.
- Kugerln schleifen und gehen lassen.
- Gebäck formen und gehen lassen.
- Mit Stärkelösung bestreichen, in grobes Salz, Sesam, Mohn oder Leinsamen tauchen.
- Auf geöltes oder mit Backpapier belegtes Blech setzen, mit Wasser bespritzen.
- Im vorgeheizten Rohr bei 200 °C 10 min backen.

Wenn man die Weckerln nach dem Backen mit einem Tuch zudeckt, bleiben sie saftiger.

Formen von Brotgebäck

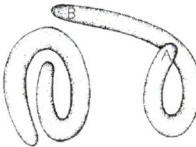

Flesserl oder Striezerl (Rolle 25–30 cm lang)

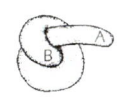

Knopf (Rolle 15 cm lang)

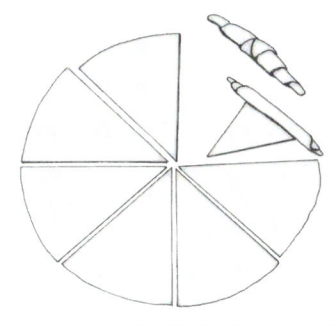

Salzstangerln (Scheibe mit 25 cm Durchmesser)

Flesserl   Knopf   Salzstangerl

195 Blitzbrot

Zutaten für 1 Kastenform

- 200 g Dinkelmehl
- 200 g Roggenmehl
- 100 g Weizenmehl
- 1 P. Trockenhefe
- 1 TL Salz
- 1 TL Zucker
- 3 EL Brotgewürz
- 1/2 l warmes Wasser

Zubereitung

- Alle Zutaten in einem Mixbecher mit dem Knethaken zu einem Teig kneten.
- Teig sofort zu einem Brotstriezel formen (nicht gehen lassen) und in eine Kastenform geben.
- Backrohr mit Heißluft auf 200 °C vorheizen und eine Kasserolle mit Wasser hineinstellen.
- Brot auf der Mittelschiene einschieben und ca. 1 Stunde backen.

196 Buttermilchweckerln

Zutaten für 12 Stück

- 1/2 l Buttermilch
- 1 P. Trockenhefe
- 1 TL Salz
- 250 g Roggen- oder Dinkelmehl
- 250 g Weizenmehl
- 1 TL Brotgewürz
- Backpapier

Zubereitung

- Alle trockenen Zutaten vermischen.
- Die Buttermilch unterrühren und den Teig verkneten.
- Im warmen Backrohr bei 50 °C ca. 15 min gehen lassen.
- Mit einem Löffel handgroße Teigstücke ausstechen, Weckerln formen und auf ein vorbereitetes Backblech legen.
- Backrohr mit Heißluft auf 200 °C vorheizen und eine Kasserolle mit Wasser hineinstellen.
- Backblech auf der Mittelschiene einschieben und die Weckerln eine halbe Stunde backen.
- Wenn die Weckerln Farbe haben, Wassergefäß herausgeben und noch 5 min fertig backen.

197 Joghurtweckerln

Zutaten für 12 Stück

- 500 g Weizenvollmehl
- 1/8 l lauwarmes Wasser
- 1 P. Trockenhefe
- 2 Becher Joghurt (Zimmertemperatur)
- 1 Ei
- 2 EL Öl
- 2 TL Salz
- Backpapier

Zubereitung

- Alle Zutaten in einem Mixbecher mit dem Knethaken zu einem Teig kneten.
- Im warmen Backrohr bei 50 °C ca. 15 min gehen lassen.
- Mit einem Löffel handgroße Teigstücke ausstechen, Weckerln formen und auf ein vorbereitetes Backblech legen.
- Backrohr mit Heißluft auf 180 °C vorheizen.
- Backblech auf der Mittelschiene einschieben und die Weckerln eine halbe Stunde backen. Zwischendurch immer wieder mit Wasser besprühen.

17 Brot, Gebäck, Kuchen, Torten und Schnitten

198 Topfenlaibchen

Zutaten für 8–10 Stück

250 g Magertopfen

250 g Vollkornmehl (frisch gemahlen)

1 P. Backpulver

1 Ei

1 TL Salz

1 TL Brotgewürz

Buttermilch nach Bedarf

Kürbiskerne, Sonnenblumenkerne, Sesam etc. zum Bestreuen

Zubereitung
- Alle Zutaten außer der Buttermilch in einer Schüssel vermischen.
- Anschließend so viel Buttermilch einrühren, dass ein gut formbarer Teig entsteht.
- Mit eingeölten Händen Laibchen formen.
- Mit Kürbiskernen, Sonnenblumenkernen oder Sesam bestreuen und bei 190 °C ca. 20 min backen.

Gebäck und Kekse

499 Brandteigkrapferln, Brandteigringe

Zutaten für 8 Stück

Brandteig (siehe S. 71)

Fülle:

Schlagobers, Pariser Creme oder Puddingobersceme (siehe S. 170)

Zubereitung
- Teig nach Grundrezept zubereiten.
- Auf ein mit Backpapier ausgelegtes Backblech Krapferln oder Ringe dressieren und backen.
- Erkaltetes Gebäck durchschneiden und füllen.

200 Topfengolatschen

Zutaten für 20–25 Stück

Einfacher Germteig (siehe S. 74)

Feste Topfenfülle (siehe S. 168)

1 Ei zum Bestreichen

Evtl. **Eiweiß- oder Zitronenglasur** (siehe S. 171)

Zubereitung
- Teig zubereiten und rasten lassen.
- Zusammenschlagen, zwei Laibchen formen, gehen lassen.
- Rechtecke 1 cm dick ausrollen.
- Quadrate (10 mal 10 cm) schneiden.
- Mit fester Topfenfülle füllen.
- Ecken zur Mitte schlagen, Spitzen mit Eiklar (oder Wasser) bestreichen und in der Mitte mit kleinem Teigquadrat oder -kreis abdecken.
- Gehen lassen, mit Ei bestreichen und backen. Statt des Eies kann nach dem Backen eine Eiweiß- oder Zitronenglasur aufgetragen werden.

10 cm
Ausfertigen von Golatschen

201 Mohnkronen

Zutaten für 20–25 Stück

Einfacher Germteig (siehe S. 74) oder feiner Germteig (siehe S. 74)

Mohnfülle (siehe S. 167)

1 Ei zum Bestreichen

Evtl. Eiweiß- oder Zitronenglasur (siehe S. 171)

Zubereitung
- Teig zubereiten.
- Zwei gleich große Rechtecke ausrollen.
- Mit Mohnfülle bestreichen.
- Ausfertigen (siehe Zeichnung).
- Nach dem Gehenlassen mit Ei bestreichen und backen. Statt des Eies kann nach dem Backen eine Eiweiß- oder Zitronenglasur aufgetragen werden.

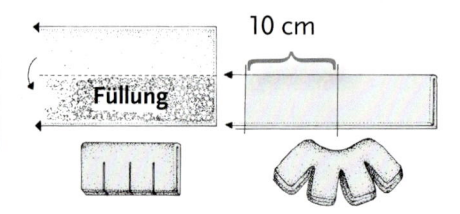

Ausfertigen von Kronen

202 Nusspotitze

Zutaten für 2 Stück

Einfacher Germteig (siehe S. 74) oder feiner Germteig (siehe S. 74)

Nussfülle (siehe S. 167)

Fett für die Form

1 Ei zum Bestreichen

Zubereitung
- Teig zubereiten.
- Zwei gleich große Rechtecke in der Länge der Kastenform ausrollen.
- Mit Nussfülle bestreichen.
- Von beiden Seiten zur Mitte hin einrollen.
- In die befettete Kastenform legen.
- Nach dem Gehenlassen mit Ei bestreichen und backen.

Ausfertigen von Potitzen

203 Mohn- oder Nussschnecken

Zutaten für 20–25 Stück

Einfacher Germteig (siehe S. 74) oder feiner Germteig (siehe S. 74)

Mohnfülle (siehe S. 167) oder Nussfülle (siehe S. 167)

Fett für das Backblech

Eiweiß- oder Zitronenglasur (siehe S. 171)

Zubereitung
- Teig zubereiten.
- Zwei gleich große Rechtecke ausrollen.
- Vier Fünftel des Rechtecks mit Fülle bestreichen und einrollen.
- Von der Rolle 3 cm breite Scheiben abschneiden.
- Schnecken auf ein befettetes Backblech legen, gehen lassen.
- Backen.
- Noch heiß mit Eiweiß- oder Zitronenglasur bestreichen.

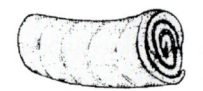

Ausfertigen von Schnecken

17 Brot, Gebäck, Kuchen, Torten und Schnitten

204 Mohn- oder Nusskranz bzw. -zopf

Zutaten für 2 Stück

Einfacher Germteig (siehe S. 74) oder feiner Germteig (siehe S. 74)

Mohnfülle (siehe S. 167) oder Nussfülle (siehe S. 167)

Fett für das Backblech

Eiweiß- oder Zitronenglasur (siehe S. 171)

Zubereitung
- Teig zubereiten.
- Zwei gleich große Rechtecke ausrollen.
- Vier Fünftel des Rechteckes mit Fülle bestreichen und einrollen.
- Die Rolle der Länge nach einschneiden; beide Teile miteinander verdrehen und die Enden wieder schließen.
- In eine befettete Ringform (für Zopf auf ein Blech) legen und gehen lassen.
- Backen.
- Noch heiß mit Eiweiß- oder Zitronenglasur bestreichen.

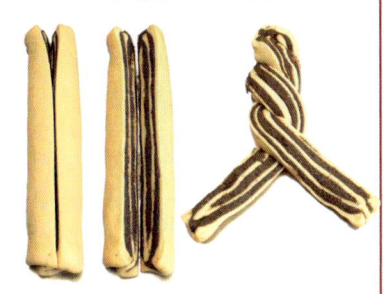

Ausfertigen eines Mohnzopfes

205 Buchteln

Zutaten für ca. 20 Stück

Feiner Germteig (siehe S. 74)

Powidl- oder Marillenmarmelade

Butter für die Form und zum Bestreichen

Staubzucker zum Bestreuen

Zubereitung
- Teig zubereiten.
- Mit einem Esslöffel Teigstücke abstechen und flach drücken.
- In die Mitte der Teigstücke etwas Powidl- oder Marillenmarmelade geben.
- Teigränder nach oben ziehen und zusammendrücken.
- Mit dem Teigschluss nach unten Buchtel neben Buchtel in eine gut befettete Form setzen, Buchteln dabei seitlich und oben mit flüssiger Butter bestreichen.
- Buchteln zugedeckt nochmals gehen lassen.
- Im vorgeheizten Rohr hellbraun backen.
- Mit Staubzucker bestreut servieren.

Zu Buchteln passt eine Vanillesauce (siehe S. 168).

206 Faschingskrapfen

Zutaten für ca. 15 Stück

Feiner Germteig (siehe S. 74)

Statt 4 nur 2 Eidotter

Rum

Öl zum Backen

250 g Marillenmarmelade

Staubzucker zum Bestreuen

Zubereitung
- Teig mit 2 statt 4 Eidottern und etwas Rum zubereiten, 30 min gehen lassen.
- Teig 2 cm dick ausrollen, Scheiben (Ø 5 cm) ausstechen, nochmals gehen lassen.
- Ins heiße Öl einlegen (die Seite, die beim Gehen oben liegt, zuerst einlegen) und auf beiden Seiten goldgelb backen – Gefäß kurz zudecken, die zweite Seite offen fertig backen. Auf ein weißes Randerl achten!
- Auf Küchenkrepp abtropfen lassen und noch heiß mit einer Krapfentülle mit abgerührter Marillenmarmelade füllen.
- Mit Staubzucker leicht überzuckern.

Die Krapfen werden besonders schön, wenn man den Teig in 20 gleich große Teile schneidet, zu Kugeln formt und sie mit kreisenden Bewegungen mit der Handinnenseite auf der Arbeitsplatte schleift.

Rezepte

207 Bauernkrapfen

Zutaten für ca. 15 Stück

Feiner Germteig (siehe S. 74)

Statt 4 nur 2 Eidotter

Rum

Öl zum Backen

Staubzucker zum Bestreuen

Zubereitung
- Teig mit 2 statt 4 Eidottern und etwas Rum zubereiten, 30 min gehen lassen.
- Teig 2 cm dick ausrollen, Scheiben (Ø 5 cm) ausstechen, nochmals gehen lassen.
- Scheiben ausziehen (Mitte dünn, Rand wulstig).
- Ins heiße Öl einlegen (die Seite, die beim Gehen oben liegt, zuerst einlegen) und auf beiden Seiten goldgelb backen. Auf ein weißes Randerl achten!
- Auf Küchenkrepp abtropfen lassen.
- Mit Staubzucker bestreuen, evtl. mit Marmelade füllen.

Bei in Fett gebackenen Germteigspeisen verhindert Alkohol, wie z. B. Rum, das Aufsaugen des Backfetts.

208 Mohn- oder Nussbeugel

Zutaten für ca. 20 Stück

Beugelteig (siehe S. 75)

Mohnfülle (siehe S. 167) oder Nussfülle (siehe S. 167)

1 Ei zum Bestreichen

Zubereitung
- Beugelteig herstellen. Die Zutaten werden kalt verarbeitet, damit die Beugel erst beim Backen aufgehen.
- Eine etwas festere Mohn- oder Nussfülle zubereiten.
- Teig in 12 Stücke teilen und ausrollen.
- Füllen und Beugel formen.
- Beugel mit versprudeltem Ei bestreichen, stehen lassen, bis das Ei angetrocknet ist. Vor dem Backen noch etwas auseinanderziehen.
- Im vorgeheizten Backrohr bei 200 °C ca. 15 min backen.

Durch das Antrocknen des Eies, das Auseinanderziehen und das rasche Backen bekommt die bestrichene Oberfläche Risse – die Beugel wirken wie marmoriert.

Formen von Beugeln

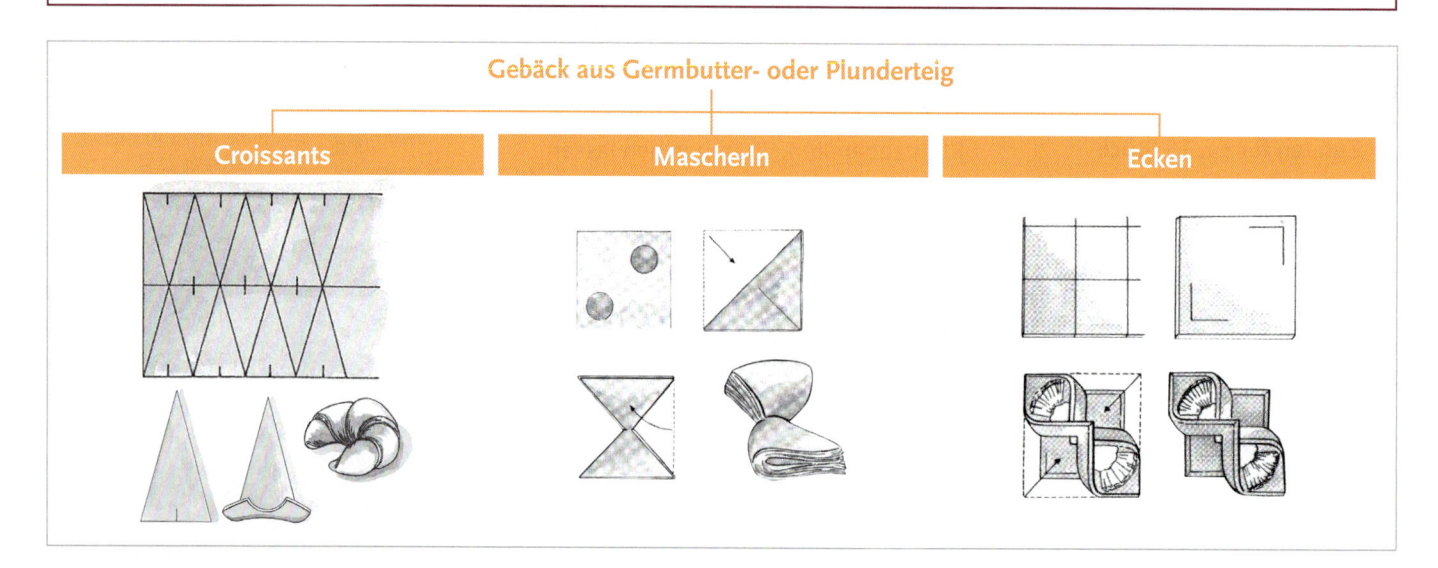

Gebäck aus Germbutter- oder Plunderteig

Croissants	Mascherln	Ecken

Das Plundergebäck kann mit Früchten (z. B. Ananas), Marmelade, Nussfülle (siehe S. 167), Mohnfülle (siehe S. 167), fester Topfenfülle (siehe S. 168) oder Apfelfülle (siehe S. 167) gefüllt werden.

Gebäck aus Topfenmürbteig

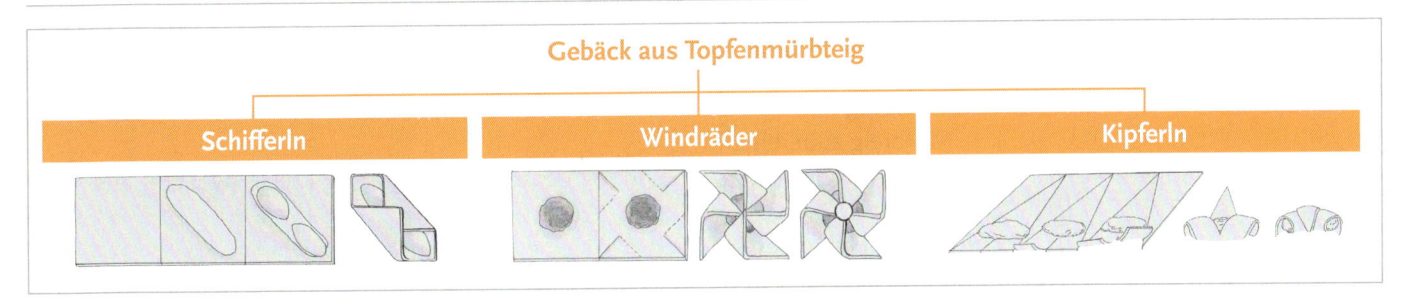

Schifferln — **Windräder** — **Kipferln**

Das Gebäck kann mit Marmelade, Nussfülle (siehe S. 167), Mohnfülle (siehe S. 167), fester Topfenfülle (siehe S. 168) mit Früchten, Apfelfülle (siehe S. 167) oder pikant mit einer Schinken- oder Champignonfülle gefüllt werden.

209 Lebkuchen mit Nuss-Kürbis-Füllung

Zutaten für 750 g Teig

90 g Butter	
220 g Rohzucker	
3 Eier	
3/4 P. Lebkuchengewürz	
3 EL Honig	
1 TL Natron	
3 EL Milch	
150 g Roggenmehl	
150 g Weizenmehl	
100 g geriebene Hasel- oder Walnüsse	
1 P. klein geschnittene kandierte Kürbisse	
Kuvertüre	

Zubereitung

- Butter, Rohzucker und Eier schaumig rühren.
- Lebkuchengewürz, Honig, Natron und Milch einrühren.
- Mehlmischung, Nüsse und kandierte Kürbisstückchen untermengen.
- Masse auf ein mit Backpapier belegtes Backblech streichen.
- Im vorgeheizten Backrohr bei 180 °C ca. 20 min backen.
- Auskühlen lassen.
- Kuvertüre zerkleinern, in warmem Wasserbad auflösen. Unter Rühren auf 25 °C abkühlen.
- Lebkuchenoberfläche mit Kuvertüre glasieren und auskühlen lassen.
- Lebkuchen in ca. 3 cm große Quadrate schneiden.

Zu dünn ausgerollter Teig wird nach dem Backen hart; zu heiß erwärmter Honig macht den Teig klebrig (dickflüssiger Honig muss nicht erwärmt werden).

Kuvertüre = Schokoladentunkmasse. Sie kann zum Glasieren von Schnitten und Kuchen und zum Tunken von kleinen Bäckereien verwendet werden.

210 Spitzbuben

Mürbteig zum Ausrollen (siehe S. 77)
Marmelade
1 Ei zum Bestreichen

Zubereitung

- Mürbteig zubereiten.
- Teig 2 mm dick ausrollen und rund ausstechen (Ø 2–3 cm).
- Bei der Hälfte der Scheiben ein kleines rundes Loch (Ø 1 cm) ausstechen.
- Gelochte Scheiben mit Ei bestreichen.
- Hell backen.
- Böden mit heißer Marmelade bestreichen und mit Lochscheiben zusammensetzen.

Rezepte

211 Linzer Augen

Mürbteig zum Ausrollen (siehe S. 77)

Marmelade

1 Ei zum Bestreichen

Zubereitung
- Mürbteig zubereiten.
- Teig 2 mm dick ausrollen und mit gezacktem Ausstecher Kreise (Ø 5 cm) ausstechen.
- Bei der Hälfte der Scheiben drei kleine Löcher ausstechen.
- Gelochte Scheiben mit Ei bestreichen.
- Hell backen.
- Böden mit heißer Marmelade bestreichen und mit Lochscheibe zusammensetzen.
- Nach dem Backen noch heiß anzuckern.

212 Schokoladenkipferln

150 g Butter

210 g Rohzucker

150 g geriebene Kochschokolade

210 g geriebene Haselnüsse

50 g Mehl

Schokoladenglasur:

100 g Butter

120 g Schokolade

Zubereitung
- Mürbteig zubereiten und 30 min rasten lassen.
- Kipferln formen, auf ein mit Backpapier ausgelegtes Blech setzen.
- Im vorgeheizten Backrohr bei 180 °C backen.
- Für die Schokoladenglasur Butter und Schokolade im Wasserbad zergehen lassen.
- Die Spitzen der ausgekühlten Kipferln in Schokoladenglasur tunken.

213 Vanillekipferln

200 g glattes Mehl

150 g Butter

100 g geriebene weiße Mandeln

50 g Zucker

2 Eidotter

Zum Wälzen:

150 g Staubzucker

2–3 P. Vanillezucker

Zubereitung
- Mürbteig zubereiten und 30 min rasten lassen.
- Teig rasch zusammenwirken, Rollen formen, rasten lassen.
- Rollen in kleine Stücke schneiden und Kipferln formen.
- Im vorgeheizten Backrohr bei 220 °C hell backen.
- Noch heiß in Vanillezucker-Staubzucker-Mischung wälzen.

214 Nussstangerln

240 g griffiges Mehl
140 g Butter oder Margarine
20 g Staubzucker
4 Eidotter
Ribiselmarmelade

Schaummasse:
4 Eiklar
200 g Kristallzucker
120 g geriebene Nüsse
Zitronensaft

Zubereitung
- Zutaten zu einem abgebröselten Mürbteig verarbeiten und rasten lassen.
- Für die Schaummasse Eiklar mit Zucker zu Schnee schlagen und restliche Zutaten unterheben.
- Teig dünn auswalken und auf das Blech legen.
- Mit Ribiselmarmelade und Schaummasse bestreichen.
- Im vorgeheizten Backrohr bei 180 °C langsam backen, ausgekühlt in Stangerln schneiden.

215 Dressierte Mürbteigbäckerei

Mürbteig zum Dressieren (siehe S. 77)
Evtl. kandierte Früchte zum Belegen
Marmelade oder Schokoladenglasur (siehe S. 171) oder Kuvertüre

Zubereitung
- Mürbteig zubereiten.
- Verschiedene Formen dressieren (Ringe, Bögen, Streifen, Rosetten etc.).
- Vor dem Backen evtl. mit kandierten Früchten belegen.
- Im vorgeheizten Backrohr bei 200 °C hellgelb bis goldbraun backen.
- Kleine Formen mit Marmelade zusammensetzen oder halb in Schokoladenglasur bzw. Kuvertüre tunken.

216 Kokosbusserln

3 Eiklar
200 g Staubzucker
200 g Kokosflocken
Saft von 1 Zitrone
Fett für das Blech

Zubereitung
- In den steif geschlagenen Schnee löffelweise 1/3 des Zuckers einschlagen.
- Den übrigen Zucker mit Zitronensaft und Kokosflocken vorsichtig unter die Schneemasse heben.
- Kleine Häufchen auf ein befettetes Blech setzen.
- Im vorgeheizten Backrohr bei 140–150 °C backen, bis die Kokosbusserln eine gelbe Farbe bekommen.

Kuchen, Torten und Schnitten

2-17 Marillen- oder Zwetschkenfleck

Einfacher Germteig (siehe S. 74)

Ca. 2 kg Marillen oder Zwetschken

50 g Hagelzucker zum Bestreuen

Fett für das Backblech

Zubereitung
- Teig zubereiten (Teig weich halten) und 30 min gehen lassen.
- Marillen bzw. Zwetschken halbieren, entkernen, einschneiden.
- Teig zusammenschlagen, zwei Laibchen formen und nochmals gehen lassen.
- Rechtecke in Blechgröße auswalken und mithilfe des Nudelholzes auf das befettete Blech legen.
- Entlang des Blechrandes mit dem Daumen einen Wulst drücken.
- Mit Zwetschken dachziegelartig belegen.
- Mit Hagelzucker bestreuen.
- Im vorgeheizten Backrohr bei 180 °C ca. 40–45 min backen.

Nach Belieben kann unter dem Fruchtbelag Buttercreme aufgestrichen werden

2-18 Wiener Germgugelhupf

Dampfl:

1 Würfel Germ

2 EL Zucker

2 EL Mehl

8 EL Milch

Teig:

400 g Mehl

100 g Zucker

1 P. Vanillezucker

1 EL Rum

100 g Butter

Gut 1/8 l lauwarme Milch

4 Eidotter

1 Ei

1 Prise Salz

100 g Rosinen

Fett und Brösel für die Form

Staubzucker zum Bestreuen

Zubereitung
- Dampfl lauwarm ansetzen.
- Zimmerwarmes Mehl in einer großen Schüssel (Germschüssel) mit Zucker, Vanillezucker und Rum vermengen.
- Butter erweichen, Milch dazugießen, mit Eidottern, Ei und Salz versprudeln. Auf 30 °C erwärmen.
- Dampfl, Flüssigkeitsgemisch und Rosinen zum Mehl geben und zu einem glatten Teig verarbeiten.
- Zugedeckt gehen lassen.
- In eine befettete und mit Bröseln bestreute Gugelhupfform füllen und noch einmal gehen lassen.
- Im vorgeheizten Backrohr bei 180–200 °C ca. 1 Stunde backen.
- Gugelhupf stürzen und noch warm mit Staubzucker bestreuen.

Diese Rezepte können auch statt mit Weizen- mit Dinkelmehl zubereitet werden. Auch können Weiß- und Vollkornmehl im Verhältnis 1 : 1 verwendet werden.

Die Form kann auch mit Mandeln anstatt Bröseln ausgestreut werden

17 Brot, Gebäck, Kuchen, Torten und Schnitten

219 Gebackene Topfentorte (Topfenkuchen)

Mürbteig zum Ausrollen (siehe S. 77)
100 g Butter
80 g Staubzucker
30 g Stärkemehl
5 Eidotter
1/2 kg Topfen
1/4 l Sauerrahm
Saft von 1/2 Zitrone
Schale von 1 Zitrone
1 P. Vanillezucker, Salz
2 EL Rosinen
5 Eiklar
80 g Kristallzucker
50 g glattes Mehl
Säuerliche Marmelade

Zubereitung
- Teig nach Grundrezept zubereiten, rasten lassen.
- Kreis (Ø 26 cm) ausrollen, in Tortenform oder Tortenring legen, stupfen, bei 190 °C ca. 15 min vorbacken.
- Butter, Zucker und Stärkemehl schaumig rühren, Eidotter nach und nach beimengen.
- Topfen, Sauerrahm und Geschmackszutaten dazugeben.
- Eiklar mit Zucker zu Schnee schlagen, mit Topfenmasse langsam vermischen und zuletzt Mehl darunterziehen.
- Torte mit Marmelade bestreichen, Topfenmasse einfüllen.
- Im vorgeheizten Backrohr bei 160 °C 40 min backen.

Die Rosinen können vor dem Verarbeiten in etwas Rum eingeweicht werden.

220 Mohn-Kartoffel-Strudel

Zutaten für 1 Strudel
Fülle:
180 g geriebener Mohn
1/8 l Milch
1 EL Honig
125 g Staubzucker
1/2 P. Vanillezucker
Rum, Zimt
2 EL Powidlmarmelade
Schale von 1 Zitrone

Teig:
500 g mehlige Kartoffeln
280 g Mehl
1/2 P. Backpulver
100 g Staubzucker
1/2 P. Vanillezucker
100 g Margarine
1 Ei, 1 Eidotter
Schale von 1 Zitrone

Zubereitung
- Für die Fülle Mohn, Milch mit Honig und Staubzucker aufkochen.
- Vanillezucker, Rum, Zimt, Powidlmarmelade und Zitronenschale untermischen, nochmals unter ständigem Rühren aufkochen lassen, gut auskühlen lassen.
- Für den Teig Kartoffeln kochen.
- Mehl, Backpulver, Staubzucker und Vanillezucker mit Margarine abbröseln.
- Mit Ei, geriebener Zitronenschale und den gekochten, gepressten Kartoffeln vermengen.
- Teig ausrollen, mit Fülle bestreichen, einrollen und mit Eidotter bestreichen.
- Mehrmals mit einer Gabel einstechen und im vorgeheizten Backrohr bei 180 °C hellbraun backen.

Der Kartoffelstrudel kann auch mit Nussfülle gefüllt werden.

221 Linzer Torte oder Linzer Schnitten

250 g glattes Mehl
250 g Butter
250 g geriebene Haselnüsse
180 g Staubzucker
1 Ei
2 Eidotter
5 g Zimt
5 g Nelkenpulver
Schale von 1 Zitrone
Oblaten
Ribiselmarmelade

Zubereitung
- Mürbteig zubereiten und kühl rasten lassen.
- Eine Hälfte des Teiges ausrollen und in eine Tortenform, in einen Tortenring legen oder auf ein Backblech (nur zur Hälfte) legen.
- Mit Oblaten abdecken und dick mit Ribiselmarmelade bestreichen.
- Aus der zweiten Teighälfte dünne Rollen formen und als Gitter und Randabschluss darüberlegen.
- Im vorgeheizten Backrohr bei 170 °C langsam ca. 40–50 min backen.

222 Apfelkuchen (Obstkuchen)

Sandmasse (siehe S. 80)
1 kg Äpfel
Saft von 1/2 Zitrone
20 g gehobelte Mandeln
Fett und Mehl für die Form
Staubzucker zum Bestreuen

Zubereitung
- Äpfel schälen, halbieren oder vierteln, entkernen, entlang der gewölbten Seite blättrig einschneiden, mit Zitronensaft beträufeln.
- Masse nach Grundrezept zubereiten.
- Die Äpfel gleichmäßig auf der Masse verteilen, mit Mandelblättchen bestreuen.
- Im vorgeheizten Backrohr bei 180 °C backen, mit Staubzucker bestreuen.

Anstelle der Äpfel kann dieser Kuchen auch mit Weintrauben, halbierten Zwetschken, Marillen etc. belegt werden.

- Soll der Kuchen perfekt gelingen, muss die Masse nach der Zubereitung sofort gebacken werden. Deshalb immer zuerst die Form vorbereiten und das Backrohr vorheizen.
- Streichen Sie die Form mit weicher Butter aus, bemehlen Sie die Form und klopfen Sie das nicht haftende Mehl aus der Form. So verhindert man, dass der Kuchen nach dem Backen mit einer Mehlschicht überzogen ist. Statt Mehl können auch Brösel verwendet werden.
- Sobald das gesiebte Mehl zugefügt wurde, darf die Masse nicht mehr gerührt werden, da sie sonst zäh wird.
- Der Kuchen löst sich leichter aus der Form, wenn man ihn nach dem Backen ca. 10 min rasten lässt.
- Der Obstkuchen kann auch mit **Streuseln** ergänzt werden: 120 g Mehl mit 80 g Staubzucker, 1 P. Vanillezucker und etwas Zimt versieben. 100 g zerlassene Butter langsam zugeben und die Masse mit einer Gabel zu Streuseln verarbeiten. Vor dem Backen auf den Früchten verteilen.

17 Brot, Gebäck, Kuchen, Torten und Schnitten

223 Biskuitschnitten

Leichte Biskuitmasse (siehe S. 78)

Füll- und Garniercreme (siehe S. 169)

200 g Marmelade

Staubzucker zum Bestreuen oder Eiweiß- oder Zitronenglasur (siehe S. 171) zum Glasieren

Fett und Mehl oder Backpapier

Zubereitung
- Biskuitmasse zubereiten.
- Auf befettetem und bemehltem oder mit Backpapier ausgelegtem Blech 3 cm hoch aufstreichen.
- Im vorgeheizten Backrohr bei 180–190 °C ca. 20 min backen.
- Gebackene Masse in drei gleich große Streifen schneiden.
- Mit einer Palette ablösen und überkühlen lassen.
- Zwei Streifen mit Füll- und Garniercreme oder heißer Marmelade bestreichen.
- Die Streifen übereinandersetzen.
- Zuckern oder glasieren oder mit Creme bestreichen und verzieren.
- Portionieren.

Ausfertigen von Biskuitschnitten

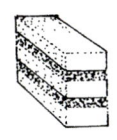

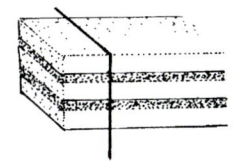

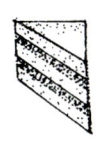

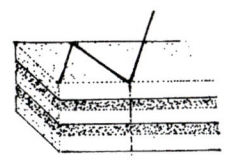

224 Biskuitroulade

Leichte Biskuitmasse (siehe S. 78)

200 g passierte Marmelade

Staubzucker zum Bestreuen

Fett und Mehl oder Backpapier

Füllcreme (siehe S. 169) oder

1/4 l mit 2 EL Zucker geschlagenes Obers und Früchte

Zubereitung
- Leichte Biskuitmasse zubereiten und 1–2 cm hoch gleichmäßig auf das vorbereitete Backblech aufstreichen.
- Im vorgeheizten Backrohr bei 200 °C ca. 12 min backen.
- Sofort auf ein bezuckertes Papier oder Tuch stürzen, Papier mit einem nassen Tuch befeuchten und abziehen.
- Roulade mit passierter Marmelade bestreichen, eng einrollen, zuckern, auskühlen lassen und aufschneiden.

Für Creme- und Schlagobersfüllungen:
- Das Biskuit mit dem Tuch locker einrollen, auskühlen lassen.
- Dann vorsichtig aufrollen und füllen.
- Einrollen, bezuckern und aufschneiden.

Biskuit lässt sich nur warm einrollen.

Die Biskuitroulade kann auch aus verkehrt geschlagenem Biskuit mit Zucker (siehe S. 78) zubereitet werden.

225 Apfelgugelhupf

Topfenrührmasse (siehe S. 79)

200 g Äpfel

Saft von 1/2 Zitrone

Fett und Mehl für die Form

Staubzucker zum Bestreuen

Zubereitung
- Äpfel schälen, entkernen, in kleine Würfel schneiden und mit Zitronensaft marinieren.
- Topfenrührmasse zubereiten. Die vorbereiteten Apfelwürfel mit dem Schnee unter die Masse heben.
- Im vorgeheizten Backrohr bei 180 °C ca. 60 min backen, mit Staubzucker bestreuen.

Die Form kann anstatt mit Mehl auch mit Bröseln oder Mandelblättchen vorbereitet werden.

226 Marmorgugelhupf

Rührmasse mit Backpulver (siehe S. 80)

3 EL Kakaopulver

3 EL Milch oder Rum

Fett und Mehl für die Form

Staubzucker zum Bestreuen

Zubereitung
- Backpulverteig zubereiten.
- Kakaopulver mit Milch glatt verrühren und unter eine Hälfte des Teiges rühren.
- Die helle und die dunkle Masse abwechselnd in die vorbereitete Gugelhupfform einfüllen.
- Mit einem Kochlöffelstiel vorsichtig Achterschlingen in den Teig ziehen, damit eine schöne Marmorierung entsteht.
- Gugelhupf im vorgeheizten Backrohr bei 180 °C ca. 60 min backen, mit Staubzucker bestreuen.

227 Erdbeergeleetorte

Verkehrt geschlagene Biskuitmasse mit Zucker (siehe S. 78)

Statt 6 nur 3 Eier

Likör

Puddingcreme oder Fruchtoberscreme (siehe S. 169)

500 g Erdbeeren

1 P. Tortengelee

1/8 l Schlagobers

Zubereitung
- Biskuitboden aus Grundrezept herstellen und in einer Obsttortenform (Ø 22 cm) backen.
- Mit Likör benetzen und mit Creme bestreichen.
- Mit Erdbeeren (evtl. halbiert) belegen.
- Tortengelee nach Anleitung zubereiten und etwas überkühlen lassen.
- Torte mit Gelee übergießen.
- Vor dem Portionieren den Rand mit geschlagenem Obers dressieren.

Die Torte kann auch mit gemischten Beeren oder Ananas oder Pfirsichen zubereitet werden. Der Tortenboden kann auch mit Marmelade oder Buttercreme (siehe S. 170, halbe Menge) bestrichen werden.

228 Schneekuchen

1/8 l Öl

1/8 l schwarzer Kaffee

170 g Zucker

1 P. Vanillezucker

Etwas Rum

100 g erweichte Schokolade

200 g Mehl

1/2 P. Backpulver

Schnee von 7 Eiklar

Zubereitung
- Öl, Kaffee und Zucker schaumig rühren.
- Vanillezucker, Rum und Schokolade einrühren.
- Mehl mit Backpulver vermengen und abwechselnd mit dem steif geschlagenen Schnee unterheben.
- In einer befetteten Kranz- oder Tortenform bei 180 °C backen.

Diesen Kuchen stellt man am besten dann her, wenn man viel Eiklar übrig hat.

229 Nusstorte oder Nussschnitten

6 Eidotter

80 g Staubzucker

Etwas Zimt

80 g Mehl

80 g geriebene Haselnüsse

20 g Biskuitbrösel

6 Eiklar

60 g Kristallzucker

60 g Butter

Fett und Mehl oder Backpapier

Evtl. Ribiselmarmelade

Zitronenglasur (siehe S. 171)

Zubereitung
- Eidotter mit Staubzucker und Zimt schaumig schlagen.
- Mehl, Nüsse und Brösel vermischen.
- Eiklar mit Zucker zu Schnee schlagen und mit der Mehl-Nuss-Brösel-Mischung abwechselnd unter die Dottermasse ziehen.
- Im vorgeheizten Backrohr backen: auf dem Blech bei 200 °C ca. 15 min, in der Form bei 170 °C ca. 45 min.
- Evtl. mit passierter Ribiselmarmelade bestreichen und mit Zitronenglasur glasieren.

Statt Haselnüssen können auch Walnüsse oder Mandeln verwendet werden.

230 Sachertorte oder Sacherschnitten

140 g Butter

70 g Staubzucker

6 Eidotter

140 g Kochschokolade

6 Eiklar

70 g Kristallzucker

140 g glattes Mehl

Fett und Mehl oder Backpapier

150 g Marillenmarmelade

Schokoladenfettglasur (siehe S. 171)

Zubereitung
- Aus Butter, Staubzucker und Eidottern einen sehr schaumigen Abtrieb herstellen.
- Die im Wasserbad erweichte Schokolade langsam einrühren.
- Eiklar mit Zucker ausschlagen und abwechselnd mit dem Mehl unter die Schokoladenmasse ziehen.
- Im vorgeheizten Backrohr backen: auf dem Blech bei 200 °C ca. 15 min, in der Form bei 170 °C ca. 45 min.
- Mit Marillenmarmelade bestreichen und mit Schokoladenfettglasur glasieren.

Schokolade muss man immer im Wasserbad erwärmen – direkt erwärmt wird sie bitter.

231 Topfen-Joghurt-Torte

Verkehrt geschlagene Biskuitmasse (siehe S. 78)

Creme:

6 Blatt Gelatine
1/4 kg Topfen
1/4 l Joghurt
Saft und Schale von 1/2 Zitrone
Ca. 120 g Staubzucker
1/4 l Schlagobers

Zubereitung
- Für die Creme die Gelatine in kaltem Wasser einweichen.
- Topfen und Joghurt glatt rühren (nicht zu lange!).
- Zitronensaft und -schale dazugeben.
- Gesiebten Staubzucker unterrühren, abschmecken.
- Gelatine in wenig Wasser auflösen und unter die Masse ziehen.
- Wenn die Masse leicht zu stocken beginnt, das geschlagene Obers unterziehen.
- Verkehrt geschlagenes Biskuit zubereiten.
- In eine befettete und bemehlte Tortenform füllen und bei 175 °C ca. 45 min backen.
- Topfencreme aufstreichen und Torte kühl stellen.

232 Dinkelschnitten

5 Eier
200 g Rohzucker
1/8 l Öl
1/8 l Wasser
150 g Dinkelmehl
10 g Mandeln
1/16 l Rum
1 Glas Apfelmus
1/4 l Schlagobers
Eierlikör oder Schokolade

Garnierung:

Schlagobers
Apfelspalten
Minzeblätter
Zimt

Zubereitung
- Dotter und Zucker dickschaumig rühren.
- Öl und Wasser langsam einlaufen lassen, weiterrühren.
- Mehl, geriebene Mandeln und festen Eischnee unter die Masse heben.
- Auf einem befetteten und bemehlten Blech bei 175 °C ca. 20 min backen.
- Nach dem Auskühlen mit Rum beträufeln, mit Apfelmus bestreichen und mit geschlagenem Obers (evtl. mit Sahnesteif) überziehen.
- In Portionen teilen und mit Eierlikör übergießen oder Schokolade über die Schnitten hobeln.
- Mit Schlagoberstupfen, Apfelspalten, Minzeblättern und Zimt garnieren.

18 Füllungen, Saucen, Cremen und Glasuren

Füllungen

233 Apfelfülle

Zutaten für 30 Stück Kleingebäck oder 1 Backblech

1,5 kg säuerliche Äpfel

Saft von 1/2 Zitrone

50 g Kristallzucker

4 EL Rosinen

Zimt

1 Stamperl Rum

80 g Marillenmarmelade

50 g gehackte Nüsse

Zubereitung
- Die vorbereiteten Äpfel blättrig schneiden und mit den anderen Zutaten, außer den Nüssen, nicht zu weich dünsten.
- Zum Schluss die gehackten Nüsse beimengen.

Sollten die Äpfel zu viel Flüssigkeit abgeben, kann man die Fülle mit Biskuitbröseln binden.

234 Mohnfülle

Zutaten für 25 Stück Kleingebäck oder 1 Striezel

Gut 1/8 l Milch

100 g Kristallzucker

200–250 g geriebener Mohn

3 EL Rosinen

2 cl Rum

Zimt

Zubereitung
- Milch mit Zucker aufkochen.
- Mohn zugeben und unter ständigem Rühren nochmals aufkochen lassen.
- Rosinen, Rum und Zimt beimengen, abschmecken.

Mohn- und Nussfülle können anstatt mit Zucker auch mit Honig zubereitet werden.

235 Nussfülle

Zutaten für 25 Stück Kleingebäck oder 1 Striezel

1/8 l Milch

80 g Kristallzucker

1 P. Vanillezucker

200–250 g geriebene Nüsse

2 cl Rum

Zimt

Zubereitung
- Milch mit Zucker und Vanillezucker aufkochen.
- Nüsse zugeben und unter ständigem Rühren nochmals aufkochen lassen.
- Rum und Zimt beimengen, abschmecken.

Auch diese Fülle kann mit Biskuitbröseln gebunden werden, wenn sie zu weich ist.

Rezepte

2.36 Feste Topfenfülle

Zutaten für 12–16 Stück Kleingebäck

- 50 g Butter
- 80 g Staubzucker
- 1 Ei
- 1/4 kg Topfen (10 % Fett)
- 30 g Vanillecremepulver
- Saft von 1 Zitrone
- 3 EL Rosinen
- 2 cl Rum

Zubereitung
- Butter, Staubzucker, Ei, Topfen, Vanillecremepulver und Zitronensaft schaumig rühren.
- Die in Rum eingeweichten Rosinen unterheben.

Cremesaucen

2.37 Vanillesauce

- 1/2 l Milch
- Evtl. 2 Eidotter
- 20 g Vanillepuddingpulver
- 80 g Kristallzucker

Zubereitung
- 1/4 l Milch und evtl. Eidotter unter ständigem Rühren aufkochen.
- 1/4 l Milch mit Vanillepuddingpulver und Zucker glatt rühren.
- In die kochende Milch einrühren, kurz aufkochen lassen.

Verwenden Sie zum Einrühren einen Schneebesen, damit die Sauce sämig wird.

2.38 Feine Schokoladensauce

- 1/4 l Schlagobers
- 250 g Kochschokolade
- Evtl. Zucker

Zubereitung
- Schlagobers, Schokoladenstückchen und evtl. Zucker unter Rühren zu einer Sauce verkochen, abkühlen und aufschlagen.
- Beim Wiedererwärmen mit etwas Wasser verdünnen.
- Für auf Vorrat hergestellte Sauce Wasser statt Schlagobers verwenden (wird nicht sauer).

Verwendung
Besonders zum Überziehen von Palatschinken, Omeletts und Eisdesserts.

2.39 Fruchtsauce

- 1/2 kg Obst (Pfirsiche, Birnen, Marillen, Äpfel etc.)
- 1/8 l Wasser oder Fruchtsaft
- Ca. 1 EL Kristallzucker
- Saft von 1 Zitrone

Zubereitung
- Entkerntes und enthäutetes Obst mit Flüssigkeit und Zucker weich dünsten.
- Passieren und mit Zitronensaft abschmecken.

Fruchtsauce wird als Beilage zu gestürzten Puddings, Topfen- oder Joghurtnockerln gereicht

18 Füllungen, Saucen, Cremen und Glasuren

240 Fruchtpüree aus frischen Beeren

1/2 kg frische Beeren (Himbeeren, Erdbeeren, Heidelbeeren)

1/8 l Wasser oder Fruchtsaft (evtl. Weißwein)

Ca. 3 EL Staubzucker

Saft von 1 Zitrone

Zubereitung
- Beeren pürieren und evtl. passieren.
- Mit Zucker und Zitronensaft abschmecken.

Füll- und Garniercremen

241 Fruchtoberscreme

Zutaten für 1 Torte

5 Blatt Gelatine

60 ml Wasser

100 g Kristallzucker

150 g Fruchtmark oder frisch passierte Früchte (Erdbeeren, Himbeeren etc.)

Saft von 1/2 Zitrone

400 ml Schlagobers

Zubereitung
- Gelatine einweichen.
- Wasser mit Zucker, Fruchtmark oder passierten Früchten sowie Zitronensaft erhitzen.
- Gelatine darin auflösen.
- Die Masse vorsichtig unter das geschlagene Obers heben.

So wird Gelatine verarbeitet
- Gelatine in kaltem Wasser für ca. 5 min einweichen und ausdrücken.
- In wenig heißer Flüssigkeit auflösen.
- Mit einem Mixer in die Speise einrühren, damit keine Klumpen entstehen.

242 Puddinggrundcreme

375 ml Milch

50 g Zucker

10 g Puddingpulver

Evtl. 1 Eidotter

Vanillemark

Orangen- oder Zitronenaroma

Zubereitung
- 400 ml Milch mit Zucker aufkochen.
- Puddingpulver und evtl. Eidotter mit 100 ml Milch glatt verrühren.
- In die kochende Milch einrühren und unter Rühren kurz kochen lassen.
- Geschmackszutaten beifügen.
- Unter oftmaligem Rühren rasch abkühlen lassen.

Puddinggrundcreme darf nicht zu stark gekühlt werden, da sie sonst fest und bröckelig wird.

Mischt man Milch mit Schlagobers im Verhältnis 1 : 1, so wird die Puddinggrundcreme besonders fein.

Verwendung
Als Füllschicht für Obstkuchen oder Torten oder als Beimasse für Topfen-, Obers- oder Buttercremen.

243 Fett- oder Buttercreme

Zutaten für 1 Torte
180–200 g Butter oder Margarine
100 g Staubzucker
Puddinggrundcreme (siehe S. 169)

Zubereitung
- Weiche Butter mit Staubzucker schaumig rühren.
- Puddinggrundcreme nach und nach unter die Buttermasse rühren.

Die Creme kann durch Beigabe von 50 g weicher Schokolade, Orangenschale oder 2 EL Löskaffee geschmacklich variiert werden.

244 Puddingoberscreme

Zutaten für 1 Torte
400 ml Schlagobers
Puddinggrundcreme (siehe S. 169)

Zubereitung
- Schlagobers steif schlagen.
- Nach und nach in die überkühlte Puddinggrundcreme einschlagen.

Soll die Creme schnittfest sein, muss sie mit 4 Blatt Gelatine gesteift werden.

245 Pariser Creme

Zutaten für 1 Torte
1/4 l Schlagobers
250 g Schokolade

Zubereitung
- Zerkleinerte Schokolade mit Schlagobers unter Rühren aufkochen lassen.
- Im Wasserbad abkühlen (mehrmals rühren).
- Erkaltet fest aufschlagen – die Masse wird hell und cremig.

Glasuren

Vorbereiten von Gebäck zum Verzieren

- Die Torte umdrehen, damit die glatte Seite oben ist.
- Mit heißer Marmelade bestreichen (aprikotieren).
- Sobald die Marmelade übertrocknet ist, wird die Glasur von der Mitte aus über das Gebäck gegossen und so verteilt, dass die Glasur die Oberfläche überall bedeckt und über den Rand fließt. An der Tortenseite wird die Glasur mit der Palette verstrichen.

Zum Glasieren soll das Gebäck noch warm sein, damit die Glasur rascher trocknet und glänzend bleibt.

Aprikotieren

Aprikotieren heißt, das Gebäck mit aufgekochter heißer Marmelade (meist Marillenmarmelade) zu bestreichen. Germgebäck überstreicht man mit dem Pinsel, Torten und Schnitten mit der Palette.

Durch das Aprikotieren erreicht man
- eine glatte Fläche und in der Folge eine glatte Glasur.
- einen feuchten Untergrund, das Gebäck trocknet nicht ab.
- dass die Glasur besser hält, nicht brüchig wird und glänzend bleibt.
- eine Geschmacksverbesserung.

18 Füllungen, Saucen, Cremen und Glasuren

246 Zitronenglasur

200 g Staubzucker
Etwas Zitronensaft

Zubereitung
- In den Staubzucker wird so viel Zitronensaft eingerührt, dass die Mischung dickbreiig ist.
- 15 min stehen lassen, damit sich noch ungelöste Zuckerkristalle auflösen können.

Diese Glasur kann statt mit Zitronensaft auch mit Orangensaft oder Rum zubereitet werden.

247 Eiweißglasur

100 g Staubzucker
Etwas Eiklar
Etwas Zitronensaft

Zubereitung
- Gesiebten Staubzucker mit wenig Eiklar und ein paar Tropfen Zitronensaft schaumig rühren, bis die Masse standfest und zum Spritzen geeignet ist.

Die Eiweißglasur wird zum Verzieren, z. B. von Lebkuchen, und als Kleber für Lebkuchenhäuser verwendet

248 Schokoladenfettglasur

Zutaten für 1 Torte
200 g Kochschokolade
180 g Butter

Zubereitung
- Über Wasserdampf erweichte Schokolade mit Butter glatt rühren.
- Lauwarm über die Torte gießen.

249 Schokoladenobersglasur

Zutaten für 1 Torte
250 g Kochschokolade
Knapp 1/4 l Schlagobers

Zubereitung
- Schokoladenstücke mit Schlagobers unter ständigem Rühren aufkochen.
- Auf die gewünschte Konsistenz überkühlen lassen.

Küchenfachausdrücke von A bis Z

Abbröseln	Butter und Mehl mit den Fingern auf dem Nudelbrett verreiben, bis sich beides zu kleinen Bröseln verbunden hat.
Ab- bzw. entfetten	Fett von Suppe oder Sauce abschöpfen.
Abhängen	Fleisch, Wild und Wildgeflügel wird durch Lagerung mürbe bzw. schmackhafter.
Ablöschen bzw. deglacieren	Lösen von Röststoffen, die sich beim Garen von Fleisch, Zwiebeln oder Gemüse gebildet haben; durch Zusatz von Flüssigkeit (Suppe, Fond, Wein, Wasser) und kurzes Aufkochen zur Herstellung von Saucen.
Abschlagen	Teig mit dem Kochlöffel intensiv bearbeiten.
Abschrecken bzw. abfrischen	Gekochtes oder blanchiertes Kochgut durch Einlegen in kaltes Wasser (Eiswasser) rasch abkühlen – der Kochvorgang wird damit beendet (z. B. bei Gemüse, Knochen).
Abtrieb	Butter- oder Fettmasse, die mit anderen Zutaten (Zucker, Dotter, Eier) verrührt wurde.

Küchenfachausdrücke von A bis Z

Anschwitzen	Kochgut in wenig Fett erhitzen, ohne dass es Farbe bekommt.
Aprikotieren	Backwaren mit Marmelade (vorwiegend Marillenmarmelade) bestreichen.
Bain-Marie	Wasserbad, in dem Saucen, Gemüse, Suppen etc. warm gestellt werden.
Bardieren	Mit Speckscheiben belegen oder einhüllen, um Austrocknung während des Kochvorganges zu verhindern.
Blanchieren bzw. überbrühen	Kochgut kurz in kochendes Wasser geben.
Croûtons	In Butter gebratene kleine Weißbrotwürfel.
Dressieren	Anrichten, formen; mit Spritztülle eine bestimmte Form geben.
Etamin	Passiertuch.
Filetieren	Auslösen und Entgräten von Fischen, Auslösen von Obst.
Fond	Geschmack gebender Grundstoff (Aufgussmittel, Bratrückstand).
Garnieren	Ergänzen von Speisen bzw. Platten durch Beigabe von entsprechenden Zutaten als Blickfang.
Glacieren	Überziehen, überglänzen.
Gratinieren	Überbacken, überkrusten.
Jus	Bratensaft, Fleischsaft.
Karamellisieren	Zucker zu hellbrauner Farbe schmelzen.
Karkassen	Knochengerippe von Geflügel und Fischen.
Klären	Abschäumen, Entfetten von kochender Flüssigkeit, z. B. auch durch Zugabe von faschiertem Rohfleisch oder Eiweiß.
Kuvertüre	Tunkmasse; fettreiche Schokolade zum Überziehen von Backwerk.
Legieren	Binden des Kochgutes durch Zugabe von Eidotter oder einer Mischung aus Eidotter und Obers.
Marinieren	Salate mit Geschmacksstoffen durchziehen lassen (auch bei Fleisch).
Melieren	Vorsichtiges Verrühren, Vermischen, Unterziehen; z. B. von Mehl, Nüssen unter eine Tortenmasse.
Montieren	Fertige Sauce oder Jus durch Zugabe von eiskalten Butterflocken samtig machen.
Mousse	Gestocktes feines Püree sowohl als Vorspeise aus Fleisch, Fisch, Meerestieren und Gemüse als auch als Süßspeise (z. B. Mousse au Chocolat).
Nappieren	Fleisch, Fisch oder Gemüse teilweise mit Sauce überziehen.
Parfait	Leichtes, aus Eiern, Zucker, geschlagenem Obers und einer Geschmacksbeigabe bestehendes Eis, in Portionsförmchen gefroren.
Parieren	Fleisch putzen (Haut, Sehnen entfernen) und zurechtschneiden.
Parüren	Überflüssige Haut oder Sehnen; werden für die Herstellung von Fonds verwendet.
Pochieren	Kochgut unter dem Siedepunkt ziehen lassen.
Reduzieren	Flüssigkeit bis zur gewünschten Konsistenz einkochen.
Roux	Mehlröstung.
Sautieren	Klein geschnittes Gargut in einer Pfanne schwingend rösten, Gemüse in Butter schwenken.
Soufflé	Leichter Auflauf.
Spicken oder lardieren	Fleisch wird in Faserrichtung mit Speckstreifen durchzogen. Fettarmes Fleisch wird so vor dem Austrocknen während des Garvorganges bewahrt.
Stupfen	Ausgerollten Teig mit einer Gabel einstechen; der entstehende Dampf kann entweichen – Blasen werden dadurch verhindert.
Tournieren	Gemüse in dekorative Formen schneiden.
Tranche	Schnitte von gegartem Fleisch.
Untergießen	Wenig Flüssigkeit beigeben, damit das Kochgut dünsten kann.
Zesten	Streifen von hauchdünnen Orangen- oder Zitronenschalen.

Service

Sie vertreten im Serviceteam Ihren Betrieb gegenüber den Gästen

Im Service ist man nicht nur dazu da, Gästen ihre Speisen und Getränke zu servieren, sondern ihnen diese zu verkaufen. Damit ist gemeint, den Gästen Gerichte schmackhaft zu machen, die richtigen Getränke dazu zu empfehlen oder ein passendes Dessert anzubieten.

Dabei darf man natürlich nicht aufdringlich vorgehen, sondern man versucht, über freundliche und kompetente Beratung, über perfektes Service und höfliches, gepflegtes Auftreten seine Gäste zu überzeugen und zu Stammkunden zu machen, die gerne wiederkommen.

Servieren bedeutet
- beraten,
- bedienen,
- helfen und
- verkaufen.

Meine Ziele

Nach Bearbeitung dieses Kapitels kann ich
- die richtigen Umgangsformen in einem Restaurant anwenden;
- die Voraussetzungen aufzählen, die eine gute Servicemitarbeiterin bzw. einen guten Servicemitarbeiter ausmachen;
- einordnen, wie wichtig die Einhaltung der Hygienevorschriften ist;
- die Unfallgefahren im Servicebereich abschätzen und Unfälle bestmöglich verhindern;
- das in der Gastronomie verwendete Inventar richtig benennen;
- geeigneten Tischschmuck anfertigen;
- die wichtigsten Vorbereitungsarbeiten im Service selbstständig durchführen;
- die allgemeinen Servierregeln anwenden;
- die grundlegenden Servier- und Tragmöglichkeiten im Service richtig einsetzen;
- verschiedene Gästetypen beschreiben;
- Gäste von der Reservierung bis zur Verabschiedung fachgerecht betreuen.

KOMPETENZ-ERWERB

1 Umgangsformen

Wenn man in einer ungewohnten Umgebung nicht weiß, wie man sich richtig verhalten soll, kann das sehr unangenehm sein. Damit Sie ein bisschen gewappnet sind, schadet es nicht, darüber Bescheid zu wissen, wie man sich richtig benimmt – und im Zweifelsfall schaut man, wie es die anderen machen.

Wussten Sie, dass ...
die Gabel in unserem Kulturkreis erstmals im 13. Jahrhundert eingeführt wurde? Bis dahin wurde entweder mit den Händen oder mit einem Messer bzw. Löffel gegessen.

Umgangsformen und Essmanieren regeln das Zusammensein von Menschen in bestimmten Situationen. Sie sind abhängig von Situation, Zeit, Ort und Kultur. Als gute/r Servicemitarbeiter/in genügt es nicht, Speisen und Getränke korrekt zu servieren, man muss auch wissen, wie man sich in einem Restaurant benimmt bzw. wie man die Speisen korrekt isst. Manche Gäste werden Sie um Rat bitten, wenn es sich um Speisen handelt, die nicht so bekannt sind.

Wie benehme ich mich in einem Restaurant?

- Trifft man Bekannte oder Freunde, grüßt man sie kurz, um sie dann ihre Mahlzeit fortsetzen zu lassen.
- Lautstarke Unterhaltung ist unangebracht und stört die Gäste.
- Telefonieren während eines Restaurantaufenthaltes ist denkbar unnötig und ist für die anderen Gäste sehr störend.
- Fehlende Menagen oder Ähnliches holt man nicht von fremden Tischen, sondern bittet eine/n Servicemitarbeiter/in darum.
- Sitzt man in einer Raucherzone, soll trotzdem auch erst geraucht werden, wenn die am Tisch Sitzenden mit dem Essen fertig sind. Ein höflicher Raucher, eine höfliche Raucherin erkundigt sich bei seinen Tischnachbarn, ob er/sie an diesem Tisch rauchen darf.
- Reklamationen bringt man sofort und sachlich (ohne Emotionen) vor.
- Servicemitarbeiter/innen behandelt man nicht wie Menschen zweiter Klasse. („Ich zahle, daher schaffe ich an.")

Richtiges Benehmen ist gefragt, wenn man sich wohlfühlen will

⚠️ Rauchfreie Zonen müssen unbedingt respektiert werden.

Wie benehme ich mich bei Tisch?

Für das Benehmen bei Tisch gibt es viele Regeln, manche von ihnen sind jedoch sehr situationsbezogen. Nach alter Schule zeigt sich beispielsweise der Herr der Dame beim Platznehmen behilflich, indem er ihr den Stuhl zurechtrückt. In Zeiten der Gleichberechtigung empfinden manche Frauen diese Geste häufig als übertrieben. Gleichberechtigung schließt jedoch Höflichkeit nicht aus. Die nachstehenden Regeln helfen Ihnen, sich richtig zu benehmen.

- Vor dem Essen nimmt man die Stoffserviette von seinem Gedeck, faltet sie halb auseinander und legt sie sich auf den Schoß. Nach dem Essen legt man die locker zusammengefaltete Serviette links neben den Teller.
- Mit dem Essen beginnt man erst dann, wenn allen Personen am Tisch der jeweilige Gang serviert wurde. Ausnahme: Werden die Speisen nicht gleichzeitig serviert, fordern diejenigen, die noch warten müssen, die anderen auf, mit dem Essen zu beginnen.
- Beim Essen wird das Besteck zum Mund geführt und nicht der Kopf zum Teller.
- Während des Essens sitzt man aufrecht. Nie die Ellenbogen auf den Tisch legen oder gar aufstützen!
- Das Besteck benutzt man von außen nach innen. Man beginnt mit dem äußeren Besteck und benutzt für jeden weiteren Gang das nächstliegende.
- Benützte Besteckteile werden während der Essenspausen immer überkreuzt auf den Teller gelegt. Ist man mit dem Essen fertig, legt man das Besteck nebeneinander auf den Teller. Die Griffe zeigen schräg nach rechts unten. Das ist das

Die Serviette schützt einerseits die Kleidung und kann andererseits ein wesentliches Element der Tischgestaltung sein.

Zeichen zum Abservieren. Benützte Kaffee- und Bouillonlöffel legt man auf die Untertasse, ebenfalls mit dem Griff schräg nach rechts unten. Bei Suppentellern lässt man den Löffel im Teller.
- Stielgläser werden am Stiel gehalten, alle anderen Gläser hält man im unteren Drittel. Gläser mit Henkeln werden an diesem gehalten.
- Benutzen Sie vor dem Trinken immer die Serviette!

Darf man Geflügel mit den Fingern essen und andere Fragen

Suppe
Um den letzten Rest aus einem Teller löffeln zu können, darf er leicht gekippt werden. Man kippt ihn jedoch nicht zu sich hin, sondern von sich weg. Aus einer Suppentasse mit Henkeln darf getrunken werden, wenn sich in der Suppe keine Suppeneinlagen mehr befinden.

Spaghetti
Werden am Tellerrand um die Gabel gewickelt. Evtl. kann ein Löffel zu Hilfe genommen werden.

Fisch
Wird mit einem Fischbesteck gegessen. Gräten etc. gibt man auf einen Extrateller, der beim Servieren eingestellt wird.

Fleisch
Wird mit Tafelmesser und Tafelgabel gegessen. Für kleine Koteletts von Lamm, Reh oder Wild dürfen gegen Ende die Finger verwendet werden, um das Fleisch von den Knochen abnagen zu können.

Geflügel
Gegessen wird mit Tafelmesser und Tafelgabel. Es dürfen die Finger zu Hilfe genommen werden, um die Reste von den Knochen knabbern zu können. In guten Restaurants wird am Ende der Geflügelkeulen eine kleine Papiermanschette angebracht. Knochen kommen auf einen Extrateller.

Knödel
Werden mit Tafelmesser und Tafelgabel gegessen. Jedoch: Nicht mit dem Messer schneiden, sondern nur dagegenhalten, während mit der Gabel Bissen heruntergerissen werden.

Spargel
Wird mit Tafelmesser und Tafelgabel gegessen.

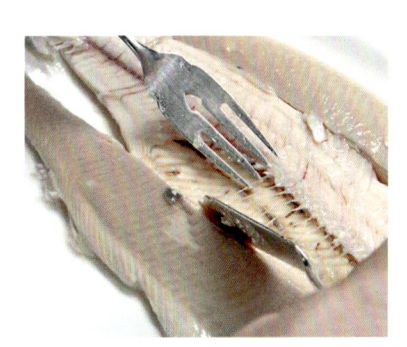

Das fachgerechte Filetieren ist etwas schwierig und bedarf einiger Übung. Gut geschulte Servicemitarbeiter/innen sind einem dabei gerne behilflich.

„Zeige mir, wie du isst, und ich sage dir, wer du bist!" Was sagen Sie zu dieser Aussage? Diskutieren Sie mit Ihren Schulkolleginnen und -kollegen.

Kuchen und Gebäck

Kuchen wird mit der Dessertgabel gegessen. Bei besonders widerspenstigen Teilen (z. B. mit Schichten aus Blätterteig und Creme) darf auch ein Dessertlöffel benutzt werden, um Hartes zu teilen und Weiches aufzunehmen. Gebäck wird mit den Fingern gegessen.

Aufgabenstellung – „Umgangsformen"

- Geben Sie an, wie man sich in einem Restaurant richtig verhält.

Trifft man Bekannte, so setzt man sich dazu und bringt sich in das Gespräch ein.	
Man unterhält sich in einer Lautstärke, dass man die Gäste an den Nebentischen nicht stört.	
Fehlt das Salz am Tisch, nimmt man es vom Tisch nebenan, nachdem man die dort Sitzenden gefragt hat.	
Läutet das Handy, so verlässt man für das Gespräch kurz das Lokal und schaltet das Handy anschließend ab.	

2 Die Servicemitarbeiter/innen

„Wenn ich sonst keinen Job finde, gehe ich halt servieren." Haben Sie diese Aussage schon einmal gehört? Kann jede/r „einfach so" servieren gehen? Oder braucht es doch ein paar Voraussetzungen? Diskutieren Sie diese Fragen in der Klasse.

Welche Anforderungen müssen Servicemitarbeiter/innen erfüllen?

Anforderungen

Körperliche Voraussetzungen	Geistige Voraussetzungen	Soziale Fähigkeiten	Fachliche Qualitäten
Gesundheit, kräftige Konstitution, Ausdauer, Geschicklichkeit.	Gute Ausdrucksweise, fundierte Sprachkenntnisse (zumindest Englisch), gutes Gedächtnis, geistige Wendigkeit, Organisations- und Improvisationstalent.	Höflichkeit, Taktgefühl, Kontaktfreudigkeit, Fleiß, Ehrlichkeit, Diskretion, erstklassige Umgangsformen, Pünktlichkeit, Teamfähigkeit.	Fundiertes Fachwissen, umfassende Kenntnisse über Speisen und Getränke, Kenntnis der Tischgewohnheiten von internationalen Gästen, praktische Fähigkeiten.

Im Service ist es wichtig, dass man den Aufgaben körperlich und geistig gewachsen ist und einen gepflegten und kompetenten Eindruck vermittelt

Erscheinungsbild und Berufskleidung

Ein Muss für jeden. Hygiene und Sauberkeit lassen Rückschlüsse auf die Führung des Betriebs zu. Die Verpflichtung der Mitarbeiter/innen zur Hygiene bezieht sich jedoch nicht nur auf die persönliche Hygiene, sondern ebenso auf den Umgang mit Speisen und Getränken und dem Inventar.

💬 Wie wichtig sind der erste Eindruck und das äußere Erscheinungsbild im Service? Diskutieren Sie darüber in der Gruppe.

Erscheinungsbild – eine Frage der Hygiene

- Tägliches Waschen und Duschen
- Hände regelmäßig waschen, Fingernägel kurz und sauber halten
- Sauber geputzte Schuhe
- Langes Haar zusammenbinden
- Kein Parfüm, dezentes Make-up
- Saubere, fleckenlose, gut gebügelte und gut sitzende Kleidung
- Ordentliche (tägliche) Rasur
- Keine sichtbaren Piercings

Hände gründlich waschen, besonders nach jedem WC-Besuch

Berufskleidung

Die Berufskleidung ist regional, von Betrieb zu Betrieb und je nach Veranstaltung sehr unterschiedlich. Egal ob **klassischer** oder **moderner Kleidungsstil,** die Berufskleidung soll nicht nur zweckmäßig, sondern auch
- attraktiv sein,
- dem Stil des Unternehmens entsprechen,
- innerhalb eines Betriebes für alle Servicemitarbeiter/innen einheitlich sein, damit die Gäste das Servicepersonal auf Anhieb erkennen.

Die Zeiten, in denen Männer und Frauen unterschiedliche Berufskleidung trugen, gehen dem Ende zu. Heutzutage tragen weibliche und männliche Servicemitarbeiter zusehends die gleiche Kleidung (von Röcken einmal abgesehen).

Klassisches Berufsoutfit

- Dunkle Hose bzw. dunkler Rock
- Weißes Hemd bzw. weiße Bluse, evtl. mit Krawatte oder Fliege
- Eventuell in Kombination mit einer Weste und einer Bistroschürze
- Schwarze Socken bzw. passende Strümpfe
- Schwarze Schuhe, Damenschuhe sollten eine Absatzhöhe von maximal 4,5 cm nicht überschreiten

Weitere Möglichkeiten
- Smoking
- Stresemann bzw. Kostüm
- Frack oder Dinnerjacket
- Trachtenkleidung

Klassisches Berufsoutfit

Hauseigene Berufskleidung

In vielen Betrieben tragen die Mitarbeiter/innen im Restaurant, im Café, in der Bar und an der Rezeption eine einheitliche Kleidung. Sie wird vom Betrieb entweder gegen Entgelt oder gratis zur Verfügung gestellt. Oft ist der Name oder ein Zeichen des Betriebes aufgestickt. Gerne werden auch Namensschilder verwendet.

Service

Berufsausrüstung

Folgende Gegenstände gehören zur Ausrüstung der Servicemitarbeiter/innen:

- Handserviette (Serviertuch): muss immer sauber sein.
- Hebekorkenzieher mit Messer bzw. Kellnerbesteck.
- Streichhölzer oder Feuerzeug.
- Kugelschreiber und Block bzw. tragbares elektronisches Bestellterminal.
- Zahltasche.
- Kellnerköcher (Gürteltasche): für die Aufbewahrung der aufgezählten Gegenstände.

💡 Diese Utensilien müssen in gutem Zustand und immer griffbereit sein.

Verhaltensregeln im Service

Im Servierberuf spielt das Verhalten gegenüber dem Gast eine entscheidende Rolle. Mit guten Umgangsformen und Freundlichkeit lassen sich die schwierigsten Situationen meistern.

Ihr Verhalten trägt wesentlich dazu bei, ob sich die Gäste wohlfühlen

Tipps für erfolgreiche Servicemitarbeiter/innen

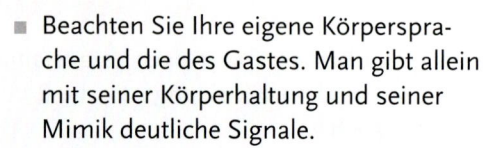

- Beachten Sie Ihre eigene Körpersprache und die des Gastes. Man gibt allein mit seiner Körperhaltung und seiner Mimik deutliche Signale.
- Versuchen Sie, dem Gast eine angenehme Atmosphäre zu schaffen.
- Lernen Sie auch mit unangenehmen Situationen wie z. B. Reklamationen umzugehen.
- Vermeiden Sie Privatgespräche mit Kollegen im Lokal.
- Tragen Sie Zwistigkeiten mit Kollegen nie vor den Gästen aus.
- Essen, Trinken, Kaugummi kauen, Rauchen, Frisieren etc. vor den Augen der Gäste sind fehl am Platz.
- Telefonieren Sie nicht im Servicebereich.

Die Betreuung der Gäste von der Reservierung bis zur Verabschiedung

Reservierung

Die Personenanzahl, das Datum und die Uhrzeit sowie besondere Wünsche bezüglich der Platzierung sind genau zu erfragen, damit eine optimale Vorbereitung geschaffen werden kann. Der reservierte Tisch wird bis zu einer halben Stunde nach Ablauf der vereinbarten Zeit freigehalten.

„Restaurant Johannishof, Martina Bucher, grüß Gott. Was kann ich für Sie tun?"

„Grüß Gott und willkommen bei uns im Johannishof! Darf ich Ihnen Ihren Mantel abnehmen?"

Begrüßung des Gastes

Die Begrüßung ist der erste Kontakt zwischen dem Gast und dem Servierpersonal und kann für den weiteren Verlauf des Verkaufsgespräches entscheidend sein.

Folgende Punkte sind dabei zu beachten:
- Gehen Sie dem eintretenden Gast entgegen.
- Zeigen Sie dem Gast, dass er willkommen ist. Grüßen Sie als Erster, höflich und der Tageszeit entsprechend und sehen Sie den Gast dabei an.
- Helfen Sie dem Gast beim Ablegen der Garderobe und führen Sie ihn zum reservierten Tisch bzw. bieten Sie ihm einen passenden Tisch an.

Platzierung des Gastes und Präsentieren der Speisenkarte

Die Platzierung erfordert viel Umsicht und Fingerspitzengefühl. Sie sollte daher nur von erfahrenen Mitarbeiterinnen und Mitarbeitern durchgeführt werden, da sie sowohl die Wünsche von Stammgästen als auch die Fähigkeiten der zuständigen Servicemitarbeiter/innen genau kennen.

„Darf ich Sie zu Ihrem Tisch begleiten? Ich habe diese ruhige Nische mit Blick auf unseren schönen Garten für Sie reserviert."

Empfehlung – Beratung – aktiver Verkauf

Mit dem Präsentieren der geöffneten Speisenkarte beginnt bereits das Verkaufsgespräch. Nach dem Anbieten und anschließendem Servieren des Aperitifs sollte der Gast die Möglichkeit haben, sich auf die Atmosphäre des Hauses einzustimmen.

Um einen Gast richtig beraten zu können, sind genaueste Produktkenntnisse notwendig.

„Darf ich Ihnen behilflich sein? Ich hoffe, dass Sie sich hier wohlfühlen und einen schönen Abend genießen werden."

💬 Ist es günstig, eine Familie mit Kindern neben Geschäftsleute zu setzen?

Kenntnisse

Aktives Verkaufen im Restaurant erfordert	Der/die Servicemitarbeiter/in soll
- Menschenkenntnis, - Fachwissen und Produktkenntnis, - fachliches Können, - Verkaufstechnik, Verkaufspsychologie sowie eine gute Einstellung zum Verkauf.	- Interesse wecken, - Speisen so erklären, dass dem Gast förmlich das Wasser im Mund zusammenrinnt, - konkrete Empfehlungen geben, - auf den Gast und seine Wünsche eingehen.

Tipps für den Verkauf
- Lassen Sie dem Gast genügend Zeit zum Wählen. Bleiben Sie währenddessen nicht beim Gast stehen – er könnte sich zur Eile verpflichtet oder gestört fühlen.
- Drücken Sie sich bei Empfehlungen einfach und deutlich aus.
- Lassen Sie den Gast ausreden und belehren Sie ihn nicht.
- Stellen Sie Alternativfragen, die mehrere Möglichkeiten zur Auswahl anbieten. Bevorzugen Sie Sätze mit „oder", damit der Gast das Gefühl hat, selbst entscheiden zu können.
- Zeigen Sie Interesse durch kurze Kommentare wie „ja, gerne" oder „selbstverständlich".
- Erfüllen Sie Sonderwünsche nach Möglichkeit.

„Ich darf Sie noch zusätzlich zur Karte auf ein spezielles Angebot unserer Küche hinweisen: Heute gibt es saftig gebratene Entenbrust auf Maronipüree."

„Darf ich schon einen Aperitif bringen? Empfehlen kann ich Ihnen unseren Birnensekt. Er passt besonders gut als Auftakt unserer herbstlichen Menüs."

Service

„Haben Sie schon gewählt? Darf ich Ihre Bestellung aufnehmen? ... Zur Entenbrust passt übrigens hervorragend das Blaukraut, das wir auch zum Wild servieren.

Als Wein dazu empfehle ich Ihnen einen Blaufränkischen aus dem Burgenland, den wir auch glasweise ausschenken."

Aufnahme der Bestellung

Für die Bestellungsaufnahme sollte man sich Zeit nehmen. Sie darf keine einseitige Sache sein, bei der der Gast seine Wünsche bekannt gibt und das Servicepersonal nur notiert. Es sollte ein angemessener Dialog entstehen. Dabei ist es möglich, Zusätzliches wie z. B. Vorspeisen, Salate oder Mineralwasser zu verkaufen. Haben die Gäste gewählt, wird die Bestellung entgegengenommen. Wiederholen Sie am Ende nochmals die Bestellung, damit keine Missverständnisse aufkommen, und bonieren Sie anschließend.

In guten Restaurants werden die Getränke erst nach den Speisen bestellt, damit sie auf die Speisenfolge abgestimmt werden können.

Service

„Sind Sie zufrieden? Haben Sie alles, was Sie brauchen?"

„Darf ich Ihnen noch Mineralwasser nachschenken?"

Die Reihenfolge beim Servieren richtet sich nach
- dem Geschlecht: Damen vor Herren,
- der gesellschaftlichen Stellung: Ehrengäste zuerst, die Gäste vor dem Gastgeber, der Gastgeberin
- dem Alter der Gäste: ältere Gäste vor jüngeren.

Man beginnt zuerst mit dem Getränkeservice, dann werden die Speisen serviert. Alle Gäste, die denselben Gang bestellt haben, bekommen die Speisen gleichzeitig. Ebenso wird erst dann abgeräumt, wenn alle Gäste mit dem entsprechenden Gang fertig sind.

Der Gast muss laufend betreut werden, d. h., dass der Servicemitarbeiter bzw. die Servicemitarbeiterin seine/ihre Gäste immer beobachtet und sich nach ihren Wünschen erkundigt. Wein und Mineralwasser sollen immer nachgeschenkt werden (jedoch erst, nachdem man den Gast um seine Zustimmung gefragt hat). Besonders wichtig ist das regelmäßige Auswechseln benützter Aschenbecher.

Die Frage „War das Essen zu Ihrer Zufriedenheit?" sollte keine Floskel, sondern ernst gemeint sein. In guten Restaurants wird Wert auf die Meinung des Gastes gelegt.

Spielen Sie mit Ihrem Banknachbarn/Ihrer Banknachbarin eine Situation in einem Restaurant durch von der Ankunft bis zum Verlassen des Lokals. Bereiten Sie sich vorher vor, indem Sie sich Notizen machen.

Inkasso und Verabschiedung

Verlangt der Gast die Rechnung, muss diese prompt ausgestellt werden. Häufig wird die Rechnung dem Gast auf einem eigenen Zahlteller übergeben. Sie wird dabei in eine Serviette eingelegt. In vielen Betrieben ist es noch üblich, dass der Servicemitarbeiter/die Servicemitarbeiterin am Tisch des Gastes den zu zahlenden Betrag errechnet und die Rechnung übergibt.

Bei der Verabschiedung können Sie die Chance nutzen, beim Gast durch folgende Punkte einen positiven Gesamteindruck zu hinterlassen:
- Fragen Sie, ob alles in Ordnung war.
- Helfen Sie beim Ankleiden.
- Bedanken Sie sich für den Besuch und verabschieden Sie sich mit dem Wunsch, den Gast bald wieder begrüßen zu dürfen.

„War alles zu Ihrer Zufriedenheit? Darf ich Ihnen mit Ihrem Mantel behilflich sein?"

„Schön, dass Sie heute unsere Gäste waren, ich hoffe, Sie haben sich bei uns wohlgefühlt! Auf Wiedersehen und vielen Dank für Ihren Besuch!"

Richtiges Verhalten bei Reklamationen

Berechtigte Beschwerden müssen immer zur Zufriedenheit des Gastes gelöst werden. Dazu benötigt man Einfühlungsvermögen und in manchen Fällen viel Geduld.

Verhalten bei Reklamationen

Was Sie auf jeden Fall vermeiden sollten	Richtig dagegen ist, wenn Sie
- Fallen Sie dem erregten oder zornigen Gast nicht ins Wort. - Behaupten Sie nicht, der Gast kenne sich nicht aus. - Stellen Sie den Geschmackssinn des Gastes nicht in Frage. - Belächeln Sie den Gast nicht mitleidig. - Stellen Sie den Gast nicht vor anderen Gästen bloß und lassen Sie sich nicht auf ein Streitgespräch ein. - Fühlen Sie sich nicht persönlich angegriffen.	- Ruhe bewahren und zuhören, den Gast ausreden lassen und ernst nehmen, - sich entschuldigen und Verständnis zeigen, - die Beschwerde an die entsprechende Stelle weiterleiten, - Reklamationen sofort beheben und durch eine nette Geste (z. B. durch die Einladung auf einen Kaffee) dem Gast zeigen, dass seine Beschwerde ernst genommen wurde. So können Stammgäste gewonnen werden.

„Ich verstehe Ihren Ärger. Es tut mir leid".

„Als kleine Entschädigung geht das Dessert auf Kosten des Hauses. Ist das für Sie in Ordnung?"

Durch Reklamationen bekommt ein Betrieb die Chance, besser zu werden.

Aufgabenstellungen – „Die Servicemitarbeiter/innen"

1. Zählen Sie die Anforderungen an Servicemitarbeiter/innen auf.
2. Stellen Sie ein für Sie passendes Erscheinungsbild inklusive Kleidung für eine Servicemitarbeiterin/einen Servicemitarbeiter für ein Coffee-to-go-Lokal zusammen.
3. Erläutern Sie die Gästebetreuung von der Reservierung bis zur Verabschiedung.
4. Führen Sie ein Reklamationsgespräch als Rollenspiel durch und erarbeiten Sie sich ein Lösungskonzept: Der Gast ist verärgert, weil er seit mehr als 15 Minuten auf seine Getränkebestellung wartet. Die Suppe wurde bereits serviert.

3 Arbeitssicherheit im Service

Überlegen Sie: Welche Unfälle könnten im Service passieren? (Wie) könnte man sie vermeiden?

Für einen reibungslosen Serviceablauf müssen alle Unfallgefahren vermieden werden. Der Großteil der Arbeitsunfälle in gastgewerblichen Betrieben ereignet sich in der Küche. Servicemitarbeiter/innen tragen Verantwortung. Durch die Vernachlässigung der Sicherheitsregeln können Sie auch Mitarbeiter/innen und Gäste gefährden!

Tipps zur Unfallverhütung

- Wischen Sie verschüttete Flüssigkeiten sofort auf (Rutschgefahr).
- Selbst wenn die Hektik noch so groß ist, wird im Restaurant nicht gelaufen – die Gefahr von Zusammenstößen erhöht sich dadurch um ein Vielfaches!
- Gehrichtung (immer rechts) einhalten.
- Gegenstände, die nicht mehr gebraucht werden, werden sofort weggeräumt.
- Bedienungsanleitungen und Sicherheitsvorschriften müssen eingehalten werden.
- Übermüdung und Ablenkung erhöhen die Unfallgefahr.

Aufgabenstellung – „Arbeitssicherheit im Service"

- Es herrscht rege Betriebsamkeit im Restaurant. Erklären Sie, welche Unfälle in der Hektik häufig passieren können und wie man sie vermeiden kann.

4 Inventar im Service

Inventar ist der Überbegriff für alle Gegenstände bzw. die gesamte Ausstattung eines Betriebes. Die speziellen Serviergegenstände und die Ausstattung für den Servicebereich lernen wir im folgenden Kapitel kennen.

Tischwäsche

Für die Tischwäsche werden verschiedenste Materialien wie Leinen, Halbleinen, Baumwolle, Kunstseide etc. verwendet. Wäschegewebe, die in sich gemustert sind, bezeichnet man als Damast.

Die folgende Tabelle gibt einen Überblick über die wichtigsten Wäschestücke in einem gastgewerblichen Betrieb.

Bezeichnung	Wofür?
Tischauflage oder Molton aus Filz oder Kunststoff	Um ein Rutschen des Tischtuches zu verhindern, Lärm zu dämmen und weil es verschüttete Flüssigkeiten aufsaugen kann.
Tischtuch	Für alle Mahlzeiten des Tages.
Deckserviette 90 mal 90 oder 120 mal 120 cm	Zum Schutz des Tischtuchs sowie zum Bedecken eines nicht mehr einwandfreien Tischtuches.
Tafeltuch 3 bis 10 m	Für Festtafeln.
Tischläufer	Als Dekorationselement in der Mitte der Tafel.
Set	Für rustikale Tische, für Frühstückstische, für kleine Tellergerichte im Kaffeehaus.
Mundserviette	Für die Gäste, gefaltet als Tischdekor, als Dekor für Platten etc.
Buffettuch	Für Buffets und Schautische.
Buffetschürze	Für Buffets, Schautische, zum Verblenden von der Tischoberkante bis zum Boden.

Aufgabenstellung

- Zählen Sie die Wäschestücke auf, die im Service benötigt werden.

Speisengeschirr

Einheitliches Geschirr lässt jeden gedeckten Tisch harmonisch erscheinen. Angeschlagenes Geschirr muss entfernt werden, da es einerseits eine Gefahr für den Gast darstellt und andererseits keine Augenweide ist.

Brotteller
Für Brot (bei Kuvertgedeck); ist etwas kleiner als ein Dessertteller.

Tafelteller
Für kalte und warme Vorspeisen; Hauptgerichte; warme Süßspeisen mit Saucen; kalte Aufschnitte, die auf dem Teller angerichtet werden.

Suppenteller
Für Creme- und Püreesuppen; Suppentöpfe; Eintöpfe; Spaghetti.

Dessertteller
Für das Frühstücksgedeck; kleine kalte Vorspeisen; Dessert, Obst und Käse; als Unterteller beim Service von Suppe in der Bouillonschale.

Fischteller
Für portionierte und ganze Fische (deswegen ovale Form).

Bouillonschale mit Untertasse
Für Rindsuppen mit kräftigen Einlagen; Püree- und Cremesuppen; gratinierte Suppen.

Sauciere
Für kalte und warme Saucen.

Bouillon	🔊 *Buijoh*
Sauciere	🔊 *Sossiär*

Kaffeekanne
Für Kaffee.

Oberskännchen
Für Kaffeeobers.

Milchkanne
Für kalte oder heiße Milch; für Kakao, Schokolade, Ovomaltine.

Schokoladentasse mit Untertasse
Nur für heiße Schokolade.

Teekanne
Für Tee; im Ausguss sollte ein Sieb integriert sein.

Teeschale mit Untertasse
Größte Schale, ausschließlich für Tee.

Kaffeetasse (Melangeschale) mit Untertasse
Für Kaffee, evtl. auch für Kakao oder Tee.

Mokkaschale mit Untertasse
Für kleinen Mokka (Espresso).

Bestecke

Gut geformte Bestecke aus Silber und Edelstahl sind eine Zierde für jeden Tisch. Silberbesteck hat einen festlichen Glanz, muss aber öfter geputzt werden. Edelstahlbestecke wirken schlichter, erfordern aber keine besondere Pflege.

Essbestecke

Tafelmesser (großes Messer)
Zusammen mit der Tafelgabel für alle Speisen, die auf Tafeltellern als warme Vorspeisen oder Hauptspeisen serviert werden (Ausnahme: Fischgerichte); mit der Tafelgabel für Suppentöpfe.

Dessertgabel (kleine Gabel)
Als Buttergabel beim Frühstücks- und Kuvertgedeck; mit der Dessertgabel für kalte Vorspeisen sowie für Käse und Obst; mit dem Dessertlöffel für Süßspeisen; als Kinderbesteck.

Vorbereiteter Tafelteller für das Eindecken von Besteck

Tafelgabel (große Gabel)
Zusammen mit dem Tafelmesser für alle Speisen, die auf Tafeltellern als warme Vorspeisen oder Hauptspeisen serviert werden; zusammen mit dem Tafellöffel als Vorleger für Spaghetti; zusammen mit dem Tafelmesser für Suppentöpfe.

Bouillonlöffel, Dessertlöffel (kleiner Löffel)
Für Suppen, die in der Bouillonschale serviert werden; mit der Dessertgabel für Süßspeisen; als Kinderbesteck.

Kaffeelöffel
Für das Frühstücksgedeck; für Kaffee, Tee, Kakao, Schokolade; für Marmelade oder Honig; für Cremen und Eis (wenn kein Eislöffel vorhanden ist); mit der Dessertgabel für Vorspeisencocktails.

Tafellöffel (großer Löffel)
Für Creme- und Püreesuppen; zusammen mit der Tafelgabel für Spaghetti.

Dessertmesser (kleines Messer)
Als Buttermesser beim Frühstücks- und Kuvertgedeck; zusammen mit der Dessertgabel für kalte Vorspeisen; für Käse und Obst; als Kinderbesteck.

Mokkalöffel
Für Mokka in der Mokkatasse.

Service

Spezialbestecke

Fischmesser und Fischgabel
Für Fischgerichte.

Limonadenlöffel
Für Säfte und Milchshakes.

Eislöffel
Für Eis und Eisgerichte.

Kuchengabel
Für Kuchen und Torten; als Buttergabel.

Tranchier- und Vorlegebestecke

Suppenschöpflöffel
Zum Ausschenken von Suppen aus dem Suppentopf oder aus der Suppenterrine.

Tranchiermesser und Tranchiergabel
Zum Tranchieren von Braten.

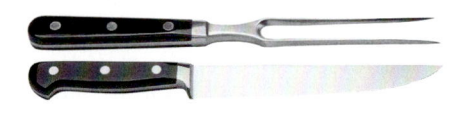

Saucenlöffel
Zum Übergießen von Speisen mit Saucen aus der Sauciere.

Gebäckzange
Zum Anrichten von süßem Gebäck und Kuchen; für Brot und Gebäck.

Salatvorleger, Salatzange
Zum Mischen und Anrichten von Salaten.

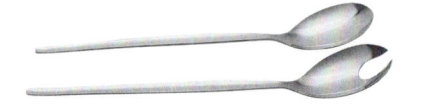

Tortenheber (Tortenschaufel)
Zum Anrichten von Tortenstücken.

Der Salatvorleger erleichtert das Portionieren von Salat

4 Inventar im Service

Gläser

Gläser für alkoholfreie Getränke

Wasserglas    Stielwasserglas    Limonadenglas

Schöne Gläser verleihen jedem gedeckten Tisch einen festlichen Glanz. Für jedes Getränk gibt es ein eigenes Glas.

Biergläser

Bierbecher oder -stutzen   Biertulpe   Bierstange   Bierhenkelglas   Maß

Weingläser

Weißweinglas   Rotweinglas   Roséweinglas   Dessertweinglas

Sektgläser

Sektflöte   Sektkelch   Sekttulpe

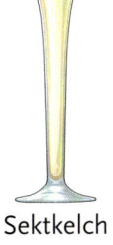

Service

Gläser für Spirituosen und Mixgetränke

Old-Fashioned-Glas = für Barmixgetränke oder pur ausgeschenkte Spirituosen, auch auf Eis („on the rocks").

Großer Tumbler = Für Longdrinks, alkoholfreie Mixgetränke, Milchshakes.

Von links nach rechts: Stamperl, Old-Fashioned-Glas, Großer Tumbler, Cognacschwenker, Likörglas, Likörschale, Cocktailglas

Tumbler 🔊 *Tömbler*

Aufgabenstellung – „Inventar"

- Stellen Sie das Tischinventar für folgende Anforderungen zusammen: 1 Tisch, 4 Gedecke für Suppe, Hauptgericht und Dessert, alkoholfreies Getränk und Wein. Fertigen Sie dazu eine Liste an.

5 Tischschmuck

Ganz ehrlich: Legen Sie Wert auf einen schön geschmückten Tisch? Wenn ja, warum? Wenn nein, warum nicht? Macht es einen Unterschied, ob ein Tisch geschmückt ist oder nicht? Diskutieren Sie darüber in der Klasse.

Es gibt verschiedene Dekorationsmöglichkeiten, die man nach Anlass und Jahreszeit auswählt

Servietten

Servietten unterstreichen den festlichen Charakter eines schön gedeckten Tisches. Es gibt unzählige Arten, wie man Servietten brechen kann, der Fantasie sind hier keine Grenzen gesetzt. Heute beschränkt man sich aus hygienischen und zeitlichen Gründen auf einfache Formen.

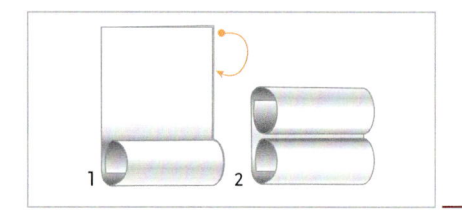

Zweierstufe (Welle oder Treppe)
1. Einserstufe
2. Obere Hälfte zur Mitte hin einschlagen

5 Tischschmuck

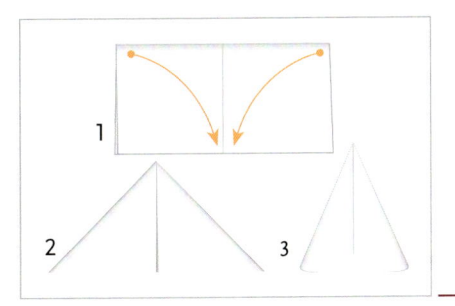

Einfacher Spitz

1. Die oberen Ecken zur Mitte hin einschlagen
2. Serviette leicht zusammenfalten ...
3. ... und aufstellen

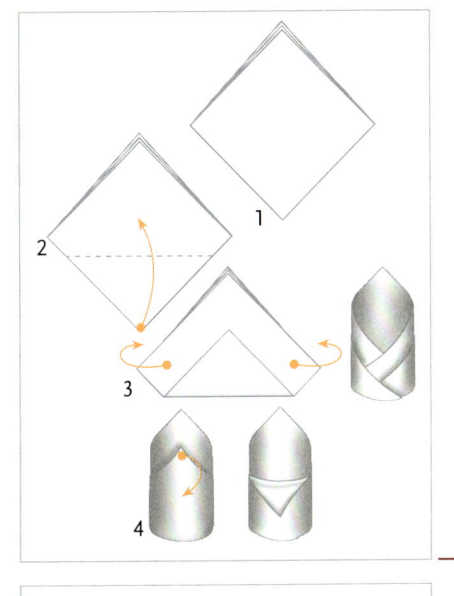

Mütze mit Umschlag

1. Die offenen Spitzen liegen oben
2. Geschlossene Spitze zur Mitte hin falten
3. Beide Ecken hinten zusammenstecken
4. Der Umschlag kann auch umgeklappt werden

Stehender Fächer

1. Die Serviette bis knapp über die Mitte in Ziehharmonikaform falten und fest andrücken (die Falten müssen unten liegen)
2. Die Serviette in der Mitte nach oben klappen
3. Rechte Seite diagonal nach vorn zum Fächer umschlagen
4. Überstehendes Ende nach unten falten und den Fächer aufstellen

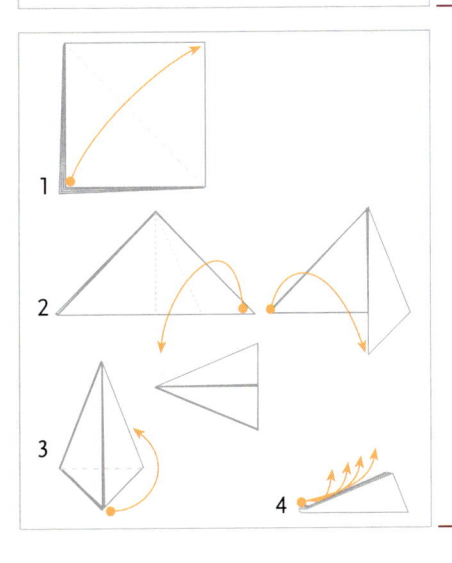

Schiff (Dschunke)

1. Die offenen Spitzen liegen links unten; Quadrat zu einem Dreieck falten
2. Beide Ecken so falten, dass eine Drachenfigur entsteht
3. Untere Ecke nach hinten biegen und festdrücken
4. Aus dem „Boot" die „Segel" hochziehen

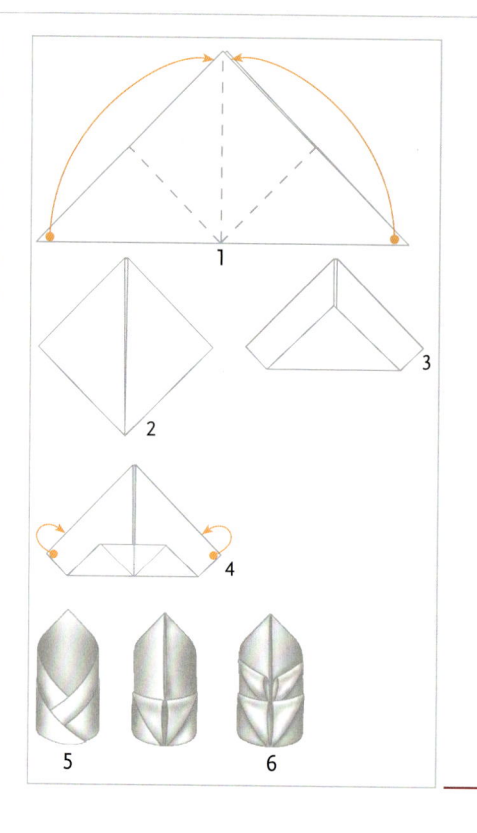

Lilie

1. Linke und rechte Ecke nach oben klappen
2. Es entsteht ein Quadrat
3. Die untere Ecke des Quadrates mindestens zu zwei Dritteln nach oben brechen
4. Die Spitze davon wieder nach unten brechen
5. Äußere Ecken nach hinten biegen und ineinanderstecken
6. Die Figur leicht formen, die oberen Zipfel herunterziehen und im unteren Rand feststecken

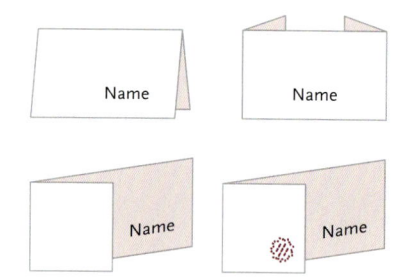

Tischkarten

Tischkarten werden bei größeren Veranstaltungen (z. B. Hochzeiten, Taufen, Jubiläumsfeiern) aufgestellt. Somit kann der Platz für jeden Gast festgelegt werden. Art und Ausführung sollen dem Anlass entsprechen.

Tischkarten sollen eine Größe von etwa 5 mal 10 cm haben.

Schrift: handgeschrieben oder gedruckt.
Papier: Karton-, Pergament-, Elefantenpapier etc.
Gestaltung: nach persönlichem Geschmack und Anlass.

Menükarten

Die Menükarte ist je nach Betriebsart und Veranstaltung unterschiedlich aufwendig gestaltet. Für den Aufbau der Menükarten gibt es zwei Hauptformen: die klassische Form (zentriert) und die moderne Form (linksbündig). Sie können sowohl mit der Hand als auch mit dem Computer geschrieben werden. Menükarten können einfach aus einem Blatt oder in gefalteter Form, aus einem Umschlag und einem Einlageblatt, bestehen.

Menükarten bleiben, im Gegensatz zu Speisen- und Getränkekarten, auf den Tischen und dürfen von den Gästen als Erinnerung mitgenommen werden.

Menükarten sollen mit dem restlichen Tischschmuck harmonieren.

Aufbau einer klassischen Menükarte, gefaltet

Aperitifs (detailliert angeben)	**MENÜ**
Korrespondierender Wein zur Vorspeise (siehe Hauptspeise)	Kalte Vorspeise
Korrespondierender Wein zur Hauptspeise (Weinbezeichnung, Jahrgang, Winzer/in, geografische Herkunft, Qualitätsstufe, Restzuckergehalt, Alkoholgehalt)	Hauptspeise (eventuell Sauce) Gemüsebeilage Sättigungsbeilage (Salatbeilage)
Süßwein/Schaumwein	Dessert
Digestifs (detailliert angeben: Geschmacksrichtung, Bezeichnung, Marke, Produzent, Herkunft, Alkoholgehalt bei Spirituosen)	Kaffee Guten Appetit wünscht …
Ort, Datum (Tag, Monat ausgeschrieben, Jahr)	

Blumenschmuck

Der schönste Tischschmuck sind frische Blumen, es gibt jedoch einige Punkte, die dabei zu beachten sind:
- Vermeiden Sie stark riechende Blumen (z. B. Hyazinthen, Maiglöckchen).
- Verwenden Sie stets frische Schnittblumen.
- Benutzen Sie standfeste Vasen.
- Die Formen und Farben der Vasen müssen mit den gedeckten Tischen und den Blumen harmonieren.
- Für Blumen, die das Wasser trüben, sind Glasvasen ungeeignet, außer, man befüllt sie mit Steinen.
- Für Gestecke verwendet man einen Steckschwamm.
- Zu hohe Blumengestecke stören die Behaglichkeit und die Unterhaltung mit dem Gegenüber.

Eine Faustregel besagt, dass von der Gesamthöhe ein Drittel die Vase und zwei Drittel die Füllung einnehmen soll

Aufgabenstellungen – „Tischschmuck und Karten"

Setzen Sie Ihr Wissen um:

1. Gestalten Sie Tischkarten für einen besonderen Anlass.
2. Gestalten Sie eine gefaltete Menükarte und schreiben Sie ein von Ihnen gewähltes Menü auf das Einlageblatt.
3. Versuchen Sie ein Blumengesteck zu arrangieren.

6 Mahlzeiten des Tages

Ist es eigentlich sinnvoll, zu festgelegten Zeiten zu essen? Woher kommen diese fixen Mahl-Zeiten? Sind sie heutzutage überhaupt noch machbar? Diskutieren Sie mit Ihrer Kollegin/Ihrem Kollegen darüber.

Der Stellenwert der einzelnen Mahlzeiten ist nicht in allen Ländern gleich. Nicht überall gilt das Mittagessen wie bei uns als Hauptmahlzeit. Durch die zunehmende Internationalisierung der Gästekreise gilt es, sich auf die unterschiedlichen Bedürfnisse der Gäste einzustellen.

Frühstück

Angebotsformen

Unterschieden wird zwischen **offenem** und **verpacktem Frühstücksangebot**, in der Praxis ist meist eine Mischform üblich.

Offenes Angebot

- **Butter** in Scheiben oder Rollen auf Dessertteller (eventuell in einer Butterschüssel auf Dessertteller mit Serviette), Dessertgabel.
- **Marmelade** und **Honig** in Marmeladenschüsseln oder Tiegeln mit Deckeln (eventuell auf Dessertteller mit Serviette), Kaffeelöffel.
- **Brot** (Weißbrot oder Schwarzbrot) und frisches Gebäck (z. B. Semmeln, Brioche) im Brotkorb, in eine Stoffserviette eingeschlagen, Gebäckzange.
- **Obers** im Oberskännchen bzw. **Milch** im Milchkännchen.
- **Zucker** in der Zuckerschale (eventuell auf einem Unterteller mit einer Serviette) und Kaffeelöffel oder Zuckerzange, auch Zuckerstreuer oder **Süßstoff** im Süßstoffbehälter.

Verpacktes Angebot

+	–
■ **Hygienisch** einwandfrei ■ **Wiederverwendung** von ungeöffneten Portionen ■ **Weniger Geschirr** und Besteck	■ **Mehr Verpackungsmaterial** belastet die Umwelt ■ **Abservieren** ist **aufwendiger**

Frühstücksarten

Einfaches Frühstück

- In Frankreich und den Mittelmeerländern sehr häufig
- In Österreich und Deutschland selten, außer im Wiener Kaffeehaus und in Coffeeshops

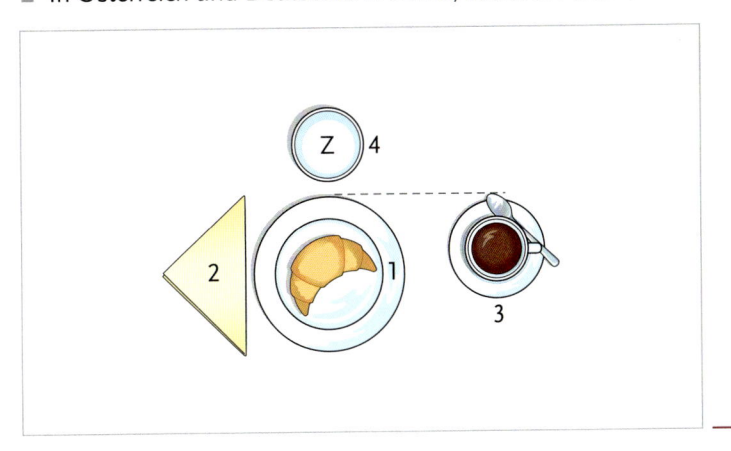

Angebot
- Eine Schale Frühstücksgetränk (meist Kaffee, aber auch Tee, Kakao, Schokoladengetränk oder Milch)
- Diverses Frühstücksgebäck und Brot (in Frankreich und Italien meist Brioche)

1. Dessertteller mit Gebäck
2. Papierserviette
3. Untertasse, Schale mit Frühstücksgetränk, Kaffeelöffel
4. Zucker

Wiener Frühstück

- Variante des erweiterten Frühstücks (siehe S. 194)
- Wird in Österreich, vor allem in Wien, in den traditionellen Kaffeehäusern angeboten

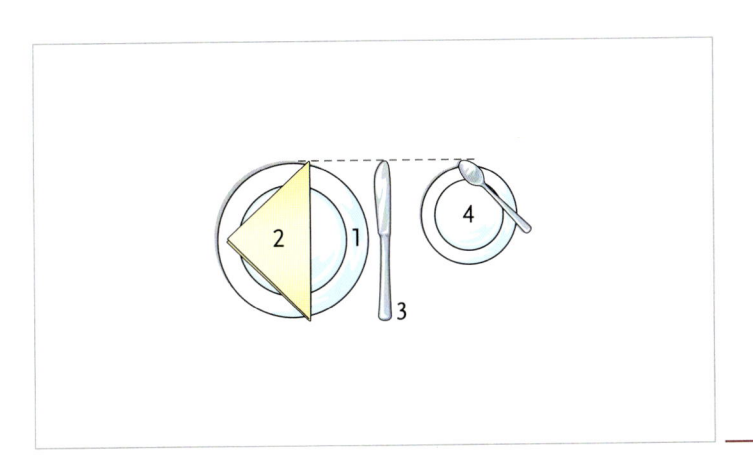

Angebot
- Eine Schale oder eine Portion Frühstücksgetränk (meist eine Tasse Melange)
- Eine Portion Butter, (Marillen-)Marmelade
- Frühstücksgebäck (eine Semmel und ein Kipferl)
- Ein weich gekochtes Ei im Becher oder Glas

1. Dessertteller
2. Serviette
3. Dessertmesser
4. Untertasse mit Kaffeelöffel

Komplettes Frühstück (Continental Breakfast)

- Klassische Frühstücksart
- Der Serviceablauf entspricht dem des À-la-carte-Frühstücks

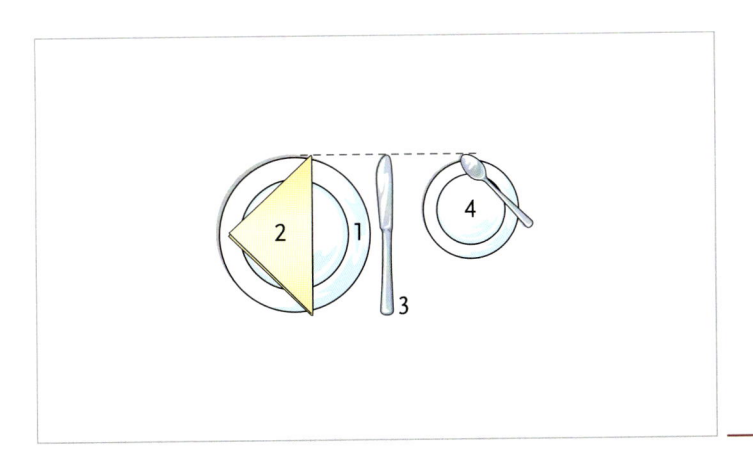

Angebot
- Eine Portion Frühstücksgetränk wie Kaffee, Tee, Kakao, Schokoladengetränk oder Milch (Menge reicht für mindestens zwei Tassen)
- Je eine Portion Butter, Marmelade und Honig
- Eine Auswahl an Frühstücksgebäck

1. Dessertteller
2. Serviette
3. Dessertmesser
4. Untertasse mit Kaffeelöffel

Erweitertes Frühstück

- Erweiterung des kompletten Frühstücks
- Der Serviceablauf entspricht dem des À-la-carte-Frühstücks

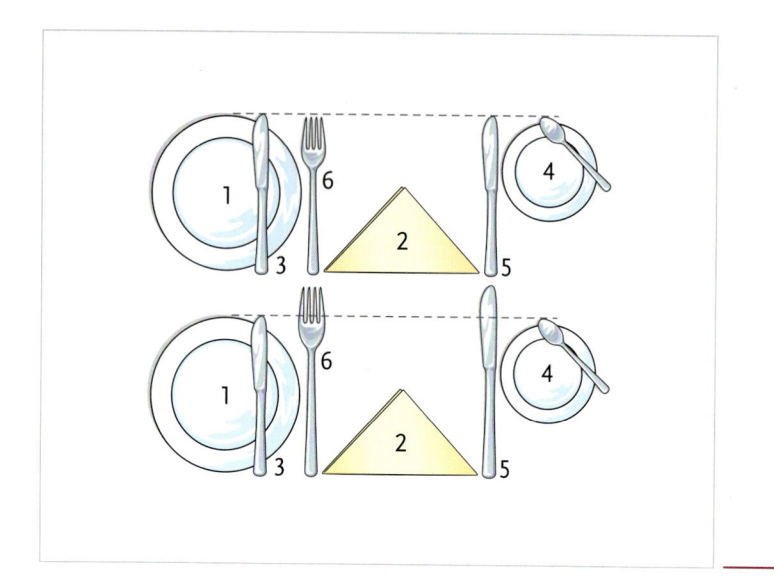

Angebot
- Komplettes Frühstück, zusätzlich ein Glas Frucht- oder Gemüsesaft, Wurst- oder Käseplatte oder Eiergerichte, Omelettes, Joghurt, Topfen und Müsli
- Der Gast kann auch seine Komponenten aufgrund eines Fixpreises bestellen

1. Dessertteller
2. Serviette
3. Dessertmesser
4. Untertasse mit Kaffeelöffel
5. Dessert-/Tafelmesser
6. Dessert-/Tafelgabel

Interkontinentales Frühstück

Das Angebot eines kompletten Frühstücks wird um deftige Frühstücksspeisen aus dem englischen und amerikanischen Raum ergänzt. Deshalb nimmt das interkontinentale Frühstück den Stellenwert einer Hauptmahlzeit ein.

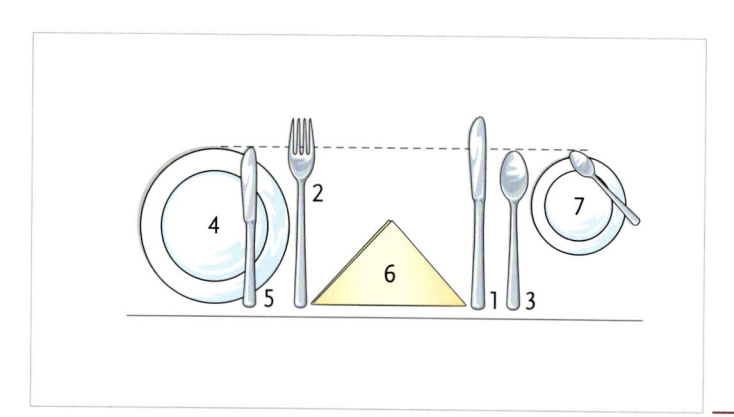

1. Tafelmesser
2. Tafelgabel
3. Dessert- oder Suppenlöffel
4. Dessertteller
5. Dessertmesser
6. Serviette
7. Untertasse mit Kaffeelöffel

Das À-la-carte-Frühstück

Aus dem Französischen übersetzt heißt à la carte so viel wie „von der Karte". Der Gast wählt Speisen und Getränke aus der Karte und stellt seine Speisenfolge selbst zusammen. Die gewünschten Frühstücksbestandteile werden eingestellt. Achten Sie auf ein vollständiges Gedeck. Servieren Sie nicht mehr benötigtes Geschirr rasch ab.

Das Frühstücksbuffet

Das **Frühstücksbuffet** bietet eine **große Auswahl** an verschiedenen Speisen und Getränken und ein rascheres Service für die Gäste. Angebot und Umfang richten sich nach der **Art des Betriebes,** dem Preis und den Erfahrungswerten.

6 Mahlzeiten des Tages

Beispiel für den Aufbau eines Frühstücksbuffets

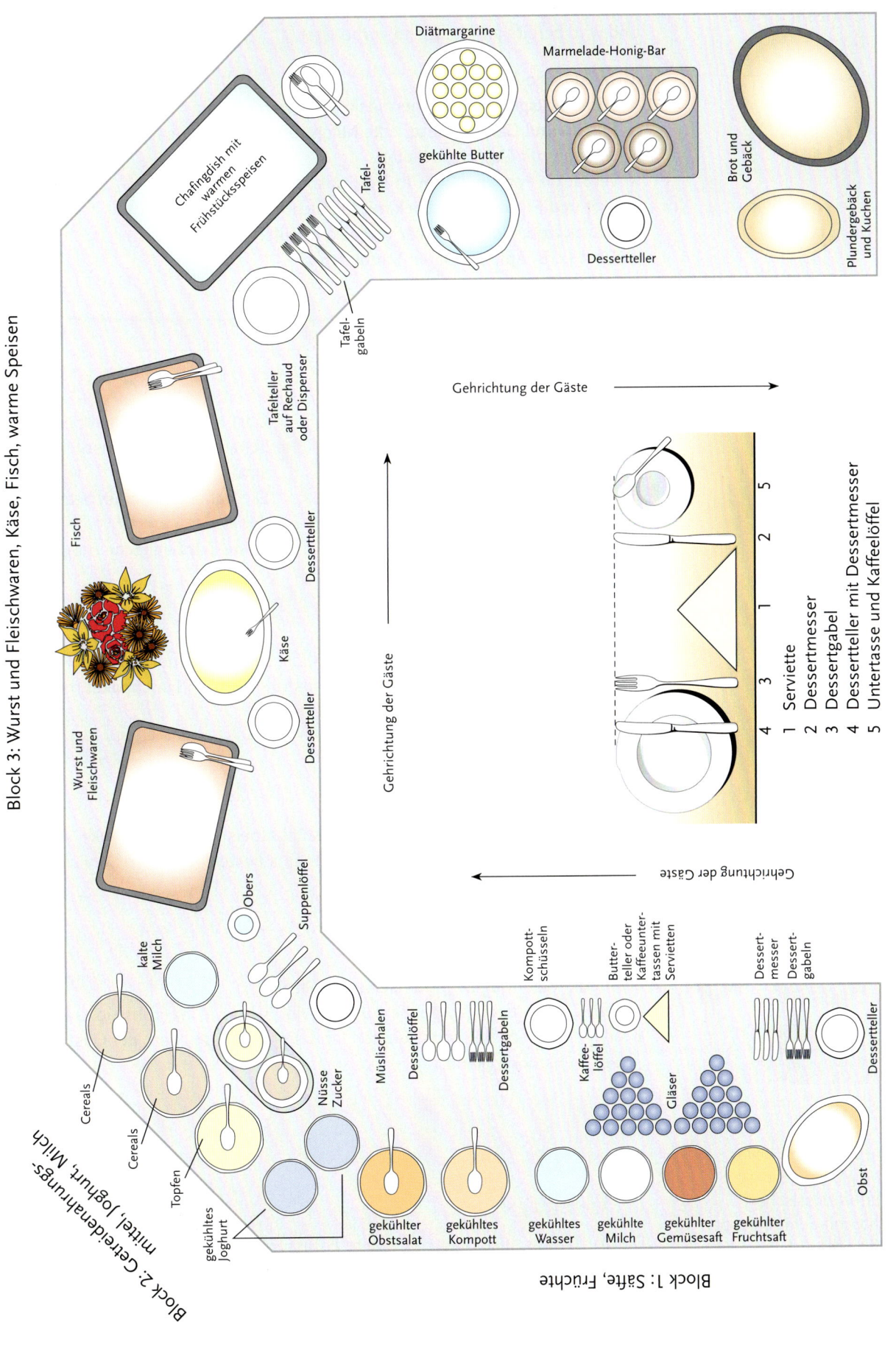

Block 4: Butter, Marmelade, Honig, Brot

- Diätmargarine
- Marmelade-Honig-Bar
- Chafingdish mit warmen Frühstücksspeisen
- Tafelmesser
- gekühlte Butter
- Brot und Gebäck
- Dessertteller
- Plundergebäck und Kuchen
- Tafelteller auf Rechaud oder Dispenser
- Tafelgabeln

Gehrichtung der Gäste →

Block 3: Wurst und Fleischwaren, Käse, Fisch, warme Speisen
- Fisch
- Dessertteller
- Käse
- Dessertteller
- Wurst und Fleischwaren
- Obers
- Suppenlöffel

1 Serviette
2 Dessertmesser
3 Dessertgabel
4 Dessertteller mit Dessertmesser
5 Untertasse und Kaffeelöffel

← Gehrichtung der Gäste

Block 2: Getreidenahrungsmittel, Joghurt, Milch
- kalte Milch
- Cereals
- Cereals
- Topfen
- gekühltes Joghurt
- Nüsse
- Zucker
- Müslischalen
- Dessertlöffel
- Dessertgabeln
- Kompottschüsseln
- Butterteller oder Kaffeeuntertassen mit Servietten
- Kaffeelöffel
- Gläser
- Dessertmesser
- Dessertgabeln
- Dessertteller
- gekühlter Obstsalat
- gekühltes Kompott
- gekühltes Wasser
- gekühlte Milch
- gekühlter Gemüsesaft
- gekühlter Fruchtsaft
- Obst

Block 1: Säfte, Früchte

Die Thermoskannen sind, um Verwechslungen vorzubeugen, deutlich zu beschriften (Kaffee, Heißwasser für Tee, Kakao etc.).

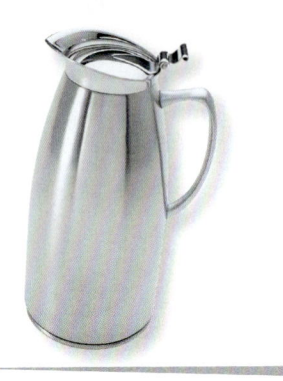

Das Thermosfrühstück

Frühstück vor Beginn der Frühstückszeit. Das Thermosfrühstück wird für Individualgäste und Reisegruppen bereitet, die schon vor Beginn der Frühstückszeit das Haus verlassen. Es wird für Einzelpersonen auf dem Zimmer, für mehrere Personen auf den Tischen im Frühstücksraum oder in Form eines Thermosbuffets angeboten und wird bereits am Vorabend vorbereitet.

Mise-en-Place-Arbeiten
- **Frühstücksgetränke** in Thermoskannen warm halten
- **Frucht- und Gemüsesäfte**, kalte **Milch, Obers** in Thermoskannen oder Krügen (in Wannen mit Eis) frisch halten
- Verpackte Portionsbutter in Thermosboxen legen
- **Brot und Frühstücksgebäck** mit Klarsichtfolie abdecken
- **Marmelade, Honig, Zucker** verpackt bereitstellen
- **Obst** (z. B. Äpfel, Bananen) anbieten

Thermosfrühstück

+	−
■ **Keine Zeitbeschränkung** fürs Frühstück und **keine Wartezeit** ■ Frühstück entweder im Frühstücksraum oder im Zimmer möglich	■ Gast muss sich **selbst bedienen** ■ Schalen für das Frühstücksgetränk sind nicht heiß ■ Die **Kaffeequalität** ist beeinträchtigt ■ **Keine Extrawünsche** möglich

Manche Hotelbetriebe bieten Gästen, die schon frühmorgens das Haus verlassen, als Alternative zum Thermosfrühstück ein **Lunchpaket** mit Getränken, Obst und Gebäck an.

Das Etagenfrühstück

Frühstück auf dem Zimmer! Die Frühstücksspeisen und -getränke werden vom Gast telefonisch oder mithilfe des Türhängers bestellt und vom Servicepersonal in das Zimmer des Gastes gebracht.

Es wird serviert auf
- einem Speisenplateau,
- einem Etagenwagen (Roomservice-Trolley),
- dem Zimmertisch (aufgedeckt und serviert wird wie im Frühstücksraum),
- oder einem speziell konstruierten fahrbaren Tisch, auf dem der Gast bequem im Bett frühstücken kann.

Welche Schuljause bevorzugen Sie? Vergleichen Sie die hier angeführten klassischen Jausengerichte mit dem Angebot im Schulbuffet und diskutieren Sie darüber. Empfehlen Sie aus ernährungsphysiologischer Sicht ideale Jausengerichte.

Vormittagsjause, Gabelfrühstück und Brunch

Die Vormittagsjause

Die Vormittagsjause oder das zweite Frühstück wird zwischen 9:00 und 11:00 Uhr eingenommen. Es werden Kaffee, Tee und Fruchtsäfte, Fruchtsalate, Müsli, Fruchtjoghurt und belegte Brötchen angeboten, aber auch Obstkuchen, Butterkipferln und Plundergebäck.

Das Gabelfrühstück

All jene, die das traditionelle Wiener Gabelfrühstück lieben, mögen es bereits vormittags zwischen 9:00 und 11:00 Uhr etwas deftiger. Es werden einfache warme Gerichte (z. B. Gulaschsuppe, Gulasch, Würstel mit Saft, Beuschel) oder kleine kalte Gerichte (z. B. Essigwurst, Rindfleischsalat, Speck und Käse mit Brot) angeboten. Dazu wird Bier, Wein, ein Glas Gespritzter oder Most getrunken. Die Speisen werden fast immer auf Tellern angerichtet und eingestellt.

Chafingdish = Wasserbadwanne.

Der Brunch

Die Bezeichnung Brunch ist amerikanisch und setzt sich aus den Wörtern **Br**eakfast und **L**unch zusammen. Der Brunch wird zwischen 11:00 und 14:00 Uhr eingenommen.

In vielen Betrieben werden speziell an Sonn- oder Feiertagen Brunchbuffets mit kalten und warmen Gerichten angeboten. Warme Gerichte werden in Chafingdishes warm gehalten und vom Küchenpersonal am Buffet auf vorgewärmten Tellern angerichtet.

Es werden alle Speisen und Getränke angeboten, die auch auf dem Frühstücksbuffet zu finden sind. Dazu kommen kalte Vorspeisen, Salate, Suppen, Fleisch- und Fischgerichte sowie kalte und warme Desserts.

In einem bestimmten Fixpreis sind meist Frühstücksgetränke und Schaumweine enthalten, nicht jedoch Wein und Bier.

Reduziert der Trend zum ausgiebigen Frühstück das Mittagsgeschäft? Diskutieren Sie diese Fragestellung in der Gruppe.

Mittagessen

Das Mittagessen wird zwischen 12:00 und 14:00 Uhr eingenommen. In den südlichen Ländern wie Italien, Spanien, Griechenland, Südamerika und im Orient wird – wenn überhaupt – erst ab 13:30 Uhr zu Mittag gegessen. In Großbritannien ist der Lunch nur ein leichtes Mittagessen. Die Hauptmahlzeit ist das Dinner.

Unterschiedliche Gästegruppen

Gäste, die in ihrer Freizeit einen Restaurantbesuch planen, verbringen eine entspannte Zeit im Lokal und genießen und zelebrieren das Essen und Trinken. Anders beim Businesslunch – hier haben die Gäste nur eine kurze Mittagspause, daher schätzen sie ein rasches Service und eine leichte Kost.

In Mitteleuropa besteht ein **Mittagsmenü** aus zwei oder drei Gängen.
- Als Vorspeise gibt es eine Suppe oder einen Salat.
- Die Hauptspeise besteht meist aus Fleisch oder Fisch mit Beilage. Dazu wird gerne Salat gegessen.
- Zum Abschluss werden warme oder kalte Desserts gereicht.

Businesslunch = Mittagstisch für Berufstätige; meist in Form von Wahlmenüs oder Buffets.

Betriebe können sich von der Konkurrenz abheben, indem sie spezielle Angebote für Gäste mit besonderen Ernährungsansprüchen (wie z. B. für Vegetarier bzw. Veganer oder Menschen mit Lebensmittelunverträglichkeiten) machen.

Häufig wird ein Tagesmenü angeboten.

Service

Gedeckarten

Das Grundgedeck hängt von der Betriebsart und den üblicherweise gewählten Gängen ab.

Einfaches Grundgedeck

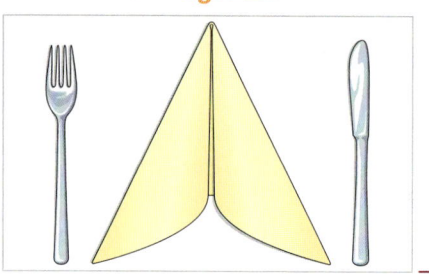

Bestehend aus (Papier-)Serviette, Tafelgabel und -messer

Mit einem Tafellöffel erweitertes Grundgedeck

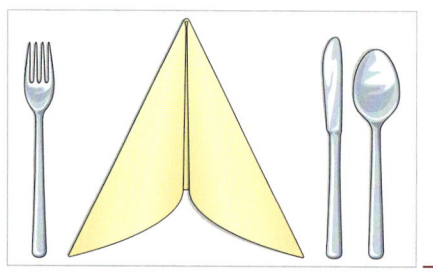

Ist es im Betrieb üblich, dass Gäste Suppen essen, wird bereits vorher der entsprechende Tafellöffel gedeckt bzw. in einfachen Betrieben wird der Tafellöffel mitserviert.

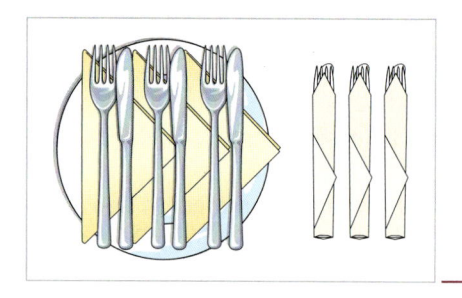

In **einfachen Betrieben** (Gasthäusern, Kantinen oder in Lokalen mit Gartenbetrieb) wird das Besteck bereits in Servietten gewickelt oder mit Papierservietten auf Tellern **vorbereitet.** Das vorbereitete Besteck wird am Tisch der Gäste eingestellt.

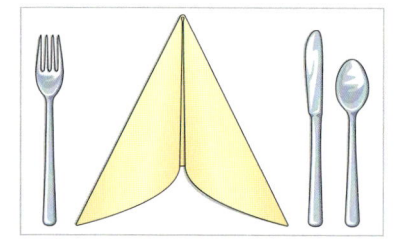

Ein mit einem Bouillonlöffel erweitertes Grundgedeck wird aufgedeckt, wenn die Suppe in der Bouillontasse serviert wird

Bestecktaschen (-kuverts) bieten sich als Alternative zum Besteckwickeln an. Die Kombination aus Serviette und Bestecktasche ermöglicht, Gedecke im Voraus vorzubereiten, und eignet sich für das Terrassengeschäft ebenso wie für Caterings, Bälle und Empfänge.

💡 Für das Kuvert darf der **Kuvertpreis,** ein auf der Speisenkarte extra angeführter Betrag, in Rechnung gestellt werden.

Kuvertgedeck (internationales Restaurantgedeck oder À-la-carte-Gedeck)

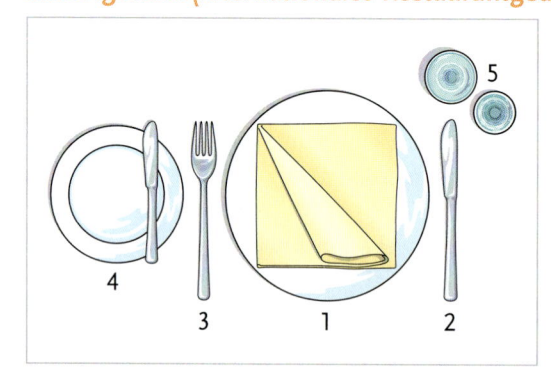

❶ Standteller mit Stoffserviette (oder nur Stoffserviette)
❷ Tafelmesser
❸ Tafelgabel
❹ Brotteller mit Dessert- oder Buttermesser
❺ Rotwein- und Weißweinglas oder Wein- und Wasserglas

Menügedecke

Die Art des Menügedecks hängt von der bestellten Speisenfolge ab.

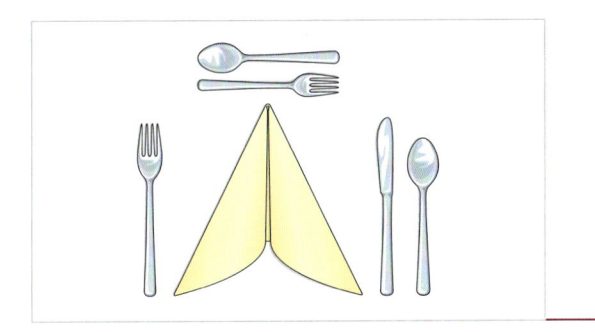

Menügedeck für
- Suppe in der Bouillontasse
- Fleischhauptspeise
- Süßspeise

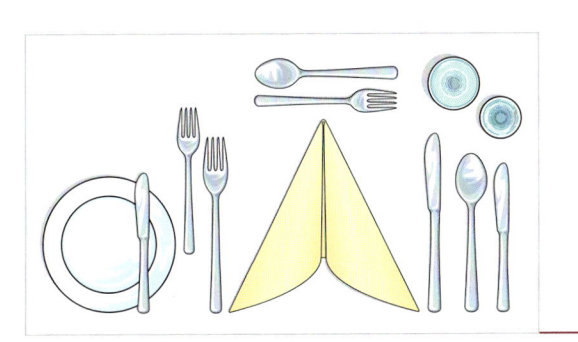

Menügedeck mit Kuvert für
- kalte Vorspeise
- Suppe in der Bouillontasse
- Fleischhauptspeise
- Käse
- Süßspeise

Für Käse nach dem Hauptgericht Dessertgabel und -messer vor dem Käseservice eindecken

💡 Die Gabeln können in einer Linie oder versetzt gedeckt werden.

✏️ Finden Sie zu jedem Menügedeck eine passende Speisenfolge.

Speisenfolge:

_____

_____

_____

Speisenfolge:

_____

_____

_____

_____

_____

Service der einzelnen Gänge

Das Suppenservice

Das Suppenservice hängt von der Art des Betriebes ab.

Suppe aus der Ausgießtasse

Diese Form des Suppenservice kommt in einfachen Betrieben und bei der Bedienung von Reisegruppen zum Einsatz. Die Suppenteller und die Suppenlöffel sind meist aufgedeckt, die Ausgießtasse steht auf einer Serviertasse.

Besser ist es, gleichzeitig mit der Ausgießtasse einen heißen Suppenteller (Obergriff) zu bringen. Dann wird der Suppenteller zuerst eingestellt und die Suppe von rechts so eingeschenkt, dass die Öffnung der Ausgießtasse vom Gast weg zeigt.

Sind Knödel (oder z. B. Grießnockerln) in der Suppe, ist die Ausgießtasse an den äußersten Tellerrand zu halten, damit die Einlage nicht in die Suppe fällt. Eine **weitere Möglichkeit** ist es, den Suppenteller mit der Einlage auf einem Unterteller einzustellen und anschließend die Suppe einzugießen.

Ausgießtasse

Suppe „en tasse"

Suppenservice in der Bouillontasse, der Consommétasse oder der Spezialsuppentasse, die allerdings nur noch selten verwendet wird.

en tasse   🔊 *äh tass*

Suppenservice in der

| Bouillontasse | Consommétasse | Spezialsuppentasse |

En terrine = im Suppentopf.

Petite Marmite = kleiner Suppentopf mit viel Gemüse und Rindfleisch.

En terinne 🔊 *äh terrinn*
Petite Marmite 🔊 *pötitt marmitt*

Beschreiben Sie den Unterschied zwischen **eindecken** und **aufdecken**.

- Die mit Suppe gefüllte Tasse mit Unterteller steht auf einem Dessertteller mit Papierserviette.
- Die Bouillontasse wird mit einem Bouillon- oder Dessertlöffel von rechts eingestellt (Henkel parallel zur Tischkante).
- Zur Consommétasse wird ein Consommélöffel gereicht, der Henkel zeigt nach links. Zur Spezialsuppentasse wird ein Mokkalöffel gereicht.

Suppe „en terrine"

Diese Serviceform wird in Betrieben mit Pensionsgästen und im À-la-carte-Bereich angewendet. Es gibt verschiedene Möglichkeiten:
- Die Terrine und die Suppenteller mit Unterteller werden auf dem Gästetisch eingestellt.
- Die Terrine wird vom Servicepersonal auf den Guéridon (Beistelltisch) gestellt. Dort füllt der/die Serviceleiter/in die Suppe in die Suppenteller und die Servicemitarbeiter/innen stellen die Suppenteller mit Unterteller ein.
- In kleinen Terrinen mit Untertellern werden auch Suppentöpfe, wie z. B. Wiener Suppenhuhn, Petite Marmite etc., serviert.

Suppe im Suppenteller

Bei einer einfachen Servierart wird die Suppe im Suppenteller auf einem Trageteller (Tafelteller mit Papierserviette) von rechts eingestellt. Ein Suppenlöffel muss eingedeckt werden.

Hauptspeisenservice

Dabei sind sämtliche Servierarten üblich (siehe Kapitel Servierarten, ab S. 212).

Dessertservice

Desserts werden entweder eingestellt, auf einem Dessertwagen beim Tisch des Gastes präsentiert und angerichtet, in Buffetform angeboten oder am Flambierwagen vollendet.

Abendessen

In Österreich, Deutschland, der Schweiz und in Skandinavien wird das Abendessen zwischen 18:00 und 21:00 Uhr eingenommen. Gäste aus mediterranen Ländern und aus dem Orient beginnen diese Mahlzeit meist nicht vor 21:00 Uhr. Eine Besonderheit in den USA ist das „early bird dinner": Zwischen 17:00 und 18:30 Uhr wird das Abendessen zu einem ermäßigten Preis angeboten.

Im Gegensatz zum Frühstück und Mittagessen hat der Gast am Abend genügend Zeit für ein ruhiges Essen. Ist das Mittagessen oft Mittel zum Zweck, möchte der Gast am Abend genießen und verwöhnt werden. Unzulänglichkeiten, die Gäste während des Tages aus zeitlichen Gründen entschuldigen, werden beim Abendessen nicht toleriert.

Zum Abendessen werden À-la-minute-Gerichte bevorzugt, aber auch flambierte Gerichte und Speisen, die vor dem Gast tranchiert werden. Konsumiert ein Gast zu Mittag vielleicht nur ein Glas Wein zu einem Menü, so wird er am Abend wahrscheinlich eine gute Flasche Wein aussuchen, die er auch fachgerecht präsentiert und serviert haben möchte.

Als **Servierarten** sind **Einstellen, Anrichten** und **Vorlegen** (siehe S. 212) üblich.

Aufgabenstellungen – „Mahlzeiten des Tages"

1. Beschreiben Sie die verschiedenen Frühstücksarten und das dazugehörende Gedeck.
2. Erklären Sie die Grundgedecke, die für das Mittagessen in Frage kommen.
3. Nennen Sie den Ablauf des Suppenservices.

7 Servicevorbereitungsarbeiten

Machen Sie ein Brainstorming: Was gehört alles erledigt, bevor die Gäste eintreffen? Kontrollieren Sie Ihre Liste, nachdem Sie dieses Kapitel bearbeitet haben.

Gewissenhaft durchgeführte Vorbereitungsarbeiten sind das A und O für einen reibungslosen Serviceablauf.

Die Vorbereitungsarbeiten richten sich nach der Mahlzeit (Frühstück, Mittagessen, Abendessen) und nach der Art der Veranstaltung. Die Grund-**Mise-en-Place** wird auf dem Serviertisch oder Sideboard bereitgehalten. Ein Sideboard ist ein fest montiertes oder fahrbares Möbelstück mit Bestecklafen und Fächern für Tischwäsche, Speisekarten etc., der Serviertisch ist ein Tisch in geeigneter Größe. Der Zweck eines Sideboards bzw. eines Serviertisches ist es, dass man keine langen Wege zurücklegen muss. Alle nötigen Serviergegenstände liegen griffbereit.

Mise en Place = Vorbereitung aller für das Service notwendigen Gegenstände.

Mise en Place ⟫ *Mies o Plass*

Mise en Place

Tischwäsche als Reserve
Tischtücher, Deckservietten, Mundservietten.

Teller
Suppenuntertassen mit Papierserviette und Trageteller, Tafelteller, Dessertteller.

Besteck (in der Bestecklade)

Grundbestecke (Messer, Gabel, Löffel), Dessertbestecke (Messer, Gabel, Löffel), Fischmesser, Fischgabel, Kaffeelöffel, Vorlegebestecke.

Menagen

Salz- und Pfefferstreuer, Zuckerstreuer für Kristall- und Staubzucker, Menagenständer mit Essig und Öl, Ketchup, Worcestersauce, Tabascosauce.

> Menagen — *Mönaschen*

Sonstiges

Speisenplateaus, Getränketragtassen, Serviertücher, Papierservietten, Speisen- und Getränkekarten, Bonblocks, Zahnstocher, Aschenbecher, Zündhölzer, Kerzen etc.

> „Jedes Ding an seinem Ort erspart dir Zeit und böses Wort!" Was sagen Sie zu dieser Aussage?

Raumvorbereitung

Bevor mit dem Decken der Tische begonnen wird, wird der Servierraum vorbereitet:
- Tische und Sessel reinigen.
- Fensterbretter auf Sauberkeit kontrollieren.
- Böden auf Sauberkeit kontrollieren.
- Sideboard und Mise en Place kontrollieren.
- Ein letzter Blick: Stellen Sie sich in den Türrahmen, durch den der Gast den Servierraum betritt, und kontrollieren Sie den Gesamteindruck des Raumes.

> Das Sideboard sollte nicht mit Tellern, Gläsern etc. vollgeräumt sein. Ein Teil, wie z. B. Suppenuntertassen mit Papierservietten und Tragtellern, befindet sich in der Küche.

Das Decken der Tische

Ausrichten der Tische

Bevor mit dem Tischdecken begonnen wird, müssen alle Tische und Sessel exakt ausgerichtet sein, d. h., alle Tische stehen in einer Linie. Die Abstände zwischen den Tischreihen sind gleich groß. Es entsteht somit ein harmonischer Gesamteindruck.

> *Bei wackeligen Tischen müssen Korkscheiben untergelegt werden.*

Auflegen des Moltons

Durch das Molton wird ein Verschieben des Tischtuches vermieden und außerdem die Tischplatte vor Hitze und Nässe geschützt.

Auflegen des Tischtuches

Das Tischtuch wird genau in der Mitte aufgelegt – der Mittelbug muss oben zu liegen kommen.

Ein Tischtuch wird aufgelegt, indem die beiden offenen Enden unter dem Bug gefasst und mit Daumen-, Zeige- und Mittelfinger gehalten werden. Der unterste Teil wird zuerst ausgelassen und über die hintere Tischkante gelegt. Danach zieht man das Tischtuch auseinander, wobei auch der zweite festgehaltene Teil geöffnet wird.

> ⚠ Die Enden des Tischtuches sollten auf jeder Seite 20–25 cm herunterhängen, höchstens aber bis einen Zentimeter über der Sesselsitzfläche.

7 Servicevorbereitungsarbeiten

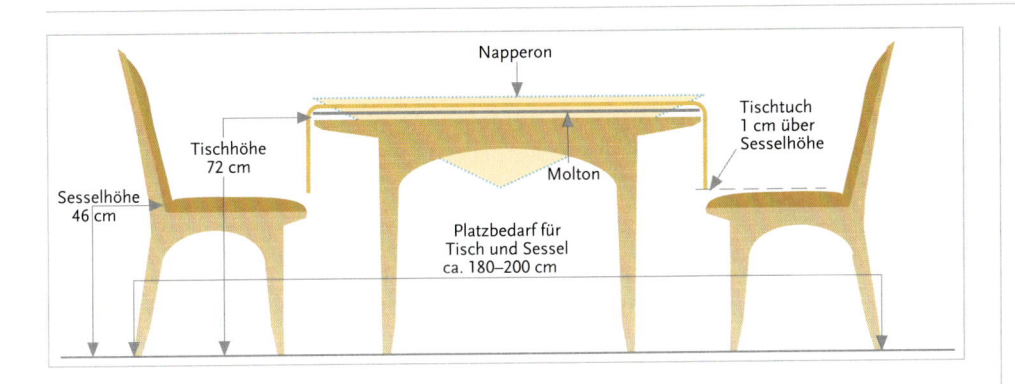

Werden mehrere Tischtücher für einen großen Tisch oder eine Tafel benötigt, müssen sie so aufgelegt werden, dass der Stoß der Tischtücher auf der vom Eingang (Blickpunkt des Gastes) abgekehrten Seite ist (siehe Grafik rechts). Die Hauptbüge müssen richtig anschließen.

Auflegen von Deckservietten (Napperons)

Zur Schonung der Tischdecken können Deckservietten darübergelegt werden.

Aufstellen des Tischdekors und der Menagen

Der Tischdekor (Blumenschmuck, Vasen, Kerzen), die Menagen und die Tischnummer sollen auf allen Tischen den selben Platz einnehmen. So entsteht ein einheitliches Bild.

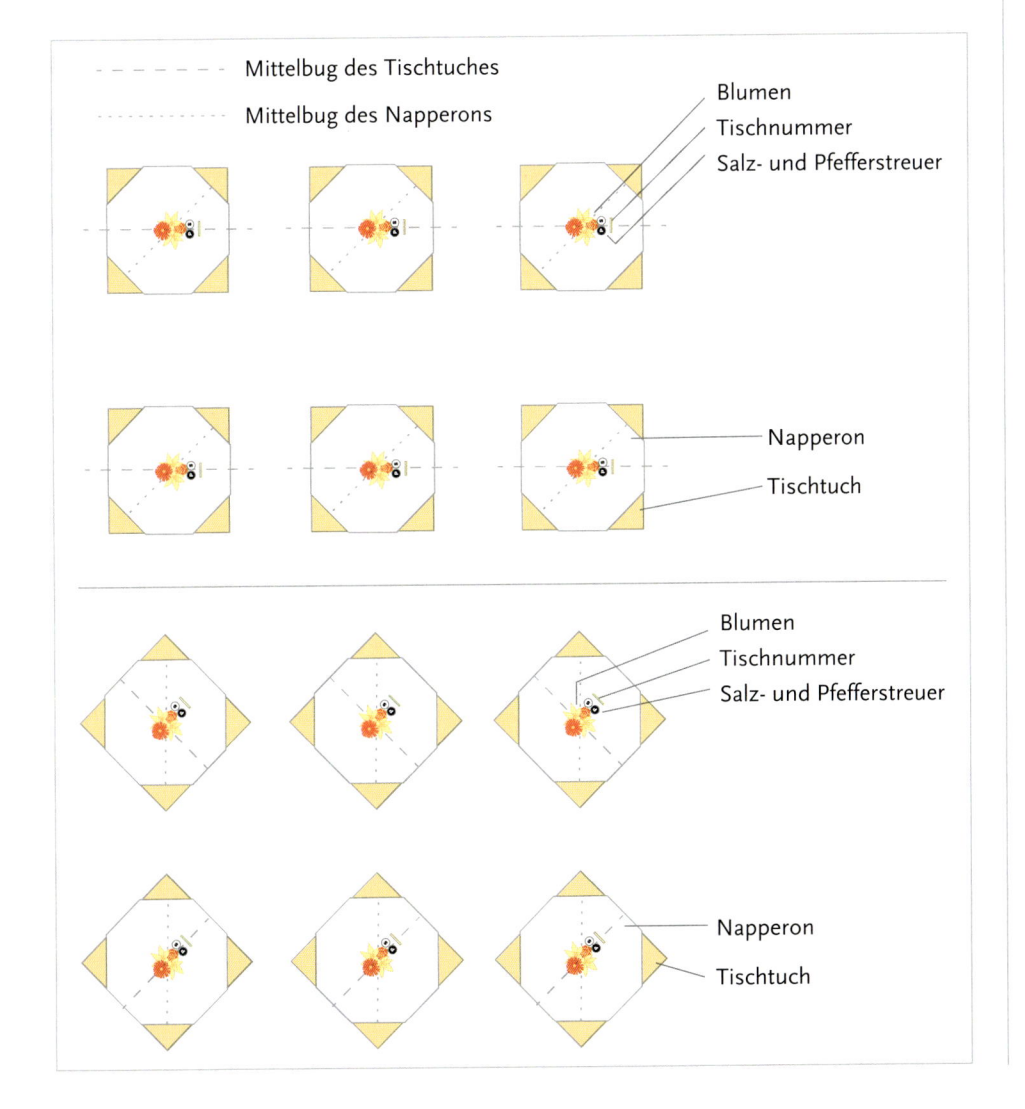

Deckt man einen runden Tisch mit einem quadratischen Tischtuch, müssen seine Ecken die Tischbeine bedecken

Statt des Platztellers kann auch eine gefaltete Serviette aufgedeckt werden.

Sessel ausrichten

Pro Gast rechnet man mit einem Platzbedarf von 70 bis 80 cm. Der Sessel muss genau in der Mitte des für den Gast vorgesehenen Platzes stehen. Ein korrektes Ausrichten der Sessel vereinfacht das Aufdecken ungemein.

Aufdecken der Platzteller

Der Platz-, Stand- oder Grundteller wird genau vor dem Sessel aufgedeckt. Der Tellerrand soll einen Zentimeter vom Tischrand entfernt sein. Ein Platzteller ist jedoch kein Muss.

Auflegen der Gedecke

Dieser Arbeitsablauf ist abhängig von der Art der Mahlzeit (Frühstück, Mittagessen etc.) und der Speisenfolge (siehe auch „Von der Vorspeise bis zum Dessert – Decken und Servieren der verschiedenen Speisen", S. 205). Einige Regeln gelten aber immer:

- Das Besteck wird von innen nach außen, d. h. von der Hauptspeise bis zur Vorspeise (1, A–D), gedeckt. Der Gast benutzt das Besteck in der Reihenfolge D–A, also von außen nach innen.
- Als nächstes wird das Dessertbesteck oberhalb des Platztellers oder der Serviette gedeckt (2, A–B). Auf Position A liegt die Dessertgabel, auf Position B der Dessertlöffel. Beide liegen so, dass sie beim Service des Desserts nur mehr heruntergezogen werden müssen.
- Dann wird auf die linke Seite des Platztellers der Brotteller (mit Butter- oder Dessertmesser) gestellt (3).

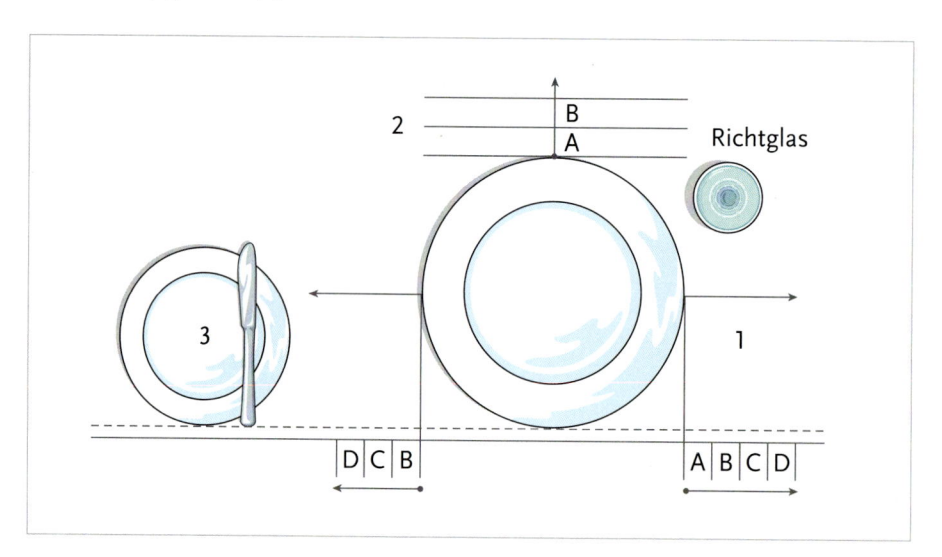

Es sollten auf der rechten Seite des Gedeckes nicht mehr als vier Besteckteile und auf der linken Seite nicht mehr als drei Besteckteile aufgedeckt werden. Wird mehr benötigt, werden für die einzelnen Gerichte die Besteckteile extra eingedeckt.

Servietten auflegen

Die gefaltete Serviette wird meist entweder auf dem Platzteller oder rechts vom Gedeck platziert. Sie kann aber auch auf den Brotteller gestellt werden.

Stellen der Gläser

Wasser-, zweimal Weißwein- und Rotweinglas in Längsform

Wasser-, zweimal Weißwein- und Rotweinglas in Blockform

Sessel erneut ausrichten

Ist der Tisch fertig gedeckt, werden die Sessel auf ihren Platz gestellt. Die Sitzflächenkante sollte bis zum Tischtuch reichen.

Von der Vorspeise bis zum Dessert – Decken und Servieren der einzelnen Speisen

Speisen	Besteck	Anrichteweise	Bemerkenswertes
Kalte Vorspeisen allgemein	Dessertmesser, Dessertgabel	Kalte Hauptspeiseteller	
Vorspeisencocktails	Kaffeelöffel, Dessertgabel	Sektschale, Papierserviette, Dessertteller	Man serviert das Besteck auf dem Unterteller mit.
Suppen allgemein	Dessertlöffel oder Bouillonlöffel	Bouillontasse, Untertasse, Papierserviette, Dessertteller	Klare und gebundene Suppen werden hauptsächlich in Bouillontassen serviert.
	Tafellöffel	Suppenteller, Serviette, Tafelteller	In vielen Restaurants werden Cremesuppen mit Einlage in Suppentellern serviert.
Warme Vorspeisen allgemein	Tafelmesser, Tafelgabel	Heiße Tafelteller	
Nudelgerichte	Tafelgabel und Tafellöffel	Suppenteller, Papierserviette, Unterteller; Gratinierschale, Stoffserviette, Unterplatte	Für Spaghetti wird die Tafelgabel rechts gedeckt. Bei Nudelgerichten wird geriebener Parmesankäse eingestellt.
Fische	Fischmesser und Fischgabel	Heiße Tafelteller oder Fischteller; Fischwanne (z. B. für Forelle blau), Stoffserviette, Platte; Fischplatte	Wird Fisch im Ganzen serviert, muss ein Grätenteller eingestellt werden.

Hauptspeisen	Tafelmesser, Tafelgabel	Heiße Tafelteller; Fleischplatten; Timbalen (Beilagenschüsseln)	Bei Geflügelgerichten Knochenteller einstellen.
Warme Desserts	Dessertlöffel, Dessertgabel	Heiße Tafelteller; Gratinierschalen, Stoffserviette, Unterplatte	Überbackene Süßspeisen werden häufig im Suppenteller mit Serviette und Unterteller angerichtet. Evtl. Staubzucker einstellen.
Kalte Desserts allgemein	Dessertlöffel, Dessertgabel	Kalte Tafel- oder Dessertteller	
Torten	Dessertlöffel, Dessertgabel	Dessertteller	Beim Terrassenservice Kuchen- oder Dessertgabel.
Cremen	Kaffeelöffel	Glasschale, Serviette, Dessertteller	
Eis	Kaffeelöffel oder Eislöffel	Eiscoupegläser, Serviette, Dessertteller	Eislöffel finden vor allem in Kaffeekonditoreien und in Eissalons Verwendung.
Kompotte, Obstsalat	Dessertlöffel, Dessertgabel	Glasschale, Serviette, Dessertteller	
Obst	Dessertmesser, Dessertgabel	Obstkorb, Dessertteller	Fingerbowle (Schale mit lauwarmen Wasser und Serviette) zum Reinigen der Hände einstellen.
Käse	Dessertmesser, Dessertgabel	Käseplatte, Käsebrett, Tafelteller, evtl. Dessertteller, Käsewagen	Zusätzlich werden verschiedene Brotsorten, Butter, Nüsse und Obst angeboten. Wird ein Käseteller vor dem Gast zusammengestellt, ist es wichtig, die verschiedenen Käsesorten mit unterschiedlichen Käsemessern zu schneiden.

Aufgabenstellungen – „Servicevorbereitungsarbeiten"

1. In Ihrem Hotel wird ein Festessen für eine große Gesellschaft ausgerichtet. Beschreiben Sie, was beim Auflegen der Tischtücher zu beachten ist.
2. Erklären Sie, warum eine Mise en Place so wichtig ist.

8 Allgemeine Servierregeln

„Schon wieder Regeln! Geht nicht auch alles 'mal ein bisschen lockerer?" Denken Sie auch so? Überlegen Sie den Nutzen, den Servierregeln haben könnten.

Bei Tischen, die in einer Ecke oder Nische stehen, können diese Regeln nicht immer eingehalten werden. Kein Gast zeigt Freude, wenn Sie Teller und Gläser über seinem Kopf jonglieren, nur um den Regeln gerecht zu werden. Servieren Sie also so, dass die Gäste möglichst wenig gestört werden.

Die Servierregeln gibt es deshalb, weil sie die Zusammenarbeit im Serviceteam erleichtern. Grundsätzlich gilt: Die rechte Hand arbeitet, die linke Hand trägt.

Rechts vom Gast werden
- die Teller eingestellt und abserviert,
- die Getränke serviert,
- Gedecke ergänzt oder Besteckteile ausgewechselt, die rechts vom Gast liegen.

Links vom Gast werden

- links stehende Teller, wie Brot-, Salat- und Abfallteller, eingestellt.
- die Platten präsentiert, von diesen vorgelegt und eingereicht.
- Gedecke ergänzt oder Besteckteile ausgewechselt, die links vom Gast liegen.
- alle von links eingestellten Serviergegenstände wieder abserviert.
- die Tischtücher gesäubert (mit Serviertuch und Dessertteller oder mit Tischbürste und -schaufel oder Tischroller).

Weiters ist zu beachten

- Gehen Sie, wenn möglich, bei Arbeiten am Tisch des Gastes immer im Uhrzeigersinn vorwärts. Rückwärtsgehen kann Unfälle verursachen.
- Tragen Sie Besteck, Gläser, Tassen und andere kleine Serviergegenstände immer auf einem Tablett.
- Tragen Sie Speisen auf Plateaus nur bis zum Serviertisch. Von dort werden die Speisen dem Gast serviert.
- Unter Schüsseln, Glasgeschirr, feuerfestes Geschirr oder Saucieren werden als Unterlage immer Servietten auf den Trageteller gelegt.
- Nicht benütztes Besteck wird mit dem Gang, zu dem es gehört, abserviert. Benützt der Gast irrtümlich ein falsches Besteck, ersetzen Sie es nach Beendigung des Ganges.
- Vor dem Servieren des Desserts werden die Menagen und das Brot entfernt (außer es wurde Käse bestellt). Anschließend wird der Tisch gesäubert, das Dessertbesteck heruntergezogen bzw. eingedeckt.
- Das zuletzt benutzte Weinglas und das Wasserglas bleiben bis zum Schluss der Mahlzeit stehen.
- Praktisch arbeiten! Gehen Sie nie mit leeren Händen zur Schank oder in die Küche, ohne zu überlegen, was Sie mitnehmen können. Sie ersparen sich dadurch „leere Kilometer"!

> **Aufgabenstellung – „Allgemeine Servierregeln"**
>
> - Beschreiben Sie die Servierregeln und erklären Sie, warum sie einzuhalten sind.

9 Grundlegende Servier- und Tragmöglichkeiten

> *Richtig oder falsch? Kreuzen Sie an:*
> - ☐ *Tellerstöße trägt man am besten auf einem Plateau.*
> - ☐ *Stielgläser dürfen nur am Stiel angefasst werden.*
> - ☐ *Bei allen anderen Gläsern ist es egal, wie man sie anfasst.*
>
> *Überprüfen Sie Ihre Antworten nach Bearbeitung des Kapitels.*

Damit man nicht mit jedem Teller oder Glas einzeln gehen muss, gibt es bewährte Techniken, wie man Speisen und Getränke am besten zum Gästetisch transportiert.

Service

💡 Plateaus werden auch im Garten-, Terrassen- und Etagenservice verwendet.

Die Plateaus sind rutschfest, um den sicheren Halt der transportierten Gegenstände zu gewährleisten

Plateau 🔊 *Plattoh*

Plateautragen

Müssen größere Mengen an Speisen, Getränken, Besteck oder Geschirr von der Ausgabe zum Serviertisch gebracht werden, ist es nötig, mit Plateaus zu arbeiten.
- Das Plateau wird mit der linken Hand getragen. Eine gefaltete Serviette kann zur Stütze der Finger in den Hohlraum der Hand gelegt werden.
- Damit beim Tragen eine gute Balance herrscht, muss das Gewicht auf dem Plateau gleichmäßig verteilt werden. Schwere Teile sind auf der körpernahen Seite zu platzieren.
- In der Küche, in Gängen, auf der Treppe etc. immer rechts gehen.
- Halten Sie beim Treppensteigen und Hinuntergehen die vordere rechte Ecke des Plateaus mit der rechten Hand.

Tellertragen

Für das richtige und sichere Tragen gibt es mehrere Griffe.

Untergriff

Dieser Griff wird hauptsächlich im Tellerservice angewendet.

Untergriff
Aufnehmen des ersten Tellers

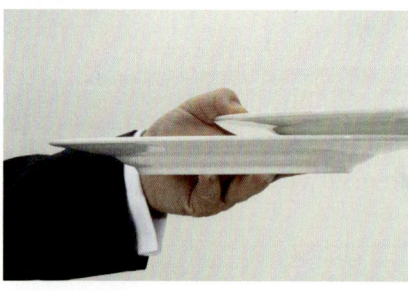

Untergriff
Aufnehmen des zweiten Tellers

Untergriff
Aufnehmen des dritten Tellers

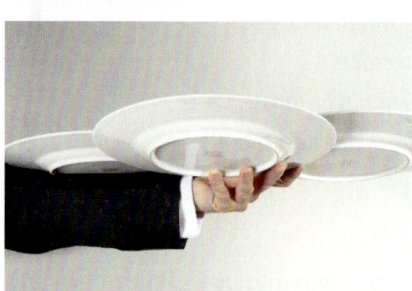

Untergriff
Ansicht von unten

Obergriff

Der Obergriff wird hauptsächlich beim Abservieren angewendet.

Obergriff
Aufnehmen des ersten Tellers

Obergriff
Aufnehmen des zweiten Tellers

> Getragen wird mit der linken Hand, serviert und abserviert wird mit der rechten Hand.

Tragen mehrerer Teller

Vorgewärmte Teller trägt man mit beiden Händen und mithilfe einer Serviette zum Serviertisch. Tellerstöße werden nicht auf einem Plateau transportiert! Die Gefahr einer „Tellerlawine" ist zu groß.

Ein Stoß Teller wird mit beiden Händen und einer Serviette getragen.

Tellereinstellen bei Tisch

Eine größere Anzahl leerer Teller wird in der linken offenen Hand mit einer Serviette zum Tisch getragen.

Tragen von Bouillontassen

Aufnehmen von zwei Bouillontassen

Plattentragen

Von Platten wird entweder vorgelegt oder sie werden am Tisch eingestellt. Eine weitere Variante ist das Einreichen von Platten, der Gast bedient sich dabei selbst.

Plattenservice beim Vorlegen

Handhabung des Vorlegers

Das Vorlegebesteck besteht aus einem Tafellöffel und einer Tafelgabel. Die Vorlegegriffe richten sich nach der Speise, die vorgelegt wird.

Normaler Vorlegegriff

Wird verwendet zum Greifen und Fixieren von Fleischstücken, die von der Platte auf den Teller des Gastes vorgelegt werden.

Zangengriff

Für Knödel, Tortenstücke und andere Mehlspeisen.

Flacher Vorlegegriff

Zum Heben von zerbrechlichen Stücken (z. B. Fischfilet), für Püree, Reis u. Ä. Löffel und Gabel bilden eine Ebene.

Gläsertragen

Beim Einstellen und Abservieren von Gläsern werden Tabletts (Variante 1, S. 211) verwendet. Die Gläser werden immer im unteren Drittel bzw. am Stiel angefasst.

Aus hygienischen Gründen darf man nie in Gläser hineingreifen, auch nicht in gebrauchte.

Variante 2 darf nur beim Aufdecken angewendet werden, wenn noch kein Gast anwesend ist. Die Stielgläser werden dazu mit der Glasöffnung nach unten zwischen die Finger gesteckt.

Tragen der Gläser auf einem Tablett (Variante 1)

Trageart beim Aufdecken (Variante 2)

Eindecken

Eingedeckt wird dann, wenn die Gäste bereits Platz genommen haben. Auf einem Serviertablett werden die Gläser bzw. das Besteck zum Tisch gebracht und eingestellt. Zum Tragen des Bestecks kann auch ein Tafelteller mit einer Stoffserviette verwendet werden.

Abservieren

- Was von rechts eingestellt wird, wird auch von rechts abserviert. Was links steht, wird auch von links abserviert.
- Der Teller mit dem Besteck wird mit der rechten Hand ausgehoben.
- Hinter dem Gast wird der Teller in die linke Hand genommen und das Besteck zurechtgelegt. Das Messer wird unter die Gabel geschoben.
- Dieser Vorgang wird beim nächsten Gast wiederholt.

Abservieren von Bouillontassen

Die Löffel sind alle auf einer Seite gestapelt.

Aufgabenstellung – „Servier- und Tragmöglichkeiten"

- Führen Sie verschiedene Arten des Tellertragens aus und üben Sie die Handhabung des Vorlegers.

10 Servierarten

> *Erinnern Sie sich an den letzten Schulskikurs oder die letzte Projektwoche: Wie wurden die Speisen zu Mittag serviert?*
> *Und waren Sie schon einmal fein essen? Wie wurden da die Speisen gebracht? Macht es für Sie einen Unterschied, wie serviert wird? Oder gehen Sie lieber an ein Buffet, statt dass Sie sich bedienen lassen? Diskutieren Sie die verschiedenen Arten des Servierens und ihre Vor- und Nachteile.*

💡 Die Servierart hängt vom Betrieb, von der Veranstaltung und dem Können der Servicemitarbeiter/innen ab.

Einstellen

Diese Art des Servierens wird am häufigsten praktiziert. Teller oder Portionsplatten mit fertig angerichteten Speisen werden dem Gast direkt von rechts serviert.

Bei Portionsplatten wird zuerst ein Tafelteller eingestellt, bevor oberhalb des Tellers die Platte mit dem Vorleger platziert wird. Bei warmen Speisen ist es vorteilhaft, wenn die Platte auf einen Platemaster gestellt wird.

Platemaster = Wärmeplatte.

Anrichten

Für diese Servierart wird in der Küche auf Platten angerichtet, entweder für eine oder für mehrere Personen (wenn das Gericht an einem Tisch für mehrere Personen bestellt wurde).

Bevor die Speise auf dem Tafelteller angerichtet wird, wird dem Gast die Platte präsentiert. Angerichtet wird immer auf einem Beistelltisch. Die Speisen werden mit einem Tafellöffel in der rechten und einer Tafelgabel in der linken Hand in folgender Reihenfolge angerichtet: zuerst das Fleisch, dann die Sättigungs- und die Gemüsebeilage.

Anrichten auf dem Beistelltisch

💡 Kalte Speisen serviert man auf kalten Tellern, warme Speisen auf warmen Tellern.

Vorlegen

Diese Servierart ist z. B. bei Banketten (siehe S. 273) üblich. Vorgelegt wird aber auch dann, wenn an einem Tisch mehr als zwei Personen dieselbe Speise bestellt haben und diese auf einer Platte angerichtet ist.

Auf einer Platte werden maximal acht Portionen angerichtet. Mehr Portionen anzurichten, wäre nicht sinnvoll, weil das Essen während des Servierens auskühlen würde. Die Speise wird dem Gast mit dem Vorlegebesteck von der linken Seite vorgelegt.

Einreichen

Dem Gast wird die Platte mit einem Vorleger von links angeboten. Der Gast bedient sich selbst. Der Griff des Vorlegers muss zum Gast zeigen.

Beim Einreichen bedient sich der Gast selbst

Anbieten

Angeboten werden z. B. Getränke auf einer Getränketasse oder Häppchen auf Platten während Veranstaltungen wie Cocktailpartys, Vernissagen, Präsentationen etc. Es gilt dabei der Grundsatz: Die Linke Hand trägt, die rechte arbeitet.

Buffet

Buffets erfreuen sich bei Gästen großer Beliebtheit. Vorteile gibt es sowohl für den Gast als auch für den Betrieb.

Vorteile für den Gast	Vorteile für den Betrieb
■ Hoher Erlebniswert. ■ Für jeden Geschmack etwas zu finden. ■ Wartezeiten verringern sich erheblich.	■ Präsentation des eigenen Könnens und der Kreativität = Werbung. ■ Reduzierter Mitarbeiterbedarf. ■ Eine größere Personenanzahl kann innerhalb kürzester Zeit bewirtet werden.

💬 Buffets sind bei Gästen sehr beliebt. Könnten für den Gast auch Nachteile entstehen? Diskutieren Sie mit Ihren Kollegen bzw. Kolleginnen!

Aufgabenstellungen – „Servierarten"

1. Zählen Sie die verschiedenen Servierarten auf.
2. Beschreiben Sie das Einstellen. Wann wird diese Servierart angewendet?
3. Die Servierart _____ ist vor allem bei Banketten üblich. Die Servierart _____ eignet sich für Cocktailpartys, Vernissagen etc.

Ziele erreicht? – „Service"

KOMPETENZ-ERWERB ✓

Ausgangssituation

Paul arbeitet im Sommer als Ferialpraktikant in einem gutbürgerlichen Gasthof. Er unterstützt das Restaurantteam bei der Gästebetreuung und beim Service.

a) Was soll er am besten an seinem ersten Arbeitstag anziehen? Nennen Sie Paul drei mögliche Vorschläge.

b) Beschreiben Sie, worauf Paul in Bezug auf Hygiene achten soll.

c) Zählen Sie die Gegenstände auf, die er sich bei Dienstantritt organisiert, damit er für seine Aufgaben gut vorbereitet ist.

d) Als erste Aufgabe steht nun das Decken der Tische für das Mittagsservice an. Wie geht er dabei vor? Erläutern Sie, welche Tischwäsche er benötigt und was er an Besteck, Geschirr und Gläsern eindecken wird.

e) Für die Gedecke sind auch die Servietten vorzubereiten. Da 60 Stück zu falten sind, bittet ihn seine Chefin, eine einfache, aber attraktive Form auszuwählen. Zählen Sie geeignete Formen auf.

f) Die Chefin teilt ihm mit, dass in ihrem Haus die Servierart Einstellen üblich ist und nur bei Banketten (z. B. Hochzeiten) auch vorgelegt wird. Sie fragt ihn, ob er weiß, was damit gemeint ist. Beschreiben Sie in kurzen Worten diese beiden Servierarten.

g) Die ersten Gäste kommen. Was macht Paul, wenn sie zur Türe hereintreten? Nennen Sie die Abläufe.

h) Bei der Beratung der Gäste und der Aufnahme der Bestellung ist Paul noch unsicher, weil er die Speisenkarte noch nicht sehr gut kennt. Fassen Sie für Paul Tipps zusammen, wie er seine Gäste optimal betreuen kann.

i) Ein Gast teilt Paul mit, dass die servierte Suppe nicht heiß genug ist. Legen Sie dar, wie Paul darauf reagieren soll.

⬇ Einen interaktiven **Safety-Check** finden Sie in der TRAUNER-DigiBox.

Getränkekunde und Getränkeservice

Die meisten gastronomischen Betriebe erzielen mit den Getränken den größeren Umsatzanteil. Zwei Gründe gibt es dafür:
- Getränke können den ganzen Tag über serviert werden.
- Der Arbeitsaufwand ist, verglichen mit dem Speisenservice, relativ gering.

Profund = in die Tiefe gehend, gründlich.

Zu einem guten Service gehört auch eine profunde Beratung der Gäste, welche Getränke gewählt werden sollen. Dazu muss man aber über die verschiedenen Produkte Bescheid wissen, um sie beschreiben zu können. Daher ist ein Basiswissen über Getränke, ihre Herkunft und Herstellung unerlässlich. Darüber hinaus sind die Getränke auch im passenden Glas und mit der richtigen Temperatur zu servieren. Dies entscheidet, ob ein Getränk auch wirklich schmeckt.

KOMPETENZERWERB

🎯 Meine Ziele

Nach Bearbeitung dieses Kapitels kann ich
- gängige alkoholfreie Getränke aufzählen;
- die Faktoren nennen, die für einen perfekt zubereiteten Kaffee ausschlaggebend sind;
- verschiedene Kakaogetränke unterscheiden;
- hochwertigen Tee fachgerecht zubereiten;
- die wichtigsten Biersorten nennen;
- typische österreichische Weinreben aufzählen;
- den richtigen Umgang mit Wein beschreiben;
- den Unterschied zwischen Champagner und Sekt erklären;
- Aromatisierte Weine, Likörweine und Spirituosen aufzählen;
- Getränke fachgerecht servieren;
- zu verschiedenen Speisen das passende Getränk auswählen.

1 Einteilung der Getränke

Grundsätzlich werden alkoholfreie und alkoholische Getränke unterschieden.

Alkoholfreie Getränke

Alle Getränke, die bis zu 0,5 Vol.-% Alkohol enthalten, zählen zu den alkoholfreien Getränken.

Wässer

Frucht- und Gemüsegetränke

Limonaden und Erfrischungsgetränke

Milch und Milchmischgetränke

Alkaloidhaltige Getränke

💡 Alkoholfreie Getränke erfreuen sich großer Beliebtheit. Die Sortenvielfalt und das Gesundheitsbewusstsein tragen erheblich dazu bei. Alkoholfreie Getränke werden manchmal aber auch mit Alkohol gemischt (wie für einen Gespritzten, für Alkopops, für Cocktails oder einen Irish Coffee).

Getränkekunde und Getränkeservice

Alkoholische Getränke

Alle Getränke, die mehr als 0,5 Vol.-% Alkohol enthalten, zählen zu den alkoholischen Getränken.

Bier
Biere erhalten ihren Alkoholgehalt durch **Gärung**.

Wein und weitere Produkte aus Wein
Weine erhalten ihren Alkoholgehalt durch **Gärung**.

Spirituosen
Spirituosen erhalten ihren Alkoholgehalt durch **Destillation**.

§ Alkoholische Getränke dürfen nur an Personen ab 18 Jahren ausgeschenkt werden, manche Landesgesetze haben aber bei Produkten aus Gärungsalkohol die Grenze auf 16 Jahre gesenkt (Ausweiskontrolle!).

2 Grundsätzliches zum Getränkeservice

Ausschankanlagen

In der Gastronomie erfolgt der Ausschank von Getränken (z. B. Bier, Wein, Erfrischungsgetränken) häufig mit elektronisch gesteuerten Anlagen. Sie dosieren die exakte Ausgabemenge und erleichtern die Abrechnung. Mobile Varianten sind besonders für Gastgärten oder für Catering geeignet.

⚠ Die einwandfreie Reinigung und Wartung der Schankanlage müssen **bei Bierbezug** im **Schankanlagenbuch** nachgewiesen werden. Bei Kontrollen muss das Buch vorgelegt werden.

Service offener Getränke

Offene Getränke sind all jene, die nicht in Originalflaschen auf den Tisch des Gastes kommen. Sie werden Betrieben in
- Fässern (Bier, Wein),
- Containern (Bier, Wein, alkoholfreie Getränke) oder
- Bag-in-Box-Systemen (alkoholfreie Getränke, Wein) bzw.
- Flaschen (ab 0,375 Liter z. B. bei Süßweinen) geliefert.

Sirupbasis in der Bag-in-Box

Offene Getränke werden in geeichte Karaffen oder Krüge gefüllt bzw. direkt in geeichte Gläser eingeschenkt und so zum Tisch des Gastes gebracht. Gefäße mit dem angegebenen Nenninhalt müssen „gestrichen voll" sein (also bis zur Unterkante des Füllstrichs!).

Mise en Place für das Service von offenen Getränken
- Geeichte Karaffen, Krüge, Gläser
- Rutschfestes Serviertablett oder Getränketasse (Tambourice)

Ist das Tablett nicht rutschfest, muss man für das Service eine Papier- oder Stoffserviette darauflegen

Service von gefüllten Gläsern
- Stellen Sie das gefüllte Glas auf ein rutschfestes Serviertablett.
- Stellen Sie beim Gast das Glas von der rechten Seite ein, und zwar so, dass es oberhalb der Messerspitze des Gedecks zu stehen kommt.

Ist kein Gedeck vorhanden, stellt man das Glas so ein, dass es der Gast gut greifen kann. Haben Gläser Vignetten (also Marken- bzw. Firmenaufdrucke), müssen sie zum Gast zeigen.

💡 Ein Glas soll immer beim Gast stehen bleiben, auch wenn es leer bleibt, weil der Gast gerade kein weiteres Getränk wünscht.

Service von Karaffe oder Krug mit Glas
- Stellen Sie die Karaffe oder den Krug und ein entsprechendes Glas auf ein rutschfestes Serviertablett.
- Stellen Sie zuerst beim Gast das Glas von der rechten Seite wie oben beschrieben ein.
- Schenken Sie nun das Getränk von rechts ein.
- Stellen Sie zuletzt die Karaffe oder den Krug rechts oberhalb des Glases ein, wobei ein eventuell vorhandener Henkel zum Gast zeigen bzw. für ihn leicht erreichbar sein soll.

Service in Portionsflaschen
Vor allem Mineralwässer, Fruchtsäfte und Erfrischungsgetränke werden häufig in Portionsflaschen zu 0,2 l, 0,25 l bzw. 0,33 l oder in für den Gästetisch passenden größeren Glasflaschen (z. B. 0,5 l, 0,75 l, 1 l) angeboten.

Service von Getränken in Portionsflaschen
- Wischen Sie Portionsflaschen immer schon vor dem Einkühlen ab – vor allem die Flaschenböden, damit sie später keine Ränder auf Tischtüchern hinterlassen.
- Öffnen Sie Portionsflaschen an der Schank.
- Bringen Sie die Flasche und – falls kein Glas eingedeckt ist, auch ein entsprechendes Glas – auf einem geeigneten Tablett zum Tisch des Gastes.
- Stellen Sie eventuell das fehlende Glas von rechts ein.
- Schenken Sie nun das Glas von der rechten Seite etwa halb voll.
- Stellen Sie zuletzt die Flasche mit dem Etikett zum Gast schräg rechts hinter das Glas.

Leere Flaschen bzw. Karaffen oder Krüge können mit der Frage nach einem weiteren Getränkewunsch mit einem entsprechenden Tablett abserviert werden. Achten Sie darauf, dass schwere Karaffen, Flaschen und Gläser beim Tragen des Tabletts immer nahe zum Körper stehen.

Getränkekunde und Getränkeservice

3 Alkoholfreie Getränke

Alkoholfreie Getränke gibt es viele. Neben Wasser – unserem wichtigsten Flüssigkeitslieferanten – gelten besonders verdünnte Fruchtsäfte als ideale und allseits beliebte Durstlöscher. Jedoch erfreuen sich auch Gemüsegetränke vermehrt großen Zuspruchs. Welches alkoholfreie Getränk bevorzugen Sie?

Es gibt auch alkoholfreie Aperitifs. Die französische Bezeichnung **Aperitif** leitet sich vom lateinischen Wort „aperire" ab und bedeutet „öffnen", ein Magenöffner also.

Nicht nur Autofahrerinnen und Autofahrer greifen gerne zu alkoholfreien Getränken! Denken Sie dabei auch an Kinder, Jugendliche, Sportler oder gesundheitsbewusste Gäste.

Bei Erfrischungsgetränken sorgt die Getränkeindustie durch ständige Werbung und immer neue Produkte für die nötige Nachfrage. Doch selbst Milch und Milchmischgetränke lassen sich nicht nur Kindern erfolgreich empfehlen. Zuletzt gilt bei den sogenannten alkaloidhaltigen Getränken Kaffee in Österreich als äußerst beliebtes, anregendes Getränk und auch Tee in seiner Sortenvielfalt gewinnt immer mehr an Bedeutung.

Diskutieren Sie in der Klasse: Gibt es Ihrer Meinung nach verschiedene Arten von Wasser? Und darf Leitungswasser in Gastronomiebetrieben etwas kosten?

Wässer

Bis vor Kurzem wurde Wasser – da vermeintlich unbegrenzt verfügbar – als sogenanntes freies Wirtschaftsgut gering geschätzt. Durch ein gesteigertes Gesundheitsbewusstsein der Gäste einerseits und einen von den Herstellern geschaffenen Lifestyle (edle Flaschenformen, ansprechende, trendige Werbung) andererseits ist eine neue Wasserkultur entstanden.

Was haben Sie über Wasser bereits im Gegenstand „Ernährung und Gesundheit" gelernt? Wissen Sie, wie viel Wasser der Mensch täglich trinken soll? Wie viel Energie liefert Wasser?

Zusammensetzung von Wasser

Wasser ist eine Flüssigkeit, die aus Wasserstoff (H) und Sauerstoff (O) besteht. Außerdem enthalten die meisten Wässer gelöste Stoffe, sogenannte Mineralsalze. Je mehr Mineralstoffe ein Wasser enthält, desto geschmacksintensiver ist es. Je nach Kalkgehalt unterscheidet man zwischen hartem und weichem Wasser.

Trinkwasserarten

Trinkwasserarten			
Abgefüllte Trinkwässer (Quell- oder Grundwässer)	Tafelwässer (auch Sodawasser)	Natürliche Mineralwässer	Heilwässer

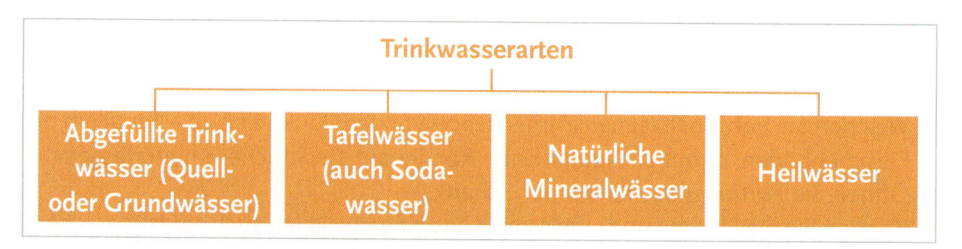

Trinkwasser

Trinkwasser ist bei uns in erster Linie Quell- und Grundwasser, das regelmäßig behördlich geprüft wird.

Trinkwasser muss farb- und geruchlos sein.

Trinkwasser muss einen angenehmen und erfrischenden Geschmack haben.

Trinkwasser darf keine Krankheitskeime, ekelerregenden Stoffe und giftigen Bestandteile enthalten.

Eine Quelle entsteht, indem Regenwasser durch verschiedene Gesteinsschichten sickert, dabei wird es mit Mineralstoffen, Spurenelementen und eventuell CO_2 angereichert.

Das berühmte Hotel Adlon in Berlin bietet eine Wasserkarte mit über 40 Sorten – darunter ein Wasser aus Japan um mehr als 60 Euro pro Liter. Geschäftstüchtige Betriebe setzen auf trendige Wasserkarten. Diskutieren Sie über den Grund.

Tafelwasser und Sodawasser

Tafelwasser wird entweder aus Trinkwasser oder aus natürlichem Mineralwasser hergestellt und muss den Trinkwasserrichtlinien entsprechen. Eine vor allem in Österreich beliebte Spezialität ist **Sodawasser.** Das ist mit mindestens 4 g Kohlensäure pro Liter versetztes Trinkwasser.

Natürliches Mineralwasser

Es kommt aus einem unterirdischen, vor jeder Verunreinigung geschützten Wasservorkommen (einer Quelle) und ist von ursprünglicher Reinheit. Es darf nur Kohlensäure zugesetzt oder entzogen und Eisen- oder Schwefelverbindungen dürfen entfernt werden. Es wird am Quellort abgefüllt, der auf dem Etikett angegeben sein muss.

Natürliche Mineralwässer dürfen nach Erfüllung der Voraussetzungen (EU-Richtlinien) und dem Nachweis durch entsprechende Gutachten mit einer bestimmten Genehmigung abgefüllt werden.

Der Konsum von natürlichem Mineralwasser (vor allem mildem und stillem) hat in Österreich deutlich zugenommen

Einige bekannte Mineralwassermarken in Österreich: Alpquell, Gasteiner, Güssinger, Juvina, Römerquelle, Vöslauer, Waldquelle.

Heilwasser

Heilwasser ist ein Mineral- oder Thermalwasser mit nachgewiesener Heilwirkung. Die gesetzlichen Vorschriften sind in der Arzneimittelverordnung geregelt.

Service von Wasser

Im Sortiment jedes Gastronomiebetriebes sollten kohlensäurehaltige, milde und stille Mineralwässer vorhanden sein. Heimischen Produkten ist bei der Empfehlung der Vorzug zu geben!

Service
- Ideale Trinktemperatur 8 °C
- Eis und Zitrone auf Wunsch des Gastes (Eis verwässert, Zitrone überdeckt den Eigengeschmack)

Getränkekunde und Getränkeservice

Gläser

- Wasserbecher
- Stielwasserglas
- Mittlerer Tumbler
- Karaffen in verschiedenen Größen

💡 Die Trinktemperatur ist nicht die Serviertemperatur. Die Serviertemperatur liegt ein bis zwei Grad darunter, weil die Erwärmung beim Einschenken in nicht gekühlte Gläser oder Karaffen und der Transport der Getränke zum Gast einkalkuliert werden müssen.

Verwendungsmöglichkeiten

- Als Durstlöscher
- Als Diätgetränk
- Als Aperitif
- Zu Kaffeegetränken (Trinkwasser)
- Zum Mischen mit alkoholfreien und alkoholischen Getränken
- Zur Neutralisierung des Geschmackes, z. B. bei Weinwechsel
- Idealer Begleiter zu jeder Speise
- Als zusätzliche Aufmerksamkeit im Hotelzimmer

Frucht-, Gemüse- und Erfrischungsgetränke

Frucht- und Gemüsegetränke, Süßmost und Sirupe

Immer mehr Getränke werden in Bioqualität angeboten und/oder werden fair gehandelt

Smoothies sind eine moderne Form von Frucht- und Gemüsegetränken, wofür die ganzen Früchte zu cremigen Pürees verarbeitet werden

Frucht- und Gemüsegetränke werden aus frisch gepressten Säften bzw. aus Saftkonzentraten hergestellt. Sie liefern wichtige Stoffe für den menschlichen Organismus.

Auswahl

Fruchtgetränke
- **Fruchtsaft/Direktsaft:** 100 % Fruchtsaft
- **Fruchtsaft aus Fruchtsaftkonzentrat:** Flüssigkeit wird entzogen und im Bestimmungsland zugesetzt.
- **Fruchtnektar:** mind. 25 % Fruchtsaftanteil, Rest Wasser, Zucker etc.

Süßmost
Unvergorener Saft aus Äpfeln und/oder Birnen sowie Trauben

Gemüsegetränke
- **Gemüsesaft:** 100 % Saft
- **Gemüsetrunk und -nektar:** mind. 40 % Gemüsesaft- bzw. -markanteil, Rest Wasser, Gewürze etc.

Sirup
Dicksaft mit hohem Zuckergehalt – zum Verdünnen; der Verdünnungsfaktor muss angegeben sein.

Erfrischungsgetränke

Erfrischungsgetränke sind trinkfertige Erzeugnisse, die aus Wasser
- mit oder ohne Zusatz von Kohlensäure,
- geruchs-, geschmacks- und farbgebenden Zusätzen,
- eventuell Mineralstoffen, Vitaminen, Molke oder Malzextrakt sowie
- süßenden Stoffen (Zucker und Süßungsmittel) hergestellt werden und
- nicht mehr als 0,5 Vol.-% Alkohol pro Liter enthalten.

Fruchtsaftgetränke	Mindestens 6 % Fruchtsaftanteil bei Saft von Zitrusfrüchten, 10 % bei Kernobst, 30 % bei Ananas und Trauben, z. B. Frucade, Sinalco, Pfanner
Limonaden	Weniger als 6 % Fruchtsaftanteil, z. B. Sprite
Kräuterlimonaden	Enthalten Kräuterauszüge, z. B. Almdudler
Colalimonaden	Auf Koffeinbasis, z. B. Coca-Cola, Red Bull Cola
Molkegetränke	Mindestens 40 % Molkezusatz, z. B. Latella
Eistees	Aus Teeextrakt bzw. -aroma mit weiteren Aromastoffen und Zucker bzw. Süßungsmittel, z. B. Rauch Eistee Pfirsich
Isotonische Getränke	Enthalten vermehrt rasch verwertbare Mineralstoffe, Vitamine und Zucker, z. B. Isostar
Energydrinks/ Powerdrinks	Meist höherer Koffeingehalt (mehr als 250 mg/l) und anregende Inhaltsstoffe wie Taurin, Guarana, zusätzliche Vitamine und Provitamine, z. B. Red Bull
Aromatisierte Wässer	Für aromatisierte Wässer werden Mineralwässer mit Frucht- bzw. Kräuterauszügen versetzt; z. B. Römerquelle Emotion.

Als natürliche Limonade gilt der frisch gepresste Saft von Zitrusfrüchten mit (Mineral-)Wasser und Zucker oder Süßstoff.

Weißes Cola aus dem Mühlviertel

Vom Haubenkoch zum Bio-Durstlöscher: Im Mühlviertel sprudelt „Pedacola", hergestellt aus der Eberraute, die auch als Colastrauch bezeichnet wird.

Quelle: derstandard.at

💡 Bei kalorienarmen und kalorienfreien Erfrischungsgetränken wird Zucker teilweise oder ganz durch Süßstoff ersetzt, z. B. bei Sprite light oder zero.

Erfrischungsgetränke werden gerne für **Alkopops** eingesetzt, weil sie den für Jugendliche anfangs ungewohnten und unangenehmen Alkoholgeschmack übertönen. Alkopops sind alkoholhaltige, süß schmeckende Getränke mit intensivem Fruchtgeschmack, z. B. Bacardi Breezer, Eristoff, Two Dogs, Hooch, Go! (Tuben).

Service von Säften und Erfrischungsgetränken

Frucht- und Gemüsegetränke

Service
- Ideale Trinktemperatur 8–12 °C
- Gemüsegetränke im Glas auf Unterteller mit Serviette und passendem Löffel
- Bei Gemüsegetränken evtl. Menagen einstellen
- Frucht- oder Gemüsegetränke vor dem Ausschenken aufschütteln bzw. aufrühren
- Eis auf Wunsch des Gastes

Gläser für Frucht- und Gemüsegetränke

- Wasserbecher
- Stielwasserglas
- Mittlerer Tumbler

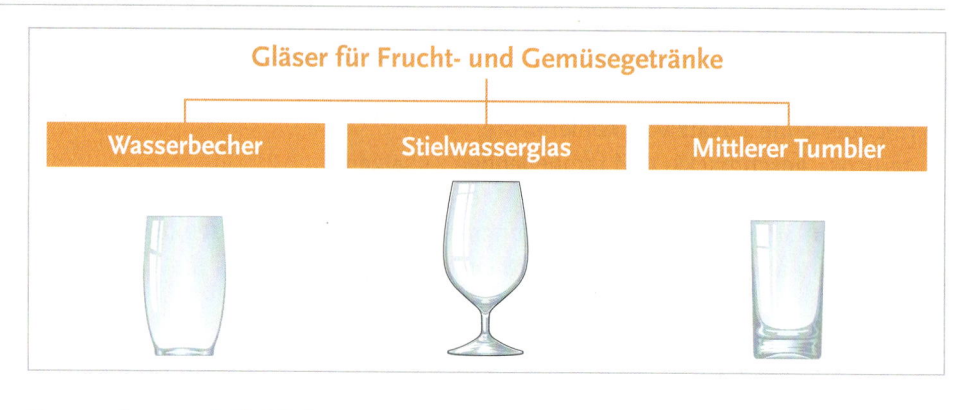

Verwendungsmöglichkeiten

- Zum Frühstück
- Als Aperitif
- Als Erfrischungsgetränk
- Als Fitness- bzw. Wellnessgetränk
- Begleitend zu Baby-, Kranken- und Schonkost

Erfrischungsgetränke

Service

- Ideale Trinktemperatur 8–10 °C (Ausnahme Colalimonaden: 6 °C)
- Erfrischungsgetränke werden in der Originalflasche zusammen mit einem passenden Glas serviert
- Eiswürfel nur auf Wunsch des Gastes

Gläser für Erfrischungsgetränke

- Mit Firmenaufdruck
- Mittlerer Tumbler
- Großer Tumbler

Verwendungsmöglichkeiten

- Für Mischungen, z. B. Radler (Bier mit Zitronen- oder Kräuterlimonade), Spezi (Orangen-Cola-Limonade)
- Für Long Drinks, z. B. Whisky-Cola
- Als Begleiter zum Essen ungeeignet, da sie durch ihren Geschmack den Geschmack jeder Speise übertönen

---

💬 Denken Sie an Ihren letzten Besuch einer Party, eines Festivals etc.: Haben Sie Erfrischungsgetränke konsumiert? Waren sie wirklich erfrischend?

Milch und Kakao

Milch

Unter Milch als Handelsware versteht man im Allgemeinen Kuhmilch. Sie wird vor allem wegen ihrer idealen Nährstoffzusammensetzung sehr geschätzt.

💡 Milch ist laut Lebensmittelgesetz und aufgrund ihres Nährstoffgehalts ein Nahrungsmittel und kein Getränk.

Milchsorten und Milchprodukte

Milchsorten in der Gastronomie				
Trinkmilch	Sauermilchprodukte	Rahm- oder Süßrahmprodukte	Dauermilch	Milchmischgetränke
Vollmilch (3,5 % Fett) oder pasteurisierte Frischmilch von 0,1 bis 4,5 % Fettgehalt	Sauermilch, Buttermilch, Acidophilusmilch, (Trink-)Joghurt, Kefir etc.	Schlagobers, Kaffeeobers etc.	Kondensmilch, Trockenmilchpulver etc. (mehrere Monate haltbar)	Heiße Milchmischgetränke, z. B. Milchpunsch (mit Alkohol), kalte Milchmischgetränke, z. B. Shakes (mit Eiswürfeln zubereitet, ohne/mit Alkohol), Frappés (mit Speiseeis, ohne/mit Alkohol)

Service
- Kalt oder warm
- Mischgetränke im Tumbler mit Trinkhalm
- Werden als Garnitur Schlagobers oder Früchte gereicht, serviert man das Glas mit einem passenden Löffel auf einem Unterteller mit Serviette

Da es immer mehr Menschen mit Nahrungsmittelunverträglichkeiten gibt, wird es gerade beim Frühstück zunehmend wichtig, auch laktosefreie Milch, Sojamilch oder Ziegenmilch anzubieten.

Becher und Gläser für Milch
- Keramikbecher
- Fancyglas
- Tumbler

Verwendungsmöglichkeiten
- Als Kinder- und Jugendgetränk
- Als Gesundheits- bzw. Wellnessgetränk
- Zum Mischen

Getränkekunde und Getränkeservice

💡 **Kakao** zählt zu den **alkaloidhaltigen Aufgussgetränken wie Kaffee und Tee.** Alkaloide (Koffein im Kaffee, Tein im Tee, Theobromin im Kakao) sind für die anregende Wirkung dieser Getränke verantwortlich.

Zur Kakaoaufbereitung werden die gurken- bzw. melonenähnlichen Früchte aufgeschlagen, die Samen ausgelöst und weiterverarbeitet

Im Trend liegen Trinkschokoladen mit Geschmacksrichtungen wie z. B. Nuss-Nougat-, Honig-Zimt- oder Chilischokolade, dicker gehaltene, cremige Kakaogetränke, aber auch kreative, harmonische Beigaben wie edle Pralinen oder Marshmallows.

Service von Kakao bzw. heißer Schokolade im Wiener Kaffeehaus

Kakao

Als Kakao werden die Samen der Kakaofrucht (Kakaoschote) bezeichnet, ebenso wie das Aufgussgetränk aus den aufbereiteten Samen.

Das Ursprungsland des Kakaos ist **Mexiko,** wo einst schon die Azteken die Samen als Nahrung und als Zahlungsmittel verwendeten.

Kakao kommt heute hauptsächlich aus den äquatornahen Gebieten Afrikas und Südamerikas.

Kakaozubereitung

Für **Kakao** benötigt man pro Portion etwa 20 Gramm Kakaopulver, das mit etwas Zucker und wenig heißem Wasser in einer Schale angerührt und dann in heißes Wasser oder heiße Milch eingerührt wird.

Für **Trinkschokolade** wird meist feinstgeriebenes, bereits süßes Schokoladenpulver (ca. 20 bis 25 Gramm pro Portion) mit heißer Milch aufgegossen. Trinkschokolade kann auch aus zerlassener Kochschokolade unter Zugabe von Zucker und Milch zubereitet werden.

Trinkkakaomischungen, Kakaogranulate (z. B. Ovomaltine, Benco und Nesquick) bestehen aus Eiweiß, Zucker, Fett, Kakaoanteilen und eventuell Vitaminen. Diese bereits gesüßten Produkte werden nur mehr mit kalter oder heißer Milch aufgegossen.

Service
- Warm: in Kakao- oder Schokoladentassen
- Kalt: im Tumbler
- Auf Wunsch des Gastes auch mit flüssigem Obers verfeinert oder mit geschlagenem Obers und Schokostreuseln bzw. Kakaopulver garniert

Tassen und Gläser für Kakao
- Schokoladentasse
- Tumbler

Verwendungsmöglichkeiten
- Als Frühstücksgetränk
- Als Kaffeehausgetränk

Kaffee

Unter Kaffee verstehen wir ein Aufgussgetränk aus den aufbereiteten, (zur Aromafreisetzung) gerösteten und gemahlenen Samen (Kaffeebohnen) der Kaffeekirsche, das das Alkaloid Koffein enthält.

Alkaloide = stickstoffhaltige Natursubstanzen, die anregend wirken.

Österreich – ein Land der Kaffeeliebhaber und -liebhaberinnen (Jahres-pro-Kopf-Verbrauch)

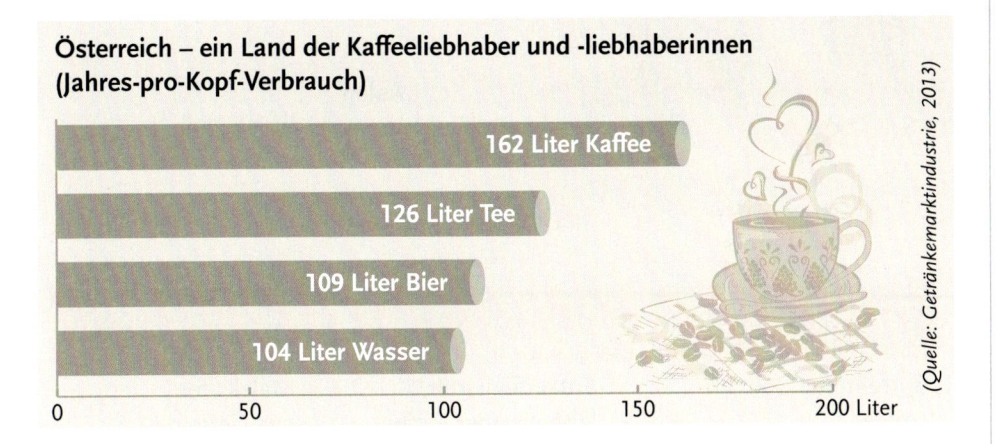

- 162 Liter Kaffee
- 126 Liter Tee
- 109 Liter Bier
- 104 Liter Wasser

(Quelle: Getränkemarktindustrie, 2013)

Als ursprüngliche Heimat des Kaffees wird das heutige Äthiopien vermutet, wo immer noch wild wachsende Kaffeebäume zu finden sind. Anbau und Genuss von Kaffee sind auf die benachbarten Araber zurückzuführen. Im 17. und 18. Jahrhundert begann durch die Kolonialisierung in den klassischen Kaffeeanbauländern der Plantagenanbau.

💡 Über die Entstehung des Begriffs „Kaffee" gibt es mehrere Theorien, z. B., dass „Kahweh" (Stärke, Lebenskraft) aus dem Türkischen oder die äthiopische Landschaft Kaffa Namensgeber ist.

Wirtschaftlich am bedeutendsten sind

Hochlandkaffee (Coffea arabica)	Tieflandkaffee (Coffea robusta)
Ist qualitativ hochwertig mit festen, sehr aromatischen Bohnen (75 % der Weltproduktion)	Dessen Bohnen reifen zwar schneller und daher ist eine zweite Ernte im Jahr möglich, ist aber qualitativ minderwertiger (mehr Koffein, Säure und Gerbstoffe).

Wichtige Kaffeeproduzenten

Südamerika
Brasilien (weltgrößter Kaffeelieferant), Venezuela, Ecuador, Kolumbien

Mittelamerika
Mexiko, Guatemala, El Salvador, Costa Rica

Afrika
Uganda, Angola, Kongo, Äthiopien, Kenia, Tansania

Asien
Vietnam, Indonesien, Indien

Kaffeeprodukte

Bohnenkaffee	Besondere Kaffeeprodukte	Kaffee-Ersatzmittel (Surrogate)
Sortenreine Bohnenkaffees	■ **Entkoffeinierter/ koffeinarmer Kaffee** Koffein wird durch Wasserdampf oder chemische Lösungsmittel entfernt. ■ **Instantkaffee (Löskaffee)** Durch Sprüh- oder Gefriertrocknung wird Wasser entzogen. ■ **Aromatisierte Kaffeemischungen**, z. B Kaffee mit Karamellgeschmack.	■ **Malzkaffee** aus Getreide ■ **Feigenkaffee** ■ **Zichorienkaffee**

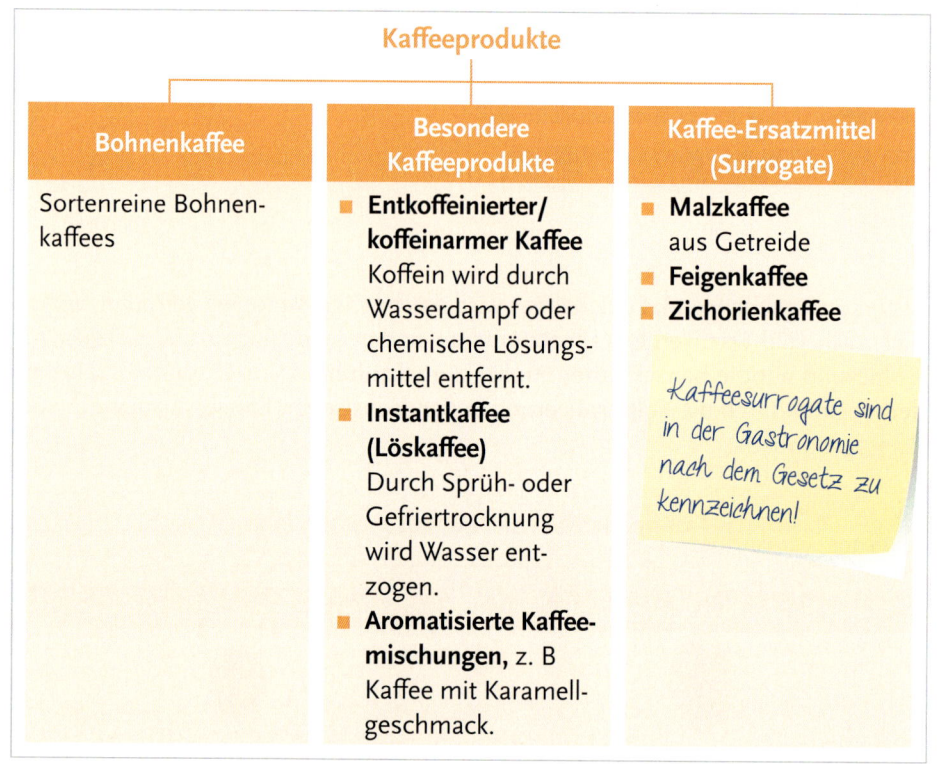

Kaffeesurrogate sind in der Gastronomie nach dem Gesetz zu kennzeichnen!

💡 Kaffee enthält Öle, die sich einerseits als sogenannte Crema (Schaum) beim Espresso zeigen, aber auch als ranziges Aroma bei schlecht gereinigten Kaffeemaschinen.

Filtermaschine

Zubereitungsarten in der Gastronomie

Die **Qualität** des Kaffeegetränks hängt von vielen Faktoren ab:
- Qualität des Rohkaffees
- Mischung der Rohkaffeesorten
- Röstung (je stärker geröstet, umso dunkler die Bohne und umso bitterer, würziger, dafür säureärmer der Kaffee)
- Verpackung und Lagerung (geschützt vor Licht, Feuchtigkeit und Wärme)
- Wasserqualität (hartes Wasser laugt den Kaffee nicht so gut aus wie weiches)
- Zubereitungsart
- Reinigung der Geräte

Zubereitung in der Filtermaschine (Melittamethode)

Auf einen Papier- oder Metallfilter wird mittelfein gemahlener Kaffee gegeben und mit frischem, etwa 90 °C heißem Wasser aufgegossen. Diese Methode wird vor allem für Frühstückskaffee angewendet. Für gut einen Liter Wasser in der Maschine rechnet man 50 bis 60 g Kaffeepulver.

Espressozubereitung mit Dampf- bzw. Pumpendruck

Der Espresso hat, von Italien ausgehend, fast die ganze Welt erobert. Er ist stark konzentriert und wird unter Druck zubereitet.

Halb automatische Espressomaschine (Siebträgermaschine)

Bei dieser Zubereitung können individuell Kaffeesorte, Mühle (Mahlgrad), Kaffeemenge und Maschine (Wassermenge, Brühtemperatur und Brühdruck) aufeinander abgestimmt werden.

Vollautomatische Espressomaschine

Die vollautomatische Kaffeemaschine garantiert eine hohe und gleichbleibende Kaffeequalität durch optimale Werkseinstellung des Mahlgrades, der Kaffee- und Wassermenge, der Brühtemperatur und des optimalen Drucks.

Immer beliebter werden **Espressomaschinen mit Portionsbefüllung** (z. B. von Nespresso). Der gemahlene Kaffee wird in Portionsmengen in verschiedenfarbigen Kapseln, Pads o. Ä. (unterschiedliche Sorten und Stärke) angeboten.

💡 Gut zubereiteter Espresso hat immer eine nussbraune Crema (Schaum). Ist die Crema zu dunkel und grobporig, war die Brühtemperatur zu hoch und der Kaffee schmeckt verbrannt. Bei zu niedriger Temperatur ist die Crema flach und zu hell.

Vollautomatische Espressomaschine mit Displayanzeige für verschiedene Kaffeegetränke zur Wahl

⚠️ Servieren Sie Kaffeegetränke immer in vorgewärmten passenden Tassen bzw. Schalen, also z. B. Espresso in Espressotassen, Verlängerten oder Cappuccino in großen Schalen.

Kaffeegetränke

Warme Kaffeegetränke ohne Alkohol

Kleiner Mokka	Kleiner Schwarzer, heute meist als Espresso bezeichnet
Kleiner Brauner	Kleiner Mokka/Espresso mit etwas Obers oder Milch
Großer Mokka	Großer Schwarzer, heute meist großer (doppelter) Espresso
Großer Brauner	Großer Mokka/Espresso mit etwas Obers oder Milch
Verlängerter	Kleiner Mokka/Espresso, mit doppelter Wassermenge verlängert bzw. das heiße Wasser separat im Kännchen zum Verlängern, mit Obers oder kalter Milch serviert
Melange	Kleiner Mokka/Espresso, etwas verlängert, halbe Tasse Kaffee, halbe Tasse leicht aufgeschäumte warme Milch
Einspänner	Kleiner Mokka/Espresso im Einspännerglas mit Schlagobershaube, mit Staubzucker bestreut
Espresso	Für Espresso gibt es eine genaue Definition für die bzw. den Barista (Kaffeespezialistin, Kaffeespezialisten): 7 g fein gemahlener Kaffee wird bei einer Kontaktzeit von 25 Sekunden, einem Brühdruck von 9 bar und einer Brühtemperatur von 92 °C für 25 ml Kaffee verwendet
Ristretto	Espresso kurz gehalten (etwa 20 ml)
Espresso macchiato	Kleiner Espresso mit wenig aufgeschäumter Milch
Cappuccino	Espresso in der großen Tasse mit cremigem Milchschaum aufgegossen (in Österreich mit Kakaopulver bestreut)
Latte macchiato	Großes Glas aufgeschäumte Milch mit einem Espresso aufgegossen; dadurch entstehen drei Schichten (heiße Milch, Espresso, Milchschaum), in einem Tumbler serviert
Caffè latte	Espresso mit viel heißer Milch und Milchschaum; in einer großen Schale serviert

Latte macchiato

Getränkekunde und Getränkeservice

 Es gibt noch zahlreiche spezielle Kaffeegetränke. Recherchieren Sie weitere:

_____

_____

Aktuelle Trends beim Kaffee sind Latte-Art (kunstvolle Verzierungen mit und auf dem Milchschaum), Coffee-to-go und aromatisierte Kaffeegetränke.

Tee

Tee ist ein Aufgussgetränk aus den aufbereiteten Knospen und Blättern des Teestrauchs. Tee enthält das Alkaloid Tein, außerdem die beruhigende Gerbsäure Tannin, ätherische Öle, Vitamine sowie Spurenelemente.

Der Teestrauch ist eine der ältesten Kulturpflanzen der Welt und stammt aus China. England ist seit seiner Zeit als Kolonialmacht bis heute mit vielen alteingesessenen Teehandelshäusern der traditionelle Hauptimporteur.

Die **wichtigsten Teeanbaugebiete** sind in Indien **(Darjeeling und Assam),** auf **Sri Lanka** (Ceylon) sowie in China, Japan, Indonesien, Afrika, Südamerika und Georgien.

Darjeeling kommt aus den bis 2 500 m hohen Berglagen des Himalajas und gilt als Champagner der Tees.

Teepflanze

Teearten

Fermentierter (schwarzer) Tee

Die geernteten Blätter werden in den Teefabriken der Anbauländer in folgenden Schritten aufbereitet: Welken – Rollen – Fermentieren – Trocknen – Reinigen und Sortieren – Verpacken.

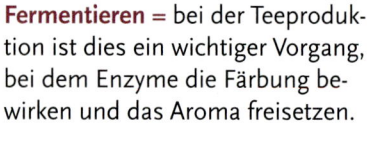

Fermentieren = bei der Teeproduktion ist dies ein wichtiger Vorgang, bei dem Enzyme die Färbung bewirken und das Aroma freisetzen.

Spezialtees

- **Grüner Tee:** Seine Blätter werden vor dem Rollen gedämpft und getrocknet (nicht fermentiert) und bleiben daher grünlich wie der Aufguss.
- **Weißer Tee:** Seine Blätter sind weder gedämpft noch fermentiert, nur getrocknet. Der Aufguss ist blass.
- **Aromatisierter Tee:** schwarze oder grüne Tees, die mit Schalen, Blüten, Gewürzen oder Aromastoffen versetzt sind (z. B. Earl Grey mit Bergamottöl, Jasminblütentee).

Links fermentierter, rechts unfermentierter Tee

Teeähnliche Erzeugnisse

Keine Tees im klassischen Sinn, jedoch wie Tee zubereitet werden teeähnliche Erzeugnisse aus getrockneten, stark aromatischen **Früchten, Blüten, Rinden, Gewürzen bzw. Kräutern.** Oft wird ihnen eine anregende, beruhigende oder heilende Wirkung zugesprochen (z. B. Kamillentee, Lindenblütentee, Pfefferminztee, Hagebuttentee, Matetee, Rooibos- bzw. Rotbuschtee).

Zubereitung und Service von Tee

Zubereitung von Schwarztee

- Für Schwarztee benötigt man 1 bis 2 g (einen Teelöffel) pro Tasse.
- Der Tee wird in eine vorgewärmte Ton-, Porzellan- oder Glaskanne gegeben und mit kochend heißem Wasser aufgegossen. Er sollte nicht länger als fünf Minuten ziehen, da er sonst bitter schmeckt.

Die Stärke des Schwarztees bestimmt man einzig und allein durch die verwendete Menge, seine Wirkung durch die Dauer des Ziehenlassens.

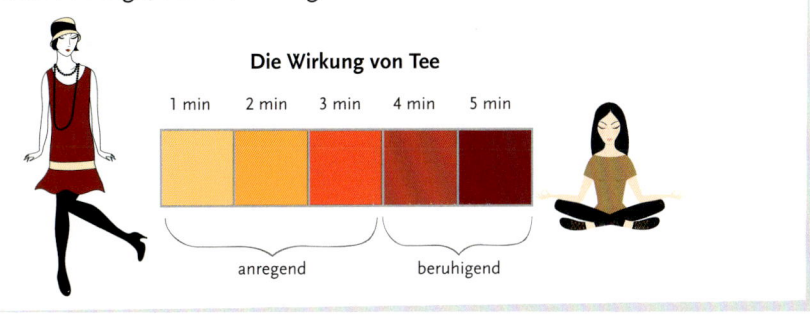

Die Wirkung von Tee

1 min, 2 min, 3 min – anregend
4 min, 5 min – beruhigend

Matcha – feinstes Teepulver aus grünem Tee

Zubereitung von weißem und grünem Tee

Für weißen und grünen Tee soll das aufgekochte Wasser auf 75 °C abgekühlt werden und der Tee zwischen ein und maximal drei Minuten ziehen.

Zubereitung von Früchte- und Kräutertee

Für **Früchtetee** rechnen Sie 3 bis 5 g Tee pro Tasse, wobei besonders große Fruchtstückchen bis zu 10 Minuten ziehen sollen. Auch **Kräutertee** braucht 3 bis 5 g Tee pro Tasse und soll bis zu 10 Minuten ziehen.

Service

- Schwarztee wird mit frischer kalter Milch (nicht mit Kondensmilch) oder Obers, nur auf Wunsch des Gastes mit Zitronensaft (verändert feines Teearoma völlig!) bzw. Rum, jedoch mit einer Auswahl an Zucker serviert.
- In manchen Betrieben wird ein Kännchen heißes Wasser zum Nachgießen dazu serviert, sowie eine Ablageschale für Teesieb und -beutel.
- Besonders eindrucksvoll ist die Zubereitung direkt beim Tisch des Gastes auf einem Wagen oder am Teebuffet.
- Teegefäße für heißen Tee immer vorwärmen (Tee verliert bei jeder Abkühlung an Aroma).

Tassen und Gläser
- Teetasse
- Teeglas
- Tumbler für Eistee

💡 Tee bietet eine große Geschmacks- und Aromenvielfalt, kann heiß oder eisgekühlt getrunken werden und passt zu jeder Tages- und Jahreszeit.

Early Morning Tea = Tradition in Großbritannien. Der Tee wird mit Biskuits noch vor dem eigentlichen Frühstück auf das Gästezimmer serviert.

Afternoontea = Tradition in Großbritannien zwischen 15:00 und 17:00 Uhr. Es handelt sich dabei um eine Mahlzeit, bei der zum gewünschten Tee auch Sandwiches, Scones und Kuchen angeboten werden.

Verwendungsmöglichkeiten

- Als Early Morning Tea
- Als Frühstücksgetränk
- Als Jausen- und Erfrischungsgetränk
- Als Punsch
- Als Afternoontea
- Als Heiltee

Grüner und weißer Tee sollten pur und ungesüßt getrunken werden, um das Aroma nicht zu beeinträchtigen.

Aufgabenstellungen – „Alkoholfreie Getränke"

1. In Österreich sprudeln eine Vielzahl an Mineralwasserquellen und der Trend zu heimischen Produkten wird stärker. Recherchieren Sie, welche Mineralwässer aus Ihrem Bundesland stammen.

2. Um welche Produkte handelt es sich? Kreuzen Sie die richtige Antwort an:

Produkt	Limonade	Kräuterlimonade	Colalimonade	Isotonisches Getränk	Energydrink
Fanta					
Almdudler					
Sprite					
Pepsi					
Gatorade					
Shark					

3. Füllen Sie den Lückentext aus:

   Unter Milch im Allgemeinen versteht man Milch von der _____.

   Milch ist laut Lebensmittelgesetz ein _____

   und kein _____.

4. Eruieren Sie in Ihrem Lieblingskaffeehaus/Lieblingslokal die angebotene/n Kaffeezubereitungsart/en und die unterschiedlichen Kaffeegetränke.

5. Erklären Sie die Unterschiede zwischen Schwarztee, grünem Tee und weißem Tee.

6. Sprechen Sie in Kleingruppen über neue Trends bei Teegetränken, wie Teesirupe oder Chai Latte. Schätzen Sie die Bedeutung dieser Produkte aus gesundheitlicher und wirtschaftlicher Sicht ein.

4 Alkoholische Getränke

Alkoholische Getränke sind Biere, Weine, Obstweine, Schaumweine, Likörweine, aromatisierte Weine und Spirituosen. Können Sie je ein Beispiel nennen?

⚠️ Reiner Alkohol ist eine klare Flüssigkeit mit scharfem Geruch und brennendem Geschmack. Er wird oft medizinisch eingesetzt, ist unverdünnt giftig und kann tödlich wirken.

Bei Bier und Wein entsteht Alkohol durch Vergärung von Zucker oder Stärke (geringer Alkoholgehalt). Bei den Spirituosen wird bereits alkoholhaltigen Flüssigkeiten durch Destillation (einem Brennvorgang) Wasser entzogen (hochprozentige Getränke).

Alkoholische Getränke haben eine berauschende Wirkung und ihr Konsum kann zur Sucht führen.

Alkohol und seine Wirkung

Wie Alkohol vertragen wird, hängt ab
- vom Alter (je älter, umso langsamer läuft der Abbau), vom Körpergewicht, vom Geschlecht (Frauen vertragen erheblich weniger Alkohol),
- vom generellen Gesundheitszustand eines Menschen,
- von der Tagesverfassung (nie bei Ärger, Aufregung, Sorgen oder Müdigkeit trinken!),
- von der aufgenommenen Nahrungsmenge (bei nüchternem Magen geht der Alkohol direkt ins Blut über) und
- davon, wie schnell man trinkt.

In kleinen Mengen genossen, regt Alkohol den Blutkreislauf an, erhöht den Herzschlag, wirkt appetitanregend und beschwingend. Regelmäßig und in großen Mengen konsumiert, führt er zu Alkoholismus.

⚠️ In 12 Stunden wird etwa 1 Promille Alkohol abgebaut (bei Frauen 15 % weniger).

„Alkohol ist ein Sanitäter in der Not, Alkohol ist ein Fallschirm und ein Rettungsboot, Alkohol ist das Drahtseil, auf dem du stehst, Alkohol ist das Schiff, mit dem du untergehst ..."

(Aus dem Lied „Alkohol" von Herbert Grönemeyer)

💬 Diskutieren Sie mit Ihren Schulkolleginnen und Schulkollegen die Aussagen dieser Zeilen.

Vom geselligen Freizeitvergnügen zum Alkoholproblem ist es oft ein kleiner Schritt

Getränkekunde und Getränkeservice

⚠ Zucker, Kohlensäure und anregende Stoffe wie Koffein beschleunigen die Aufnahme des Alkohols in die Blutbahn. Deshalb sind derartige Getränke, wie z. B. Alkopops, Energydrinks mit Alkohol, Cocktails oder Jagatee/Jägertee, mit besonderer Vorsicht zu genießen.

www.praevention.at
www.dont-drink-and-drive.de

Alkoholmissbrauch

In vielen Ländern ist Alkoholmissbrauch ein ernstes gesellschaftliches Problem, so auch in Österreich. Von verheerenden Arbeits- und Verkehrsunfällen bis zum volkswirtschaftlichen Schaden durch Folgeerkrankungen zieht erhöhter Alkoholkonsum eine erschreckende Spur.

Alkohol und Verkehr

Die Reaktionsfähigkeit ist nach dem Konsum von Alkohol stark vermindert. Auch die Aufmerksamkeit, die Sehfähigkeit, die Reflexe, das Geschwindigkeitsgefühl und alle Gleichgewichtsempfindungen verschlechtern sich. Daher liegt die erlaubte Alkoholpromillegrenze in den meisten Staaten zwischen 0,5 und 0,8. In Österreich ist sie mit 0,5 Promille festgelegt.

Bier

Bier ist ein kohlensäurehaltiges alkoholisches Getränk, meist aus Gerstenmalz, Hopfen und Wasser, die mit Hefe vergoren werden.

Bereits eines der ältesten Kulturvölker – die Sumerer – braute um etwa 6000 v. Chr. Bier. Auch Babylonier und Ägypter waren bestens mit der Herstellung des alkoholischen und kohlensäurehaltigen Malzgetränks vertraut.

Verschiedene Biersorten

Inhaltsstoffe

Das sogenannte „deutsche Reinheitsgebot" aus dem Jahr 1516 besagt, dass Bier nur aus Gerstenmalz, Wasser und Hopfen gebraut werden darf. Durch eine EU-Regelung wurde dieses Gebot aufgehoben.

Zutaten für Bier

Braugerste	Brauwasser	Hopfen	Reinzuchthefe
Für die Farbe und den kräftigen Biergeschmack wird vorwiegend Gerstenmalz verwendet.	Die Qualität des Wassers ist entscheidend für den Biergeschmack.	Die weiblichen Blütendolden des Hopfens sind verantwortlich für ■ den zartbitteren Geschmack, ■ die Schaumbildung und ■ die Haltbarkeit des Bieres.	Dadurch wird die Umwandlung von Malzzucker in Alkohol und Kohlendioxid, die sogenannte Gärung, bewirkt. Man unterscheidet untergärige und obergärige Bierhefe.

Herstellung

Mälzen
Bei diesem Vorgang wird **aus der Gerste** durch Keimen und Trocknen **Malz** gewonnen.

Maischen und Läutern
- Das Malz wird in Schrotmühlen zerkleinert.
- Dieser Malzschrot wird im Maischebottich mit Brauwasser versetzt und durch Erhitzung in **vergärbaren Malzzucker** umgewandelt.
- Die Maische wird **geläutert (gefiltert)**.

Brauwasser = Wasser, das für das geplante Bier die ideale Zusammensetzung an Mineralstoffen hat.

Brauen (Würzekochen)
Beim Brauen (Kochen) erhält das Bier seinen Geschmack.

Gären
Darunter wird die **Umwandlung des Zuckers durch Hefe in Alkohol und CO_2** verstanden.

Lagern
Nach der Hauptgärung wird das Jungbier zur Nachgärung (stillen Gärung), Reifung und geschmacklichen Abrundung in Lagerkellern bei etwa 0 °C eingelagert.

Sudpfannen – hier wird das Bier gebraut

Abfüllen
Bier wird in Fässer, Flaschen, Kegs (Edelstahlbehälter; aus dem Englischen: Fässchen) oder Dosen abgefüllt.

Bierarten und -spezialitäten

Biere können nach folgenden Kriterien unterschieden werden:

Nach der Getreideart	Nach der Farbe	Nach dem Alkoholgehalt (bzw. Stammwürzegehalt)
Gerstenbier	Helles Bier	**Alkoholfreies Bier:** helles Bier, Alkoholgehalt max. 0,5 Vol.-%
Weizenbier	Dunkles Bier	**Leichtbier:** helles Bier mit wenig Kalorien und niedrigem Alkoholgehalt
Roggenbier		**Schankbier:** hellgelbes, leichtes, hopfenbitteres Bier, ca. 4–5 Vol.-%
		Pilsbier: helles, erfrischendes, intensiv hopfiges Bier, etwa 4–5 Vol.-%
Dinkelbier		**Vollbier:** intensiv gelbes, harmonisches Bier, ca. 5 Vol.-%
		Stark- bzw. Bockbier: bernsteinfarbenes, starkes, vollmundiges Bier, über 6,25 Vol.-%

Stark- bzw. Bockbiere wurden in Klöstern für Fastenzeiten als Ausgleich zur Fastenkost gebraut.

Einige bekannte österreichische Brauereien und ihre Marken bzw. Produkte
- **Ottakringer Brauerei:** Goldfassl, Ottakringer, Null Komma Josef, Radler Citrus
- **Brau Union Österreich AG:** Schwechater (Hopfenperle), Wieselburger (Spezial, Stammbräu), Kaiser, Adambräu, Zipfer (Urtyp), Edelweiß, Gösser (Märzen, Naturradler), Puntigamer (Panther), Reininghaus (Jahrgangspils)
- **Stiegl-Brauerei:** Stiegl, Weizengold, Radler Grapefruit
- **Weitere Privatbrauereien:** Fohrenburger, Hirter, Egger, Eggenberger, Grieskirchner, Freistädter, Zwettler

In den letzten Jahren haben sich auch **Gasthausbrauereien** etabliert, die eigene Biere brauen und ausschenken.

Bierservice

Bier wird in der Gastronomie sehr häufig über eine Schankanlage gezapft (Details siehe ab S. 216).

Für den offenen Bierausschank gibt es folgende Maße
- Pfiff (kleinste Einheit)   0,1, 0,125 l
  je nach Deklaration auf der Karte
- Stange   0,2 l
- Seidel   0,3 l
- Eurokrügel   0,4 l
- Halbe (Krügel)   0,5 l
- Mass   1 l

Richtiges Einschenken (von der Zapfanlage ins Bierglas)

- Das Bierglas (einwandfrei sauber und vor dem Einschenken mit der Gläserdusche kalt ausgespült) wird beim Einschenken grundsätzlich leicht schräg gehalten.
- Beim ersten Zapfen müssen Sie dem Schaum zum Ausbreiten Platz geben. Sie schenken das Glas zunächst nur zu zwei Drittel voll und warten, bis der Schaum eine kompakte Form hat.
- Dann setzen Sie einen zweiten Schaumring auf und lassen ihn über den Glasrand hinauswachsen. Anschließend geben Sie ihm etwas Zeit, um zusammenzusitzen.
- Zum Schluss setzen Sie noch einen dritten Schaumring auf, der erst zur richtigen Haube führt.

Der perfekte Bierausschank zeigt, quasi als Krönung, noch einen dritten aufgesetzten Schaumring, die Haube.

Service allgemein

- Ideale Trinktemperatur ca. 6–8 °C
- Zitronenscheibe bei Weizenbier nur auf Wunsch des Gastes (schadet dem Schaum und verfälscht den Geschmack)

Service von offenem Bier

- Das gefüllte Glas auf ein Serviertablett stellen.
- Von der rechten Seite rechts vom Gast (oberhalb der Messerspitze) einstellen. Die Vignette zeigt zum Gast.

Service von Flaschenbier

Beim Einschenken des Bieres aus der Flasche nimmt man das Bierglas in die linke Hand, hält es schräg und schenkt vorsichtig aus der Flasche ein.

⚠️ Beachten Sie, dass Bier eine begrenzte Haltbarkeit hat. Auf dem Etikett der Bierflasche ist das Ablaufdatum abzulesen. Die Lagertemperatur sollte konstant 6–8 °C betragen.

4 Alkoholische Getränke

Gläser

- Pfiffglas
- Bierstange
- Biertulpe
- Bierbecher/-stutzen
- Henkelbierglas/Krügerl
- Weizenbierglas
- Bierpokal
- Mass

Wird in das gerade stehende Glas eingeschenkt, bildet sich zu viel Schaum.
Für alle Biere gilt, dass Gläser verwendet werden sollen, die nach oben hin nicht allzu breit werden, da der Schaum sonst zerfließt und ein wesentlicher Teil des Biergenusses verloren geht.

Verwendungsmöglichkeiten

- Als Aperitif: Pils, Weizenbier
- Als Getränk zum Essen
- Zum Mischen, z. B. Radler

Radler = Bier mit Limonade.

Wein

Wein ist ein alkoholisches Getränk, das aus dem Saft der Weintrauben hergestellt wird. Es können aber auch andere Obstsorten verwendet werden. Man spricht dann von Obstwein.

💬 Sammeln Sie in einem gemeinsamen Brainstorming alle Begriffe, die Ihnen in Verbindung mit Wein in den Sinn kommen.

Produkte aus Weintrauben

Traubensäfte	Stillweine	Schaumweine	Likörweine und aromatisierte Weine	Destillate
Traubensüßmost, Traubennektar, Traubensaftlimonade (siehe ab S. 220)	Weißwein, Roséwein, Rotwein	Champagner, Sekt bzw. Qualitätsschaumwein, Schaumwein aus erster Gärung (wie Asti spumante), Perlwein (wie Frizzante)	Sherry, Portwein, Madeira, Samos, Mavrodaphne, Marsala, Malaga, Wermut (Vermouth)	Cognac, Armagnac, Eau de Vie de Vin, Aquavite d'Uva, Weinbrand, Brandy, Tresterbrand, Gelägerbrand

Obstwein

Obstwein ist nach dem Österreichischen Weingesetz ein Getränk, das durch alkoholische Gärung des Saftes und/oder des Fruchtfleisches einer Obstsorte hergestellt wird, z. B. Apfelwein, Marillenwein, Erdbeerwein.

Weinbau

Faktoren für den Weinbau

Klima	Boden	Lage
Die Weinrebe benötigt in ihrer Wachstumszeit von 180 bis 240 Tagen viel Licht, viel Sonne und eine relativ hohe Luftfeuchtigkeit. Die Durchschnittstemperatur soll nicht unter 10 °C sinken. Ein sonniger Herbst ist für Wein ideal.	Für jede Rebsorte muss der geeignete Boden ausgewählt werden. Der Boden gibt dem Wein seinen Charakter.	Es kommt unter anderem auf die Seehöhe des Weingartens, die Neigungsrichtung zur Sonne, den Neigungswinkel des Weinbergs, den Reihenabstand zwischen den Weinstöcken, die Nähe von Flüssen oder Seen als Feuchtigkeitsspender und Nebelerzeuger (Schutz vor Frosteinfall) und das Vorhandensein eines Waldes an.

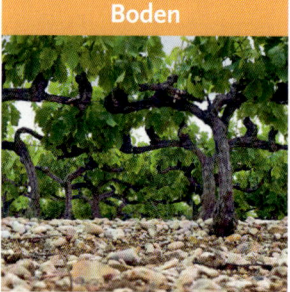

Weinrebe

Im Laufe der Geschichte des Weinbaues hat sich eine Vielzahl an Rebsorten entwickelt. Man unterscheidet früh reifende, mittel reifende und spät reifende Trauben. Allein in Österreich sind 35 Qualitätsrebsorten zugelassen (22 Weißwein- und 13 Rotweinrebsorten).

Weinlese

Der Zeitpunkt der Weinlese **(Ernte)** richtet sich nach dem Reifegrad der Trauben und den Witterungsverhältnissen (je nach Region und Sorte **zwischen Mitte August und Mitte November**). Außerdem kontrolliert die Winzerin bzw. der Winzer mithilfe eines Handrefraktometers den Zuckergehalt der Trauben (in **Grad KMW,** also nach der Klosterneuburger Mostwaage).

Die Beeren dürfen bei der Lese nicht beschädigt werden. Die Traubenernte wird für qualitativ hochwertige Weine händisch durchgeführt. Für alle anderen kommen Erntemaschinen zum Einsatz. Eine rasche Weiterverarbeitung hilft, eine Oxidation zu unterbinden.

Wie funktioniert ein Handrefraktometer?
An einigen Tropfen Traubensaft wird bestimmt, wie viel Gramm Zucker in 100 Gramm Most enthalten sind.

Organisch-biologischer und biologisch-dynamischer Weinbau

Biowein ist international im Kommen. Im ökologisch bewirtschafteten Weingarten wachsen Reben in einem intakten Ökosystem mit dem Einsatz von vielfältigen natürlichen Maßnahmen zur Stärkung. Aus Gründen der Nachhaltigkeit, der Schonung natürlicher Ressourcen und wegen der steigenden Nachfrage stellen viele Betriebe auf biologischen Weinbau um.

Weiß-, Rosé- und Rotweinerzeugung

Weinerzeugung

Weißwein	Roséwein	Rotwein
Weiße, grüne oder rote Trauben	Rote Trauben	Rote Trauben
Rebeln	Rebeln	Rebeln
Maischen (evtl. Schwefeln)	Maischen (evtl. Schwefeln)	Maischen (evtl. Schwefeln)
		Aufbessern und Entsäuern (kann vor oder nach dem Pressen erfolgen)
		Gären der Maische
Pressen (Keltern)	Pressen (Keltern)	Pressen (Keltern)
Traubenmost	**Traubenmost**	**Sturm**
Seihmost/Pressmost/Scheitermost (evtl. Vorklären)	Seihmost/Pressmost/Scheitermost (evtl. Vorklären)	Mostaufbessern und -entsäuern kann vor oder nach dem Pressen erfolgen
Mostaufbessern und -entsäuern	Mostaufbessern und -entsäuern	Restliche Vergärung des Zuckers
Gären des Mostes in	Gären des Mostes in	
Sturm	**Sturm**	
Vergärung des Zuckers in Alkohol und Kohlensäure	Vergärung des Zuckers in Alkohol und Kohlensäure	
Fertigvergären des Sturms	Fertigvergären des Sturms	
Jungwein (Staubiger)	**Jungwein (Staubiger)**	**Jungwein (Staubiger)**
Schwefeln	Schwefeln	Schwefeln
Klären und Abstechen	evtl. kurz angären	Klären und Abstechen
	Stehenlassen der Maische	
	Klären und Abstechen	
Jungwein (Heuriger)	**Jungwein (Heuriger)**	**Jungwein (Heuriger)**
Lagern im Fass	Lagern im Fass	Lagern im Fass
Schönen und Stabilisieren	Schönen und Stabilisieren	Schönen und Stabilisieren
Weißwein	**Roséwein**	**Rotwein**
Abfüllen	Abfüllen	Abfüllen
Lagern in Flaschen	Lagern in Flaschen	Lagern in Flaschen

Weißweinerzeugung

Rebeln – Maischen
Die Trauben werden maschinell im so genannten Rebler von den Stielen getrennt. Die Beeren werden durch Walzen gequetscht – man erhält die so genannte Maische.

💡 Die Stiele werden entfernt, weil sie gerbstoffreich sind und dem Wein einen leicht bitteren Geschmack geben.

Schwefeln
Um die Maische vor Oxidation durch Lufteinwirkung (Braunfärbung) und vor der Bildung von Essig- und Milchsäurebakterien zu schützen, kann Schwefeldioxid beigegeben werden.

Pressen und Keltern
Die Maische wird entweder sofort in Pressen oder zum Auslaugen der Aroma- und Extraktstoffe in Abseihbehälter gepumpt. Der ohne Druck aus diesen Behältern abfließende Saft (Most) wird als **Seihmost** bezeichnet. Von den Abseihbehältern kommt die vorentsaftete Maische in modernste Pressen und der Traubenmost wird von den Trestern (festen Bestandteilen) mit sanftem Druck getrennt **(Pressmost)**.

> *Scheitermost entsteht durch nochmaliges, stärkeres Pressen, der Wein aus Scheitermost hat eine mindere Qualität.*

Mostaufbessern und Mostentsäuern
Enthält der Most zu wenig Zucker, kann reiner Kristallzucker beigefügt werden. Bei zu hohem Säuregehalt wird der Most mit reinem kohlensaurem Kalk entsäuert.

Gären
Der Most wird in Fässer oder Tanks gefüllt und die Gärung eingeleitet. Durch Hefepilze wird Zucker in Alkohol und Kohlensäure umgewandelt. Die **Hauptgärung (stürmische Gärung)** erkennt man daran, dass Kohlendioxid unter starkem Schäumen und Brausen entweicht. Der Most bekommt eine lehmfarbige, milchige Trübung. Das entstandene moussierende süßliche Getränk heißt **Sturm**.

Moussierend = perlend.

Nach Abschluss der stürmischen Gärung beginnt die **stille Gärung**. Sie endet, wenn der Zuckervorrat im Most zu Ende geht (trockener Wein) oder die Hefezellen durch die wachsende Konzentration des Alkohols absterben (bei ca. 13–14 Vol.-% Alkohol). Der noch unvergorene Zucker bleibt als Restzucker im Wein, z. B. bei Prädikatsweinen.

Klären und Abstechen (Abziehen vom Geläger)
Die abgestorbene Hefe und die Trubstoffe setzen sich als Bodensatz (Geläger) ab. Der fast klare **Jungwein** wird vom Gärbehälter in einen Lagerbehälter gepumpt. Es erfolgen eine stille Nachgärung und eine natürliche Klärung. Meist wird dabei der Wein auch filtriert. Schwefelzugabe verhindert eine Oxidation und verhilft dem Wein zu seiner Stabilität und Bukettentfaltung.

In Stahltanks reift der Wein langsamer als in Holzfässern, da kein Sauerstoffaustausch erfolgt

Lagern und Reifen des Jungweines
Nach seiner Klärung reift der Jungwein in Holzfässern, Kunststofftanks oder in gasdichten Behältern wie Stahltanks. Diese Ruheperiode dauert je nach Sorte, Reifegrad, Herkunft und Jahrgang verschieden lang. Dabei wird das Bukett des Weines ausgebaut, die Inhaltsstoffe und Geschmackskomponenten verbinden sich harmonisch. Die Säure des Weines wird abgebaut.

Bukett = Duftstoff, Ton des Weines (z. B. Apfelton).

Schönen = klären, filtrieren.

Verschneiden = Vermischen von zwei oder mehreren Weinen, um dem Endprodukt eine bestimmte Geschmacksrichtung zu geben. Der verschnittene Wein heißt **Cuvée**.

Schönen und Stabilisieren
Durch Zusatz bestimmter Stoffe wird der Wein geklärt (die letzten Trubstoffe werden entfernt), stabilisiert (haltbar gemacht) und geschmacklich verbessert (verschnitten).

Bukett	🔊 *Buckeh*
Cuvée	🔊 *Küweh*

Abfüllen

Der Wein wird filtriert und in Flaschen gefüllt, wenn er das optimale Ausbaustadium erreicht hat. Dieser Zeitpunkt ist von der Sorte und der Herkunft abhängig. Nach der Flaschenfüllung soll der Wein ebenfalls lagern.

Roséweinerzeugung

Die gerebelte Maische aus blauen Trauben wird zum Auslaugen der Farbstoffe, die sich in den Beerenschalen befinden, nur wenige Stunden stehen gelassen und anschließend abgepresst. Die weitere Behandlung des Weines ist dieselbe wie bei Weißwein.

Rotweinerzeugung

Die Farbgewinnung durch **Vergären der Rotweinmaische** steht bei der Rotweinerzeugung im Mittelpunkt. Die weitere Behandlung des Rotweines ähnelt, von kleinen Unterschieden abgesehen, der des Weißweines.

Barriqueausbau und Toasting

Die Reifung des Weines kann auch im Barriquefass erfolgen. Unter Barrique versteht man ein kleines Holzfass. Das Eichenholz des Fasses enthält viele Aromakomponenten, die dem Wein eine ganz bestimmte Geschmacksnote verleihen.

Eine weitere Möglichkeit ist die Verwendung von Eichenfässern mit unterschiedlichen **Toastings** (Ausbrennen der Fässer), wodurch Weine mit besonderen Geschmacksrichtungen (z. B. Vanille, Karamell, Bitterschokolade) erzeugt werden.

💡 Durch eine entsprechend lange Lagerzeit kann sich das Holztannin mit den natürlichen Gerbstoffen im Wein harmonisch verbinden. Neue Barriquefässer geben mehr feine, süße, aromatische Holztannine ab als bereits gebrauchte Fässer.

Barriquekeller

Barrique　🔊 *Barrick*

Weinflaschenverschlüsse

In den letzten Jahren hat sich eine Vielzahl neuer Verschlüsse für Weinflaschen etabliert.

Naturkorken

Wird meist für qualitativ hochwertige Weine verwendet.

Kunststoffstopfen

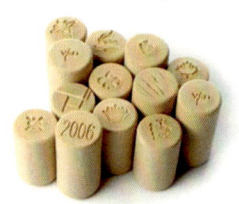

Er ist sehr preiswert, eignet sich jedoch nur für Weine mit einer kürzeren Lagerdauer, da er mit der Zeit luftdurchlässig wird.

Drehverschluss

Er ist preiswert, dichtet völlig ab und ist ohne Flaschenöffner zu öffnen. Die Flasche ist wieder gut verschließbar.

Glasverschluss

Die Flasche ist ohne Flaschenöffner zu öffnen und lässt sich wieder gut verschließen.

Kronenkorken

Er ist eine effiziente Verschlussart, die im Bereich der alkoholfreien Getränke schon sehr lange gebräuchlich ist.

Weinlagerung und Weinausschank

Einkauf und Lagerung

Das Weinangebot eines gastronomischen Betriebes soll zum Speisenangebot passen.

Der Lagerraum soll völlig dunkel, erschütterungs- und geruchsfrei sein sowie eine Frischluftzufuhr haben. Ideal ist eine gleichbleibende Temperatur zwischen 8 und 12 °C und eine Luftfeuchtigkeit um 70 % (jedoch keine nassen Wände!).

💡 Weine benötigen nach dem Transport eine gewisse Zeit zur Beruhigung. Als Faustregel gilt: pro Transporttag eine Woche Ruhephase.

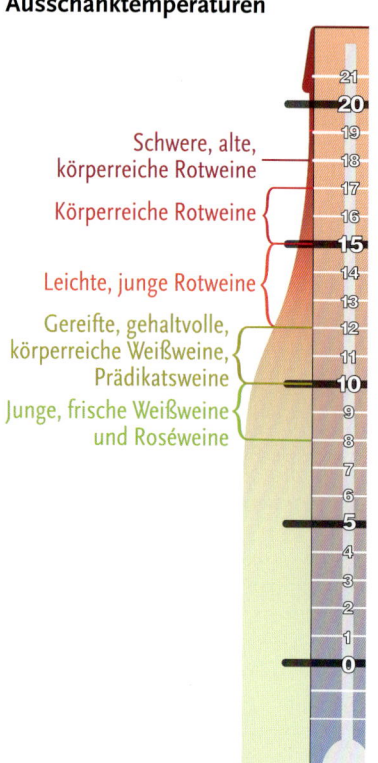

Ausschankmaße

Im Glas:
0,1 l, 1/16 l, 1/8 l (0,125 l), 1/4 l (0,25 l)

In der Karaffe:
1/8 l (0,125 l), 1/4 l (0,25 l), 0,5 l, 1 l

Ausschanktemperaturen

- Schwere, alte, körperreiche Rotweine: 18–20
- Körperreiche Rotweine: 15–17
- Leichte, junge Rotweine: 13–15
- Gereifte, gehaltvolle, körperreiche Weißweine, Prädikatsweine: 10–12
- Junge, frische Weißweine und Roséweine: 8–10

Weinfehler

Weinfehler sind unerwünschte Veränderungen des Geruchs, Geschmacks und Aussehens des Weines. Die so veränderten Weine sind zwar nicht gesundheitsschädlich, können aber im Restaurant – mit Ausnahme der Weine mit Weinkristallen – nicht mehr ausgeschenkt werden.

Weindegustation

Um Wein verkaufen und den Gast richtig beraten zu können, ist es notwendig, Weine selbst beurteilen zu können.

Während der Weinverkostung wird zwischen verschiedenen Weinen am besten nur Wasser getrunken, um den Geschmack im Mund zu neutralisieren.

Man prüft nach der Formel **COS** (Color, Odor, Sapor), d. h. **Aussehen, Geruch und Geschmack.** Die Charaktereigenschaften des Weines, die man im Geruch erkannte, können auch auf dem Gaumen wiedergefunden werden.

Aussehen (Color)

Man betrachtet das höchstens zu einem Drittel gefüllte Glas zuerst direkt von oben und beurteilt **Klarheit** und **Kohlensäure** (Bläschen am Rand bzw. auf der Weinoberfläche).

„Dieser Wein ist klar und hat einen grüngelben Farbton. Die Bläschen zeigen etwas Kohlensäure an. Die ausgeprägte Kirchenfensterbildung (Schlieren) am Glasrand weist auf einen extraktreichen Wein hin."

Geruch (Odor)

Der Wein wird vorerst in ruhendem Zustand geprüft. Anschließend schwenkt man das Glas mehrmals, um die flüchtigen Duftstoffe freizusetzen.

Sortentypische Buketts					
Apfelton	Pfirsich, Marille	Weißer Pfeffer	Grüner Paprika, Brennessel	Weichselton	Cassiston
Welschriesling, Rotgipfler	Rheinriesling	Grüner Veltliner	Sauvignon blanc	St. Laurent, Blauer Zweigelt	Cabernet Sauvignon

Cassiston = nach schwarzen Ribiseln.

„Dieser Wein ist im Geruch reintönig und sehr ausgeprägt. Ich rieche sehr fruchtig-würzige Aromen nach Grapefruit und Pfeffer."

Geschmack (Sapor)

Nach der Geruchsbeurteilung nimmt man einen Schluck und beißt den Wein wie eine feste Speise. Man darf sogar schlürfen.

„Dieser Wein ist trocken ausgebaut mit frischer Säure. Es handelt sich um einen kraftvollen Wein, der nussig schmeckt und einen lang anhaltenden Abgang hat".

Spucknapf

„Zur Hauptspeise, dem gekochten Tafelspitz mit Erdäpfelschmarren und Cremespinat, harmoniert eine typisch österreichische Weißweinspezialität.

Ich empfehle daher einen fruchtigen, feinwürzigen und nicht zu kräftigen Grünen Veltliner aus dem Kamptal von Reinhard Waldschütz."

Guéridon *Geridoh*

---

bitter salzig süß sauer umami

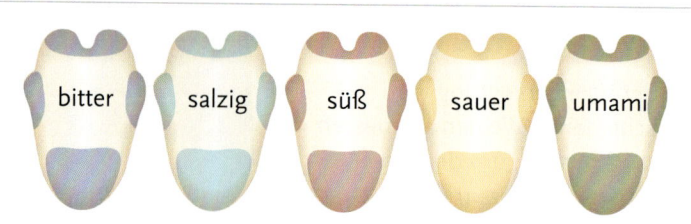

Unsere Zunge kann vier Geschmackskomponenten unterscheiden: bitter, salzig, süß, sauer. Umami (Wohlgeschmack) – die fünfte Geschmackskomponente – ist in Zusammenhang mit Wein nur selten relevant. Manchmal findet man eine „Zungenlandkarte", die zeigt, dass man die Süße angeblich nur auf der Zungenspitze wahrnimmt, sauer und salzig nur am Zungenrand und bitter hinten am Zungengrund. Das ist falsch. Alle fünf Grundgeschmacksrichtungen werden gleichermaßen am Zungenrand wie am Zungengrund wahrgenommen.

Übrigens werden die Weine während der Verkostung nicht getrunken, sondern eben nur im Mund verkostet. Es stehen Spucknäpfe bereit.

Weinservice

Die Sommelière, der Sommelier sollte sowohl den Charakter der Weine auf der Karte als auch die Zubereitung und den Geschmack der angebotenen Speisen kennen. Nur so kann sie/er den Gästen den harmonierenden Wein empfehlen.

Mise en Place für Weiß- bzw. Roséwein in Flaschen mit Naturkorken oder Kunststoffstopfen

- Rutschfestes Serviertablett
- Dem Weintyp entsprechende Gläser vorbereiten (sind entweder im Rahmen des Gedecks bereits aufgedeckt oder müssen eingedeckt werden)
- Guéridon (Beistelltisch) vorbereiten:
  ▸ Weinkühler (Wasser, Eis nach Bedarf – je nach Weinkühlermodell mit Weinflasche auf Unterteller mit Stoffserviette/Spitzenpapier
  ▸ Weinserviette aus Stoff
  ▸ Brot- oder Dessertteller mit Spitzenpapier zum Präsentieren von Naturkorken
  ▸ Brot- oder Dessertteller als Ablageteller mit Papierservietten zum Reinigen des Flaschenmundes und Entfernen des Korkens
  ▸ Reserveglas
  ▸ Korkenzieher mit Messer

Serviceablauf bei Weiß- bzw. Roséwein in Flaschen mit Naturkorken oder Kunststoffstopfen

- Der bestellte Wein wird dem Verkoster, der Verkosterin (meist Besteller/in) von links – oder der Gästegruppe von der Stirnseite des Gästetisches (wenn dies möglich ist) – präsentiert; die Weinflasche liegt in der linken Hand auf der Weinserviette, die rechte Hand unterstützt

Präsentation
- Rebsorte und/oder Weinname
- Jahrgang
- Weingut/Produzent, Produzentin/Abfüller bzw. Abfüllerin
- Herkunft (Ort, Weinbaugebiet)
- Zusätzliche Informationen können gerne gegeben werden (z. B. Restzucker, Alkoholgehalt, Kurzbeschreibung nach den COS-Kriterien – siehe ab S. 241)
■ Flasche auf die Weinserviette stellen, Etikett schaut zu den Gästen
■ Abschneiden der Kapsel unterhalb des Wulstes am Flaschenhals und längs zum Flaschenhals (T-Schnitt) – die Weinflasche wird dabei nicht gedreht; abgezogene Kapsel auf Ablageteller legen
■ Reinigung des Flaschenmundes und des Korkens mit der Papierserviette
■ Korkenzieher in der Mitte des Korkens ansetzen und eindrehen (Korken nicht durchbohren)
■ Lockern des Korkens/Kunststoffstopfens durch kurzes Anziehen; geräuschloses Herausziehen des Korkens; evtl. das letzte Stück mit der Papierserviette langsam herausbewegen
■ Kontrolle des Naturkorkens (Aussehen und Geruch)
■ Korken/Kunststoffstopfen mit Serviette von der Spindel drehen, auf Brotteller ablegen
■ Korken mit Brand präsentieren (einstellen)
■ Reinigen des offenen Flaschenmundes mit der Weinserviette
■ Einschlagen der Weinflasche in die Weinserviette; Etikett muss sichtbar bleiben
■ Die Weinflasche in der eingeschlagenen Weinserviette in die linke Hand stellen und zum Gast bringen
■ Einschenken eines Probeschlucks von rechts
■ Sinnesprüfung durch den Gast
■ Ist der Wein in Ordnung, Einschenken nach klassischer Reihenfolge (Damen vor Herren, Gäste vor Besteller/in); Achtung: Besteller/in nicht vergessen
■ Weinflasche in den Weinkühler stellen; Weinserviette bleibt beim Kühler
■ Korkteller vom Gästetisch abservieren
■ Nicht mehr benötigte Gegenstände vom Guéridon mit Tablett abräumen und Guéridon sauber hinterlassen
■ Nachschenken und Gästebetreuung nicht vergessen

Anforderungen an einen guten Hebekorkenzieher
■ Spitzer Dorn
■ Zweistufig
■ Ein Zahnstocher muss durch die Spindel fallen können, dann ist die Spindel ideal, um den Korken zu greifen

Dieser Grüne Veltliner kommt vom Weingut Reinhard Waldschütz aus Strass im Strassertal im Weinbaugebiet Kamptal. Der Wein ist trocken ausgebaut und enthält 12,5 Vol.-% Alkohol.

Der Wein passt hervorragend zu Ihrem …"

Mise en Place für Rotwein in Flaschen mit Naturkorken oder Kunststoffstopfen

■ Rutschfestes Serviertablett
■ Dem Weintyp entsprechende Gläser vorbereiten (sind entweder im Rahmen des Gedecks bereits aufgedeckt oder müssen eingedeckt werden)
■ Guéridon vorbereiten:
- Flasche auf Unterteller mit Papierserviette/Spitzenpapier
- Weinserviette aus Stoff
- Brotteller mit Spitzenpapier zum Präsentieren von Naturkorken
- Brotteller als Ablageteller mit Papierservietten zum Reinigen des Flaschenmundes und Entfernen des Korkens
- Reserveglas
- Hebekorkenzieher mit Messer

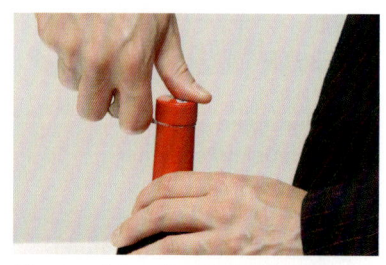

Abschneiden der Kapsel

Abheben der Kapsel

Flaschenmund reinigen

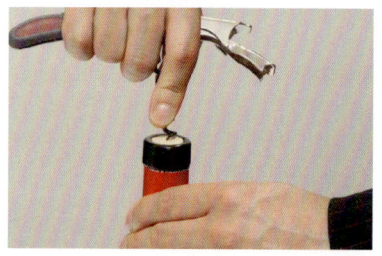

Korkenzieher ansetzen

Hebel am Flaschenhals ansetzen, Korken anheben, herausziehen

Serviceablauf bei Rotwein in Flaschen mit Naturkorken oder Kunststoffstopfen

- Der bestellte Wein wird dem Verkoster, der Verkosterin (meist Besteller/in) von links – oder der Gästegruppe von der Stirnseite des Gästetisches (wenn dies möglich ist) – präsentiert; die Weinflasche liegt in der linken Hand auf der Weinserviette, die rechte Hand unterstützt

    Präsentation
    - Rebsorte und/oder Weinname
    - Jahrgang sowie evtl. Riede
    - Weingut/Produzent, Produzentin/Abfüller bzw. Abfüllerin
    - Herkunft (Ort, Weinbaugebiet)
    - Zusätzliche Informationen können gerne gegeben werden (z. B. Restzucker, Alkoholgehalt, Kurzbeschreibung nach den COS-Kriterien – siehe ab S. 241)
- Flasche auf den Unterteller mit Papierserviette/Spitzenpapier zurückstellen, Etikett schaut zu den Gästen
- Abschneiden der Kapsel unterhalb des Wulstes am Flaschenhals und längs zum Flaschenhals (T-Schnitt) – die Weinflasche wird dabei nicht gedreht; abgezogene Kapsel auf Ablageteller legen
- Reinigung des Flaschenmundes mit der Serviette
- Korkenzieher in der Mitte des Korkens ansetzen und eindrehen (Korken nicht durchbohren)
- Lockern des Korkens/Kunststoffstopfens durch kurzes Anziehen; geräuschloses Herausziehen des Korkens; evtl. das letzte Stück mit der Papierserviette langsam herausbewegen
- Kontrolle des Naturkorkens (Aussehen und Geruch)
- Korken/Kunststoffstopfen mit Serviette von der Spindel drehen, auf Brotteller ablegen
- Korken mit Brand präsentieren (einstellen)
- Reinigen des offenen Flaschenmundes mit der (Stoff-)Serviette
- Die Weinflasche auf die zusammengelegte Weinserviette in der linken Hand stellen und zum Gast bringen
- Einschenken eines Probschlucks von rechts mit der rechten Hand, die Weinserviette bleibt in der linken Hand (zum Entfernen des Tropfens am Flaschenhals)
- Sinnesprüfung durch den Gast
- Ist der Wein in Ordnung, Einschenken nach klassischer Reihenfolge (Damen vor Herren, Gäste vor Besteller/in); Achtung: Besteller/in nicht vergessen
- Weinflasche auf den Unterteller zurückstellen; die Weinserviette bleibt auf dem Guéridon
- Korkteller vom Gästetisch abservieren
- Nicht mehr benötigte Gegenstände vom Guéridon mit Tablett abräumen und Guéridon sauber hinterlassen
- Nachschenken und Gästebetreuung nicht vergessen

Aufmerksame Nachbetreuung ist wichtig, schenken Sie jedoch nie in noch halb volle Gläser.

Weinservice bei Flaschen mit Glas- oder Drehverschlüssen

Der Serviceablauf ist gleich; die Verschlüsse werden jedoch nicht präsentiert, sondern auf dem Brotteller (Ablageteller) abgelegt. Bei der Mise en Place kann daher auf den Präsentierteller für den Korken verzichtet werden.

4 Alkoholische Getränke

Öffnen alternativer Flaschenverschlüsse

Drehverschluss
Der Verschluss wird mithilfe der Weinserviette durch Drehen geöffnet. Die Flasche steht dabei auf der Weinserviette auf dem Guéridon.

Glasverschluss
Die Banderolenkapsel durch Drehen von der Flasche abnehmen, den Glasverschluss mit dem linken Daumen sichern und mit dem rechten Daumen vorsichtig hochdrücken und abnehmen.

Glaspfropfen hochdrücken

Depot   🔊 *Depoh*

Dekantieren
Dekantieren ist das **Trennen des Weines vom Depot.** Vor dem Dekantieren verkostet die Sommelière, der Sommelier oder auch die Bestellerin bzw. der Besteller den Wein. Dann wird er in eine Dekantierkaraffe umgefüllt, wobei das Depot in der Flasche bleiben muss.

Dekantiert wird nur von erfahrenen Servicemitarbeiterinnen bzw. -mitarbeitern

Weinausschank im Glas
Flaschenweine werden auch im Glas angeboten. Dafür gibt es grundsätzlich zwei Möglichkeiten:
- Weinflasche dem Gast präsentieren und öffnen. Einen Probeschluck in das Glas füllen. Nachdem der Gast gekostet hat, das Glas auffüllen oder mit der bereits vorverkosteten Flasche zum Gast gehen, Wein kurz präsentieren und in das Gästeglas einschenken.
- Wein in eine Karaffe (meist 1/8 l) füllen. Aus der Karaffe vor dem Gast in das Glas einschenken. Probeschluck entfällt.

Glas beim Einschenken schräg halten

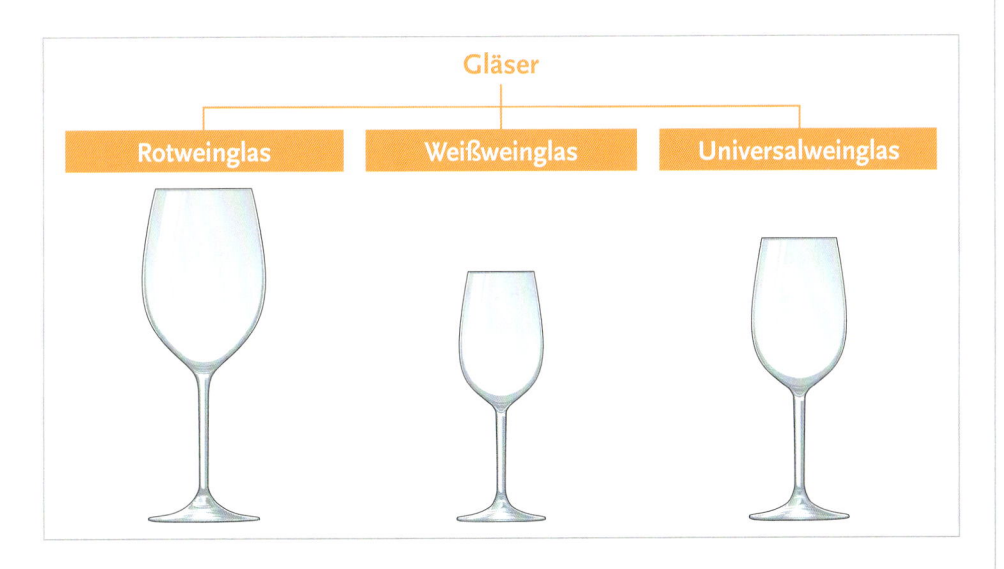

Gläser
- Rotweinglas
- Weißweinglas
- Universalweinglas

💡 Für einen optimalen Trinkgenuss ist auch die Glasform von großer Bedeutung.

Weinbauland Österreich

Rund 20 000 Weinbaubetriebe bearbeiten in Österreich eine Gesamtanbaufläche von etwa 46 000 Hektar.

Das österreichische Weingesetz

Um Missbräuchen bei der Erzeugung und beim Vertrieb von Wein wirksam zu beggnen, gibt es das Österreichische Weingesetz. Nach dem Weinskandal 1985 war es notwendig, ein neues Weingesetz zu schaffen. Seitdem wurden diverse Novellen erlassen. Seit der Weingesetznovelle 2002 besteht die Möglichkeit, regionaltypische Qualitätsweine unter der Bezeichnung DAC (Districtus Austria Controllatus) zu vermarkten. Regionale Komitees legen bestimmte Produktionskriterien fest. DAC ersetzt die Verkehrsbezeichnungen Qualitätswein, Prädikatswein und die einzelnen Prädikate.

Die rot-weiß-rote Banderole muss über der Flaschenöffnung angebracht sein

Bezeichnungsvorschriften

- **Sorten- und Jahrgangsbezeichnung**
  Der Wein muss zu mindestens 85 Prozent aus der genannten Sorte bzw. dem genannten Jahrgang stammen.

- **Name und Standort des Weingutes**

- **Herkunftsbezeichnungen**
  Jeder österreichische Wein muss die Bezeichnung „österreichischer Wein", „Österreich" oder „Wein aus Österreich" tragen. Er darf nur aus Trauben erzeugt werden, die ausschließlich aus Österreich stammen.

- **Restzuckergehalt**
  Auf jedem Etikett muss der Gehalt an unvergorenem Zucker (Restzucker) im Wein angegeben sein, und zwar mit den Worten:

Trocken	bis 4 g Restzucker pro Liter oder höchstens 9 g/l, wenn der Säuregehalt höchstens 2 g/l niedriger ist als der Restzuckergehalt, bei 9 g/l Restzucker muss der Wein z. B. mindestens 7 g/l Säure haben
Halbtrocken	höchstens 12 g Restzucker pro Liter oder bis maximal 18 g/l, wenn der Säuregehalt um maximal 10 g/l niedriger als der Restzuckergehalt ist
Lieblich	höchstens 45 g Restzucker pro Liter
Süß	über 45 g Restzucker pro Liter

- **Alkoholgehalt**
  Das Etikett muss über den Gehalt an Alkohol in ganzen oder halben Volumprozenten (z. B. 11 Vol.-% oder 11,5 Vol.-%) informieren.

- **Nenninhalt**
  Das Volumen ist nach dem EU-Bezeichnungsrecht zwingend anzugeben.

4 Alkoholische Getränke

- **Staatliche Prüfnummer**
Sie ist Voraussetzung für die Klassifizierung aller Qualitätsweine und wird nach einer chemischen und sensorischen Weinanalyse verliehen (Antrag bei der Bezirksverwaltungsbehörde).

- **Banderole**
Sie dient der eindeutigen Kennzeichnung von österreichischem Qualitätswein und trägt die Betriebsnummer des Produzenten oder der Produzentin.

- **Regionale Herkunftszeichen**
In den letzten Jahren wurden einige Qualitätsgemeinschaften gegründet. Ziel ist ua eine gemeinsame Vermarktung (Werbung, Messen etc.). Bekannte Beispiele sind: Vinea Wachau Nobilis Districtus (in der Wachau), Thermenwinzer (in der Thermenregion), Renommierte Weingüter Burgenland (im gesamten Burgenland), Steirischer Junker (Steiermark).

Verpflichtende Angaben auf dem Etikett einer Weinflasche

Manche Betriebe reichen ihre Weine bei Wettbewerben ein (z. B. bei der österreichischen Weinmarketing GmbH für den Gewinn einer „Salon"-Schleife oder bei der AWC – Austrian Wine Challenge)

💡 Die österreichischen Weine zeichnen sich durch ein ausgeprägtes Sortenbukett aus. Sie werden oft sortenrein ausgebaut.

1   Banderole (in der Flaschenkapsel oder im Verschluss)
2 3   Herkunftsbezeichnungen
4   Bezeichnung „Qualitätswein" und die verliehene Prüfnummer
5   Nenninhalt: Inhaltsmenge in Liter (e = EU-Norm)
6   Jahrgangs- und Sortenbezeichnung
7   Restzuckergehalt
8   Name und Standort des Weingutes
9   Alkoholgehalt
10   Bezeichnung „enthält Sulfite" muss verzeichnet sein; seit 2011 ist eine Kennzeichnung bezüglich Allergenen obligat.

Der Name des Weines bezieht sich bei diesem Beispiel auf die Rebsorte. Es kann jedoch auch ein
- Markenname (z. B. „Servus") oder ein
- Fantasiename (z. B. „Phantom") sein.

Getränkekunde und Getränkeservice

Rebsorten

Österreich ist in erster Linie ein **Weißweinland.** Der **Grüne Veltliner** führt mit knapp 30 % die Weißweinsorten an. Es überwiegen die fruchtigen, säurebetonten Sorten, die vorzugsweise jung zu trinken sind. In zunehmendem Maße werden aber auch hervorragende Rotweine erzeugt. Der **Blaue Zweigelt** wird von allen Rotweinsorten am meisten angebaut.

Die folgenden Tabellen enthalten die wichtigsten in Österreich zur Erzeugung von Qualitäts- und Prädikatsweinen zugelassenen weißen und roten Rebsorten.

Blauer Zweigelt ist eine Kreuzung aus St. Laurent und Blaufränkisch von Prof. Fritz Zweigelt

💡 Weitere rote Rebsorten sind Cabernet Franc, Cabernet Sauvignon, Merlot, Blauburger, Shiraz (Syrah), Roesler und Ràthay.

Rotweinsorten	Charakteristik	Anbaugebiete
Blauer Zweigelt (Zweigelt, Rotburger) Eine Kreuzung aus St. Laurent und Blaufränkisch	Fruchtig, Weichsel, harmonisch; österreichische Spezialität	In allen Weinbaugebieten
Blaufränkisch (in Deutschland Lemberger)	Fruchtig, Waldbeeren, Kirschfrucht, feinherbe Würze, markante Säure; gereift: samtig; lagerfähig	Burgenland, Carnuntum
Blauer Portugieser	Einfache Weine, mild, unkompliziert, jung zu trinken	Niederösterreich, Burgenland
St. Laurent	Dunkle Weine, fruchtig-säuerlich, Weichsel, feine Würze; gute Lagerfähigkeit	Niederösterreich, Burgenland, Steiermark
Blauer Burgunder (Pinot noir)	Würzig, elegant; charakteristisch fruchtig, Erdbeere, Himbeere bis Kirsche; gute Lagerfähigkeit	Niederösterreich, Burgenland
Blauer Wildbacher	Grasig, würziges Bukett, fruchtig-frisch mit rassiger Säure; die Roséweine aus der Steiermark werden **Schilcher** genannt	Spezialität der Steiermark

Grüner Veltliner

💡 Die nebenstehenden Tabellen enthalten die wichtigsten der in Österreich zur Erzeugung von Qualitäts- und Prädikatsweinen zugelassenen 22 weißen und 13 roten Rebsorten.

Weißweinsorten	Charakteristik	Anbaugebiete
Grüner Veltliner (Weißgipfler)	Fruchtig, spritzig, feinwürzig, pfeffrig und evtl. Tabaknoten; auch Trockenfruchtaroma und Exotik bei hoher Reife; **die** österreichische Spezialität	Niederösterreich, Wien, vereinzelt im Burgenland
Welschriesling	Säurebetont, trocken, Grüner-Apfel-, Zitrus- oder Heubukett; als Prädikatswein eine Spezialität; sehr gut als Sektgrundwein	Burgenland, Steiermark, Weinviertel
Müller-Thurgau (Rivaner)	Zartfruchtig, traubig, blumig, feine, milde Säure; soll jung getrunken werden	In allen Weinbaugebieten
Weißburgunder (Pinot blanc)	Junge Weine: zartblumiges Aroma, pikante Säure; gereifte Weine: nussige Würztöne	In allen Weinbaugebieten

Riesling (Rheinriesling)	Junge Weine: fruchtig, würzig; gereifte Weine: Steinobstaroma (Marille, Pfirsich) und exotische Noten, pikante Säure; im Alter Petrolton; meist gut lagerfähig	Wachau, Wien, Kremstal, Kamptal, Traisental
Sauvignon blanc	Jung gelesen: frischfruchtig, grasig, Paprika-, auch Brennnesselton, würzig; frische, rassige Säure; vollreif: Johannisbeere, Stachelbeere, Holunderblüte, tropische Früchte; gute Lagerfähigkeit	Südsteiermark, Südoststeiermark, Burgenland
Neuburger	Dezentes, neutrales Aroma, vollmundig, feinwürzig; österreichische Spezialität	Thermenregion, Wachau, Burgenland, Wien
Muskat-Ottonel	Traubig-weinig; prägnantes Muskatbukett, vollmundiges Aroma	Burgenland
Chardonnay (in der Steiermark: Morillon)	Klassische Weine fruchtig mit anregender Säure; kräftige Weine (evtl. Barrique) auch exotisch, Vanillewürze, cremiges Aroma; gut lagerfähig	In allen Weinbaugebieten
Gelber Muskateller	Traubig, Zitrusnoten, Muskataromatik; beliebter Aperitif	In allen Weinbaugebieten
Traminer (Gewürztraminer, Roter Traminer)	Hocharomatisch (Wildrosen, Zitrusnoten, Dörrobst), säurearm, körperreich	in allen Weinbaugebieten
Ruländer (Grauer Burgunder, Pinot gris)	Häufig mit Kupferschimmer, unaufdringliches Sortenbukett bei jung gelesenen Weinen, vollmundig, Honig- und Karamellton; gute Lagerfähigkeit	Steiermark, Burgenland
Zierfandler (Spätrot) und Rotgipfler	Feinfruchtig (auch Trockenfruchtaroma und Exotik), feinwürzig, extraktreich, angenehme Säure; österreichische Spezialität	Thermenregion

Pinot blanc 🔊 *Pinoh bloh*
Pinot noir 🔊 *Pinoh noa*
Pinot gris 🔊 *Pinoh grieh*
Sauvignon blanc 🔊 *Sovinjoh bloh*

💡 Weitere weiße Rebsorten mit flächenmäßig geringem Anteil sind Scheurebe (Sämling 88), Furmint, Bouvier, Goldburger, Frühroter Veltliner, Roter Veltliner und Silvaner.

Weinbauregionen und Weinbaugebiete in Österreich

Weinbauregion Weinland

Weinbaugebiet Niederösterreich (ca. 27 000 ha)

Durch verschiedene Bodenarten, Lagen sowie bedeutende kleinklimatische Unterschiede ergibt sich eine **große Vielfalt an Weinen.**

In erster Linie wird in Niederösterreich **Weißwein** produziert. Eine typische Spezialität ist der **Grüne Veltliner,** der **43 % der niederösterreichischen Weinernte** ausmacht. Daneben gibt es aber **auch Rotweingebiete** von bemerkenswertem Ruf.

Weinbaugebiet Burgenland (ca. 14 000 ha)

Der Einfluss des **pannonischen Klimas** zeigt sich durch die höchste Jahresdurchschnittstemperatur Österreichs von 10 °C. Die wichtigsten Anbaugebiete liegen am und um den **Neusiedler See,** der als großer **Steppensee** einen **riesigen Wärmespeicher** bildet und seine Wärme im Herbst langsam abgibt (Klimaregulator).

Im Burgenland entstehen die körperreichsten Rotweine Österreichs **(Blaufränkisch, Blauer Zweigelt,** St. Laurent, Blauer Burgunder), aber auch hervorragende Weißweine **(Weißburgunder, Chardonnay,** Welschriesling, Sauvignon blanc, Neuburger, Muskat-Ottonel, Traminer).

Weinbaugebiet Wien (ca. 600 ha)

Wien ist weltweit die einzige Bundeshauptstadt mit eigenem Weinbau. In Wien sind besonders die Weißweine nennenswert.

Weinbauregion Steirerland

Weinbaugebiet Steiermark (ca. 4 000 ha)

Die steirischen Anbaugebiete befinden sich im südöstlichsten Teil Österreichs, also bereits im **Klimaeinfluss Südeuropas.** Dieses heiße Klima mit relativ viel Niederschlag wirkt sich günstig auf Ertrag und Qualität aus.

In der Steiermark gibt es vor allem **Weißweine.** Eine **Ausnahme** ist der **Schilcher,** ein Roséwein aus der Blauen-Wildbacher-Traube, der sich nur in der Weinbauregion Steirerland so nennen darf.

Weinbauregion Bergland

Andere Bundesländer (ca. 150 ha)

Kleine Weinbauflächen gibt es auch in den anderen Bundesländern.

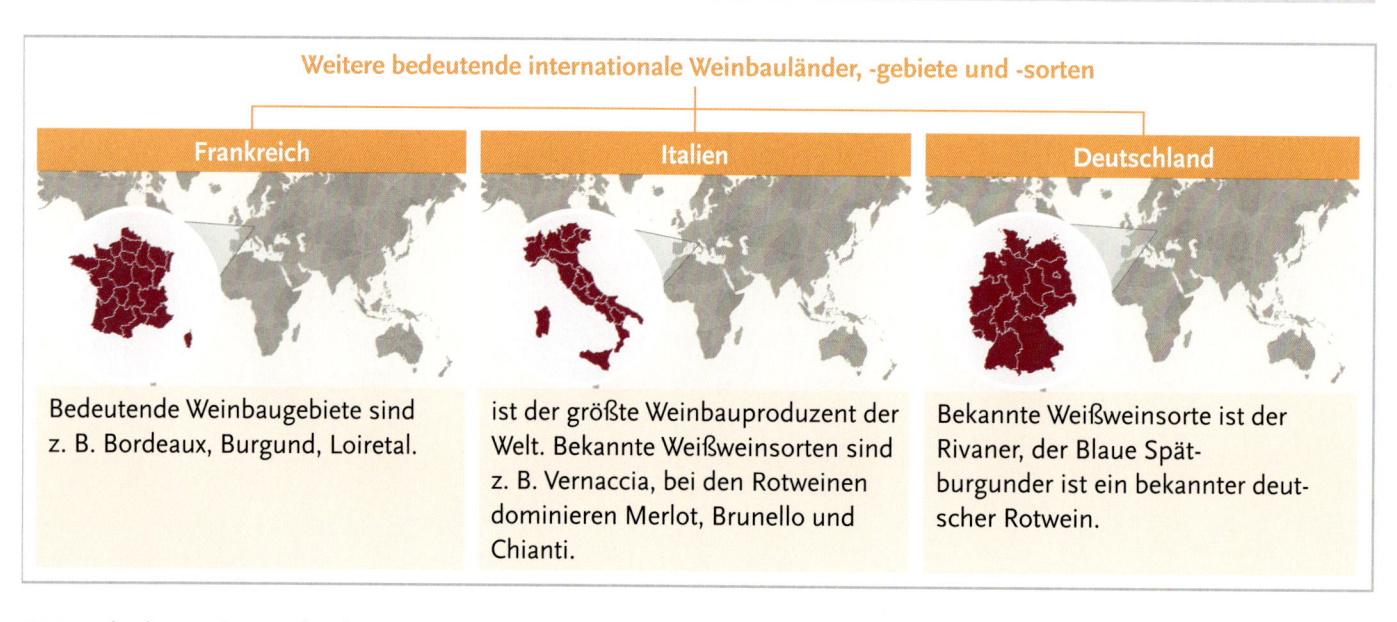

Weitere bedeutende internationale Weinbauländer, -gebiete und -sorten

Frankreich	Italien	Deutschland
Bedeutende Weinbaugebiete sind z. B. Bordeaux, Burgund, Loiretal.	ist der größte Weinbauproduzent der Welt. Bekannte Weißweinsorten sind z. B. Vernaccia, bei den Rotweinen dominieren Merlot, Brunello und Chianti.	Bekannte Weißweinsorte ist der Rivaner, der Blaue Spätburgunder ist ein bekannter deutscher Rotwein.

Weitere bedeutende Weinländer sind Spanien (Rioja), Portugal, Kalifornien, Chile, Argentinien, Australien und Südafrika.

4 Alkoholische Getränke

Spezifische Weinbaugebiete in Niederösterreich
- Wachau
- Kremstal (mit DAC-Weinen)
- Kamptal (mit DAC-Weinen)
- Wagram
- Traisental (mit DAC-Weinen)
- Carnuntum
- Weinviertel (mit DAC-Weinen)
- Thermenregion

Spezifische Weinbaugebiete im Burgenland
(mit Neusiedler See-DAC-Weinen, DAC-Leithaberg-Weinen, Mittelburgenland-DAC-Weinen, Eisenberg-DAC-Weinen)

Weinbaugebiet Wien
mit Wiener Gemischter Satz DAC

Spezifische Weinbaugebiete in der Steiermark
- Vulkanland (Südoststeiermark)
- Südsteiermark
- Weststeiermark

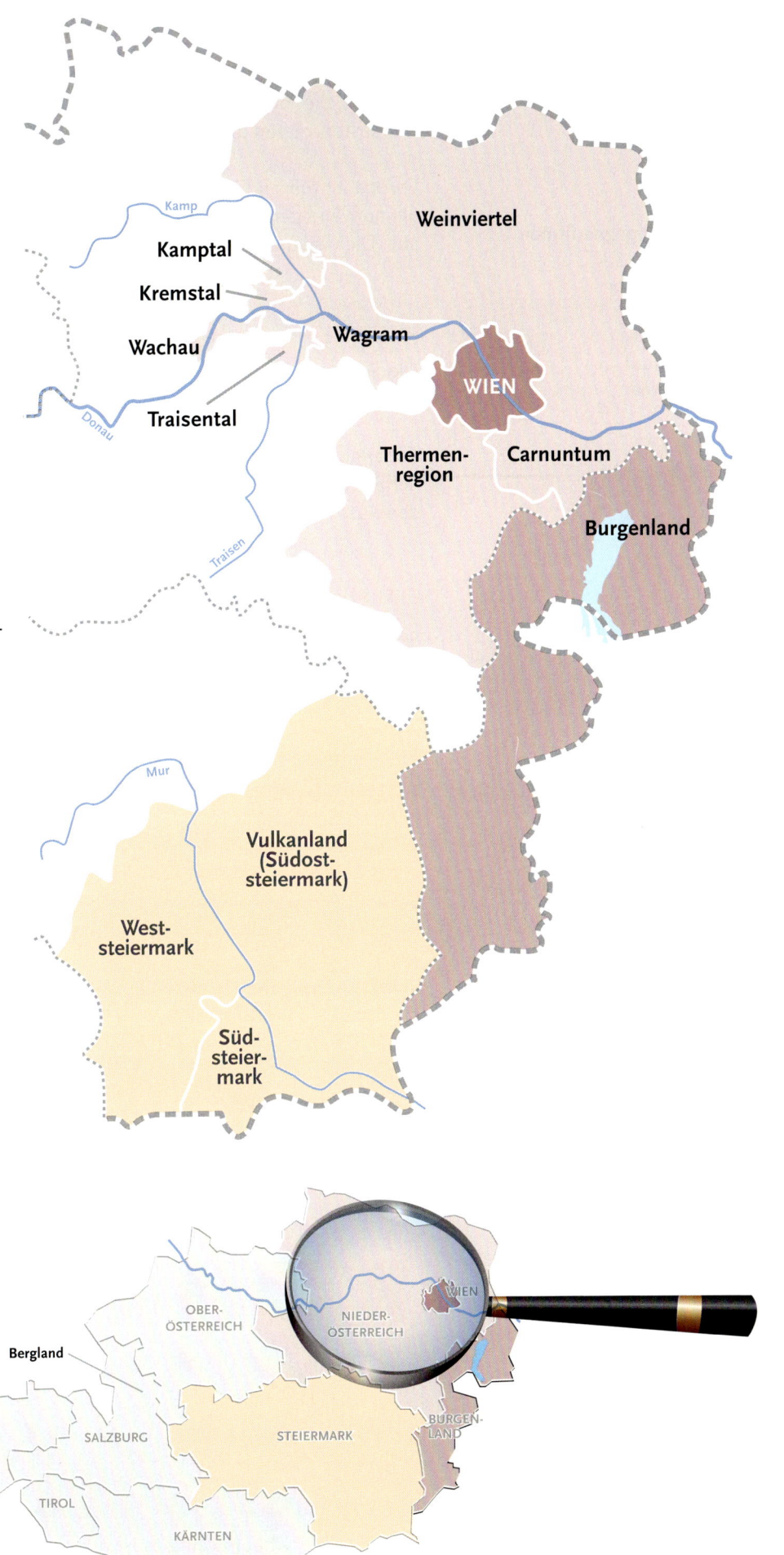

Schaumweine

Als Schaumweine werden alle kohlensäurehältigen Weiß-, Rosé- und Rotweine bezeichnet, die meist durch eine zweite Gärung natürlich entstanden sind und einen Mindestdruck von drei bar aufweisen müssen.

Europa ist führend in der Erzeugung von Schaumweinen. Der Champagner, nach der aufwändigen Flaschengärmethode hergestellt, macht nur einen geringen Anteil aus. Die weitaus größere Menge entsteht durch Tankgärung.

Champagner

Die Schaumweine mit der Bezeichnung Champagner kommen aus einem gesetzlich geschützten Gebiet in Frankreich, der Champagne.

Abhängig vom Restzuckergehalt unterscheidet man die Sorten brut nature (naturherb), extra brut (extra herb), brut (herb), extra dry (extra trocken), sec (trocken), demi-sec (halbtrocken) und doux (mild).

Sekt und Qualitätsschaumweine

Sekt ist die Bezeichnung für alle Schaumweine aus Österreich und aus der Schweiz sowie für Qualitätsschaumweine aus Deutschland und Südtirol.

Andere Bezeichnungen für schäumende Weine

- **Spumante, Prosecco** (Italien)
- **Cava** (Spanien)
- **Krimsekt** (Russland)

Bekannte österreichische Sektmarken
Hochriegl, Schlumberger, Kattus, Bründlmayer.

Bekannte deutsche Sektmarken
Kupferberg, Söhnlein, Rotkäppchen, MM.

Schaumweinservice

Ideale Trinktemperatur 6–12 °C

Bekannte Champagnerfirmen
- Henriot
- Moët & Chandon
- Pommery
- Louis Roederer
- Veuve Clicquot
- Laurent-Perrier

Champagner	🔊 Schampanjer
Henriot	🔊 Ohrioh
Moet & Chandon	🔊 Moet eh Schandoh
Louis Roederer	🔊 Lui Röderer
Veuve Cliquout	🔊 Wöhf Klikoh
Laurent-Perrier	🔊 Loroh Perrijeh

brut nature	🔊 brüh natühr
sec	🔊 sekk
doux	🔊 duh

Gläser

Tulpe	Tulpenförmiges Weißweinglas	Flöte

Das ideale Schaumweinglas ist tulpenförmig und schlank.

Verwendungsmöglichkeiten

- Als Aperitif
- Als Begleiter zu Speisen: Sekt und Champagner harmonieren mit nahezu allen Speisen.
- Für Cocktails, Bowlen etc.

Bowle 🔊 *Bohle*

Serviceablauf

Nach der **Schaumweinempfehlung** bzw. der Auswahl durch den Gast wird die Mise en Place für das Service des bestellten Schaumweines vorbereitet.

Mise en Place für Schaumweinservice

- Serviertablett mit Schaumweingläsern vorbereiten/eindecken
- Guéridon vorbereiten:
  - Schaumweinkühler (Wasser, Eis) mit Schaumweinflasche auf Unterteller mit Stoffserviette/Spitzenpapier
  - Weinserviette aus Stoff (gefaltet über dem Weinkühler)
  - Brotteller mit Spitzenpapier zum Präsentieren des Korkens
  - Brotteller als Ablageteller für Kapsel und Agraffe
  - Reserveglas
  - Eventuell Sekt- bzw. Champagnerzange (zum Lockern festsitzender Korken)

Durchführung eines Schaumweinservice

- Der bestellte Schaumwein wird dem Verkoster, der Verkosterin (meist Besteller/Bestellerin) von links – oder der Gästegruppe – präsentiert; die Schaumweinflasche liegt in der linken Hand auf der Weinserviette, die rechte Hand unterstützt
  Präsentation
  - Name/Marke des Schaumweines
  - Erzeuger bzw. Erzeugerin
  - Evtl. Rebsorten
  - Evtl. Jahrgang
- Flasche auf die Weinserviette stellen, Etikett schaut zu den Gästen
- Entfernen der Metallkapsel mithilfe des Aufreißverschlusses – Flasche dabei nicht drehen; Kapsel auf Ablageteller legen
- Mit dem Daumen Agraffe und Korken oben fixieren; Agraffe aufdrehen und entfernen
- Flasche leicht schräg – weg vom Gast! – halten, mit der Weinserviette Korken langsam drehen, ohne Knall entfernen
- Kontrolle des Korkens, auf Brotteller ablegen, präsentieren (einstellen)
- Reinigen des offenen Flaschenmundes mit der Stoffserviette
- Flasche in die Weinserviette einschlagen (das Etikett muss sichtbar bleiben)
- Einschenken eines Probeschlucks von rechts; wichtig: Glas ausheben
- Sinnesprüfung durch den Gast
- Ist der Schaumwein in Ordnung, einschenken nach klassischer Reihenfolge (Damen vor Herren); Besteller/in nicht vergessen (Gläser ausheben, um ein Überschäumen zu vermeiden)
- Schaumweinflasche in den Kühler stellen; Weinserviette darüber legen
- Korkteller abservieren
- Nicht mehr benötigte Gegenstände vom Guéridon mit Tablett abräumen und Guéridon sauber hinterlassen
- Nachschenken und Gästebetreuung nicht vergessen

⚠ Flasche nicht zu wild bewegen, da der Schaumwein sonst beim Öffnen überläuft.

💡 Gläser können ausgehoben werden, damit das Einschenken rascher geht und weniger Kohlensäure entweicht.

Getränkekunde und Getränkeservice

Aromatisierte Weine und Likörweine

Zu einer guten Weinberatung gehört es auch, über aromatisierte Weine und Likörweine Auskunft geben zu können.

Aromatisierte Weine

Aromatisierte Weine sind Getränke mit 14,5–22 Vol.-% Alkohol, die aus mindestens 75 % Wein hergestellt werden, mit Alkohol versetzt, mit Gewürzen, Kräutern, Aromastoffen, Extrakten aromatisiert und mit Zucker bzw. Traubenmost gesüßt werden.

Wermut wird in einem **tulpenförmigen Glas** bzw. einem **Originalglas vom Herstellbetrieb** (5 cl) mit etwa 10–12 °C oder in einem Tumbler auf Eis (evtl. mit Zitronenscheibe) serviert.

Aromatisierte Weine

Wermut	Weinaperitifs
Aromatisierter Wein mit Zusatz von Alkohol, Zucker, Gewürzen und Kräutern (u. a. Wermutkraut), z. B. Martini e Rosso, Cinzano, Noilly Prat	Aromatisierte Weine mit Zusatz von Traubenmost, Alkohol, Chinarinde und Aromaten, z. B. Dubonnet

💡 Likörweine haben meist eine Restsüße, können aber auch trocken ausgebaut werden.

Likörweine

Likörweine sind alkoholische Getränke mit meist 15–22 Vol.-% Alkohol, die aus Wein und/oder teilweise vergorenem Traubenmost hergestellt werden und mit Alkohol aus der Weindestillation, evtl. Mostkonzentraten oder gegorenem Traubenmost aus getrockneten Trauben versetzt werden.

Sorte	Herkunftsland	Herstellung
Sherry	Spanien: Jerez	Durch die Zugabe von Weinbrand zum Jungwein entsteht Sherry.
Portwein	Portugal	Die Gärung der gewonnenen Maische wird durch Zusatz von Weinbrand gestoppt.
Madeira	Portugal: Insel Madeira	Weißwein wird mit Traubendestillat aufgespritet, eingedampft und gelagert.
Samos	Griechenland: Insel Samos	Dem nicht voll vergorenen Most wird Branntwein zugesetzt – das Endprodukt ist ein weißer Dessertwein.
Marsala	Italien: Sizilien	Weißwein mit Zusatz von Traubendestillat und konzentriertem Traubenmost.

Spirituosen

Spirituosen ist ein Sammelbegriff für alle gebrannten Getränke. Sie lassen sich aus jedem Grundprodukt destillieren (brennen), das vergoren werden kann und genügend Stärke oder Zucker enthält, der sich in Alkohol umwandeln lässt.

Art	Beschreibung
Wein-, Obst- oder Beerenbrand	Wein, Obst (z. B. Marillen) oder Beeren (z. B. Himbeeren) werden destilliert
Cognac	ist ein Destillationsprodukt aus Weißwein, das ausschließlich aus der Charente (Hauptstadt von Cognac in Frankreich) kommt
Whisk(e)y	Ursprungsländer: Schottland, Irland; wird v. a. aus Gerste, aber auch aus Weizen, Mais, Roggen und Hafer gewonnen

Andere Getreidedestillate

- **Wodka:** ist ein Destillat aus Polen oder Russland. Die Grundmaterialien sind in der Regel Getreidemischungen, manchmal auch Kartoffeln. Es gibt auch mit Zitrusfrüchten, Kräutern u. Ä. versetzte Wodkas.
- **Gin:** entstand in England nach holländischem Vorbild. Er wird aus Gerste und Roggen unter Verwendung von Wacholderbeeren, Kräutern, Früchten und Gewürzen hergestellt. Es gibt ungesüßte Sorten (Dry Gin, London Dry Gin), leicht gesüßte Sorten (Old Tom Gin, Plymouth Gin) und versetzte Gins (z. B. Almond Gin mit Bittermandeln).

Sonstige Destillate

Obstdestillate

Zu den Obstbränden zählen alle Spirituosen, die ausschließlich durch alkoholische Gärung und Destillation einer frischen Frucht gewonnen werden. Es handelt sich um ein hundertprozentiges Destillat, das mit keinem anderen Alkohol verschnitten (gestreckt) werden darf. Der Name der Frucht wird dem Wort **Brand** oder **Wasser** vorangestellt (z. B. Birnenbrand).

Rum

Originalrum ist ein Destillat aus Zuckerrohr oder Zuckerrohrmelasse. Der berühmteste Rum kommt aus Jamaika. In die Maische kommen je nach Gebiet verschiedene Aromaten (Rosinen, Ananas, Zimtäpfel, Vanille). Anschließend wird der Rum destilliert und gelagert. Man unterscheidet zwischen weißem und braunem Rum. Rum wird mit einem Alkoholgehalt von bis zu 81 Vol.-% hergestellt (Originalrum).

Echter Rum ist ein Originalrum, der auf Trinkstärke (38–54 Vol.-%) herabgesetzt wurde.

Wissen Sie, ab welchem Alter Spirituosen konsumiert werden dürfen? Sprechen Sie in der Gruppe darüber.

Man unterscheidet:
- **Destillate aus Wein** (z. B. Cognac, Weinbrand)
- **Destillate aus Getreide** (z. B. Whisky)
- **Destillate aus Obst** (z. B. Marillenbrand)
- **Sonstige Destillate** (z. B. Rum aus Zuckerrohr, Tequila aus Agaven)
- **Liköre** (gesüßte Spirituosen, z. B. Bailey's Irish Cream)

Cognac Konjak

Wussten Sie, dass ... der Begriff Whisk(e)y aus dem Gälischen stammt und „Lebenswasser" bedeutet? Die verschiedenen Schreibweisen Whisky und Whiskey sollten ursprünglich den schottischen Whisky vom irischen Whiskey unterscheiden.

Wussten Sie, dass ... Wodka übersetzt „Wässerchen" bedeutet?

Weißer Rum lagert in Stahltanks oder Fässern, die keine Farbe abgeben.
Brauner Rum lagert in Eichenholzfässern, die dem Rum seine Farbe verleihen.

Tequila *Tekila*

Tequila

Tequila stammt aus Mexiko und wird aus **Agavensaft** durch zweimalige Destillation gewonnen. Der Alkoholgehalt liegt zwischen 38 und 50 Vol.-%. Es gibt weiße und braune Sorten. Tequila eignet sich wie der Rum hervorragend zum Mixen. Ebenso wie beim Rum werden die lange gelagerten dunklen Sorten auch pur getrunken.

Bitters

Bitters werden auf Eis im Tumbler serviert, sehr oft mit Sodawasser oder Orangensaft gemischt. Der bekannteste Bitteraperitif ist der **Campari.** Die rubinrote, herbsüße Spirituose aus Italien wird aus Kräutern und Gewürzen mit Neutralalkohol, Zucker und destilliertem Wasser hergestellt. Weitere bekannte Marken sind Aperol, Ramazzotti und Cynar.

Liköre

Liköre sind gesüßte Spirituosen mit mindestens 15 Vol.-% Alkohol und ca. 10 Prozent Zucker. Der Grundalkohol wird mit Zucker, Honig oder Süßstoff gesüßt und mit Wasser versetzt. Anschließend werden Aromastoffe wie Kräuter-, Gewürz- oder Fruchtauszüge zugesetzt.

Bekannte Vertreter

Bezeichnung	Art
Fernet-Branca (Magenbitter)	Bitterlikör
Bailey's Irish Cream	Emulsionslikör
Amaretto	Mandellikör

💡 **Wussten Sie, dass ...**
Liköre aus mittelalterlichen Heilgetränken hervorgegangen sein sollen? Man wollte die Medizin versüßen und erfand so die Kräuterliköre.

Service von Destillaten

Service von Weindestillaten

Cognac, Weinbrand, Grappa
Ideale Trinktemperatur: 18 °C

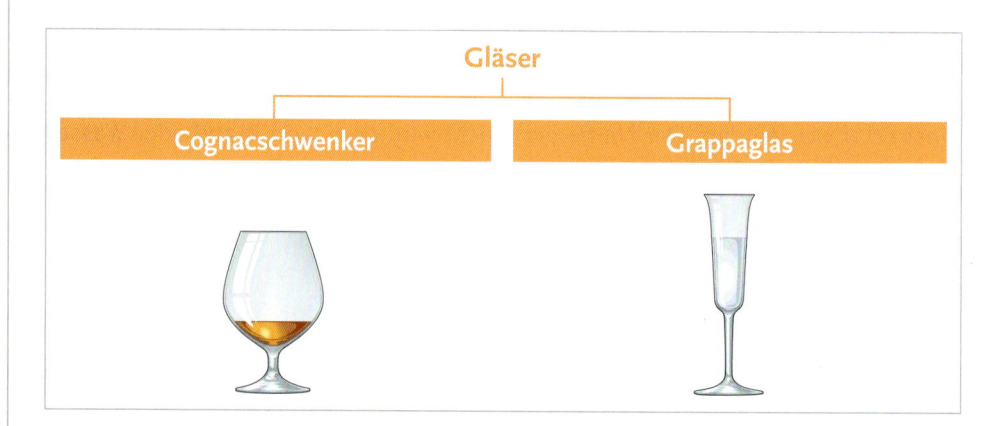

⚠️ Destillate werden stehend gelagert, die Flaschen müssen stets gut verschlossen sein.

```
                Gläser
         ┌────────┴────────┐
   Cognacschwenker      Grappaglas
```

Verwendungsmöglichkeiten

- Klassische Digestifs
- Für Mixgetränke
- Zum Flambieren
- Zum Aromatisieren von Speisen

💡 Gäste aus dem asiatischen Raum trinken gerne gekühlten Cognac – entweder als Aperitif oder verdünnt mit Wasser zum Essen.

Service von Getreidedestillaten
Whisk(e)y, Gin, Wodka

```
                    Gläser für Whisk(e)y
         ┌──────────────────┴──────────────────┐
   Old-Fashioned-Glas              Nosing Glas
                                   (für sehr alte Whisk(e)ys)


                  Gläser für Getreidedestillate
         ┌──────────────────┴──────────────────┐
      Aquavitglas                          Shot-Glas
```

Whisk(e)y

💡 Sehr oft werden die Gläser für Getreidebrände und auch die Flaschen im Tiefkühlfach aufbewahrt.

Verwendungsmöglichkeiten
- Als Digestif
- Getreidebrände sind beliebte Begleiter zu Bier oder auch zur Zigarre
- Whisk(e)y, Gin und Wodka als Bestandteil von Mixgetränken

Service von klaren Obstbränden

```
                         Gläser
         ┌──────────────────┴──────────────────┐
     Für Calvados                    Für Obstbrände
     Nosing Glas             Auf die Frucht abgestimmte Gläser
```

Birnenbrand

Verwendungsmöglichkeiten
- Als Digestif (auch zur Zigarre)
- Zum Flambieren und Aromatisieren von Speisen

Getränkekunde und Getränkeservice

Service von Likören

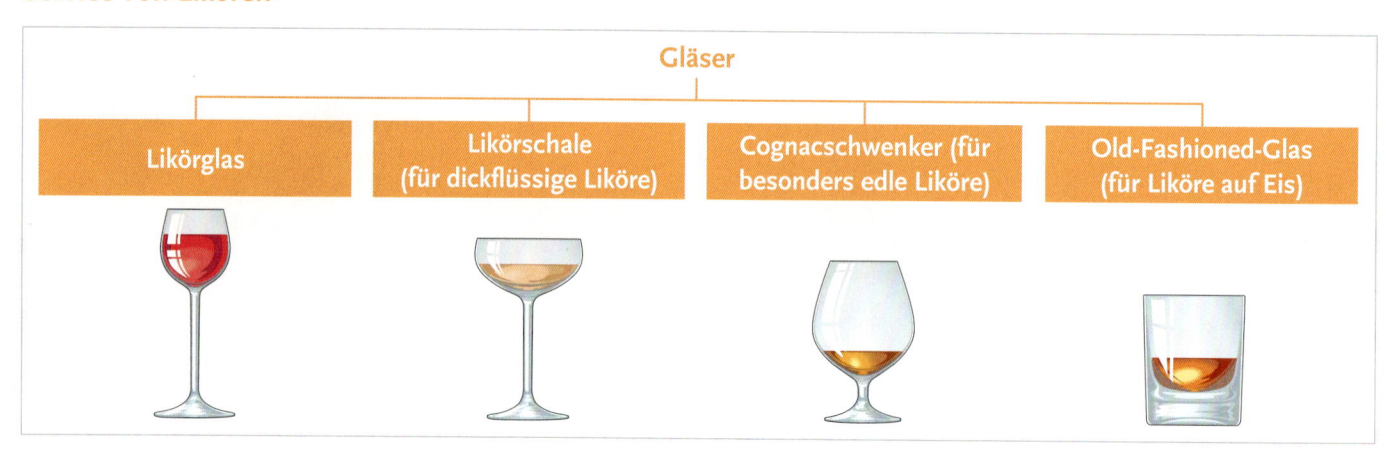

Gläser

| Likörglas | Likörschale (für dickflüssige Liköre) | Cognacschwenker (für besonders edle Liköre) | Old-Fashioned-Glas (für Liköre auf Eis) |

⚠️ Angebrochene Flaschen werden außen klebrig. Sie müssen häufig mit einem feuchten Tuch abgewischt werden.

Verwendungsmöglichkeiten

- Zum Mixen
- Als Digestif
- Zum Aromatisieren von Süßspeisen, Obstdesserts etc.

Aufgabenstellungen – „Alkoholische Getränke"

1. Wiederholen Sie mit Ihrer Sitznachbarin/Ihrem Sitznachbarn die verschiedenen Arten der Biergläser.
2. Führen Sie vor der Gruppe ein fachgerechtes Flaschenbierservice durch und erklären Sie dabei den Arbeitsvorgang.
3. Erklären Sie, wie die Farbe des Rotweins entsteht.
4. Beschreiben Sie das Weinbauland Österreich und erklären Sie drei Besonderheiten davon.
5. Nennen Sie verschiedene Schaumweine.
6. Ein Gast erkundigt sich nach einem Likörwein. Welche können Sie ihm nennen?
7. Nennen Sie drei Getreidedestillate.
8. Wählen Sie je ein richtiges Glas aus und zeichnen Sie es ein:

Cognac	Whisk(e)y	Likör
Glas: _____	Glas: _____	Glas: _____
_____	_____	_____

5 Korrespondierende Getränke

Welche Getränke würden Sie zu nachstehenden Speisen vorschlagen?
Ordnen Sie zu:

Rindsgulasch   Gebratener Fisch   Rinderbraten
Gemüsepalatschinken   Kaiserschmarren

Rotwein   Weißwein   Bier
„Mineral Zitron"   Apfelsaft gespritzt

Was wäre Ihre persönliche Getränkewahl zu den angegebenen Speisen?

Welches Getränk passt zu welchen Speisen?

Welches Getränk mit welcher Speise harmoniert, ist ein heikles Thema, denn das Geschmacksempfinden ist unterschiedlich. Dennoch lassen sich Empfehlungen geben.

Welches Bier wozu?

Zu einem gepflegten Essen wird von Erwachsenen im Allgemeinen Wein getrunken. Bierliebhaber und -liebhaberinnen lassen sich davon wenig beeindrucken und sollten ebenfalls gut beraten werden. Außerdem gibt es Speisen, zu denen Wein gar nicht passt. Auch dann kann Bier oft eine gute Empfehlung sein (z. B. zu Gulasch oder Currygerichten).

Welcher Wein wozu?

Jeder Wein hat besondere Eigenschaften, die den Geschmack gewisser Speisen ergänzen. Daraus haben sich einige grundsätzliche Regeln entwickelt, die die Weinauswahl erleichtern sollen.

- Leichte Weine vor kräftigen Weinen
- Trockene Weine vor süßen Weinen
- Junge Weine vor gereiften Weinen
- Weißwein vor Roséwein, Rotwein, Prädikatswein, Dessertwein
- Zu einfachen Speisen Landweine, zu klassischen Gerichten Qualitäts- oder Prädikatsweine
- Zu hellem Fleisch meist Weiß- oder Roséwein und zu dunklem Fleisch meist Rotwein, je nach Zubereitungsart, Beilagen und Gewürzen; die kräftigste Komponente bestimmt die Weinauswahl
- Bei der Weinauswahl ist auch die Sauce der Speise zu berücksichtigen:
  - Der Wein, der zur Zubereitung der Sauce verwendet wird, soll auch zur Speise gereicht werden, z. B. zum Burgunder Rindsbraten ein Blauer Burgunder
  - Gebundene, kräftige Saucen haften mehr am Fleisch, wodurch der Geschmack intensiver wird; daher gehaltvolle Weine wählen
  - Fettreiche Saucen, wie Sauce hollandaise oder Sauce mayonnaise, wirken am Gaumen leicht süßlich und belegen die Geschmackspapillen; daher vollmundige und gehaltvolle Weine reichen (Vorsicht mit säurebetonten Weinen!)

💡 Passende Getränke zu den einzelnen Speisen vervollkommnen den Geschmack und fördern die Verdauung. Auch die richtige Reihenfolge der Getränke ist wesentlich.

💡 Die klassische Reihenfolge der Getränke beginnt beim Aperitif, gefolgt von Bier, Weißwein, Roséwein, Rotwein, Dessertwein (Süßwein), Schaumwein und Digestif.

Über all diesen Regeln darf jedoch nicht vergessen werden: Geschmackswahrnehmungen sind von Person zu Person unterschiedlich. Daher ist erlaubt, was gefällt. **Der Gast ist König und sein Wunsch hat immer Vorrang.** Sehr oft sind Gäste jedoch für eine Beratung dankbar.

Aufgabenstellung – „Korrespondierende Getränke"

- Erklären Sie, an welchen Kriterien Sie sich bei der Weinempfehlung orientieren.

Getränkekunde und Getränkeservice

Ziele erreicht? – „Getränkekunde"

Ausgangssituation

Paul serviert bei seinem Praktikum auch die Getränke. Dabei hat er die Gäste zu beraten, die Getränke richtig vorzubereiten und fachgerecht zu servieren.

a) Ein Gast bestellt Wasser. Er fragt Paul, was eigentlich der Unterschied zwischen Sodawasser und Mineralwasser ist. Wie kann dies Paul am besten erklären?

b) Im Nachmittagsgeschäft hat Paul vor allem mit der Herstellung von Kaffee zu tun. Da er selbst gern Kaffee trinkt und Qualität schätzt, ist er sehr bemüht, seinen Gästen ausgezeichneten Kaffee zu servieren. Beschreiben Sie, wie ihm das gelingt und welche Faktoren er selbst beeinflussen kann.

c) Folgende Bestellung kommt herein: ein Cappuccino, eine Melange und ein Verlängerter. Wie bereitet er diese drei Kaffeegetränke richtig zu? Erklären Sie die Arbeitsschritte.

d) Ein Gast bestellt Kakao. Paul sieht, wie seine Kollegin fertiges Pulver in heiße Milch einrührt. Er wundert sich und nimmt sich vor, den Gast beim Servieren aufzuklären, welches Getränk er ihm tatsächlich bringt. Um welches Getränk handelt es sich? Nennen Sie es dem Gast.

e) Paul darf bei einer Weinpräsentation, die seine Chefin durchführt, helfen. Er stellt für sie die Mise en Place für den gewählten Weißwein zur Verfügung. Zählen Sie die Gegenstände auf, die er dafür bereitlegt.

f) Damit Paul einen Einblick bekommt, welche Weine im Lokal angeboten werden, gibt ihm seine Chefin eine kleine Weinprobe in ein Glas und bittet ihn, diesen zu beurteilen. Führen Sie die Kriterien an, auf die er beim Verkosten achtet.

g) Ein Gast bestellt ein Glas Weißwein zum Gulasch. Was sagen Sie zu dieser Wahl? Begründen Sie Ihre Aussage.

Einen interaktiven **Safety-Check** finden Sie in der TRAUNER-DigiBox.

Betriebsorganisation

Hinter der gelungenen Gästebetreuung steht eine perfekte Organisation. Dazu zählen die verschiedenen Arten von Verpflegungsbetrieben mit ihren unterschiedlichen Möglichkeiten der Gästebetreuung sowie die dazugehörigen Mitarbeiterinnen und Mitarbeiter. Ebenso sind das Veranstaltungsmanagement und die Abrechnung Teile der Betriebsorganisation.

Meine Ziele

Nach Bearbeitung dieses Kapitels kann ich
- die Arten von Verpflegungsbetrieben nennen und beschreiben;
- die Berufsbilder im Gastgewerbe aufzählen;
- mich in die verschiedenen Berufsbilder hineindenken und die dazugehörigen Aufgaben im Detail beschreiben;
- die Trends in der Gastronomie aufzählen und den Nutzen ihrer Berücksichtigung im Betriebsalltag darlegen;
- mich im Veranstaltungsmanagement orientieren und bei der Organisation und Durchführung einer Veranstaltung mithelfen.

KOMPETENZ-ERWERB

1 Arten von Verpflegungsbetrieben

Gasthaus, Beisel, Restaurant, Pub, Bistro, Heuriger, Imbiss, Kantine – überall gibt es etwas zu essen, aber was sind eigentlich die genauen Unterschiede? Kennen Sie sie?

Reine **Gastronomiebetriebe** bieten den Gästen ausschließlich Speisen und Getränke, aber **keine Beherbergung** an.

Restaurants und Gasthäuser

Die Ausstattung richtet sich nach Ort, Lage und betriebstypischen Gegebenheiten. Folgende Betriebsarten gibt es:

Restaurants	Dienen vorwiegend der Einnahme von Mahlzeiten. Einrichtung, Auswahl und Service sind gehoben. Sie sind hauptsächlich auf **anspruchsvolle Kunden** ausgerichtet, die höhere Preise zahlen.
Gasthäuser	Dienen vorwiegend der Einnahme von Mahlzeiten. Die Ausstattung, Umfang und Art des Angebots sowie die Betriebsführung sind schlicht. ■ **Gaststätte (Wirtshaus):** sehr traditionell, mit regionalen, saisonalen Speisen. **Beisel** (v. a. im Wiener Raum) oder **Kneipe** (v. a. in Deutschland). ■ **Rasthäuser (Autobahnraststätten):** liegen an Fernverkehrsstraßen; mit Parkmöglichkeit. ■ **Pub:** englische Biergaststätte mit Bierspezialitäten. ■ **Bistro:** kleines, gemütliches Lokal, ursprünglich im französischen Stil. Vorwiegend Wein, Bier, Kaffee und kleine Speisen. ■ **Buschenschank, Heuriger, Mostheuriger:** nur hauseigene Weine bzw. Moste und Jausen aus der eigenen landwirtschaftlichen Produktion; meist saisonal betrieben.
Imbissstuben	Angeboten werden kleine Imbisse, Snacks sowie einfache Speisen und Getränke.
Lounges	In Flughäfen, Bahnhöfen oder Stadien (z. B. **VIP-Lounges**), um die Wartezeiten angenehmer zu machen. Meist kostenpflichtig oder nur für bestimmte Personen. Getränke, Speisen und Snacks in entspannter Atmosphäre.

Die Öffnungszeiten des Heurigen sind im Eingangsbereich gekennzeichnet (Heurigenkalender)

Selbstbedienungsrestaurants

Speisen und Getränke werden im Selbstbedienungsbetrieb vom Gast an der Theke (Ausgabe) geholt und auch dort bezahlt. Folgende Betriebsarten gibt es:
- **Kantine:** Selbstbedienungsbuffet, z. B. an eine Firma oder Ausbildungsstätte angeschlossen (Betriebsrestaurant, Mensa). Bietet Speisen und Getränke an.
- **Buffet:** lädt zu vorübergehenden, kurzen Aufenthalten ein (z. B. bei Sportstätten, Kinos, Theatern oder Schulen).
- **Cafeteria:** Selbstbedienungsbuffet für Laufkundschaft mit Kalt- und Warmausgabe von Speisen und Desserts, Kalt- und Heißgetränkeausgabe und einem Kassaplatz (z. B. in Möbelhäusern oder Einkaufszentren).

Bars

Charakteristisch für eine Bar ist die **Einrichtung** (Bartheke mit Barhockern, kleine Sitznischen, gedämpfte Beleuchtung). Es herrscht eine **besondere Atmosphäre** durch Licht, Musik und Dekoration. Eine **Barkarte** mit Getränken und Cocktails sowie kleinen Imbissen liegt auf.

> In den mediterranen Ländern werden kleine Cafés als Bars bezeichnet. Dort trinkt der Gast schon am Morgen meist im Stehen einen Espresso oder Cappuccino und liest die Zeitung.

Kleine Cafés werden in mediterranen Ländern ebenfalls Bar genannt

Kaffeehäuser

Hier werden vorwiegend Kaffee, Tee, andere warme Getränke und Erfrischungsgetränke ausgeschenkt. Auch kleine Gerichte, Imbisse, Mittagsmenüs sowie andere Getränke werden serviert. Folgende Betriebsarten gibt es:

- **Kaffeehaus:** Charakter wird durch die Ausstattung (kleinere Tische, unter Umständen abgeteilte Spielzimmer) und die Art der Betriebsführung (Auflegen von Zeitungen und Zeitschriften, Bereitstellen von Spielen und Spieltischen) bestimmt.
- **Kaffeerestaurant:** dient während der Hauptessenszeit (mittags und abends) vorwiegend der Einnahme von Mahlzeiten; hat in der übrigen Zeit jedoch den Charakter eines Kaffeehauses.
- **Kaffeekonditorei:** Neben den typischen Kaffeehausgetränken gibt es ein reichhaltiges Angebot an Konditoreiwaren. Im Eingangsbereich befindet sich meist ein Verkaufsladen.

Das klassische Wiener Kaffeehaus hat eine lange Tradition

Systemgastronomiebetriebe

Wie die Individualgastronomie verkauft auch die Systemgastronomie Speisen und Getränke. Systemgastronomische Betriebe haben aber einen **geschützten Markennamen** und ein **einheitliches Design**. Das Angebot reicht von Fast-Food-Restaurants und Coffeeshops über Steakhäuser bis hin zu Cateringunternehmen.

Eine **Unternehmenszentrale** gibt das Konzept vor, die Produktpalette und die Arbeitsabläufe sind **standardisiert**. Alle Filialen übernehmen dieses Konzept.

> **Merkmale der Systemgastronomie**
> - Klar festgelegtes, zentral gesteuertes Konzept
> - Meist einheitliche Gestaltung der Restaurants
> - Standardisierte Angebotsschwerpunkte (Hamburger, Steaks, Pizza etc.)
> - Rationalisierte, systematische und zentrale Arbeitsabläufe

> **Aufgabenstellungen – „Arten von Verpflegungsbetrieben"**
>
> 1. Zählen Sie drei Betriebsarten von Restaurantbetrieben auf.
> 2. Nennen Sie drei Formen von Selbstbedienungsrestaurants.
> 3. Zählen Sie die Betriebsarten von Kaffeehäusern auf.
> 4. Beschreiben Sie die Merkmale der Systemgastronomie.

2 Berufsbilder im Gastgewerbe

Im Gastgewerbe gibt es Tätigkeiten, bei denen man mit den Gästen direkt in Kontakt ist (z. B. Servicemitarbeiter/innen). Es gibt aber auch Arbeiten, bei denen man keinen direkten Kontakt mit den Gästen hat (z. B. in der Küche oder in der Buchhaltung). Was würde Ihnen persönlich besser gefallen?

Bei einer Tätigkeit in der Hotellerie und Gastronomie wird grundsätzlich zwischen zwei Bereichen unterschieden:

Tätigkeiten

Front of the House	Back of the House
Direkter Kontakt zum Gast	**Kein direkter Kontakt** zum Gast
■ Direktor/in	■ Einkäufer/in
■ Rezeptionsmitarbeiter/in	■ Mitarbeiter/in Küche
■ Hallenmitarbeiter/in	■ Lagerverwalter/in
■ Servicemitarbeiter/in	■ Abwäscher/in
■ Etagenmitarbeiter/in	■ Mitarbeiter/in Buchhaltung, Personalbüro, Verwaltung
■ Mitarbeiter/in im Wellness- bzw. Kurbereich etc.	■ Mitarbeiter/in Etage etc.

Anforderungen

Ein sauberes und gepflegtes Äußeres, Pünktlichkeit, Freundlichkeit, Verschwiegenheit, Loyalität, Flexibilität, Höflichkeit, Toleranz und Respekt im **Umgang mit Menschen** sind Eigenschaften, die in jedem Beruf vorausgesetzt werden. Ebenso wird **Fachkompetenz** gefordert – werden Sie also Profi bei allem, was Sie tun.

Berufsbilder im Verpflegungsbereich

Verpflegungsbereich

Einkaufs- und Lagerverwaltung

- **Food-&-Beverage-Manager** ist verantwortlich für Organisation von Küche, Restaurant, Catering, Bar und Veranstaltungen.
- **Lagerverwalter/in** ist verantwortlich für Lager (Hygiene, gesetzliche Bestimmungen).
- **Wirtschafter/in** überwacht Warenausgabe in Küche, Restaurant und Bar und ist verantwortlich für Inventur.

Spezielle Anforderungen: HACCP, fachspezifische EDV-Kenntnisse.

Küche

- Küchenchef/in, Saucier, Rôtisseur, Gardemanger, Entremetier, Pâtissier, Jungkoch/-köchin, Lehrling

Spezielle Anforderungen: ernährungsphysiologische Kenntnisse.

Service

- Restaurantchef/in, Lehrling, Sommelière/Sommelier (Weinkellner/in), Servicemitarbeiter/in, Barchef/in

Spezielle Anforderungen: Fremdsprachenkompetenz, gute Konzentration, Beratungsfähigkeiten.

Lehrberufe im Restaurantbereich

Hotel- und Gastgewerbeassistent/in

Lehrbetriebe: Betriebe des Hotel- und Gastgewerbes (Lehrzeit drei Jahre)
Die Ausbildung umfasst Grundkenntnisse in den Bereichen Büroorganisation, Gästebetreuung, Umgang mit Waren, Getränken und Reisebüros. Die Ausgebildeten werden daher in vielen kleineren Hotels an der Rezeption eingesetzt.

Ausbildungsinhalte
- Gäste empfangen, beraten und verabschieden
- Zimmerbelegung planen (Reservierungen und Stornierungen annehmen)
- Gäste in einer Fremdsprache beraten und betreuen
- Reklamationen entgegennehmen und bearbeiten
- Erstellung von Hotelrechnungen und Abrechnungen mit Reiseveranstaltern
- Mitwirken in der betrieblichen Buchführung und Kostenrechnung
- Betreuung einfacher Statistiken, Dateien und Karteien
- Mitarbeit bei der Erstellung der Speisen- und Getränkekarte

Hotel- und Gastgewerbeassistentinnen und -assistenten werden oft an der Rezeption eingesetzt

Restaurantfachfrau/-fachmann

Lehrbetriebe: Betriebe des Hotel- und Gastgewerbes (Lehrzeit drei Jahre)
Restaurantfachleute arbeiten in den verschiedenen Betrieben des Hotel- und Gastgewerbes.

Ausbildungsinhalte

- Räume und Tische vorbereiten und dekorieren
- Gastronomische Gebrauchsgegenstände wie Gläser oder Geschirr pflegen
- Reservierungen entgegennehmen, Gäste empfangen und platzieren
- Beratung bei der Auswahl von Speisen und Getränken, Bestellungen aufnehmen
- Getränke und Speisen servieren, kassieren
- Mitarbeit bei der Erstellung der Speisen- und Getränkekarte
- Reklamationen entgegennehmen und bearbeiten
- Vorbereitung und Durchführung gastronomischer Veranstaltungen

Gastronomiefachfrau/-fachmann

Lehrbetriebe: Betriebe des Hotel- und Gastgewerbes (Lehrzeit vier Jahre)
Umfasst die Ausbildung Restaurantfachfrau/-fachmann und Koch/Köchin.

Ausbildungsinhalte

- Speisen aller Art vor- und zubereiten
- Mitarbeit bei der Erstellung der Speisen- und Getränkekarte
- Buffets und Bankette arrangieren
- Lebensmittel bestellen, annehmen, prüfen und lagern
- Räume und Tische vorbereiten und dekorieren
- Reservierungen entgegennehmen, Gäste empfangen und platzieren
- Beratung bei der Auswahl von Speisen und Getränken, Bestellungen aufnehmen
- Getränke und Speisen servieren und kassieren
- Arbeiten am Tisch des Gastes (Flambieren, Tranchieren etc.) durchführen
- Reklamationen entgegennehmen und bearbeiten

Gastronomiefachleute sind die **Allrounder im Gastgewerbe** und sowohl in der Küche als auch im Service tätig

Systemgastronomiefachfrau/-fachmann

Lehrbetriebe: Systemgastronomiebetriebe (Lehrzeit drei Jahre)
Systemgastronomie ist der Sammelbegriff für Fast-Food-Restaurants (Selbstbedienungsrestaurants) und Gastronomieketten, die Schnellgerichte anbieten.

Ausbildungsinhalte

- Gäste beraten und bedienen und Reklamationen entgegennehmen und bearbeiten
- Durchführung von Veranstaltungen, die dem betrieblichen Konzept entsprechen
- Handhabung, Reinigung und Wartung spezifischer Geräte und Maschinen
- Speisen (meist Fertig- oder Halbfertiggerichte) nach Rezepten zubereiten
- Waren bestellen, Liefertermine überwachen
- Maßnahmen zur Qualitätssicherung durchführen
- Betriebliche Hygienekontrollsysteme umsetzen und dokumentieren
- Produkte präsentieren, an Werbeaktionen mitarbeiten

Aufgabenstellungen – „Berufsbilder im Gastgewerbe"

1. Beschreiben Sie die Mitarbeitereinteilung des Verpflegungsbereichs: Wie wird dieser Bereich eingeteilt? Welche Mitarbeiterinnen und Mitarbeiter sind den Bereichen zugeordnet?

2. Stellen Sie sich vor, Sie streben eine Lehrausbildung in einem gastronomischen Betrieb an. Welche Ausbildung würden Sie gerne machen? Begründen Sie Ihre Entscheidung und nennen Sie die Ausbildungsinhalte.

3 Trends in der Gastronomie

Gehen Sie in Lokale? Wenn ja, in welche? Was gefällt Ihnen dort? Was würde Ihnen weiters gefallen? Sammeln Sie gemeinsam Ideen für eine moderne Gastro-Szene: _____

„Ein zufriedener Kunde ist nicht zufrieden genug, der Kunde muss verblüfft werden!"
Diese Aussage stammt vom verstorbenen Schweizer Unternehmensberater Daniel Zanetti. Ein verwöhnter Gast braucht neue Impulse. Der Gast sucht ein Lokal, wo das Ambiente (Duft, Musik, Deko) ihn verzaubert und in eine andere Welt versetzt.

Schweifen Sie ruhig in die Ferne
Nicht schlecht staunte ich, als ich in einem Bergrestaurant auf der Terrasse Platz nahm und auf jedem Tisch ein Fernglas entdeckte. Der Restaurantleiter trat an den Tisch und sagte: „Schweifen Sie ruhig mal in die Ferne und beobachten Sie die Gegend. Auf Ihrem Tischset finden Sie die gesamte Region abgebildet, so können Sie sich gut orientieren."

Tischreservierung per SMS
Ein Restaurant bestätigt Tischreservierungen via SMS: „Schön, dass Sie heute Abend unser Gast sein werden. Wir haben um 20:00 Uhr einen wunderbaren Tisch für vier Personen reserviert."

Aus: Daniel Zanetti, Kundenverblüffung

Die Erwartungen übertreffen – das ist ein Geheimnis gelungener Gastronomie

Werden Sie persönlich!
Da die gute Qualität der Speisen und Getränke vorausgesetzt wird, ist eine **individuelle und persönliche Betreuung** der Schlüssel zum Erfolg. Der Gast erwartet nicht nur Speisen und Getränke, er erwartet **Aufmerksamkeit.** Schenken Sie dem Gast einen Gegenpart zur Alltagswelt. Vermitteln Sie Geborgenheit, Fernweh, Urlaubserinnerungen, Nostalgie und Spaß.

Bewusst gesund!
Ein neues **Ernährungsbewusstsein** prägt das Konsumverhalten. Die Anzahl der Gerichte ist häufig kleiner und das Angebot feiner, kalorienbewusster und leichter geworden. Die vegetarische und vegane Küche hat auch in der Gastronomie ihren Platz gefunden.

Weil immer mehr Menschen auf Fleisch verzichten, wird Gemüse zum neuen Star am Teller. Ebenso sind vegane Gerichte im Trend.

Gemüse und Wein
Immer mehr Restaurants bieten vegetarische und vegane Menüs und Gerichte mit speziell abgestimmten Weinfolgen an. Dies eröffnet für Sommelières und Sommeliers die Möglichkeit, dem Gast neue Speisen-Wein-Kombinationen zu empfehlen.

Sie sind Profi!
Der Gast ist in vielen Bereichen des Lebens besser informiert als früher. Noch wichtiger ist daher die **fachliche Kompetenz** der Mitarbeiter/innen. Dem Gast imponiert eine freundliche, qualifizierte und fachkundige Beratung am Tisch, z. B. Getränkeberatung durch ausgebildete Sommelières und Sommeliers.

Interessante Kombination – Gemüse und Wein

Betriebsorganisation

Time for action!

Erlebnisgastronomie und **Event-Cooking** machen den Aufenthalt für den Gast zu einem ganzheitlichen Erlebnis. Ebenso wichtig ist der **Zeitfaktor**. Die Zeit, die im gastronomischen Betrieb verbracht wird, muss ihr Geld wert sein.

Nachgefragt werden Kombinationen, die dem Gast mehrere Vorteile zugleich verschaffen, z. B. Essen und Erleben, Essen und Einkaufen oder Essen und Lesen.

Auch **Fast Food** mit guter Qualität wird aus Zeitgründen nachgefragt.

Beweisen Sie guten Geschmack!

Durch zahlreiche Lebensmittelskandale und die hohe Industrialisierung der Lebensmittelproduktion (Convenience) ist der Gast verunsichert und wieder auf der Suche nach dem **„guten Geschmack von früher"**.

Er wünscht sich qualitativ hochwertige, **regionale, saisonale und biologisch angebaute Lebensmittel**. Daher gibt es immer mehr bodenständige **Gasthäuser** (Wirtshäuser), die auf gediegene Hausmannskost setzen und Gemütlichkeit großschreiben.

Speisenzustellung oder -mitnahme wird immer häufiger

Zum Mitnehmen bitte!

Speisen, die zugestellt (**Home-Delivery**) oder mitgenommen (**Take-away-Food**) werden, werden immer beliebter.

Außengastronomie – Kurzurlaub vom Alltag

Je mehr Arbeit und Alltag drinnen stattfindet, desto mehr zieht es die Menschen nach draußen – in die **Biergärten, Terrassen** und **Strandbars.**

Open-Air-Gastronomie vermittelt ein Gefühl von Freiheit, steht für die kleine Auszeit zwischendurch und den Kurzurlaub vom Alltag.

Kaffeebars

Im Trend liegen auch sogenannte Kaffeebars. Sie bieten ihren Gästen Kaffeespezialitäten, frisch gepresste Säfte und süße sowie herzhafte Snacks.

Aufgabenstellung – „Trends in der Gastronomie"

■ Beschreiben Sie vier Trends in der Gastronomie näher.

4 Veranstaltungsmanagement

Was würden Ihre Eltern sagen, wenn Ihnen am Samstagnachmittag einfällt, dass Sie am Abend Ihre Klasse zum Filmschauen einladen möchten? Sammeln Sie in der Gruppe sämtliche Gründe, die Ihnen einfallen, warum dies nicht möglich sein wird können.

Event- oder Veranstaltungsmanagement ist die Planung, Organisation, Durchführung und Nachbereitung von Veranstaltungen. Erfahrungswerte sowie ausreichend Personal und geeignete Räumlichkeiten sind wichtige Voraussetzungen für den Erfolg. Ganz besonders wichtig ist aber eine gut funktionierende Kommunikation zwischen **Bankettmanager/in,** Küche und Gastgeber bzw. Gastgeberin.

Bankettmanager/in = Leiter/in der Bankettabteilung, der/die für die Planung, Organisation und Durchführung von Veranstaltungen verantwortlich ist.

Planung und Organisation

Verantwortlich für die Planung, Organisation und Durchführung einer Veranstaltung in **Großbetrieben** ist das Bankettbüro bzw. die **F-&-B-Abteilung** (Wirtschaftsabteilung), in **Klein- und Mittelbetrieben** der **Besitzer** bzw. die **Besitzerin** (oder ein anderer Beauftragter).

Wir unterscheiden in der Gastronomie zwischen Veranstaltungen, die im Haus stattfinden **(Inside-Catering),** und Veranstaltungen, die außer Haus stattfinden **(Outside-Catering).**

F-&-B-Abteilung = (F: Food, B: Beverage) ist zuständig für die Planung, Organisation und Durchführung aller Vorgänge rund um die Bereiche Speisen und Getränke.

Je nach Anlass unterscheiden wir folgende Arten von Veranstaltungen

Gesellschaftliche Anlässe	Private Anlässe	Geschäftliche Anlässe
▪ Vereinszusammenkünfte ▪ Charities ▪ Bälle ▪ Konzerte ▪ Clubbings ▪ Modeschauen	▪ Veranstaltungen mit religiösem Hintergrund ▪ Hochzeiten ▪ Geburtstagsfeiern ▪ Jubiläen	▪ Konferenzen ▪ Seminare ▪ Schulungen ▪ Vorträge ▪ Produktpräsentationen

Charities = Wohltätigkeitsveranstaltungen.

Angebotsformen

Egal um welche Art der Veranstaltung es sich handelt, es gibt grundsätzlich nur drei Möglichkeiten der Bewirtung, nämlich Bankett, Buffet oder Cocktailparty.

- **Bankett:** ist eine festliche Veranstaltung, bei der zu einer bestimmten Zeit ein vorbestelltes Menü serviert wird.
- **Buffet:** bietet eine Auswahl an Gerichten in einer lockeren Atmosphäre.
- **Stehempfang:** wird auch als Cocktailparty bezeichnet. Speisen und Getränke werden auf Platten serviert, es gibt Stehtische.

Damit eine Veranstaltung auch wirklich ein Erfolg wird, bedarf es einiger Voraussetzungen.

Räumlichkeiten

Ziel sollte es nicht sein, einen Raum maximal, sondern optimal zu nutzen. Es ist nicht sinnvoll, einen Raum überzubesetzen. Ebenso fühlen sich die Gäste in zu großen Räumen verloren.

Raumbedarf pro Person
Stehempfang ca. 1,5 m²
Bankett ca. 2–2,5 m²
Buffet ca. 2,5–3,5 m²

Skizze eines Veranstaltungsraums

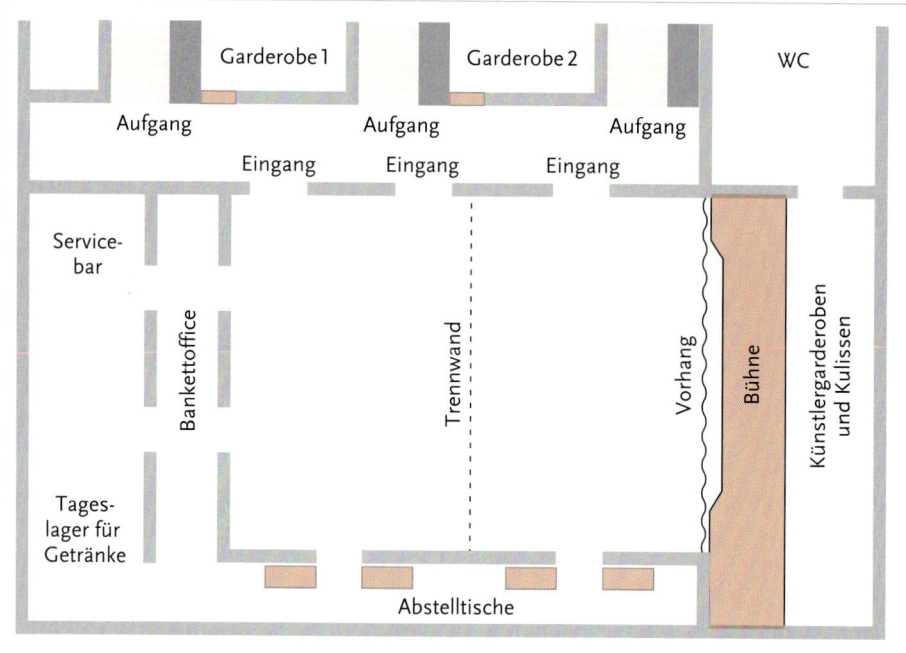

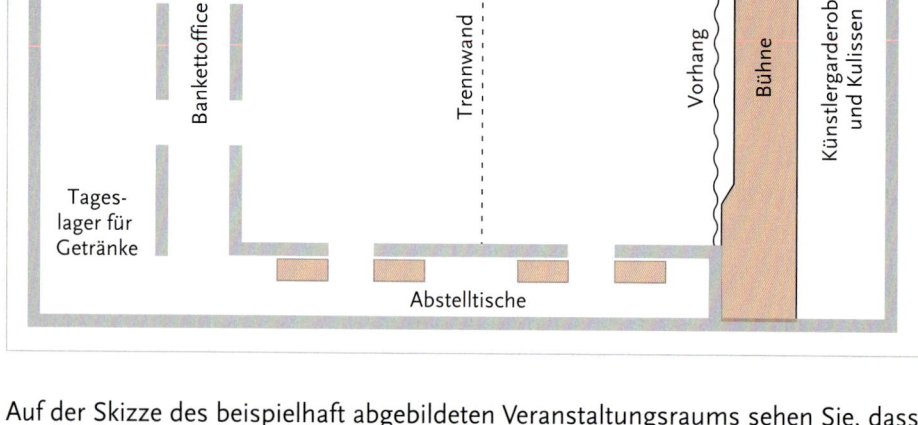

Veranstaltungssaal mit Bühne

Auf der Skizze des beispielhaft abgebildeten Veranstaltungsraums sehen Sie, dass neben dem **Hauptraum** mit verschiebbarer Trennwand weitere Räumlichkeiten benötigt werden.
- **Garderobenräume** sollten gut organisiert sein, denn sie prägen den ersten und letzten Eindruck der Gäste.
- Das **Bankettoffice** ist das Lager für alle im Service benötigten Utensilien. Dazu zählen u. a. Sideboards für Geschirr, Gläser, Besteck, Tischwäsche, Servietten, Abstelltische, Tellerwärmer etc.

- Als **Servicebar** bezeichnet man eine Schankanlage, die für die Veranstaltung bestückt ist und nach Bedarf in Betrieb genommen wird. Die Getränke können mit der richtigen Trinktemperatur aus dem anschließenden **Tageslager** für die Veranstaltung entnommen werden.

Inventar

Ein Betrieb braucht zusätzliches Inventar für Veranstaltungen, da der Abzug von Inventar den normalen Betriebsablauf nicht stören darf. Vor allem werden **zusätzliche Tische, Sessel, Teller, Besteck, Gläser, Tischwäsche** und **Tischdekorationen** benötigt.

> **Berechnung der Stückzahl an Geschirr, Besteck und Gläsern:**
> - **Beim Bankett** wird von der Gesamtzahl der Plätze im Raum ausgegangen und 10 Prozent Reserveinventar eingeplant.
> - **Beim Buffet** wird die Gesamtzahl der Plätze verdoppelt und Reserve dazugerechnet (1 Reserve pro 5 Gäste).

Banketttische sind meist zusammenklappbar und stapelbar, ebenso sind die **Sessel** meist gut stapelbar. Für Betriebe mit geringer Auslastung besteht die Möglichkeit, **Inventar** bei entsprechenden Firmen **zu mieten** (Kostenfaktor bei der Planung berücksichtigen).

Wesentlich für die Leistung der Küche ist das Vorhandensein von ausreichend **technischem Equipment,** wie z. B. Warmhaltemöglichkeiten, Kühlräumen usw.

Mitarbeiter/innen einer Bankettabteilung

Stammpersonal und Aushilfen

Betriebe, die regelmäßig Veranstaltungen betreuen, benötigen gutes Stammpersonal, da die eigenen Mitarbeiter/innen den Betrieb gut kennen und effizient arbeiten.

Fällt eine Person vom Stammpersonal aus oder sprengt eine Veranstaltung die Personalkapazitäten eines Betriebs, müssen **Aushilfskräfte** eingesetzt werden. Da diese den gewohnten Betriebsablauf nicht kennen und für eine Einschulung meist zu wenig Zeit ist, kann der Einsatz von neuem Personal problematisch sein.

Bei einem Event sind von Anfang bis zum Ende viele Mitarbeiter/innen beteiligt. Sie machen ihren Job dann perfekt, wenn man beim Ergebnis nicht merkt, wieviel Arbeit „backstage" passiert ist.

Organisationsmittel

Veranstaltungs- oder Bankettmappe

Die Veranstaltungsmappe oder Bankettmappe dient als Unterstützung für das Verkaufsgespräch und enthält folgende Informationen:
- Allgemeine Informationen über den Betrieb und die Umgebung
- Fotos von früheren Veranstaltungen
- Grundriss der Veranstaltungsräume samt technischer Details und Möglichkeiten der Tisch- und Sesselstellung
- Menü- und Buffetvorschläge, Getränkekarten mit Preisangaben
- Veranstaltungspauschalen, Konferenzpauschalen
- Bestuhlungsplan mit der Angabe der Höchstzahl an Personen

Gute Beratung ist das Um und Auf einer gelungenen Veranstaltung

Sind die Kundinnen und Kunden nicht sicher, ob sie die angebotene Veranstaltung im Betrieb abhalten möchten, wird ein Probeessen vereinbart. Entscheidet sich der Kunde bzw. die Kundin für eine Veranstaltung im Betrieb, wird ein sogenanntes **Functionsheet (ein Veranstaltungsauftrag)** angefertigt.

Functionsheet

Alle vereinbarten Details zwischen Kundinnen und Kunden werden im Veranstaltungsauftrag schriftlich festgehalten. Dazu gehören Art der Veranstaltung, Datum, Raum, Zeit, Personenanzahl, Name und Adresse vom Auftraggeber, Menüauswahl, Getränkeauswahl, Preise, Veranstaltungsablauf und Sonderwünsche.

Checklisten

Checklisten schaffen Struktur in der Planung und Organisation von Veranstaltungen.

💡 In der Regel haben Betriebe vorgefertigte, den Betriebsbedingungen angepasste Checklisten, die je nach Betriebsgröße vom Betriebsinhaber/von der -inhaberin oder einem Veranstaltungsmanager/einer Veranstaltungsmanagerin ausgefüllt werden.

Beispiel

Checkliste Stehempfang

Veranstaltung: Raum:

Personenanzahl: Datum: Zeit:

Besteller/in:

Stk.	Artikel	Anmerkungen	Stk.	Artikel	Anmerkungen
	Gläser/Geschirr			**Papierwaren**	
	Sektgläser			Servietten	
	Weingläser	universal		**Kaffeeservice**	
	Biergläser (1/3)			Portionszucker	
	Wassergläser			Süßstoff	
	Wasserkaraffen			Portionsmilch	
	Kaffeeschalen/UT			**Cateringmöbel**	
	Mokkaschalen/UT			Bistrotisch	
	Dessertteller			Stapelsessel	90 x 90
	Tambourice			Tisch	140 x 90
	Besteck			Sideboard	fahrbar
	Kaffeelöffel			Rednerpult	
	Mokkalöffel			Garderobenständer	
	Dessertgabel			**Reinigungsbehelfe**	
	Tischwäsche			Müllsäcke	
	Tischtücher			Kehrbesen, -schaufel	
	Moltons			Schwammtücher	
	Napperons			Geschirrtücher	
	Mundservietten			Kübel	
	Serviertücher				
	Dekoration				

Veranstaltungsarten

Das Bankett

Das Bankett ist eine Veranstaltungsform für besondere Anlässe. Umfangreiche Vorbereitungsarbeiten und gut geschulte Mitarbeiter/innen im Service sind wichtig für das Gelingen der Veranstaltung.

Tafelformen

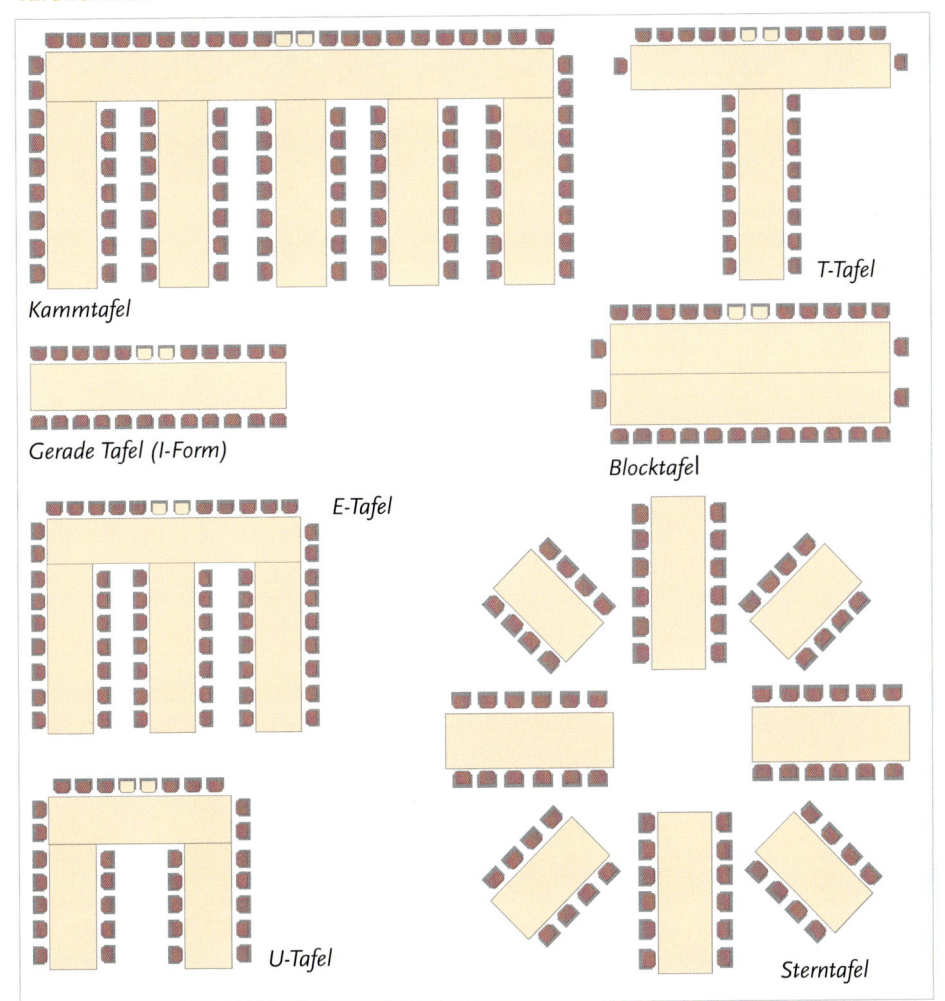

Kammtafel

Gerade Tafel (I-Form)

E-Tafel

U-Tafel

T-Tafel

Blocktafel

Sterntafel

Die gerade Tafel kommt dem Servicepersonal bei der Arbeit am meisten entgegen

Checkliste – Vorbereitungsarbeiten für Banketts

- [ ] **Inventar und Tafelwäsche** bereitstellen
- [ ] **Sessel** und **Tafelformen** stellen
- [ ] **Moltons, Tisch- und Tafelwäsche auflegen**
  Beim Auflegen der Tafeltücher schaut der Stoß vom Ehrengast weg, die Kanten sind gerade und der Bug ist exakt in der Mitte
- [ ] **Sessel ausrichten** und Platz für Reservegedeck freihalten
- [ ] **Platzteller** einstellen, die **Mundservietten** auflegen und die Sessel vom Tisch wegziehen, um das Aufdecken zu erleichtern
- [ ] **Festgedecke** auflegen
- [ ] **Besteckteile** von innen nach außen auflegen und **Brotteller** und **Brotmesser** aufdecken, **Gläser** aufstellen
- [ ] Aufstellen der Menürolle oder Menükarte, Tischkärtchen, Tischdekoration
- [ ] Aufstellen eines Sitzplans im Eingangsbereich, falls gewünscht
- [ ] **Sessel wieder ausrichten**
- [ ] **Qualitätscheck und abschließende Raumkontrolle**

Betriebsorganisation

Servierablauf

Vor dem Eintreffen der Gäste gibt es ein **Servicemeeting.** Dabei wird unter anderem besprochen, in welcher Reihenfolge der gemeinsame Einmarsch erfolgt, ob es Ehrengäste gibt usw. Der genaue Servierablauf ist abhängig von Personenanzahl, Anlass, Speisenfolge usw. Die bevorzugten Servierarten für Bankette sind **Einstellen** und **Vorlegen.**

Besondere Merkmale des Bankettservice sind
- der gleichzeitige Einmarsch aller Servicemitarbeiter/innen,
- synchrones Service auf das Zeichen des Bankettleiters bzw. der Bankettleiterin und
- das gemeinsame Verlassen des Raumes.

Das Buffet

Das Buffet ist eine sehr beliebte Angebotsform, da die individuellen Gästewünsche sehr gut erfüllt werden können. Der Betrieb kann bei einem Buffet seine Vielseitigkeit und Leistungsfähigkeit zeigen und viele Gäste in kurzer Zeit bewirten.

Buffetarten

Nach Anlass	Nach Veranstaltung	Nach Zubereitung
■ Frühstücksbuffet ■ Brunchbuffet ■ Lunchbuffet ■ Vorspeisenbuffet ■ Salatbuffet ■ Themenbuffet	■ Offenes Buffet ■ Geschlossenes Buffet	■ Kaltes Buffet ■ Warmes Buffet ■ Kombiniertes Buffet

Oft richten Köchinnen und Köche beim offenen Buffet Speisen an oder bereiten À-la-carte-Gerichte zu (Frontcooking)

Offenes Buffet

Beim offenen Buffet lädt der Betrieb selbst z. B. zum Brunch-, Mittags-, Lunchbuffet oder Heringsschmaus ein.

Die Speisen sind portioniert und die Gäste bedienen sich selbst. Bei offenen Buffets bezahlt der Gast einen **Pauschalpreis** oder die Portion wird individuell abgerechnet (z. B. auf Raststationen).

Geschlossenes Buffet

Bei einer geschlossenen Veranstaltung wird das Buffet gemäß den Wünschen des Gastgebers bzw. der Gastgeberin bereitet, er/sie begleicht auch die Rechnung.

Aufbau des Buffets

Das optisch ansprechend aufgebaute und sauber gehaltene Buffet ist ein wichtiges **Verkaufsinstrument** für den Betrieb.

Symmetrisch aufgebaute Buffets wirken harmonisch. Wichtig ist, dass genügend Platz vorhanden ist, damit sich die Gäste rund um das Buffet frei bewegen können.

Üblich ist die längliche **Blockform,** da sie mit einfachen Tischen gestellt werden kann. Die Speisen können nach der klassischen Menüreihenfolge platziert werden.

Checkliste – Buffetaufbau

- [ ] Das Buffet gut im Blickfeld der eintretenden Gäste platzieren.
- [ ] Servierwege und Zugangsmöglichkeiten für Personal und Gäste berücksichtigen.
- [ ] Teller und Besteck werden auf die Buffettafel oder auf einen separaten Tisch beim Buffet gestellt. Teller für warme Gerichte befinden sich in einem Rechaud.
- [ ] Keinesfalls Notausgänge verstellen.
- [ ] Für gute Beleuchtung und angenehme Raumtemperatur sorgen.
- [ ] Bei mehr als 100 Personen bewähren sich mehrere Buffetblöcke.

Rechaud = Wärmegerät.

Buffettafel decken

Buffettücher sind extralange und sehr breite Tischtücher, die an allen vier Seiten bis etwa 3–5 Zentimeter über den Boden reichen.

Buffetschürzen verleihen dem Buffet Klasse und können mit speziellen Halterungen (Klettverschlüssen, Druckknöpfen etc.) befestigt werden.

Buffetschürze

Gästetische aufdecken

Je nach Buffetart werden die Gästetische aufgedeckt. Werden keine Gästetische gedeckt, wie z. B. bei Stehbuffets oder Bällen, werden Besteck und Servietten auf dem Buffettisch neben den Tellern platziert.

Servierablauf

Vor dem Eintreffen der Gäste gibt es ein Servicemeeting.

Das Service richtet sich nach der Art des Buffets. Grundsätzlich werden zwei Möglichkeiten unterschieden.
- Die Gäste bedienen sich selbst.
- Die Gäste wählen die Speise aus, Küchen- oder Servicemitarbeiter/innen richten an und reichen dem Gast den Teller.

> **Wichtige Aufgaben des Servicepersonals**
> - Abservieren benützter und nicht mehr benötigter Teller und Gläser
> - Betreuen des Buffets: Fehlende Speisen rechtzeitig ergänzen und auf Sauberkeit und Optik achten
> - Getränkeservice

Der Stehempfang oder die Cocktailparty

Ein Stehempfang gilt als informelle Veranstaltung, die auf eine Dauer von maximal zwei Stunden ausgelegt ist. Die Gäste sind je nach Tageszeit und Anlass gekleidet, es gibt keine fixen Sitzplätze und keine zeitliche Bindung. Der Gastgeber bzw. die Gastgeberin bestellt die Speisen und Getränke und bezahlt einen Fixpreis.

Die bestellten Speisen und Getränke werden auf Platten oder Serviertassen angeboten. Speisen werden mundgerecht serviert **(Fingerfood)**, z. B. in Form von kleinen Häppchen. Insbesondere Flying Buffets sind bei den Gästen sehr beliebt.

Beim Stehempfang wird Fingerfood serviert

> **Flying Buffet** = mundgerechte Speisen werden auf Tabletts angerichtet. Falls erforderlich, werden auch Mokkalöffel oder Kuchengabeln mitserviert.

Servierablauf

Die Gäste bedienen sich, nehmen dazu eine Serviette und essen im Stehen. Zum Abstellen von Gläsern und Tellern werden Stehtische verwendet.

> **Wichtige Aufgaben des Servicepersonals**
> - Anbieten von Speisen und Getränken
> - Abräumen von benutzten Tellern und Gläsern
> - Säubern der Stehtische
> - Vorbereiten der Getränke für das Getränkeservice

Das Outside-Catering

Catering ist die **professionelle Bereitstellung von gastronomischen Dienstleistungen.** Für den Betrieb ist das außer Haus durchgeführte Catering ein einträgliches Zusatzgeschäft.

Outside-Catering

Einzelleistungen
- Speisen und Getränke

Komplettservice
- Speisen und Getränke
- Inventar
- Servicemitarbeiter/innen

Checkliste – Vorbereitungsarbeiten Outside-Catering

- [ ] Exaktes Ausfüllen des **Functionsheets**
- [ ] **Lokalaugenschein** des Veranstaltungsorts: Raumaufteilung (für Küche, Office, Schank etc.), Strom- und Wasserversorgung, Lagermöglichkeiten, Arbeitsflächen usw.
- [ ] Genaue **Inventarliste** anfertigen, denn bei der Veranstaltung vergessenes Inventar bedeutet Verlust
- [ ] **Personalbedarf** planen
- [ ] **Kontakte** zu **Geschäftspartnern** (z. B. Floristen, Zeltverleih)

Im Outside-Catering haben Planungsinstrumente, wie z. B. Checklisten, Functionsheets und Inventarlisten, eine große Bedeutung.

Beispiel Catering-Inventarliste

Tische/Bestuhlung	Anzahl	gerichtet	geladen	Rücklauf
Tische				
Stühle				
Bistrotische				
Serviertische				
Bar				

Checkliste – Nachbereitung

Die gewissenhafte Nachbereitung einer Veranstaltung ist die wichtigste Voraussetzung für das Gelingen der zukünftigen Veranstaltungen. Wichtige Tätigkeiten nach Beendigung der Veranstaltung sind

- [ ] Abbau
- [ ] Reinigung
- [ ] Geschirrrücklauf gemäß Inventarliste
- [ ] Abtransport

Betriebsorganisation

> **Aufgabenstellungen – „Veranstaltungsmanagement"**
>
> 1. Zählen Sie die Veranstaltungsarten auf.
> 2. Beschreiben Sie eine davon näher.
> 3. Nennen Sie wichtige Organisationsmittel für ein gelungenes Veranstaltungsmanagement.

5 Bonieren und Abrechnen

> *Richtig oder falsch? Kreuzen Sie an:*
> ☐ *Das Mitschreiben von Bestellungen ist nicht notwendig, da die Gäste ohnedies beim Kassieren ansagen, was sie konsumiert haben.*
> ☐ *Eine Rechnung muss nur auf Verlangen des Gastes ausgehändigt werden.*
> ☐ *Damit der Gast mit Kreditkarte bezahlen kann, muss der Betrieb einen Vertrag mit der Kreditkartenfirma haben.*
> *Überprüfen Sie Ihre Antworten nach Bearbeitung des Kapitels.*

💡 Die korrekte Abrechnung und Kontrolle sind wichtige Voraussetzungen für den Erfolg eines jeden Betriebes.

Computersysteme unterstützen Abrechnung und Kontrolle

Bonieren

Bon leitet sich vom lateinischen Wort „bonus" ab und bezeichnet einen Gutschein bzw. eine Wertmarke. Es gibt verschiedene Arten des Bonierens. Welche gewählt wird, hängt vom Betriebstyp ab. Die Auswahl reicht vom einfachen Bonblock bis zu computergesteuerten Kassen und Abrechnungssystemen.

Ein Bon ist ein interner Verrechnungsbeleg und enthält folgende Informationen:
- Datum
- Fortlaufende Nummer bei Paragonblocks oder ID-Nummer bei elektronischen Bons
- Tischnummer und eventuell die Personenzahl
- Artikelmenge, Artikelbezeichnung, Inklusivpreis, Bonsumme
- Name oder Nummer der Servicemitarbeiterin/des Servicemitarbeiters

Grundsätze für das Bonieren mit Bonblock und Paragonblock

Schreiben Sie deutlich, am besten mit einem Kugelschreiber.
- Verwenden Sie betriebsübliche Abkürzungen, LKS = Leberknödelsuppe, TATE = Tagesteller, 1/3 = Seidel Bier usw.
- Bei À-la-carte-Bestellungen sind Anzahl und Preis der Kuvertgedecke immer die erste Bonierung.
- Grenzen Sie bei Speisenbestellungen die Speisenfolge (Vorspeise – Suppe – Hauptspeise – Dessert) klar ab.
- Stornieren Sie eine Speise oder ein Getränk, indem Sie das Geschriebene durchstreichen. Der ursprüngliche Vermerk muss jedoch klar lesbar bleiben (nichts korrigieren, sondern immer neu schreiben). Bringen Sie bei einer Gesamtstornierung eines Bons den Vermerk „Storno" an, lassen Sie den stornierten Bon von einer kompetenten Person abzeichnen und leiten Sie ihn an die Kassa weiter.

Einfacher Bonblock

Er wird in Klein- und Mittelbetrieben sowie in Saisonbetrieben verwendet. Die Bons des Blocks sind fortlaufend nummeriert (1 bis 100) und haben pro Station sowie für Schank (Getränke) und Küche (Speisen) unterschiedliche Farben.

Paragonbonblock – Paragonbon (mit einem oder zwei Durchschlägen)

Der Paragonbon muss die Tischnummer und die Personenanzahl (im nachfolgenden Beispiel ist es Tisch 3 mit vier Personen) sowie das Datum und ein Zeichen der Servicemitarbeiterin/des Servicemitarbeiters enthalten.

Anz.	Datum: 1.10. 20..	Preis	Euro	c
4	Gedecke		12	-
2	Gem. ital. Vorsp.		24	-
1	Steinpilzrisotto		15	-
1	Meeresfr. Salat		14	-
1	Gegr. Lammkoteletts		19	-
1	Filetsteak		24	-
1	Gebr. Seezunge		25	-
1	Kalbsleber		19	-
			152	-

T3/9

Verkäufer: Preise inkl. ......% MWSt.
Bei Irrtum oder Umtausch ist dieser Kassazettel vorzulegen
4 OMEGA 02/0

Die Speisenfolgen müssen durch Striche getrennt werden. Das ist besonders dann wichtig, wenn mehrere Personen miteinander essen und die Küche verschiedene Speisen zur gleichen Zeit fertigstellen muss.

Aufnehmen der Bestellung

Die Bonierung mit dem Paragonbon wird in À-la-carte-Restaurants und in Hotels mit angeschlossenem Hotelrestaurant verwendet.
- Der Originalbon kommt zur Ausgabe in die Küche oder Schank.
- Der **erste Durchschlag** dient dem Abrufen der einzelnen Gänge bzw. der **Kontrolle**, er bleibt bei der Servicemitarbeiterin/beim Servicemitarbeiter.
- Der **zweite Durchschlag** dient der **Rechnungserstellung.**

Kassensysteme

Je nach Betriebstyp und Anforderungen an das Abrechnungssystem finden unterschiedlichste Arten und Modelle Verwendung.

Was leisten elektronische Kassensysteme?

Elektronische Systeme sind in der Lage, die Aktivitäten des Restaurants, der Bankettabteilung, der Bar und der Küche in einem integrierten Kassen- und Warenwirtschaftssystem zu vereinen. Bei diesen Verbundsystemen können beispielsweise Bo-

Kassensystem an der Bar

Betriebsorganisation

💡 Grafische Tischpläne und/oder ein integriertes Tischreservierungssystem mit Kundenkartei gehören ebenso zur Ausstattung der Software.

nierterminals mit der elektronischen Schankanlage, Kaffeemaschine etc. verknüpft werden.

Falsches Portionieren, Diebstahl oder das Unterlassen von Bonierungen wird durch ein kontrolliertes Ausschanksystem vermieden. Neben der effizienten Bonierung und Rechnungslegung verwalten die modernen Kassensysteme den kompletten **Warenwirtschaftsbereich.** Inventurlisten erleichtern bzw. steuern den Wareneinkauf.

Bonieren mit einem elektronischen Kassensystem in der Praxis

Meistens hat jede Servicemitarbeiterin/jeder Servicemitarbeiter eine eigene Magnetkarte oder einen eigenen Schlüssel und kommt damit direkt ins System. Auch der Zugang mit Fingerprintreader ist möglich.

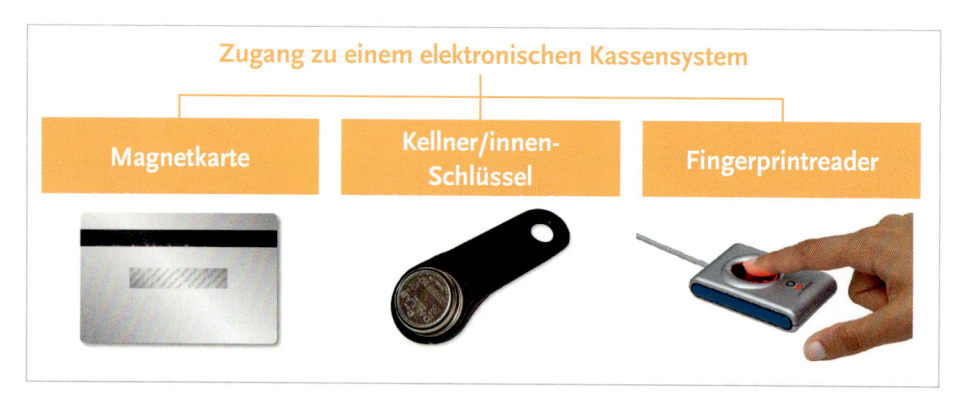

Zugang zu einem elektronischen Kassensystem
- Magnetkarte
- Kellner/innen-Schlüssel
- Fingerprintreader

Boniert wird großteils über Touchscreens. Symbole und verschiedene Farben vermindern den Erklärungsbedarf. Die Bedienung ist dadurch einfach und intuitiv.

Individuelle Gästewünsche, wie z. B. die Garstufe beim Steak, das Dressing zum Salat, eine Änderung der Beilagen, gemeinsam zu servierende Speisen, Leitungs- oder Sodawasser zum Aufspritzen von Fruchtsaft sowie Lebensmittelunverträglichkeiten, können ebenfalls kommuniziert werden.

Beispiel eines Bestellsystems mittels Touchscreen

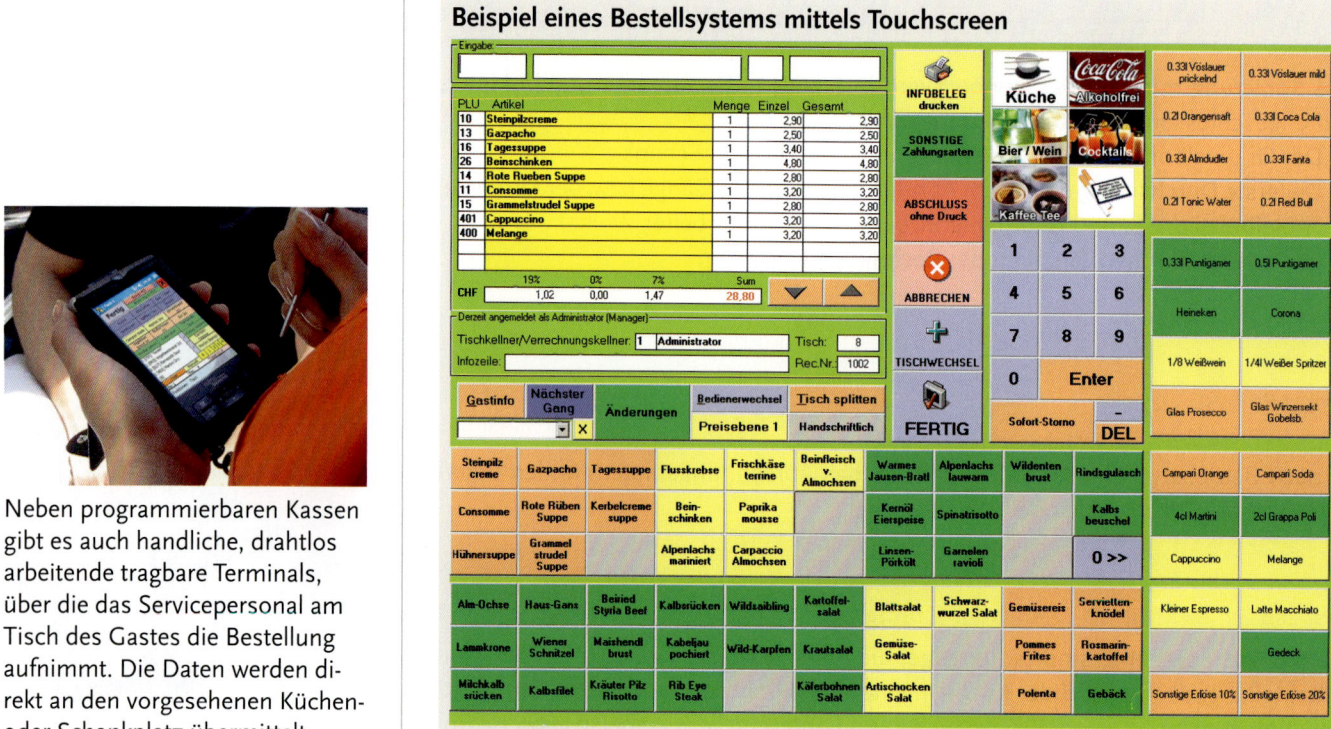

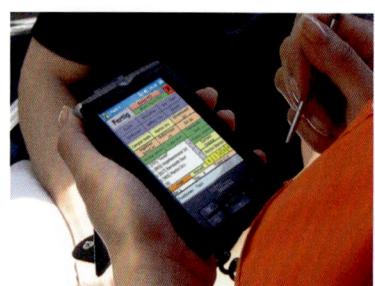

Neben programmierbaren Kassen gibt es auch handliche, drahtlos arbeitende tragbare Terminals, über die das Servicepersonal am Tisch des Gastes die Bestellung aufnimmt. Die Daten werden direkt an den vorgesehenen Küchen- oder Schankplatz übermittelt.

Allfällige Preisänderungen und Angebotsänderungen werden von einer verantwortlichen Person an einem Computer ausgeführt, der mit jeder Kassa verbunden ist.

Die eingegebene Bestellung von Speisen und Getränken wird sofort an der richtigen Station ausgedruckt. Das erspart viel Wegzeit. In der Küche und bei den Getränkeausgabestellen erscheint der Ausdruck bereits automatisch gelistet nach Gängen und zeitlicher Abfolge. Damit ist eine schnellere Koordination gewährleistet.

Die Gästerechnung

Jede Rechnung, die eine Gastronomin/ein Gastronom für den Gast ausstellt, muss ganz bestimmten gesetzlichen Vorschriften entsprechen.

Allgemeine Richtlinien für die Rechnungslegung

Gemäß der Kassenrichtlinie 2012 nach § 131 Abs. 2 und 3 der Bundesabgabenordnung sind gastronomische Betriebe verpflichtet, alle Bareingänge und Barausgänge einzeln und nachvollziehbar festzuhalten. Als Beleg gelten jene Schriftstücke, mit denen über Leistungen abgerechnet wird.

Seit 01.07.2016 ist die **Registrierkassenpflicht** in Kraft. Sie gilt für alle Betriebe, die bar kassieren. Ausgenommen sind Unternehmen, die im Jahr weniger als 15.000 EUR netto oder weniger als 7.500 EUR in bar umsetzen. Um eine Kassenmanipulation zu verhindern, muss die Registrierkasse seit 01.04.2017 über eine digitale Signatur verfügen. Diese hat die Form eines von der Finanz mittels App prüfbaren QR-Codes. Der zweidimensionale QR-Code wird auf Kassenbelege gedruckt und ins Kassenjournal eingetragen.

Mit Belegen ist sorgfältig umzugehen

Formvorschriften für Barzahlungsbelege
Ein Registrierkassenbeleg muss folgende Punkte enthalten:

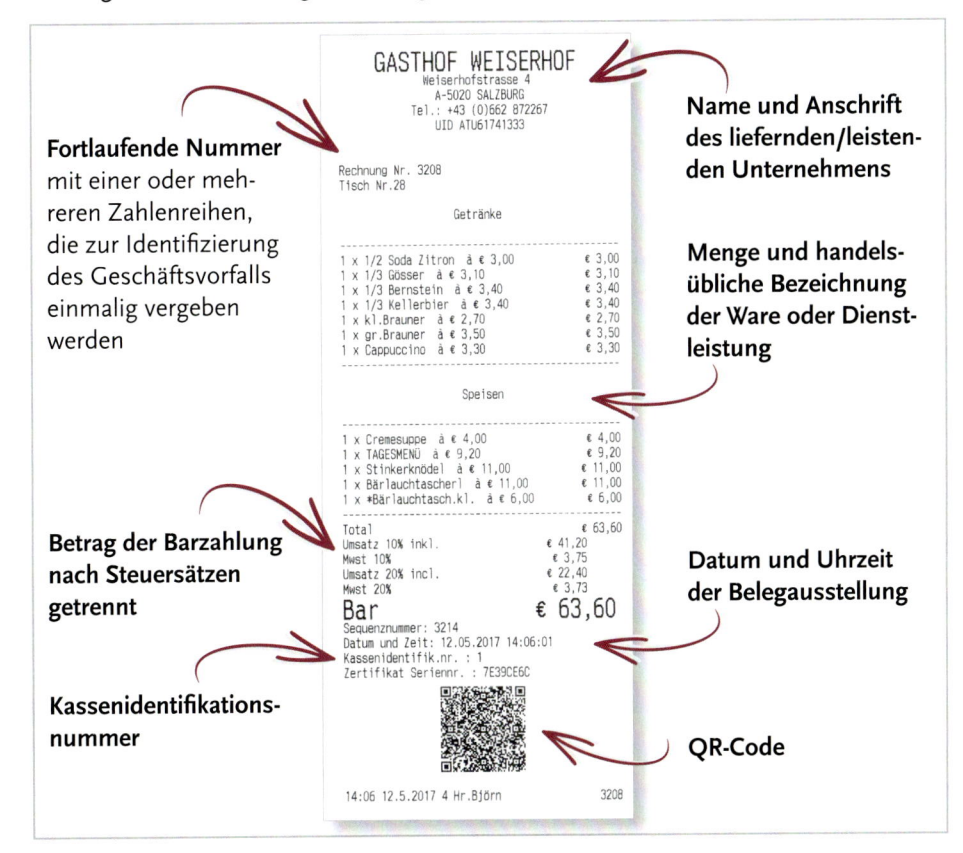

- **Fortlaufende Nummer** mit einer oder mehreren Zahlenreihen, die zur Identifizierung des Geschäftsvorfalls einmalig vergeben werden
- **Name und Anschrift des liefernden/leistenden Unternehmens**
- **Menge und handelsübliche Bezeichnung der Ware oder Dienstleistung**
- **Betrag der Barzahlung nach Steuersätzen getrennt**
- **Datum und Uhrzeit der Belegausstellung**
- **Kassenidentifikationsnummer**
- **QR-Code**

Rechnung und Trinkgeld

Betriebsorganisation

§ **Rechnungen bis 400 EUR** (inkl. USt) werden als **Kleinbetragsrechnungen** bezeichnet.

UID-Nummer = Umsatzsteueridentifikationsnummer. Diese spezielle Steuernummer dient der Identifikation gegenüber anderen Unternehmen. Sie wird den Unternehmen automatisch vom Finanzamt zugeteilt.

✏️ Finden Sie heraus, warum Milch einem ermäßigten Steuersatz von 10 % unterliegt.

Rechnungsmerkmale

Rechnungen bis 400 EUR (inkl. USt) enthalten	Rechnungen über 400 EUR (inkl. USt) enthalten zusätzlich	Rechnungen über 10.000 EUR (inkl. USt) enthalten zusätzlich
▪ Name und Anschrift des liefernden/leistenden Unternehmens ▪ Art und Umfang der Leistung ▪ Tag/Zeitraum der Leistung ▪ Steuersatz/-sätze ▪ Ausstellungsdatum	▪ Name und Anschrift der Leistungsempfängerin/des Leistungsempfängers ▪ Steuerbetrag (und Entgelt – netto) ▪ UID-Nummer des Unternehmens ▪ Fortlaufende Rechnungsnummer	▪ UID-Nummer der Leistungsempfängerin/des Leistungsempfängers

Außerdem muss auf der Rechnung klar ersichtlich sein, welche Waren mit 10 % und welche mit **20 % Umsatzsteuer (USt)** belastet werden. Speisen haben einen Steuersatz von 10 Prozent, alle Getränke (mit Ausnahme von Milch und Leitungswasser) und sonstige Leistungen wie z. B. Blumenschmuck, Raummiete und Menükarten sind mit 20 Prozent zu versteuern. Gewerbliche Beherbergungen in Hotels, Gaststätten usw. unterliegen seit 1. 11. 2018 einem Steuersatz von 10 %.

Bezahlung mit bargeldlosen Zahlungsmitteln

Bons oder Gutscheine

Sie lauten auf eine bestimmte Summe. Es muss kontrolliert werden, ob die Bezahlung schon erfolgt ist bzw. ob eine Rechnung zugesandt werden muss.

Geschäftsrechnungen

Diese Zahlungsart wird von Firmen bevorzugt. Die Rechnungen können bei entsprechendem Übereinkommen als Monatsrechnungen zugesandt werden. Die Rechnungsbeträge müssen vom Gast unterschrieben werden.

Bankomatkarten

Die Bankomatkarte als Zahlungsmittel ermöglicht eine rasche, unkomplizierte Abrechnung. Der Gastronomin/dem Gastronomen entstehen dabei nur geringe Kosten. Das Servicepersonal kommt mit einem mobilen Terminal, das mit einem Kartenleser und einem integrierten Drucker ausgestattet ist, zum Gast. Neben mobilen Terminals gibt es auch fixe, die mit Kartenlesern ausgestattet sind.

Mobiles Terminal

Kreditkarten

Voraussetzung für die Verwendung ist, dass der Betrieb einen Vertrag mit der Kreditkartenfirma hat.
- Nachdem der Gast die Kreditkarte ausgehändigt hat, geht der Servicemitarbeiter bzw. die Servicemitarbeiterin zum Kreditkartenterminal oder kommt mit einem mobilen Terminal zum Gast. Da das Terminal eine Onlineverbindung zum Karteninstitut hat, werden bei Eingabe der Karte die Gültigkeit und der Kreditrahmen automatisch geprüft.
- Anschließend übergibt er/sie dem Gast den ausgedruckten Beleg, damit er diesen abzeichnen kann. Das Duplikat des Ausdrucks wird dem Gast mit der Karte überreicht.

💡 Die Abwicklung der Kreditkartenabrechnung kostet den gastronomischen Betrieb Geld. Die Kreditkartenfirmen verlangen eine Provision von etwa drei bis fünf Prozent vom Umsatz.

Transponder

Sie finden vor allem in Ferienklubs Verwendung und werden von den Gästen in Form von Armbändern, Uhren etc. benutzt.

Diese Art der bargeldlosen Zahlung funktioniert mit Funk- oder Magnetübertragung. Die Transponder werden vor Benützung mit einem gewissen Geldbetrag geladen. Der Gast muss bei der Konsumation von Getränken, Speisen bzw. Dienstleistungen keinerlei Barzahlung mehr tätigen, sondern nur den Transponder vorzeigen. Der Betrag wird automatisch abgebucht.

Transponder

Berührungsloses Zahlen

Durch Hinhalten der Bankomatkarte zum Terminal können Gäste Rechnungsbeträge bis EUR 25,00 bezahlen.

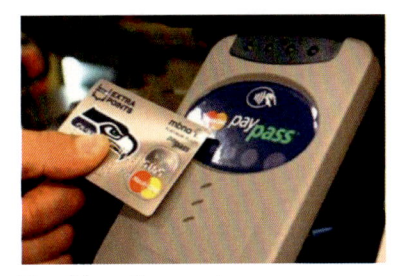

Touchless Payment

Der Tagesabschluss

Bei Dienstende rechnen die Servicemitarbeiter/innen mit dem Betrieb ab. Die Tageslosung wird ermittelt. Der Endbetrag, Bezahlung mit Kredit- und Bankomatkarten, Umbuchungen auf die Zimmerrechnung, Rechnungen, die zugesendet werden, und eventuelle Stornos erscheinen auf dem Ausdruck. Zum Abschluss wird eine Abrechnung erstellt.

Aufgabenstellungen – „Bonieren und Abrechnen"

1. Beschreiben Sie, wie ein Bon richtig verwendet wird.
2. Erläutern Sie, welche Vorteile elektronische Boniersysteme haben.
3. Beschreiben Sie die Formvorschriften einer Rechnung.
4. Nennen Sie die verschiedenen bargeldlosen Zahlungsmittel.

Ziele erreicht? – „Betriebsorganisation"

KOMPETENZERWERB

Ausgangssituation

Flora interessiert sich für eine Lehre im gastronomischen Bereich. Sie will sich Ausbildungsbetriebe ansehen und sich ein gutes Bild dieses Berufsfeldes machen.

a) Nennen Sie verschiedene Betriebsarten, die sich Flora ansehen soll.

b) Legen Sie ihr dar, wo die Schwerpunkte ihrer Arbeit je nach Betriebsart liegen würden.

c) Flora ist sich noch nicht sicher, welcher Lehrberuf der für sie geeignete ist. Beschreiben Sie ihr die verschiedenen Berufsbilder im Gastgewerbe und versuchen Sie ihr die Unterschiede darzulegen.

f) Flora gestaltet für ihre Bewerbungsunterlagen einen Veranstaltungsablauf für ein Bankett. Wie kann dieser aussehen? Konzipieren Sie den Ablauf einer Geburtstagsfeier.

g) Erinnern Sie Flora, dass sie sich auch mit elektronischen Kassensystemen auseinandersetzen wird müssen, und beschreiben Sie ihr das elektronische Bonieren, die Gästerechnung sowie mögliche Zahlungsarten, die auf sie zukommen werden.

Einen interaktiven **Safety-Check** finden Sie in der TRAUNER-DigiBox.

Stichwortverzeichnis

A

Abbröseln 171
Abendessen 200
Abfallbewirtschaftung 28
Abfetten 171
Abfrischen 171
Abfüllen 239
Abhängen 171
Ablöschen 171
Abrechnen 278
Abschlagen 171
Abschrecken 171
Abservieren 211
Abstechen 238
Abtrieb 171
Abziehen 238
Afternoontea 230
Alkaloide 225
Alkohol, Wirkung 231
Alkoholfreie Getränke 215, 218
Alkoholische Getränke 216, 231
Alkoholmissbrauch 232
Alkopops 221
Allergenauszeichnung 35
Anbieten 212
Anrichten 58, 212
Anschwitzen 172
Aperitif 218
Apprentis 9
Aprikotieren 170, 172
Arbeitsfluss 39
Arbeitshygiene 26
Arbeitskleidung 26
Arbeitsorganisation 36
Arbeitsplanung 39
Arbeitsplatz 39
Arbeitssicherheit im Service 182
Arbeitssicherheit, Küche 29
Arbeitsunfälle, Küche 29
Aromatisierte Weine 254
Aspik 60
Aufgabenanalyse 41
Ausgabegeräte 22
Ausgabestelle 22
Ausgabesysteme 23
Ausschank, Wein- 240
Ausschankanlagen 216

B

Back of the House 264
Backen im Rohr 55
Backen in Fett 55
Bain-Marie 23, 172
Bankett 273
Bankettmanager/in 269
Bankomatkarten 282
Bardieren 172

Bargeldlose Zahlungsmittel 282
Barriqueausbau 239
Bars 263
Basisrezeptkartei 14
Béchamel 56
Bedarfsliste 15
Begrüßung des Gastes 178
Beilagen 119
Beizen 129
Beratung 179
Berufsausrüstung 178
Berufsbilder 264
Berufskleidung 177
Berührungsloses Zahlen 283
Bestecke 185
Bestellung 180
Betreuung der Gäste- 178
Betriebsführung, ökologische 16
Betriebsmittel 37
Betriebsorganisation 261
Bezeichnungsvorschriften, Wein 246
Bier 232
Bier, Gläser 235
Bierservice 234
Bindemittel 56
Binden 47
Bitters 256
Blanchieren 50, 172
Blumenschmuck 191
Bonieren 278
Bons 282
Braisieren 52
Brandschutz 30
Braten (Menü) 33
Braten im Rohr 54
Braten in der Pfanne 53
Braundünsten 52
Brauwasser 233
Brot 151
Brotaufstriche 82
Brotgebäck 151
Brunch 197
Buffet 212, 274
Buffetarten 274
Buffetplatte 59
Bukett 238
Buketts 241
Businesslunch 197
Butterkugel 57
Buttermischungen 81

C

Canapé 81
Carpaccio 32
Cassiston 241
Catering 276
Cava 252
Chafingdish 197

Champagner 252
Charities 269
Checklisten 272
Chef de Cuisine 8
Cocktailparty 276
Cognac 255
Color 241
Commis 9
COS 241
Cremesaucen 168
Croûtons 172
Cuvée 238

D

Dämpfen 51
Decken 205
Decken, Buffettafel 275
Decken der Tische 202
Deglacieren 171
Degustation 31
Degustation, Wein- 240
Dekantieren 245
Dessert 33
Dessertservice 200
Destillate 255
Destillate, Service 256
Drehverschluss 240, 245
Dressieren 172
Dressings 86
Dünsten 52

E

Early Morning Tea 230
Eiergerichte 105
Einbrenn 56
Eindecken 211
Einkauf 10
Einmach 56
Einreichen 212
Einschenken, Bier 234
Einstellen 212
Eisgetränk 33
Elektronische Geldbörse 282
Empfehlung 179
En terrine 200
Entfetten 171
Entremetier 8
Erfrischungsgetränke 221
Erfrischungsgetränke, Gläser 222
Ergonomie 36
Erscheinungsbild 177
Erste Hilfe 30
Espressozubereitung 227
Etamin 93, 172
Etikett, Wein 247
Event-Cooking 268

Stichwortverzeichnis

F

F-&-B-Abteilung 269
Fachausdrücke, Küchen- 171
Faschiertes 137
Fassungsschein 12
Fast Food 268
Fermentieren 228
Filetieren 172
Fingerfood 276
Fisch, Vorbereiten 48
Fische 32
Fischgerichte 127
Fleisch, Vorbereiten 47, 128
Fleischgerichte 128
Flying Buffet 276
Fond 172
Frittieren 55
Front of the House 264
Fruchtgetränke 220
Fruchtgetränke, Gläser 222
Frühstück 192
Frühstücksarten 193
Frühstücksbuffet 194
Füllcremen 169
Füllungen 167
Functionsheet 272

G

Gabelfrühstück 197
Gänge 32
Gardemanger 8
Gären 238
Garniercremen 169
Garnieren 172
Garnierungen 60
Garverfahren 49
Garverfahren, schonende 56
Garverfahren, Überblick 50
Garziehen 50
Gäste, Betreuung 178
Gästerechnung 281
Gastgewerbe, Berufsbilder 264
Gasthäuser 262
Gastronomie, Trends 267
Gebäck 151, 153
Gedeckarten 198
Gedecke, Auflegen 204
Geflügel, Vorbereiten 47
Geflügelklein 94
Geldbörse, elektronische 282
Gemüse, Beilage 125
Gemüse, Schneiden 44
Gemüse, Vorbereiten 43
Gemüsegerichte 106
Gemüsegetränke 220
Gemüsegetränke, Gläser 222
Germteig 73
Geschäftsrechnungen 282
Geschirr, Speisen- 183

Gespickte Zwiebel 48
Getränke, alkoholfreie 215, 218
Getränke, alkoholische 216, 231
Getränke, Kaffee- 227
Getränke, korrespondierende 259
Getränkekunde 214
Getränkeservice 214, 216
Getreide 123
Getreidedestillate 255
Getreidedestillate, Gläser 257
Getreidedestillate, Service 257
Getreidegerichte 117
Gewichte 11
Gewürzsäckchen 48
GHP 27
Gin 255, 257
Glacieren 172
Gläser 187
Gläser, Bier 235
Gläser, Erfrischungsgetränke 222
Gläser, Frucht- und Gemüsegetränke 222
Gläser, Getreidedestillate 257
Gläser, Kakao 224
Gläser, Liköre 258
Gläser, Milch 223
Gläser, Obstbrände 257
Gläser, Schaumwein 252
Gläser, Stellen 205
Gläser, Tee 229
Gläser, Wasser 220
Gläser, Wein 245
Gläser, Weindestillate 256
Gläsertragen 210
Glasuren 170
Glasverschluss 240, 245
Gratinieren 172
Greifbereich 39
Grillen 54
Grundrezepte 69
Gute Hygienepraxis 27
Gutscheine 282

H

HACCP 27
Halbgefrorenes 33
Hauptgerichte 32
Hauptspeisenservice 200
Hefeteig 73
Heilwasser 219
Hellbraun dünsten 52
Home-Delivery 268
Hülsenfrüchte 108
Hygiene 26, 177
Hygienemaßnahmen 26

I

Inkasso 180
Innereien 139

Inside-Catering 269
Inventar, Küche 17
Inventar im Service 182

J

Jourgebäck 151
Jus 172

K

Kaffee 33, 225
Kaffeegetränke 227
Kaffeehäuser 263
Kakao 224
Kakao, Gläser 224
Kakao, Tassen 224
Kalkulation 13
Kalte Saucen 84
Kalte Süßspeisen 140
Kalte Vorspeisen 32, 88
Kalte Zwischengerichte 32
Karaffe 217
Karamellisieren 172
Karkassen 172
Kartoffeln 108, 119
Käseplatte 59
Kassensysteme 279
Kekse 153
Keltern 238
Klären, Suppe 172
Klären, Wein 238
Knödel 122
Knödelgerichte 112
Kochen (Garmethode) 51
Kontrolle 12
Körperhaltung 38
Korrespondierende Getränke 259
Kostenstellen 15
Kräuterbündel 48
Kreditkarten 282
Krimsekt 252
Kronenkorken 240
Krustentiere 32
Küche, regionale 34
Küche, saisonale 34
Küche, Vollwert- 34
Küchen, National- 35
Küchenbrigade 8
Küchenfachausdrücke 171
Küchengeräte 20
Küchenmaschinen 20
Küchenwerkzeuge 18
Kunststoffstopfen 239
Kurkuma 101
Kurzzeitbraten 53
Kuvertgedeck 198
Kuvertüre 157, 172

Stichwortverzeichis

L

Lagerartikelkartei 14
Lagern, Weinherstellung 238
Lagerung, Wein- 240
Lagerverwaltung 12
Lardieren 172
Lebensmittel, Vorbereiten 43
Lebensmittelhygiene 26
Lebensmittelsicherheit 27
Legieren 57, 172
Lehrberufe 265
Liköre 256
Liköre, Gläser 258
Liköre, Service 258
Likörweine 254
Löffelmaße 11

M

Madeira 254
Mahlzeiten 192
Maischen 238
Marinaden 86
Marinieren (Begriff) 172
Marinieren (Fleisch) 128
Marinieren (Salatsaucen) 86
Marsala 254
Maße 10
Maße, Löffel- 11
Massen 77
Matcha 229
Materialgemeinkosten 13
Melieren 172
Melittamethode 226
Menagen 202
Mengenberechnungen 10
Menü, Erstellung 34
Menügedecke 199
Menükarten 190
Menüplanung, Trends 34
Menüreihenfolge 31
Menüs 31
Menüs, Vollwert- 35
Messer 18
Milch 223
Milch, Gläser 223
Milchprodukte 223
Milchsorten 223
Mineralwasser 219
Mise en Place 201
Mise en Place, Roséweinservice 242
Mise en Place, Rotweinservice 243
Mise en Place, Schaumweinservice 253
Mise en Place, Weißweinservice 242
Mittagessen 197
Montieren 57, 172
Mostaufbessern 238
Mostentsäuern 238
Mousse 32, 172
Moussierend 238

N

Nachtisch 33
Nährwertberechnung 13
Nappieren 59, 172
Nationalküchen 35
Naturdünsten 52
Naturkorken 239
Niedertemperaturgaren 56
Notfallpiktogramme 30
Notrufe 30
Nudelgerichte 113

O

Obergriff 209
Obst, Vorbereiten 43
Obstbrände, Gläser 257
Obstbrände, Service 257
Obstdestillate 255
Obstwein 236
Odor 241
Ökologische Betriebsführung 16
Outside-Catering 269, 276

P

Paragonblock 278
Parfait 172
Parieren 47, 172
Parüren 172
Pâtissier 8
Petite Marmite 200
Plateautragen 208
Plattentragen 209
Platzierung des Gastes 179
Pochieren 50, 172
Poelieren 52
Portionieren 58
Portionsgewichte 11
Portwein 254
Präsentieren der Speisenkarte 179
Pressen 238
Prosecco 252

Q

Qualitätsschaumweine 252

R

Radler 235
Rebeln 238
Rebsorten 248
Rechaud 275
Rechnung, Gäste- 281
Rechnungslegung 281
Reduzieren 172
Reifen 238
Reklamationen 181
Reservierung 178
Restaurants 262

Rezepte 68
Roséwein, Serviceablauf 242
Roséweinerzeugung 237, 239
Rösten, schwingend 53
Rôtisseur 8
Rotwein, Serviceablauf 244
Rotweinerzeugung 237, 239
Rotweinsorten 248
Roux 172
Rum 255

S

Salate 87
Salatsaucen 86
Salmonellen 27
Samos 254
Sapor 241
Saucen, Creme- 168
Saucen, kalte 84
Saucen, Salat- 86
Saucen, warme 103
Saucier 8
Sautieren 53, 172
Schaumwein, Gläser 252
Schaumweine 252
Schaumweinservice 252, 253
Schleifen 151
Schmoren 52
Schneiden von Gemüse 44
Schneiden von Zwiebeln 44
Schönen 238
Schonende Garverfahren 56
Schwingend rösten 53
Sekt 252
Selbstbedienungsrestaurants 262
Service 173, 180
Service, Bier- 234
Service, Dessert- 200
Service, Destillate 256
Service, Erfrischungsgetränke 222
Service, Getränke- 216
Service, Hauptspeisen- 200
Service, Liköre 258
Service, Obstbrände 257
Service, Säfte 221
Service, Schaumwein- 252
Service, Suppen- 199
Service, Tee 229
Service, Wasser 219
Service, Wein- 242
Serviceablauf, Roséwein 242
Serviceablauf, Rotwein 244
Serviceablauf, Schaumwein 253
Serviceablauf, Weißwein 242
Servicemitarbeiter/innen 176
Servicevorbereitungsarbeiten 201
Servierarten 212
Servieren 205
Serviermöglichkeiten 207
Servierregeln 206

Servietten 188
Sherry 254
Sieden 51
Sirup 220
Sodawasser 219
Sorbet 33
Soufflé 172
Souschef 8
Speisenfolgen 31
Speisengeschirr 183
Spicken 47, 172
Spickspeck 47
Spirituosen 255
Spülabteilung 9
Spumante 252
Stabilisieren 238
Stauben 56
Stehempfang 276
Stupfen 172
Suppen 32, 93
Suppenarten 93
Suppeneinlagen 95
Suppengrün 48
Suppenservice 199
Süßmost 220
Süßspeisen 33, 140
Süßspeisen, kalte 140
Süßspeisen, warme 144
Systemgastronomiebetriebe 263

T

Tafelformen 273
Tafelwasser 219
Tagesabschluss 283
Tagesspeiseplan 15
Take-away-Food 268
Tassen 224, 229
Tee 228
Tee, Gläser 229
Tee, Service 229
Tee, Tassen 229
Tee, Zubereitung 229
Teearten 228
Teige 69
Teiggerichte 113
Teigwaren 113
Tellertragen 208
Tequila 256
Tische, Decken 202, 203
Tischkarten 190
Tischschmuck 188
Tischwäsche 182, 201

Toasting 239
Touchless Payment 283
Tourieren 75
Tournieren 172
Tragmöglichkeiten 207
Tranche 172
Transponder 283
Trends in der Menüplanung 34
Trends, Gastronomie 267
Trinkwasser 218

U

Überbrühen 172
Überkochen 50
UID-Nummer 282
Umgangsformen 174
Unfallverhütung (Service) 182
Unfallvermeidung (Küche) 29
Untergießen 172
Untergriff 208

V

Verabschiedung 180
Veranstaltungsarten 273
Veranstaltungsmanagement 269
Verhaltensregeln, Service 178
Verkauf, aktiver 179
Verkauf, Tipps 179
Verpflegungsbetriebe 262
Verschneiden 238
Vollwertküche 34
Vollwertmenüs 35
Vorbereiten von Fisch 48
Vorbereiten von Fleisch 128
Vorbereiten von Fleisch
    und Geflügel 47
Vorbereiten von Gemüse und Obst 43
Vorbereiten von Lebensmitteln 43
Vorlegen 212
Vorleger 210
Vormittagsjause 196
Vorspeisen, kalte 32, 88
Vorspeisen, warme 32

W

Warenausgabe 12
Warenbewirtschaftung 10
Wareneinsatz 13, 16
Warenübernahme 12
Warme Saucen 103

Warme Süßspeisen 144
Warme Vorspeisen 32
Warme Zwischengerichte 32
Wässer 218
Wasser, Gläser 220
Wasser, Service 219
Wässern 47
Weichtiere 32
Wein 235
Wein, Bezeichnungsvorschriften 246
Wein, Etikett 247
Weinausschank 240
Weinausschank im Glas 245
Weinbau 236
Weinbaugebiete 250
Weinbauland Österreich 246
Weinbauregionen 250
Weindegustation 240
Weindestillate, Gläser 256
Weindestillate, Service 256
Weine, aromatisierte 254
Weine, Likör- 254
Weine, Schaum- 252
Weinerzeugung 237
Weinfehler 240
Weinflaschenverschlüsse 239
Weingesetz 246
Weingläser 245
Weinlagerung 240
Weinlese 236
Weinrebe 236
Weinservice 242
Weißwein, Serviceablauf 242
Weißweinerzeugung 237, 238
Weißweinsorten 248
Whisk(e)y 255, 257
Wodka 255, 257
Würzbissen 33
Würzen 48

Z

Zahlungsmittel, bargeldlose 282
Zangengriff 210
Zeitarten 40
Zeitmanagement 40
Zesten 172
Zubereitung, Tee 229
Zubereitungsplan 42
Zwiebel, gespickte 48
Zwiebeln, Schneiden 44
Zwischengerichte, kalte 32
Zwischengerichte, warme 32

Rezeptverzeichnis

A

Amerikanisches Spezialdressing 86
Antipasti vom Backblech 92
Apfelfülle 167
Apfelgugelhupf 163
Apfelkuchen 162
Apfelmus 144
Apfelstrudel 148
Auflauf, orientalischer 138
Aufstrich nach Liptauer Art 83
Aufstriche, Brot- 81, 82

B

Backpulverteig 80
Backteig 69
Bauernkrapfen 156
Béchamelsauce 104
Beilagen 119
Beugelteig 75
Biskuitmasse, leichte, kalt geschlagen 79
Biskuitmasse, leichte, warm geschlagen 78
Biskuitmasse, verkehrt geschlagen, mit Zucker 78
Biskuitmassen 77
Biskuitroulade 163
Biskuitschnitten 163
Biskuitschöberln 97
Blattsalate 87
Blaukraut 126
Blitzbrot 152
Bouillon 94
Brandteig zum Backen im Fett 71
Brandteig zum Backen im Rohr 70
Brandteig zum Kochen (für Knödel) 71
Brandteigkrapferln (Gebäck) 153
Brandteigkrapferln (Suppeneinlage) 96
Brandteigringe 153
Brathuhn, gefülltes 131
Bratkartoffeln 119
Braune Rindsknochensuppe 93
Bröselnudeln 148
Brot 151
Brotaufstriche 81, 82
Brotgebäck 151
Buchteln 155
Buttercreme 170
Buttermilchweckerln 152
Buttermischungen 81

C

Champignonschnitzel 133
Chili con Carne 109
Cocktailsauce 85
Cordon bleu 136
Cremesaucen 168
Cremesuppen 100
Croissants 156
Curryreis 124

D

Dillfisolen 125
Dinkel-Obst-Auflauf 146
Dinkelschnitten 166
Dressierte Mürbteigbäckerei 159
Dressings 86

E

Ecken, Plunderteig 156
Eier, gefüllte 91
Eiergerichte 105
Eiernockerln 115
Einfache Essig-Öl-Marinade 86
Einfacher Germteig 74
Eingebrannte Linsen auf Wiener Art 108
Einmachsauce 103
Einmachsuppen 99
Eiweißglasur 171
Erbsenreis 124
Erdäpfelnudeln, gebackene 112
Erdäpfelschmarren 120
Erdbeergeleetorte 164
Erdbeerknödel (Obstknödel) 148
Erdbeertaler 144
Essig-Öl-Marinade, einfache 86
Exotische Geflügelpfanne 134

F

Faschierte Laibchen 137
Faschierter Netzbraten 137
Faschingskrapfen 155
Feine Schokoladensauce 168
Feiner Germteig 74
Feste Topfenfülle 168
Fettcreme 170
Fisch, gebratener 127
Fisch, gratinierter 128
Fisch, panierter 127
Fischgerichte 127
Fleischgerichte 128
Fleischstrudel 98
Flesserl 151
Folienkartoffeln, gefüllte 111
Französische Zwiebelsuppe 103
Französischer Salat 89
Französisches Dressing 86
French dressing 86
Frittaten 96
Frittatenroulade 96
Fruchtcreme 140
Fruchtoberscreme 169
Fruchtpüree aus frischen Beeren 169
Fruchtsauce 168
Frühlingsaufstrich 82
Füllcremen 169
Füllungen 167

G

Garniercremen 169
Gebäck aus Plunderteig 156
Gebäck, Topfenmürbteig 157
Gebäck 151, 153
Gebackene Apfelscheiben 147
Gebackene Erdäpfelnudeln 112
Gebackene Knödel 113
Gebackene Leber 140
Gebackene Schinkenfleckerln 114
Gebackene Topfentorte 161
Gebratene Koteletts 133
Gebratener Fisch 127
Gedünsteter Reis 123
Geflügeleinmachsuppe 99
Geflügelpfanne, exotische 134
Gefüllte Eier 91
Gefüllte Folienkartoffeln 111
Gefüllte Kartoffelknödel 113
Gefüllte Paprika 139
Gefüllte Tomaten 90
Gefülltes Brathuhn 131
Gekochtes Rindfleisch 129
Gemüse (Beilage) 125
Gemüseeinmachsuppe 99
Gemüsefond 95
Gemüsegerichte 106
Gemüsejuliennesuppe 95
Gemüsepalatschinken, überbackene 107
Gemüsesalate 87
Gemüsestrudel 107
Gemüsesud 95
Germbrotteig 75
Germbutterteig 75
Germbutterteiggebäck 156
Germgugelhupf, Wiener 160
Germknödel 150
Germteig 73
Germteig, einfacher 74
Germteig, feiner 74
Germteig mit kalter Teigführung 75
Geröstete Leber 139
Getreide 123, 124
Getreidegerichte 117
Getreidelaibchen 118
Glasuren 170
Gleichschwermasse 80

Gnocchi 110
Gratiniersauce 128
Gratinierter Fisch 128
Griechischer Salat 89
Grießknödel 122
Grießnockerln 95
Grießschmarren 146
Grünkernauflauf 118
Gugelhupf, Apfel- 163
Gugelhupf, Marmor- 164
Gugelhupf, Wiener Germ- 160
Gulasch, Kartoffel- 109
Gulasch, Rinds- 130
Gulaschsuppe 102
Gurkensalat 87

H

Hascheeknödel (gefüllte Kartoffelknödel) 113
Hefeteig 73
Helle Rindsknochensuppe 93
Hippenmasse 79
Hirseauflauf mit Früchten 145
Honigparfait 141
Hühnersuppe, klare 94

J

Joghurtdressing 86
Joghurt-Schnittlauch-Dressing 86
Joghurtweckerln 152
Joghurt-Zitronen-Creme 142
Jourgebäck 151

K

Kaiserschmarren 147
Kalte Saucen 84
Kalte Süßspeisen 140
Kalte Vorspeisen 88
Karfiolcremesuppe 101
Kartoffelgratin 110
Kartoffelgulasch 109
Kartoffelknödel 123
Kartoffelknödel, gefüllte 113
Kartoffelkroketten 121
Kartoffellaibchen 121
Kartoffeln 119
Kartoffelnudeln (Erdäpfelnudeln), gebackene 112
Kartoffelpuffer 110
Kartoffelpüree 120
Kartoffelsalat 88
Kartoffelschmarren (Erdäpfelschmarren) 120
Kartoffelstrudel, pikanter 111
Kartoffelsuppe 100
Kartoffelteig 72
Käsecroûtons 96
Käseomelett 106

Käsespätzle 114
Kaspressknödel 112
Kekse 153
Kipferln, Topfenmürbteig 157
Klare Hühnersuppe 94
Klare Suppen 93
Knoblauchbutter 81
Knoblauchcremesuppe 101
Knoblauchsauce 85
Knödel 122
Knödel, gebackene 113
Knödel, Obst- 148
Knödelgerichte 112
Knopf 151
Kokosbusserln 159
Kompott, Obst- 142
Koteletts, gebratene 133
Kräuterbutter 81
Kräuterdressing 86
Kräuteromelett 106
Kräuterschöberln 97
Krautfleckerln 114
Krautrouladen 138
Krautsalat 87
Krautsalat, warmer 88
Kuchen 160
Kürbissuppe, pürierte, mit Ingwer 101

L

Lasagne 117
Lauchsauce 105
Leber, gebackene 140
Leber, geröstete 139
Leberknödel 98
Lebkuchen mit Nuss-Kürbis-Füllung 157
Lebkuchenteig 76
Leichte Biskuitmasse, kalt geschlagen 79
Leichte Biskuitmasse, warm geschlagen 78
Leichte Schaummasse 81
Linsen, eingebrannte, auf Wiener Art 108
Linzer Augen 158
Linzer Schnitten 162
Linzer Torte 162
Liptauer Art, Aufstrich nach 83

M

Marillenfleck 160
Marillenknödel (Obstknödel) 148
Marinade, einfache Essig-Öl- 86
Marmorgugelhupf 164
Mascherln, Plunderteig 156
Massen 77
Mayonnaise 84
Melone mit Rohschinken 90
Mexikanische Sauce 85

Milcheinmachsauce 104
Milchrahmstrudel 149
Minestrone 102
Mohnbeugel 156
Mohnfülle 167
Mohn-Kartoffel-Strudel
Mohnkranz 155
Mohnkronen 154
Mohnschnecken 154
Mohnzopf 155
Mousse, Schokoladen- 142
Mozzarella mit Tomaten 91
Mürbteig zum Ausrollen, Ausstechen, Auslegen und Vorbacken 77
Mürbteig zum Dressieren 77
Mürbteigbäckerei, dressierte 159

N

Nizzaer Salat 88
Nockerlteig 70
Nudelteig 71
Nussbeugel 156
Nussschnecken 154
Nussschnitten 165
Nussfülle 167
Nusskranz 155
Nusspotitze 154
Nussstangerln 159
Nusstorte 165
Nusszopf 155

O

Oberskren 85
Obstknödel 148
Obstkompott 142
Obstkuchen 162
Ölmasse 80
Omelett 105
Orangen-Rosinen-Reis 144
Orientalischer Auflauf 138

P

Palatschinken, überbackene Gemüse- 107
Palatschinken, überbackene Topfen- 147
Palatschinkenteig 69
Panierter Fisch 127
Paprika, gefüllte 139
Parfait, Honig- 141
Pariser Creme 170
Pariser Schnitzel 136
Parmesanschnitzel 136
Petersilienkartoffeln 119
Pikanter Kartoffelstrudel 111
Pilzsauce 104
Pizza 115

Plunderteig 75
Plunderteiggebäck 156
Prinzessinnenkartoffeln 121
Puddinggrundcreme 169
Puddingoberscreme 170
Püreesuppen 100
Pürierte Kürbissuppe mit Ingwer 101
Putengeschnetzeltes 135
Putenrouladen 131

R

Rahmdressing 86
Ratatouille 126
Räucherforellenmousse
    im Lachsmantel 92
Reis, gedünsteter 123
Reisauflauf 145
Reisfleisch 130
Rindfleisch, gekochtes 129
Rindsgulasch 130
Rindsknochensuppe, braune 93
Rindsknochensuppe, helle 93
Rindsrouladen 129
Rindsuppe 94
Risotto 117
Rohgemüsesalate 87
Rohkostaufstrich 82
Rohkostbrötchen auf Senfbutter 83
Rohkostcocktail 90
Rosmarinkartoffeln 120
Rote-Rüben-Salat 88
Rotkraut 126
Rührmasse mit Backpulver 80
Rührmassen 79

S

Sacherschnitten 165
Sachertorte 165
Salade niçoise 88
Salate 87
Salate aus rohem Gemüse 87
Salate aus gekochtem Gemüse 88
Salatsaucen 86
Salzkartoffeln 122
Salzstangerl 151
Sandmasse 80
Sauce tartare 84
Saucen, kalte 84
Saucen, Salat- 86
Saucen, warme 103
Sauerkraut 125
Schaummasse, leichte 81
Schaummasse, schwere 81

Schaummassen 81
Schifferln, Topfenmürbteig 157
Schinkenfleckerln, gebackene 114
Schinkenschöberln 97
Schneekuchen 164
Schnitten, Biskuit- 163
Schnitten, Dinkel- 166
Schnitten, Linzer 162
Schnitten, Nuss- 165
Schnitten, Sacher- 165
Schnittlauchsauce (kalt) 86
Schnittlauchsauce (warm) 103
Schnitzel Wiener Art 135
Schokoladenfettglasur 171
Schokoladenkipferln 158
Schokoladenmousse 142
Schokoladenobersglasur 171
Schokoladensauce, feine 168
Schweinsbraten 132
Schweinsmedaillons
    mit Käsekruste 134
Schwere Schaummasse 81
Semmelknödel 122
Semmelkren 104
Senfbutter 83
Serviettenknödel 123
Shrimpscocktail 91
Spaghetti alla bolognese 116
Spaghetti alla carbonara 116
Spaghetti mit Gorgonzolasauce 116
Spargel-Paprika-Salat 92
Spätzleteig 70
Spitzbuben 157
Strudelteig 72
Suppen 93
Suppeneinlagen 95
Surbraten 132
Süßspeisen 140
Süßspeisen, kalte 140
Süßspeisen, warme 144

T

Tafelspitz, gekochter 129
Teige 69
Thousand-Island-Dressing 86
Thunfischaufstrich 82
Tiramisu 143
Tomatencremesuppe 100
Tomatensalat 87
Tomatensauce 105
Topfenfülle, feste 168
Topfengolatschen 153
Topfen-Joghurt-Nockerln 141
Topfen-Joghurt-Torte 166

Topfenknödel 150
Topfenkuchen 161
Topfenlaibchen 153
Topfenmürbteig 77
Topfenmürbteig, Gebäck aus 157
Topfennockerln 146
Topfenoberscreme 141
Topfenpalatschinken,
    überbackene 147
Topfenrührmasse 79
Topfenstrudel 149
Topfenteig zum Kochen 73
Torte, Erdbeergelee- 164
Torte, gebackene Topfen- 161
Torte, Linzer 162
Torte, Nuss- 165
Torte, Sacher- 165
Torte, Topfen-Joghurt- 166
Tropfteig 97
Tsatsiki 89

U

Überbackene Gemüse-
    palatschinken 107
Überbackene Topfen-
    palatschinken 147

V

Vanillekipferln 158
Vanillesauce 168
Verkehrt geschlagene Biskuitmasse
    mit Zucker 78
Vorspeisen, kalte 88

W

Warme Saucen 103
Warme Süßspeisen 144
Warmer Krautsalat 88
Weichselbecher 143
Weiße Grundsauce 103
Wiener Germgugelhupf 160
Wiener Schnitzel 135
Windräder, Topfenmürbteig 157

Z

Zitronenglasur 171
Zucchinicremesuppe 100
Zwetschkenfleck 160
Zwetschkenknödel (Obstknödel) 148
Zwiebelrostbraten 133
Zwiebelsuppe, Französische 103

Literaturverzeichnis

Drischel u. a., 1-fach Servieren in Theorie und Praxis. Trauner Verlag, 1. Auflage 2016
Gutmayer u. a., Getränkekunde. Trauner Verlag, 20. Auflage 2014
Gutmayer u. a., Servierkunde. Trauner Verlag, 2. Auflage 2015
Hauder u. a., Ernährung, Küchenführung, Service. Trauner Verlag, 6. überarb. Auflage 2010
Macher u. a., Restaurantmanagement und Betriebsorganisation. Trauner Verlag, 1. Auflage 2014, aktualisierter Nachdruck 2017
Macher u. a., Küchenmanagement und Betriebsorganisation. Trauner Verlag, 1. Auflage 2014
Mösenlechner u. a., Küchenführung und Servierkunde. Trauner Verlag, 8. Auflage 2008

Bildnachweis

Unbekannt:
Seite 19: Plattiereisen: https://webshop.rechberger.com/cat/pictures/derivates/4/103/502/DV004-ppic_227756230_0.jpg
Seite 23: Wärmebrücke: https://eshop.pitec.ch/images/096531.jpg); Cateringküche: http://www2.rieber.ch/typo3temp/pics/catering_kitchen_cns_9ee48d4ecc.jpg
Seite 28: Restmüllbehälter, Tetrapack
Seite 79: Hippen
Seite 81: Windgebäck
Seite 131: Rindsroulade: Carmen Steiner
Seite 136: Pariser Schnitzel: http://www.produkt.at/typo3temp/GB/0088dc9ce1.png
Seite 145: Reisauflauf: http://static.chefkoch-cdn.de/ck.de/rezepte/47/47304/495653-960x720-suesser-reisauflauf.jpg
Seite 147: Topfenpalatschinken: http://images.ichkoche.at/data/image/variations/496x384/1/topfenpalatschinken-img-4405.jpg
Seite 183: Tischwäsche: http://www.vega-direct.at/gedeckter-tisch/tischwaesche/tischwasche-nito.html
Seite 190: Menükarte
Seite 200: Marmite: http://www.toqueblanche.com/files/volaille%20en%20petite%20marmite.JPG
Seite 202: Tische diagonal: © 2008, Benno Thoma
Seite 221: Pedacola: http://derstandard.at/2000047915718/Weisses-Cola-aus-dem-Muehlviertel
Seite 225: 2 Kaffeebohnen
Seite 227: Espressomaschine
Seite 230: Weißer Tee: http://www.lebensbaum.com/sites/default/files/5199_pa.png
Seite 239: Toasting: http://www.pediacognac.com/wp-content/uploads/2009/08/image325.jpg; Kunststoffstopfen: http://s356993356.website-start.de/s/cc_images/cache_2415476155.jpg?t=1298566580
Seite 240: Drehverschluss: http://kalasek.at/wp-content/uploads/2012/01/Drehverschluesse-Kalasek.png; Kronenkorken: http://www.weinbau24.de/shop/img/p/2758-3258-thickbox.jpg
Seite 242: Spucknapf: wikimedia.org 400px-Crachoir_by_JM_Rosier[2].tif
Seite 254: Martini-Glas
Seite 269: Life-Ball: http://www.diereferenz.de/files/file/stagecoLifeball10_b.jpg
Seite 274: Servierbrigade: Bernd Ducke, Photojournalist, bernd.ducke@t-online.de
Seite 276: Flying Buffet
Seite 280: Kellner/innen-Schlüssel, Fingerprintreader, Terminal
Seite 282: Mobiles Terminal
Seite 283: Transponder, Touchless Payment

Alle weiteren Bilder: Eigentum der TRAUNER Verlag + Buchservice GmbH, wurden von den Rechteinhabern zur Verfügung gestellt oder wurden von Bildagenturen (Shutterstock, iStock, Stock.Adobe.com, Corbis) zugekauft.
Grafiken: TRAUNER (Heidi Hinterkörner, Gertrud Šimec)